U0525862

教育部人文社会科学重点研究基地
黑龙江大学俄罗斯语言文学与文化研究中心　学术丛书

OЧЕРК
ДРЕВНЕРУССКОГО
ЯЗЫКА

古俄语通论

马福聚　叶其松　著

商务印书馆
The Commercial Press

图书在版编目(CIP)数据

古俄语通论/马福聚,叶其松著.—北京:商务印书馆,2024

ISBN 978-7-100-24036-9

Ⅰ.①古… Ⅱ.①马… ②叶… Ⅲ.①俄语—古代 Ⅳ.①H35

中国国家版本馆 CIP 数据核字(2024)第 103259 号

权利保留,侵权必究。

古俄语通论
马福聚 叶其松 著

商 务 印 书 馆 出 版
(北京王府井大街36号 邮政编码100710)
商 务 印 书 馆 发 行
北京盛通印刷股份有限公司印刷
ISBN 978-7-100-24036-9

2024年6月第1版　　开本 710×1000 1/16
2024年6月北京第1次印刷　印张 21¼
定价:89.00元

代　　序

一

　　由中国社会科学院马福聚教授和黑龙江大学叶其松教授合著的《古俄语通论》（«Очерк древнерусского языка»），是新世纪开始以来我国俄语学界的又一部专门谈及古代罗斯语言文化的重要著作，它是时代的需要，又是我国文化教育事业发展的需要，也是进一步全面、深入开展中俄两国文化交流的需要。

　　马福聚教授是20世纪50年代初新中国最早的一批"留苏生"之一，就读于莫斯科大学语文学系，当时学习了相关语言诸课程（包括"古俄语"）。学成回国后，长期在中国社会科学院从事学术情报翻译和研究工作。十多年前，马福聚先生从中国社会科学院退休以后，一边参加《新时代大俄汉词典》的编写工作，一边开始古俄语教学活动。他受邀到黑龙江大学俄语学院给中青年教师、研究生讲授"古俄语"课程，叶其松也是此课程的忠实听众之一。马福聚教授不顾年事已高，坚持定期来往于北京和哈尔滨之间"讲课授业"。与此同时，他收集资料，编写讲义，为今日问世的《古俄语通论》打下基础。

　　2017年10月，《古俄语通论》手写稿完成，交由商务印书馆外语室审订。承蒙商务印书馆和马福聚教授的信任和厚爱，书稿交由本人校阅，同年阅完"复命"，书稿返回作者复审。但是，马福聚教授于2018年4月不幸去世，未竟之业由其学生叶其松继承。2019年初，商务印书馆和叶其松又将审改后的书稿交给我并希望本人为饱含马福聚教授及其学生、商务印书馆编辑们的努力和期待的著作写一篇序言。秉承敬畏学术、尊重历史的学界精神，敝人写了如下一些文字。

二

在俄罗斯的学术传统中，以"古俄语""俄语史"或"古俄语史"，乃至"俄语历史语法"命名的著述，就叙述的内容和范围、叙述的方式和引用的例证、列举的参考文献等，基本相同，或大同小异。古俄语是一门知识，也是一门课程，还是一门斯拉夫学—俄罗斯学研究的对象。

古代语言，作为一门人文知识，几乎所有现代语言的"古代质态"都是如此。古俄语也好，古英语也好，他们都是外国语言文学教学研究中通识教育的重要组成部分。因此，古代语言知识的重要性不亚于现代语言知识。

恩格斯在谈及语文学和语言教育时，强调通晓古代语言知识和现代语言知识的同等重要性，他把古代语言知识和现代语言知识比作"在目前的世界上至少有可能使人超越狭隘的民族观点的两种杠杆"①。

20世纪90年代初，我国已有学者指出学习和通晓现代俄语知识和古代俄语知识的必要性，同时将两者作为一种语言的两门知识提到学科建设的高度。"……重要的是把俄语作为一门科学或学问来加以学习和研究。这里有两个方面：一是现状，二是历史。对现状我们不但进行了长期的认识（开设"现代俄语"各门课程），而且已经对现代俄语进行了多方面的研究。……至于俄语历史，只是限于为小部分……开设历史语法、俄语史之类课程的认知阶段。"②

几十年来，这一状况有少许变化。个别高校也曾开班授课，但为时甚短，教材建设尚未系统化，也未形成规模。例如1956年，高等俄语院校教学大纲审订会议审核通过《俄语历史语法基础教学大纲》。20世纪50年代翻译出版的古俄语著作有：中国人民大学俄文教研室俄语语法史小组翻译苏联学者阿列克先科（А. Д. Алексеенко）的《俄语语法史》（1955年），北京大学几位教师翻译并在商务印书馆出版的苏联学者车尔内赫（П. Я. Черных）的《俄语历史语法》（1959年）。此后，这门"学问"就完全不再提及。直到改革开放以后，华中师范大学

---

① 中共中央马克思恩格斯列宁斯大林著作编译局，《马克思恩格斯选集》（第三卷）（第2版）[M]，北京：人民出版社，1995年。
② 俞约法、李锡胤，评信德麟新作《斯拉夫语通论》[J]，外语学刊，1992年第1期。

出版社于1988年出版了杨隽教授编著的《俄语历史语法概论》，北京大学出版社于1997年出版了笔者本人编著的《俄语古文读本》。21世纪以来，古俄语、古代罗斯文学史及相关译本等材料逐渐增加，例如商务印书馆于2002年出版了李锡胤教授译注的《伊戈尔出征记》，2010年出版了王松亭教授译注的《古史纪年》，北京大学出版社于2013年出版了笔者本人编译注的《十七世纪俄国文学作品选读》等。上述几部古代罗斯著作均以双语对照，即古俄语与汉语对照的版本问世。

三

应当承认，近年来我国外国语言文学的一些专业，包括俄语在内，在学习和研究各自语言的相关古代语文知识方面开拓了新的局面。但不可否认的是，仍然存在某些思想认识问题，如怀疑学习古代语言知识是否有用，这类情况历史上也曾出现过，而且长期存在一种狭隘的实用主义观点，认为厚古薄今，古不能为今所用，因此古俄语、古英语之类的课程和研究容易被忽视，甚至被取消。

在此我们借重北京大学英语系李赋宁教授的"经验之谈"。他曾经有过连续四次（每次一学年）给英语高年级学生和研究生开设"古英语"和"英语文学史"等课程的经历，并从中取得了以下教学经验和认识："……关于早期英语的知识通常容易被忽视，因此需要一个专门课程来提供这方面的知识。而这方面的知识是一切深入学习英语和英国文学的学生都十分需要的。"[1] 对俄语专业以及其他外语专业的师生而言，又何尝不是如此。李赋宁教授在谈及学生们的学习效果时指出，"他们学了这门课之后，大都能借助词典和注释阅读古英语散文和乔叟、莎士比亚的作品了"，"对于专门研究英语语音、语法、词汇的学生来说，这门课也使他们初步学会了如何从历史发展和演变的角度来分析语言现象"[2]。我们期望俄语专业的师生也能从古俄语这门专业课程获得同样的学习效果。

当然，将古俄语视为一门专门课程，并不是轻易之举，这涉及师资力量、教材、教学参考材料等问题，乃至一些思想认识问题。我们还认为，为了巩固所学的

---

[1] 李赋宁，《英语史》[M]，北京：商务印书馆，1991年。

[2] 同上。

知识，似乎还应安排一定的作业，包括习题、文本阅读和语言学习等等。此外，还要考虑该课程与所开设其他课程的协调问题。

四

读者们和俄罗斯学界的专家学者们可能已经注意到近几年内已出版和即将出版的古俄语书籍。这里只谈两本：一本就是即将由商务印书馆出版的这本《古俄语通论》，另一本是北京大学出版社于2018年出版的《古俄语简编》（2019年第二次印刷）。两部书都冠以"古俄语"名头，但实则有别。前者着重古俄语的语音、词法、句法的发展变化。后者包括两个部分：上编是古俄语语言文字概论，下编是古俄语文选（也可称为古俄文本阅读，是全书的主要部分）。两部书可以互为补充，彼此相辅相成，为学习者、使用者提供更多的选择余地和参考材料。

与此同时，我们还注意到，21世纪的最初几年，俄罗斯学术界出版或再版的古俄语书籍也有这样两种情况：一种是纯古俄语的语言质态及其变化的描述，没有文选，例如维诺库尔（Т. Г. Винокур）的《古俄语》（«Древнерусский язык», 2007年第二版）；另一种是除了古俄语的语音、词法形态、句法结构及其变化的描述外，还带有附录，包括12个挑选出来的供阅读和翻译用的文本，例如罗西诺夫（Н. Д. Русинов）的《古俄语》（«Древнерусский язык», 2013年第四版）。罗西诺夫教授写道："在阐述语言历史时，重要的在于指出：一、语言变化的本质；二、语言变化的时间；三、语言变化的原因。"由此我们也认识到，学习俄语或其他某种语言的历史，往往也是学习研究和掌握历史比较语言学、斯拉夫语言学乃至印欧语言学、普通语言学等学科所不可或缺的课程。

最后，本人不才，诚惶诚恐；行将九秩，唯恐误事。但躬逢盛世，不忘初心，欣然命笔。如有错讹，请批评指正。

左少兴
2019年12月25日于北京大学承泽园

目　　录

绪论 ··· 1
　第一节　古俄语及其历史分期 ··· 1
　第二节　学习和研究古俄语的意义 ·· 4
　第三节　研究古俄语依据的材料 ··· 6
　第四节　古俄语的研究概况 ·· 15
　第五节　斯拉夫诸语言之间的关系 ·· 22
　第六节　俄语与古斯拉夫语 ·· 34
　第七节　俄语标准语与方言 ·· 49

第一编　古俄语语音学

第一章　古俄语语音学引论 ··· 55
　第一节　古俄语字母及其发音与书写 ··· 55
　第二节　古俄语字母的音位 ·· 56
　第三节　古俄语的书写规范 ·· 59

第二章　6—9世纪的古俄语语音系统 ·· 62

第三章　10—11世纪的古俄语语音系统 ·· 64
　第一节　元音系统 ··· 64
　第二节　辅音系统 ··· 67
　第三节　音节结构 ··· 71
　第四节　方言特征 ··· 72

第四章　古俄语语音溯源 ·· 76
　第一节　共同斯拉夫语与共同印欧语语音的区别 ·· 76
　第二节　共同斯拉夫语元音的起源 ··· 78

第三节　共同斯拉夫语辅音的起源 ·· 89
　　第四节　古俄语的重音 ·· 101

第五章　11—17世纪初古俄语的语音系统 ··· 102
　　第一节　半软音的再软化 ··· 102
　　第二节　弱元音的脱落 ·· 103
　　第三节　弱元音脱落的后果 ·· 107
　　第四节　隐现元音的形成 ··· 108
　　第五节　新辅音组的产生与变化 ·· 110
　　第六节　元音 и 与 ы 的合并 ·· 114
　　第七节　кы、гы、хы 的演变 ·· 115
　　第八节　元音 e 向 o 的转变 ·· 116
　　第九节　元音 ě 的演变 ·· 120
　　第十节　а 音化 ··· 121
　　第十一节　词尾元音的完全弱化 ·· 123
　　第十二节　ш、ж、ц 的变化 ··· 124
　　第十三节　16世纪末—17世纪初的俄语语音系统概述 ··················· 125

第二编　古俄语形态学

第六章　古俄语形态学引论 ·· 129
　　第一节　历史形态学的研究对象 ·· 129
　　第二节　古俄语的词类 ·· 129

第七章　古俄语的构词法与语音交替 ··· 131
　　第一节　古俄语的构词法 ··· 131
　　第二节　古俄语的语音交替 ·· 133

第八章　名词 ··· 137
　　第一节　古俄语名词的变格类型 ·· 137
　　第二节　名词变格类型的统一 ··· 147
　　第三节　呼格的消失 ··· 163

第四节　双数的消失 164
　　第五节　名词性范畴的演变 168
　　第六节　名词动物性/非动物性范畴的演变 169
　　第七节　名词词干的变化 173

第九章　代词 174
　　第一节　古俄语代词概述 174
　　第二节　人称代词与反身代词 175
　　第三节　指示代词 178
　　第四节　物主代词 184
　　第五节　限定代词 185
　　第六节　疑问代词 187
　　第七节　关系代词 189
　　第八节　否定代词 190
　　第九节　不定代词 192

第十章　形容词 194
　　第一节　古俄语形容词概述 194
　　第二节　短尾形容词 195
　　第三节　物主形容词 198
　　第四节　长尾形容词 201

第十一章　数词 207
　　第一节　古俄语数词概述 207
　　第二节　数词的变格 207
　　第三节　数词变格形式的历史演变 209
　　第四节　分数词与集合数词 213
　　第五节　顺序数词 214

第十二章　副词 216
　　第一节　副词的分类 216
　　第二节　副词的构成 218

第十三章 动词 ... 226
第一节 古俄语动词概述 ... 226
第二节 动词词干 ... 226
第三节 动词的变位类型 ... 227
第四节 动词过去时 ... 232
第五节 动词将来时及其演变 ... 241
第六节 动词的式 ... 243
第七节 古俄语形动词及其演变 ... 247
第八节 动词的态范畴 ... 256
第九节 动词体范畴的发展 ... 258

第三编 古俄语句法学

第十四章 古俄语双部句 ... 263
第一节 主语的表达方式 ... 263
第二节 简单句谓语的类型 ... 264
第三节 谓语与主语的一致关系 ... 271

第十五章 古俄语单部句 ... 273
第一节 确定人称句 ... 273
第二节 不定人称句 ... 273
第三节 无人称句 ... 274
第四节 称名句 ... 278

第十六章 古俄语格的用法 ... 279
第一节 第一格的用法 ... 279
第二节 第二格的用法 ... 280
第三节 第三格的用法 ... 282
第四节 第四格的用法 ... 283
第五节 第五格的用法 ... 284
第六节 动词的支配关系 ... 285

第十七章　古俄语的几种特殊句法现象 …… 288
第一节　独立三格短语 …… 288
第二节　重言结构 …… 289
第三节　否定意义的表达 …… 290

第十八章　前置词的意义和用法 …… 292
第一节　前置词 въ …… 292
第二节　前置词 возлѣ …… 293
第三节　前置词 между …… 293
第四节　前置词 мимо …… 293
第五节　前置词 на …… 294
第六节　前置词 о …… 295
第七节　前置词 по …… 297
第八节　前置词 подълѣ …… 298
第九节　前置词 про …… 299

第十九章　古俄语的复合句 …… 300
第一节　无连接词复合句 …… 300
第二节　并列复合句 …… 301
第三节　主从复合句 …… 304

第二十章　古俄语的词序 …… 313

参考书目 …… 316
附录：本书使用的一些符号、特殊字母和音位说明 …… 319
后记 …… 323

绪 论

第一节 古俄语及其历史分期

　　历史比较语言学按照来源对世界上的语言进行分类，同源的语言属于一个语系，这种分类方法被称作语言的谱系分类。印欧语系是世界上分布较广、使用人数较多的一个语系，被广泛使用于亚洲、欧洲、美洲和大洋洲。印欧语系包括若干语族，语族再分为若干语支，语支又包含若干具体语言。这些语言合称为"印欧语"（индоевропейские языки）。它们追根溯源都来自一个"印欧共同语"（общеиндоевропейский язык），又称"印欧母语"（индоевропейский праязык 或 индоевропейский язык-основа）。

　　语言的发展是一个缓慢而复杂的过程。大约五六千年以前，存在于众多方言中的印欧共同语逐渐分化为多个语族，包括：印度-伊朗语族（梵语、印地语、乌尔都语、孟加拉语、波斯语等），希腊语，阿尔巴尼亚语，日耳曼语族（德语、英语、瑞典语、冰岛语等），罗曼语族（拉丁语、法语、西班牙语、意大利语、葡萄牙语等），波罗的语族（立陶宛语、拉脱维亚语、古普鲁士语等），凯尔特语族（苏格兰语、爱尔兰语等），斯拉夫语族（古斯拉夫语、保加利亚语、马其顿语、塞尔维亚语、克罗地亚语、斯洛文尼亚语、波兰语、捷克语、俄语、乌克兰语、白俄罗斯语等）。大约公元前3000年初期，斯拉夫人从共同印欧整体中分化出来，走上独立发展的道路。当时生活在中东欧广袤大地上的斯拉夫人讲着同一个语言的不同方言，语言学家们把它叫作"共同斯拉夫语"（общеславянский язык），又称"斯拉夫母语"（праславянский язык 或 праславянский язык-основа）。6—7世纪以后，共同斯拉夫语逐渐解体，分为东斯拉夫语支、南斯拉夫语支和西斯拉夫语支。东斯拉夫人使用的共同语言，即"东斯拉夫共同语"（восточнославянский язык 或

общевосточнославянский язык）是现代俄罗斯人、乌克兰人、白俄罗斯人的祖先共同使用的语言，它也就是"古俄语"（древнерусский язык）[①]。

学术界对于共同斯拉夫语解体的时间存在几种观点。法国著名语言学家梅耶（A. Meillet）认为，共同斯拉夫语是在9世纪以后解体的。语言学家特鲁别茨柯依（Н. С. Трубецкой）、杜尔诺沃（Н. Н. Дурново）则认为，直至10—12世纪共同斯拉夫语仍没有解体，但存在不少方言上的差别。12世纪以后，当斯拉夫语各方言中的弱元音（ъ，ь）脱落以后，这些方言才逐渐发展为独立的语言。法国学者瓦扬（A. Vaillant）认为，10—12世纪时期古斯拉夫语在斯拉夫各民族中传播，尽管已经存在很多方言差别，斯拉夫各民族当时说的仍是共同斯拉夫语。苏联语言学家阿瓦涅索夫（Р. И. Аванесов）和库兹涅佐夫（П. С. Кузнецов）也指出：斯拉夫诸语言现在仍十分相似。而10—11世纪，即古代斯拉夫文献出现时，它们之间的差异更小。可以毫不夸张地说，这种差异远小于现代俄语各个方言之间的差异。苏联学者托波罗夫（В. Н. Топоров）也赞同特鲁别茨柯依等人的观点。

苏联著名语言学家菲林（Ф. П. Филин）则持另一种观点。从20世纪30年代至70年代末，他一直从事俄语史、斯拉夫语言历史词汇学、词典学、普通语言学、社会语言学、俄语方言学、语言地理学等方面的研究，撰写了《俄语、乌克兰语、白俄罗斯语的起源·历史方言概要》（«Происхождение русского, украинского и белорусского языков: историко-диалектологический очерк», 1972年）、《东斯拉夫人语言的形成》（«Образование языка восточных славян», 1962年）、《俄语历史词汇学》（«Историческая лексикология русского языка», 1984年）等著作。在《东斯拉夫人语言的形成》一书中，他提出的观点是共同斯拉夫语在7世纪以后已经开始解体。这种观点的主要论据在于，一个共同语的分化与否不仅要看语言事实本身，还要参照与语言相关的多种外部因素。

对于古俄语形成的时间问题存在两种不同的观点：一种观点认为，6—7世纪

[①] 需要指出的是，将древнерусский язык译作"古俄语"也许并不十分贴切。древнерусский源自Древняя Русь（古罗斯），本义是"古罗斯的"，因此древнерусский язык更确切的译法是"古罗斯语"，因为它是俄罗斯人、乌克兰人、白俄罗斯人祖先共同使用的语言。但是，现代俄语与它是一脉相承的，它是现代俄语的"上古时期"，故称之为"古俄语"。

以后，古俄语已从共同斯拉夫语中"脱胎而出"，与其他斯拉夫语"分道扬镳"；另一种观点认为，直至 10—12 世纪，古俄语才同其他斯拉夫语"各奔东西"，在此之前它们还是一个整体。俄罗斯语言学界大多数学者赞同第一种观点。

如果接受这种观点，也就意味着接受与其相关的另一个观点。古俄语早期还应分为两个阶段：一是历史前的时期（доисторический период）或文字前的时期（дописьменный период），从 6—7 世纪到 11 世纪初或中叶；二是有历史的时期（исторический период）或有文字的时期（письменный период），从 11 世纪中叶到 14 世纪末。

从 15 世纪到 17 世纪末，古俄语逐步解体，分为俄语、乌克兰语和白俄罗斯语。俄罗斯语言学界将这一时期的俄语称为"大俄罗斯语"（великорусский язык），有时也使用 старорусский язык 这一术语。我们认为，将 старорусский язык 译作"中古俄语"较为妥当。进入 18 世纪以后，俄语进入现代俄语（современный русский язык）时期。

这样一来，俄语产生和发展的历史大致可以分为以下三个阶段：1）上古俄语（древнерусский язык）①时期（6—7 世纪至 14 世纪末）；2）中古俄语时期（15—17 世纪末）；3）现代俄语时期（18 世纪至今）。

俄罗斯语言学界基本接受俄语发展的上述历史分期，戈尔什科娃（К. В. Горшкова）和哈布尔加耶夫（Г. А. Хабургаев）在《俄语历史语法》（«Историческая грамматика русского языка», 1981 年）一书中将这个分期法又细化为以下六个时期：

（1）东斯拉夫时期（восточнославянский период, 6—9 世纪）。斯拉夫人的语言（口头语言）开始在东欧地区传播开来。在传播过程中，斯拉夫人同当地的土著居民，主要是波罗的人、芬兰-乌戈尔人相互影响，语言之间相互渗透。与此同时，东斯拉夫人与西斯拉夫人、南斯拉夫人的方言逐渐分离，许多东斯拉夫方言的特征逐步显现。共同斯拉夫语的许多语音变化过程就发生在这个时期。此外，氏族公社在这个时期逐渐联合为农村公社，手工业的发展促进最初城镇的出现，早期的国家也随之产生。

---

① 为了与上文的 старорусский язык 相区别，我们有时也将 древнерусский язык 译成"上古俄语"。

(2) 古罗斯时期 (древнерусский период, 9—14 世纪)。这一时期所有讲斯拉夫语的东欧居民联合成一个部族。从语言发展的角度看, 这个时期又可分为两个阶段: 第一阶段为古罗斯早期 (9—11 世纪末或 12 世纪初), 这也是古罗斯的上升期。这个时期古俄语已经形成, 开始明显区别于西斯拉夫语、南斯拉夫语。古罗斯封建主义国家的建立促进了语言的统一, 以古斯拉夫语为基础的文学语言和官方的基督教建立起来。第二阶段是古俄语晚期 (12—14 世纪)。基辅罗斯衰落、封建割据、蒙古-鞑靼人的入侵促使了新东斯拉夫部族及其语言的诞生, 从而产生了大俄罗斯语、乌克兰语和白俄罗斯语。俄语方言的范围也是在这一时期形成的。

　　(3) 中古俄语时期 (старорусский период, 14—17 世纪), 也是狭义的俄语时期。俄罗斯部族逐步形成, 未被立陶宛大公国兼并的东斯拉夫人以莫斯科为中心建立起自己的国家。以莫斯科为中心的罗斯东北部方言逐渐扩大了自己的影响, 向北部、西北部 (诺夫哥罗德方向) 和南部 (奥卡河流域) 扩散。与此同时, 以莫斯科地区方言为基础的俄语中部方言逐渐形成。到中古俄语末期, 俄语中部方言日渐占优, 成为俄罗斯民族国家的标准语 (литературный язык)。

　　(4) 俄罗斯民族语言 (национальный язык) 形成初期 (17 世纪中叶—18 世纪)。

　　(5) 俄罗斯民族语言发展期 (19—20 世纪)。从普希金的文学创作活动开始, 现代俄语标准语体系基本形成。方言渐渐失去交际的功能, 仅部分保留在农村地区; 规范的城市口语共同语成为知识阶层的日常口语。

　　(6) 俄语成为苏联、俄罗斯时期的族际交际工具, 同时也是世界重要语言之一。

第二节　学习和研究古俄语的意义

　　古俄语是重要的俄罗斯文化符号。历史学、考古学、文学、法学、民俗学、地理学、语言学等人文科学的研究者如果不学习古俄语, 就无法开展研究, 因此, 俄罗斯历来十分重视古俄语及与其密切相关的斯拉夫语历史比较语言学、古文字学、方言学的研究和教学工作。古俄语、古斯拉夫语、俄语方言学、斯拉夫语比较语言学等是很多大学语文系必修的核心课程。与此同时，大众传媒十分重视在青少年中普及古俄语知识，时常举办古俄语知识竞赛，吸引俄罗斯中学生参加，借此传播古俄语。如果从保护和传承俄罗斯民族文化的角度出发，类似的做法并不让人感到奇怪。

外国人了解古俄语知识的用处在于：有助于学习者加深对现代俄语的了解，尤其在遇到无法从共时层面解释的一些特殊语法现象时，借助古俄语知识大都能得以解决。以下不妨举一些实例加以说明：

一是隐现元音（беглые гласные）的问题，即现代俄语中一些名词词干中的元音〔o〕和〔e〕。它们只在名词单数第一格及与第一格相同的第四格时出现，在其他间接格中会隐去，从而造成这些名词变格中出现元音〔o〕和〔e〕同零元音的交替，如 сон（сна，сну...）（睡眠）、мох（мха，мху...）（藓，苔）、кусок（куска，куску...）（块）、молоток（молотка，молотку...）（锤子）、день（дня，дню...）（日，天）、отец（отца，отцу...）（父亲）等。事实上，这是从现代俄语角度观察到的结果。在古俄语中，上述单词相应位置上出现的并不是〔o〕和〔e〕，而是弱元音〔ъ〕和〔ь〕。在后来的发展中，重读音节中的弱元音〔ъ〕和〔ь〕变成了〔o〕和〔e〕，而它们在非重读音节中脱落了。

二是一些俄语阳性名词复数第一格带重音的词尾 -а(-я)，如 глаз（глазá）（眼睛）、бок（бока́）（侧，肋）、берег（берега́）（岸）、рукав（рукава́）（袖子）、город（города́）（城市，城镇）、голос（голоса́）（声音）、учитель（учителя́）（教师）、край（края́）［边（缘）］等。这种情况出现的原因是古俄语双数第一格现象在部分单词中保留至今的结果。双数作为一个语法范畴在现代俄语中已经消失，只在少数俄语单词中与复数形式合并了。

三是一些俄语名词单数第二格的词尾 -у(-ю)，例如俄语中使用 качество сахара（чая）［糖（茶）的质量］，但却用 кило сахару（一公斤糖）、купить чаю（买些茶）。现代俄语语法中将这种现象解释为物质名词表示数量意义时的特殊用法，殊不知，这是由于古俄语名词两种不同变格类型演变而来的结果。在俄语后来的发展中，这两种变格法合并为一种变格法，但这两类格的形式都保留在俄语名词中并获得了特殊的语法意义。

四是一些俄语阳性名词单数第六格带重音的词尾 -у(-ю)，例如：о лесе（关于森林）— в лесу́（在森林里），о саде（关于花园）— в саду́（在花园里）。这种现象出现的原因和上一点相同。

五是现代俄语熟语中保留的古旧语法形式。例如 темна вода во облацех（不可解的东西），与在现代俄语中形容词短尾形式只能用作谓语不同的是，它在古俄语中可以用作定语。再如 еле можаху（烂醉到不能自控），如果知道其中的 можаху 是动词 мочь 的过去未完成时复数第三人称形式，相当于现代俄语中的 могли，理解该熟语的意义就不那么难了。

六是现代俄语中保留的古旧词义。例如俄语熟语 гол как сокол（一贫如洗），现代俄语语词词典都将其放在词条 со́кол（鹰、隼）之中。奥热果夫（С. И. Ожегов）、什维多娃（Н. Ю. Шведова）的《俄语详解词典》，库兹涅佐夫（С. А. Кузнецов）的《俄语详解大词典》都是这样处理的。但是该熟语中的 сокол 应当是 соко́л，原意是"用来攻城的圆木柱、篱笆桩"，这显然更符合该熟语的意义。

此外，古俄语的许多语音、语法现象在一些现代俄语方言中仍有所保留。总体而言，掌握一些古俄语知识可以更好地解释现代俄语及其方言中的许多语音、语法现象。

第三节　研究古俄语依据的材料

1. 古文献

古文献（письменные памятники）泛指从文字产生到 17 世纪期间记录俄语发展的所有书面材料，其中主要包括以下几类：

一是铭刻、铭文（надпись，граффиги），它们通常雕刻在石板、木料、金属、陶器等上面。碑刻、铭文是最早出现的古文献，它们非常简短，有的甚至只是一个词或一句话。最早的俄语铭文出现于 10 世纪早期。1949 年在俄罗斯斯摩棱斯克市南郊格尼奥兹多沃村发掘古代墓群时发现了一个陶罐，上面烧制了一个词。对于这个词的读音和意义，学术界有几种不同的解释：阿夫杜辛（Д. А. Авдусин）和车尔内赫（П. Я. Черных）将其解释为"芥末"（相当于 горчица），科尔祖希娜（Г. Ф. Корзухина）和利沃夫（А. С. Львов）将其解释为"酒"（相当于 горючее），雅柯布逊（Р. О. Якобсон）、基帕尔斯基（В. Кипарский）和特鲁巴乔夫（О. Н. Трубачёв）认为该词是由斯拉夫人名 Горун 构成的物主形容词的第一格。详见下图[①]：

图 1　格尼奥兹多沃陶罐铭文（гнездовская надпись）

但是俄罗斯语言学界普遍认为，单个词并不能作为罗斯文字出现的确凿证据。罗斯最早的古文献出现于1056—1057年，著名的《特木塔拉干铭文》出现得更晚一些（1068年），那是镌刻在大理石板上的一句题词，内容与格列布公丈量刻赤海峡有关：

…глѣбъ кнѧзь мѣрилъ морѥ по леду отъ тьмутаракана до кърчева... сѧже（格列布公沿冰面丈量了刻赤海峡，从特木塔拉干到刻赤共……沙绳）

图 2　特木塔拉干铭文（надпись на тьмутараканском камне）

---

① 本书部分图片取自俄罗斯网站 Яндекс。

最古老的题词之一还有车尔尼哥夫王公弗拉基米尔·达维多维奇使用过的银酒杯上镌刻的题词（约1151年）。在基辅、诺夫哥罗德、斯摩棱斯克等俄罗斯城市古代教堂墙壁上的题词（11—14世纪）也有参考价值。题词通常由文化水平不高的匠人制作，因此保存了老百姓的真实口语。

二是私人信件（частная переписка），它同样是真实反映古罗斯人口语的文献。11—15世纪诺夫哥罗德遗留下来的私人书信多刻在白桦树皮上，保存较好的有500多件。斯摩棱斯克、维捷布斯克、普斯科夫、旧卢萨等城市也保存了不少私人信件。14世纪以后，信件则写在"进口"纸张上了。

三是各种文书（грамоты），包括合约、条约。这类文献使用的基本上也是当时的口语，与书面语有较大差别，它们大多是由没有受过专门训练、文化水平较低的人抄写的，因此这种文献与社会底层民众的语言接近，对研究古俄语活的语言有很大参考价值。

迄今为止最早的文书要算姆斯季斯拉夫大公写给诺夫哥罗德尤里修道院的馈赠状（约1130年）。

12世纪末保存至今的有诺夫哥罗德市抄写在桦树皮上的一批文书，其中包括《胡登修道院院长瓦尔拉姆的捐赠文书》（«Вкладная грамота Варлаама Хутынского»），完成的时间为1192年左右。

13世纪以后保留下来的文书相当多。特别应当提到的是《斯摩棱斯克同里加及哥得兰岛签订的合约》（«Договорная грамота Смоленска с Ригою и Готским Берегом», 1229年）。弱元音脱落现象在这份文书中反映得十分突出，它也体现了古代斯摩棱斯克方言的一些特点，因此对于研究古俄语的发展很有参考价值。

四是手抄书籍（рукописные книги），这类文献对于研究俄语史最为重要。据粗略统计，流传至今的11—14世纪罗斯手抄书籍约有1 500册，其中大部分留存于基辅、诺夫哥罗德、斯摩棱斯克、普斯科夫、加里奇等罗斯历史名城之中。文献的内容绝大多数是从古斯拉夫文抄写的基督教宗教书籍，包括福音书、《圣经·旧约》中的诗篇、东正教每日读物月书、教堂唱的赞美诗歌（кондакари）、基督教教义阐释者的布道说教、圣徒传记等。

大部分教科书中公认的罗斯留存至今的第一部手抄本是《奥斯特罗米尔福音

书》(«Остромирово евангелие»，1056—1057年)[①]。据说该书的抄写者是基辅一位名叫格里戈利的东正教助祭，他应召带领助手前往诺夫哥罗德为该城总督奥斯特罗米尔抄写了这部福音，此书也因总督之名得名。该书抄自古斯拉夫文，是研究古斯拉夫语的重要文献。但是这本手抄书的跋是抄写者用自己的口语写的，充分体现了古罗斯人当时的口头语言，也是研究古俄语民间口语的珍贵资料。

11世纪的重要手抄书还包括：1)《阿尔汉格尔斯克福音书》(«Архангельское евангелие»，1092年)。它最早可能成书于罗斯南部某地，但却阴差阳错地出现在北部城市阿尔汉格尔斯克。2)《诺夫哥罗德东正教日读月书》(«Новгородские служебные четьи-минеи»，1095—1097年)。它包括三卷，内容与东正教颂诗、颂歌有关，全书按照月份和日期编排。3)《斯维托斯拉夫文集》(«Святославовы изборники»，1073—1076年)。它成书于基辅，为斯维托斯拉夫·雅罗斯拉维奇大公所作。其中1073年的文集包含各类知识，颇像一本小百科全书；1076年的文集则是一本宗教劝谕性文集。

12世纪的重要手抄文献是《多勃里尔福音书》(«Добрилово евангелие»，1164年)。它成书于罗斯南部地区，其重要价值在于反映了弱元音脱落的过程。12世纪末的手抄文献《圣母升天修道院文集》(«Успенский сборник XII в.»)因基辅圣母升天大教堂而得名，收录了《鲍里斯与格列布行传》(«Житие Бориса и Глеба»)和《(洞窟修道院的)费奥多西行传》(«Житие Феодосия Печерского»)。它们并非抄自古斯拉夫语，而是地地道道的罗斯作品，只不过使用了古斯拉夫语而已。

13世纪最有价值的手抄文献是《诺夫哥罗德教会法汇编》(«Новгородская Кормчая»，1282年)。这部史籍虽然名称为教会法律汇编，收入的却是罗斯最古老的民法典《罗斯法典》(«Русская правда»)。

---

① 2000年新发现的《诺夫哥罗德法典》(«Новгородский кодекс»)成书于11世纪初，后被认为是古罗斯第一本手抄书。

图 3 《罗斯法典》片段

　　《罗斯法典》不是用教会斯拉夫语，而是用罗斯的书面语写成的，因此对于研究上古时期的罗斯书面语有重要的参考价值。苏联科学院院士奥勃诺尔斯基（С. П. Обнорский）对其进行过专门研究，并由此得出俄罗斯标准语形成的新的理论。《罗斯法典》编成于 11 世纪，但是其原件和早期手抄本均未被发现，直到 13 世纪末才"重见天日"。

　　14 世纪末的重要手抄文献是《莫斯科福音书》（«Московское евангелие», 1393 年），该书的突出特点是反映出俄语的 a 音化（аканье）现象。

　　在罗斯手抄文献中，编年史占有重要地位。13 世纪末、14 世纪初留存下来的是《宗教局图书馆版本诺夫哥罗德一号编年史》（«Первая Новгородская летопись по Синодальному списку»）。14 世纪留存下来的《拉夫连季编年史》（«Лаврентьевская летопись», 1377 年）是罗斯最重要的典籍之一。它是研究俄罗斯历史、文学、语言的经典，具有极高的学术价值和审美价值。俄罗斯介绍、研究这部典籍的专著和文章不计其数。苏联语言学家、文学家曾用现代俄语转译这部著作，使其广为流传。这部著作曾被译成汉语，目前大陆有三种译本：一是《往年纪事译注》（王钺译注，1994 年由甘肃民族出版社出版）；二是《古史纪年》（王松亭译注，2010 年由商务印书馆出版）；三是《往年纪事》（朱寰、胡敦伟译，2011 年由商务印书馆出版）。

　　15 世纪罗斯重要的编年史之一是《伊帕季编年史》（«Ипатьевская летопись», 约 1425 年），它可能成书于普斯科夫。15 世纪另一部军事文学题材的手抄文献是

《顿河畔大战》(«Задонщина»)。它描写了俄罗斯历史上著名的库里科沃会战,有模仿《伊戈尔出征记》(«Слово о полку Игореве»)的痕迹。15世纪是俄罗斯游记体文学的发端时期。特维尔商人阿法纳西·尼基京(Афанасий Никитин)是开创人物之一。他撰写的《三海游记》(«Хождение за три моря»)记载了他游览印度时的见闻,故事妙趣横生。该书创作于15世纪,但只保留了16—17世纪的抄本。

五是印刷书籍(печатные книги)。这里不得不提的是创作于12世纪的《伊戈尔出征记》。它是世界闻名的罗斯文学瑰宝,深受俄罗斯人民喜爱。目前留存下来的是根据16世纪的手抄本成书的印刷本(1800年),手抄本则毁于1812年的莫斯科大火。《伊戈尔出征记》已被翻译成世界多种文字,我国就有多个译本,其中包括北京大学魏荒弩教授、黑龙江大学李锡胤教授的译本。16世纪中叶在莫斯科设立的皇家印刷所印刷了不少书籍,其中包括《使徒福音》(«Апостол», 1654年)、《俄罗斯大法典》(«Соборное уложение», 1649年)等。

在印刷书籍出版的同时,仍有不少手抄书籍问世,例如《伊万雷帝律书》(«Судебник Ивана Грозного», 1550年)、《治家格言》(«Домострой», 1547年)、《大司祭阿瓦库姆自传》(«Житие протопопа Аввакума», 1667—1682年)等。

2. 方言

俄语的发展历史十分漫长。俄语标准语是在方言的基础上形成的。方言大多是活的语言,只有在文字发明以后,才有可能被记录下来。与此同时,不同时期的古文献中也保留了方言的痕迹。因此,方言成为了研究俄语发展史的重要依据。但有的时候,某些方言现象也可能未反映在古代文献中,需要采用历史比较方法对这些现象进行层层剥离,回溯到它的远古状态。由此可见,研究俄语史时只对方言进行共时描写是不够的,还要借助历史方言学进行研究。例如,在俄罗斯某些方言中,лес(森林)读作〔лêс〕或〔лиес〕,而在标准语中读作〔лес〕。也就是说,元音〔e〕在俄语中有三种读音:窄元音〔ê〕,二合元音〔oi〕,标准语的开元音〔e〕(舌面比〔ê〕要低一些)。但是,лес 中的〔e〕并非其真实出身,在古俄语文献中本来是另一个元音〔ѣ〕(字母读作 ять),лес 读作〔лѣсъ〕。在俄语后来的发展中,ѣ 与 e 合而为一,即 лѣсъ>лес。也就是说,лес 中的〔e〕原本读作窄元音,这种读音在一些俄语方言中保留了下来。

再如，俄语词 свекровь（岳母）在某些方言中读作〔свекры〕。从古俄语文献得知，在古俄语中该词的单数第一格形式是 свекры，单数第四格则为 свекръвь。类似的情况还出现在下列单词中：

бры——бровь（眉毛），кры——кровь（血液），любы——любовь（爱情）[①]

可以肯定的是，свекры、бры、кры、любы 在古俄语中都是确实存在的语言形式，它们仍保留在现代俄语的某些方言中。而在俄语标准语中，它们被单数第四格取代了。

3. 语言地理学

语言地理学（лингвистическая география）与方言学紧密相连。直到不久以前，语言学界才认识到语言地理学对于研究俄语历史语法的价值，而且它是很有前景的研究方法。语言地理学借助同语线（изоглоссы）这一概念揭示语言新现象的发源地、扩散时间、方言间相互碰撞的时间和性质。同一个系统的语言现象传播地域可以用语言地图展示出来，它也是构拟俄语不同历史时期方言划分的主要资料。在构拟方言的历史划分时，不能只考虑语言学因素，还要兼顾历史地理学、考古学、民族学、社会学、历史学等知识。语言地理学收集的材料应当与历史、考古资料比对、呼应，以展示方言碰撞的"外部"条件。这有助于弄清楚某些地域性语言特征为什么被另外的语言特征所排挤。

语言地理学资料还能反映某些在古文献中未记载的地区的语言发展状况，例如南部方言区语言发展的状况。我们知道，俄罗斯南部方言对以莫斯科为中心的俄语中部方言的形成曾起过重要作用。

4. 专名学

专名学（ономастика）是以专有名词为研究对象的语言学分支学科，主要研究人名（антропонимы）和地名（топонимы）。人名广义上包括人名、部落名、民

[①] 这些单词与其在古俄语中的第四格形式之间的关系可以表示为：свекровь＜свекръвь，бровь＜бръвь，любовь＜любъвь。

族名等；地名包括城市名、乡村名、历史地域名、水域名等，甚至包括小地名（микротопонимы），即耕地、草场、牧场、狩猎场、捕鱼场、小河流、小溪等的名称。有的学者把专名学看作语言学和超语言学的联系环节。

专名的主要特点在于，它常常不受普通名称发展规律的限制，运用现代语言中非能产的构词模式构成，同生产词的语义联系模糊。例如俄语地名 Ярославль（雅罗斯拉夫）是由人名 Ярослав+后缀 j(ь) 构成，即 ярослав+j(ь)＞ярославль。ярослав+j(ь) 原本是物主形容词，但后来名词化。现代俄语已不再使用这种构词模式。再如，一些俄罗斯人的姓氏明显是由形容词构成的，如 Дурново（杜尔诺沃）、Хитрово（希特罗沃）、Сухово（苏霍沃）来自形容词阳性单数第二格，Черных（车尔内赫）、Седых（谢德赫）、Домогацких（多莫加茨基赫）等来自形容词复数第二格。它们都形容词名词化了，而且在现代俄语中是不变格名词。有的甚至重音还发生过变化，如 хи́трого＞хитрово́、чёрный＞черны́х。这些姓氏在古俄语中最初表示氏族的绰号，后来演变为姓氏。历史专名学（историческая ономастика）是专名学的一个分支，其研究资料对研究俄语史很有参考价值。

5. 借词

借词（заимствование）指本族语中从其他民族语言借入的词。斯拉夫人在与周边民族的接触过程中，他们的语言也会相互渗透，词汇的相互借用可能性很大。古俄语使用频率极高的 кънѧзь（现俄[①]князь：大公）一词就是借自日耳曼语的 kuning。具体来说，弱元音 ъ 来自 ŭ，ѧ 来自 in，因而形成了鼻元音 ę，后来又转化为前元音 ä，而 з 则来源于 g。这个词在漫长的俄语发展历史中经历了几次变化，是一个非常有代表性的例证。再如 пьсъ（现俄 пёс：狗，公狗）一词也是共同斯拉夫语时代的遗产，它在所有斯拉夫语中的发音都很相近。试比较：

乌克兰语 пес，白俄罗斯语 пёс，保加利亚语 пес，塞尔维亚语 пäс，斯洛文尼亚语 pes，捷克语 pes，波兰语 pies。

但它的词源不是很清楚，学界尚无定论。它的同义词 собака（狗）只在东斯拉夫语中使用，如乌克兰语 собака、白俄罗斯语 сабака，其他斯拉夫语言中并不使

---

① 以下现代俄语简称"现俄"。

用。该词最早出现在 12 世纪古俄语文献之中，语言学界普遍接受的说法为：该词是古俄语早期的借词，来自黑海北岸的古伊朗语。

此外，俄语 король（国王）一词也是共同斯拉夫语时期从法兰克人那里借用的，最初与法兰克国王查理大帝（Карл Великий）的名字有关。该词借用到共同斯拉夫语之后，词义得以扩展，并开始用作普通名词 король。在共同斯拉夫语分为三支以后，该词在语音上也发生相应的变化：在东斯拉夫共同语中表现为 -ar>-oro，即全元音组合（полногласие）；在南斯拉夫语中表现为 -ar>-ra，即非全元音组合（неполногласие）；在西斯拉夫语中表现为 -ar>-ro。例如：俄语 король，乌克兰语 король，白俄罗斯语 кароль；保加利亚语 крал，塞语 крâль，斯洛文尼亚语 kralj；捷克语 kral，波兰语 król。

король 一词的借入过程也反映出斯拉夫语 -or 在两个辅音之间的变化过程，也是全元音组合与非全元音组合的产生过程，它可以表示为 tort>torot、tort>trat、tort>trot 的过程。

其他外族语言从古俄语中借词的例子也有很多，例如现代俄语中的 кудель（麻纤维）和 судья（法官）（在古俄语中分别读作〔kǫdělь〕和〔cǫdиa〕）是从古俄语的北方方言借入到芬兰语之中，在芬兰语中分别读作〔kuontalo〕和〔suntia〕。这反过来也证明，在古俄语中 y 为鼻元音，即读作〔ǫ〕[①]。爱沙尼亚语从古俄语借入的词中，有些含有"元音＋鼻辅音"音节，这也是古俄语中存在鼻元音的另一证据。例如爱沙尼亚语 und（现俄 удочка：钓竿）中的 un 是转写自古俄语鼻元音〔ǫ〕。

6. 其他民族的书面语材料

拜占庭皇帝紫袍王君士坦丁（Константин Багрянородный）撰写的著作《异族见闻》（《О народах》，949 年）中的第 9 章和第 37 章详细记述了他游历罗斯的见闻，其中包含了罗斯许多城市、部落、河流、第聂伯河浅滩激流的名称和一些古俄语词语。

9—10 世纪阿拉伯和波斯地理学家对基辅罗斯的记述中也记录了一些古俄语口

[①] кудель 和 судья 这两个词在共同斯拉夫语中应为 *kǫdělь 和 sǫdĭja。

语词语。几个世纪以后，16—17世纪的外国旅行家撰写的有关罗斯、莫斯科的游记和随笔中都反映了当时俄语口语的状况。需要指出的是，他们的注音往往很不准确，法国人可能把что（什么）的读音标为〔seto〕。运用这些资料研究古俄语需要倍加谨慎，最好有俄罗斯人自己撰写的文献作为佐证。

英国人詹姆斯（James R.）编写的《俄英小词典》（«Русско-английский словарь-дневник», 1618—1619年）以阿尔汉格尔方言为基础。彼得堡大学的语言学家拉林（Б. А. Ларин）将其整理出版，他还将德裔学者卢道夫（H. W. Ludolf）用拉丁文编写的《俄语语法》（«Русская грамматика», 1696年）翻译成俄语，使之能与俄罗斯读者见面。这些著作对研究古俄语晚期的状况有一定参考价值。

第四节　古俄语的研究概况

1. 俄罗斯学者的研究概况

论及俄罗斯学者在古俄语方面的成就，首先不得不提的是罗蒙诺索夫（В. М. Ломоносов）。在罗蒙诺索夫生活的时代，语言学尚未发展成为一门独立的学科，但在罗蒙诺索夫的著作中已经产生语言谱系学说的思想萌芽。他认为，俄语、波兰语、保加利亚语、塞尔维亚语、捷克语、斯洛伐克语等语言具有亲属关系，与南斯拉夫语相比，俄语与西斯拉夫诸语更加接近。这些认识与现代斯拉夫语比较语言学的结论是一致的。罗蒙诺索夫在其代表作《俄语语法》（«Российская грамматика», 1755年）中分析数词时指出，俄语、希腊语、拉丁语、德语是亲属语言，但俄语同芬兰语、汉语则无同源关系。在该书中，罗蒙诺索夫还对俄语方言做了划分，将俄语划分为三大方言：莫斯科方言，北部沿海方言（поморский диалект）和小俄罗斯方言（малороссийский диалект）[①]。莫斯科方言指现代俄语中以莫斯科为中心的中部方言（акающий диалект）。他还将乌克兰语看作一种方言，但却未区分白俄罗斯语，这无疑受到当时语言研究水平的局限。但总体而言，他对俄语方言的划分

[①] 帝俄时代将乌克兰语和白俄罗斯语看作俄语的方言。俄语是大俄罗斯语（великорусский язык），而乌克兰语是小俄罗斯语（малороссийский язык）。

已具备现代俄语方言划分的雏形。

19世纪初,语言学在欧洲和俄罗斯已成为一门独立的学科。古俄语研究也因此进入快速发展期。俄罗斯学者开始收集、研究俄罗斯古文献,当时最著名的语言学家是沃斯托科夫（А. Х. Востоков）,他是运用历史比较法研究俄语的第一人。1820年他发表的《论古斯拉夫语》（«Рассуждение о славянском языке»）使其不仅在俄罗斯,甚至在欧洲声名鹊起。他以 tj 和 dj 在斯拉夫诸语言中的演变结果为例,阐述了俄语同这些语言的关系。他还将俄语发展划分为三个时期:古俄语时期（9—15世纪）、中古时期（15—16世纪）和新时期。他运用历史比较语言学的方法解读了ъ、ь、ж、а这四个字母在古俄语中的读音（音值）。沃斯托科夫编写了两部俄语语法,出版了一些古文献,并编纂了《教会斯拉夫语词典》（«Словарь церковнославянского языка»,1858—1861年）。

斯列兹涅夫斯基（И. И. Срезневский）是继沃斯托科夫之后又一位研究古俄语的杰出学者。1849年他发表了《关于俄语史的思考》（«Мысли об истории русского языка»）一文。在该文中,他构拟出俄语史研究的大纲,并指出同民族历史密切关联的语言历史有着巨大的意义。他表明俄语史是斯拉夫语历史的继续,后者又是印欧语的继续。通过亲属语言和方言的比较可以恢复、重建俄语的原始状态,为此必须收集和整理古代文献,编写词典,研究俄语方言及标准语的词汇及语法。斯列兹涅夫斯基编写了《古俄语词典》（«Материалы для словаря древнерусского языка»,1893—1912年）。该词典共包括三卷,运用了古罗斯11—14世纪的全部古文献资料、15—16世纪的部分文献资料共计2 700余种。这部鸿篇巨制是俄语历史词汇学的公认宝库,是俄语历史词典学的代表作,至今仍是研究古俄语的最重要参考书之一。此外俄罗斯科学院语言学研究所和俄语研究所正组织编纂两部大型词典:一是《11—14世纪古俄语词典》（«Словарь древнерусского языка (XI–XIV вв.)»）,二是《11—17世纪俄语词典》（«Словарь русского языка (XI–XVII вв.)»）。这两部词典都是众多语言学家集体编写而成,它们又将俄罗斯历史语言词典提上新的台阶,是研究古俄语的重要文献。

布斯拉耶夫（Ф. И. Буслаев）是俄语历史语法真正意义上的奠基人。"历史语法"（историческая грамматика）这个术语就是由他提出来的,一直沿用至今。在研究俄语语言现象时，布斯拉耶夫总是同其他斯拉夫语进行比较。1858年他发表了《俄语历史语法初探》(«Опыт исторической грамматики русского языка»)，后更名为《俄语历史语法》(«Историческая грамматика русского языка»)，此书在俄罗斯多次再版，很长时间都是俄罗斯讲授俄语史的基本依据。1861年他还发表了《教会斯拉夫语和古俄语历史资料汇编》(«Историческая хрестоматия церковнославянского и древнерусского языков»)。

著名语言学家波铁布尼亚 (А. А. Потебня) 对俄语史也做出过重大贡献。他是心理语言学流派的代表人物，代表作是四卷本的《俄语语法札记》(«Из записок по русской грамматике», 1888—1941)。该著作第二至第四卷探讨了俄语历史语法问题，主要是东斯拉夫诸语言的句法问题。波铁布尼亚撰写的其他重要著作包括《思维与语言》(«Мысль и язык», 1862年)、《关于俄语发音的两点研究》(«Два исследования о звуках русского языка», 1864—1865年)、《俄语发音史》(«К истории звуков русского языка», 1873—1883年)。波铁布尼亚还是俄语词汇历史研究的开创者。

19世纪末到20世纪初的五六十年间，在俄语史研究领域出现了两位杰出的研究者，分别是索波列夫斯基 (А. И. Соболевский) 和沙赫玛托夫 (А. А. Шахматов)。索波列夫斯基是布斯拉耶夫的追随者，曾在彼得堡和莫斯科工作，任职于科学院和高等院校。他的第一篇论文是《俄语历史纲要》(«Очерки из истории русского языка», 1884年)，该文以古代文献为基础对古代加利奇-沃伦方言和普斯科夫方言进行历史分析。索波列夫斯基的代表作是《俄语史讲义》(«Лекции по истории русского языка», 1888年)。这是一本教科书，材料十分丰富，在俄罗斯多次再版，虽然其中一些观点已经落后，但仍具有极高的参考价值。索波列夫斯基的《俄语方言学纲要》(«Очерк русской диалектологии», 1892年) 一书同样以材料丰富著称，其中使用了俄语、乌克兰语、白俄罗斯语的方言资料。索波列夫斯基的研究兴趣广泛，著述颇丰，共计450种，内容涵盖古俄语研究、古斯拉夫语研究、斯拉夫语比较语法、方言学、历史方言学、专名学、古文字学、文学史以及考古学、民族学等。

沙赫马托夫于1883年进入莫斯科大学学习，师从著名语言学家福尔图纳托夫

（Ф. Ф. Фортунатов）。沙赫马托夫是一位天才的语言学家，中学阶段已经开始发表学术论文。进入大学以后，沙赫马托夫在福尔图纳托夫的指导下，很快掌握了历史比较语言学的分析方法，大学二年级发表了题为《13—14世纪诺夫哥罗德文书语言研究》（«Исследование о языке новгородских грамот XIII и XIV вв.»，1884年）的学术论文，该文至今仍具有其学术价值。沙赫马托夫的研究领域十分广泛，包括俄语历史语音学、历史形态学，现代俄语语法，俄语方言学，斯拉夫语比较语言学等。他还是一位历史学家，对俄罗斯编年史做过许多研究。他非常注重将语言的历史同民族历史联系在一起，把历史文献同活的语言（方言）紧密联系在一起。他提出的关于东斯拉夫语产生的理论直到今天还为学术界津津乐道。其代表作有《俄语史教程》（三卷本）（«Курс истории русского языка» (чч. I–III)，1910—1912年）、《上古时期俄语概要》（«Очерк древнейшего периода русского языка»，1915年）、《德文斯克文书语言研究》（«Исследование о языке двинских грамот»，1903年）、《俄语发音史》（«К истории звуков русского языка»，1901年）等。

杜尔诺沃是沙赫玛托夫的学生和继承者之一。他于1924年发表了专著《俄语史纲要》（«Очерк истории русского языка»）。该书推广了沙赫玛托夫的学术理念，是一本系统叙述东斯拉夫诸语言历史和方言的专著。他的另一部著作《俄语史引论》（«Введение в историю русского языка»，1927年）内容涉及俄语历史语音学和方言学。

沙赫玛托夫的另一位学生奥勃诺尔斯基主要从事俄语历史形态学的研究。他的代表作是《上古时期俄语标准语史概要》（«Очерки по истории русского литературного языка старшего периода»，1946年），该著作主要研究俄语标准语的历史，分析罗斯上古时期《伊戈尔出征记》《罗斯法典》等四种文献，力图证明俄语标准语是以俄语口语为基础，而非以古斯拉夫语（教会斯拉夫语）为基础发展起来的。

维诺格拉多夫（В. В. Виноградов）也是沙赫玛托夫的学生。他早年研究俄语历史语音学，后来主要从事俄语标准语、修辞学、作家语言研究。维诺格拉多夫是俄语标准语研究的开创者。他的专著，如《俄语·词的语法学说》（«Русский язык. Грамматическое учение о слове»，1947年）、《17—19世纪俄语标准语历史概要》

(《Очерки по истории русского литературного языка XVII–XIX вв.》)，1934 年第一版，1938 年第二版）研究了普希金、果戈理、陀思妥耶夫斯基、托尔斯泰等俄罗斯作家的语言。维诺格拉多夫对于苏联语言学界产生过重要影响，是一位划时代的语言学家。

伊斯特琳娜（Е. С. Истрина）的专著《宗教局图书馆版本一号诺夫哥罗德编年史的句法现象》（《Синтаксические явления Синодального списка I Новгородской летописи》，1923 年）是研究俄语句法体系发展史的重要参考资料。

对俄语史研究做出杰出贡献的还有俄罗斯斯拉夫语比较语言学家，例如利亚普诺夫（Б. М. Ляпунов）编写了《宗教局图书馆版本一号诺夫哥罗德编年史的语言研究》（《Исследования о языке Синодального списка 1-й Новгородской летописи》，1889 年）。苏联斯拉夫比较语言学家谢利舍夫（А. М. Селищев）的代表作是《斯拉夫语言学》（《Славянское языкознание》）的第一卷《西斯拉夫诸语言》（《Западнославянские языки》，1941 年）。他还著有两卷本的《古斯拉夫语》（《Старославянский язык》，1951—1952 年），该书从 20 世纪 50 年代开始一直是俄罗斯高校古斯拉夫语教学使用的教材，也是研究古俄语、斯拉夫语比较语言学的重要参考书。谢利舍夫还是俄语方言学家，1921 年他出版的著作《西伯利亚方言考》（《Диалектологический очерк Сибири》），其内容远不局限于西伯利亚方言，对研究俄语方言也具有重要参考价值。乌克兰科学院院士、苏联科学院通讯院士布拉霍夫斯基（Л. А. Булаховский）的主要研究领域是斯拉夫语比较语言学、俄语标准语史，代表作是《俄语标准语教程 第二卷 历史阐释》（《Курс русского литературного языка. Том II Исторический комментарий》，1953 年）。该著作是为乌克兰大学语文系学生撰写的教科书，可以用作外国人学习古俄语的参考书。该书内容不仅涉及古俄语标准语的形成与发展，还阐述了古俄语语音、语法（包括形态学及句法）的变化和发展，并对许多词汇现象做了介绍。布拉霍夫斯基还对斯拉夫语比较语言学，尤其是重音学（акцентология）有较大贡献。语言学家雅库宾斯基（Л. П. Якубинский）曾撰写了《古俄语史》（《История древнерусского языка》，1953 年）一书，该书在其去世八年后才得以出版。维诺格拉多夫院士曾撰文做过介绍。

从 20 世纪 40 年代后期开始，苏联大批语言学者积极投身于俄语史的研究，其中就包括阿瓦涅索夫（Р. И. Аванесов）这样杰出的俄语方言学家和俄语史研究家。阿瓦涅索夫运用东斯拉夫语语言地理学的资料重新审视了沙赫玛托夫关于俄语形成的权威理论。[①] 在这一时期，阿瓦涅索夫领导苏联科学院俄语研究所为制定俄语方言地图开展了方言调查工作。很多语文学工作者、高等院校教师、研究生、大学生都积极参与到这项规模宏大的工程之中。从 20 世纪 50 年初开始，阿瓦涅索夫、奥尔洛娃（В. Г. Орлова）等开始运用收集的资料进行历史-方言研究，这些研究成果显示出语言地理学资料对于构拟俄语历史的重要性。20 世纪 60 年代以后，科特科夫（С. И. Котков）、戈尔什科娃、菲林撰写的一些总结性著作相继问世，其中戈尔什科娃撰写的《俄语历史方言学》（«Историческая диалектология русского языка»，1972 年）是苏联第一本俄语历史方言学教科书。[②]

总的来说，20 世纪 50 年代以后，俄语史研究都建立在文献资料同方言资料相结合的基础之上，这一方向在语言学界已占据主导地位。

这一时期从事古俄语研究的著名学者还有博尔科夫斯基（В. И. Борковский）、库兹涅佐夫、车尔内赫、菲林、洛姆捷夫（Т. П. Ломтев）等。

博尔科夫斯基是古俄语句法研究专家，库兹涅佐夫是斯拉夫语及古俄语形态学研究专家。他们二人合著的《俄语历史语法》（«Историческая грамматика русского языка»，1963 年）至今仍是俄罗斯最好的俄语历史语法教科书，曾多次再版。

车尔内赫的《俄语历史语法》（«Историческая грамматика русского языка»，1951 年）是为师范学院语文系撰写的俄语历史语法教科书。这部著作的特点是简明扼要，涵盖古俄语的语音、语法、句法、词汇以及俄语的起源等诸多方面，适合古俄语初学者使用。车尔内赫撰写的《俄语历史词汇学纲要》（«Очерк русской исторической лексикологии»，1956 年）是俄罗斯系统探讨俄语历史词汇学的早期著作之一，而其编写的《现代俄语历史词源词典》（«Историко-этимологический словарь современного русского языка»，1993 年）是一部鸿篇巨制。该词典收录了现代俄语标准语中的 13 560 个词，详细描述了如下信息：词源，词义的变化，语

[①] Р. И. Аванесов. Вопросы образования русского языка в его говорах. Вестник МГУ, 1947, № 9.

[②] К. В. Горшкова, Г. А. Хабургаев. Историческая грамматика русского языка. Москва: Высшая школа, 1981.

音形态，书写形成，其他斯拉夫语的同源词、借自何种语言。词典还为词条配备了从古文献摘录的例证，每个词条读起来如同一个小故事。

洛姆捷夫是古俄语句法研究专家，代表作有《俄语句法史》（《Из истории синтаксиса русского языка》，1954 年）、《俄语历史句法概要》（《Очерки по историческому синтаксису русского языка》，1956 年）、《东斯拉夫语比较语法》（《Сравнительная грамматика восточнославянских языков》，1961 年）。在《东斯拉夫语比较语法》一书中，洛姆捷夫对俄语、乌克兰语、白俄罗斯语进行了比较研究。

俄罗斯从事古俄语研究的著名学者还包括尚斯基（Н. Н. Шанский）、伊万诺夫（В. В. Иванов）、托波罗夫（В. Н. Топоров）、特鲁巴乔夫等。尚斯基主要从事俄语词汇学、构词法、成语学研究，主持编写了两卷本的《俄语词源词典》（《Этимологический словарь русского языка》，1962—1982 年）。伊万诺夫撰写的《俄语历史语法》（《Историческая грамматика русского языка》，1964 年）是最好的俄语历史语法教科书之一。伊万诺夫、尚斯基等人也是著名的俄语词源学家，在专名学领域的成就尤为突出。

20 世纪末至 21 世纪初，俄罗斯语言学界对俄语史的研究兴趣并未减弱，研究的中心在莫斯科和圣彼得堡。除这两个城市以外，俄罗斯其他城市的高等院校也在进行古俄语研究。不过与此前的研究相比，成果还是显得单薄，学术价值高的著作不多。总体而言，大量古俄语著作的出版对于传播古俄语知识和俄罗斯民族的历史文化起到很大作用，也为广大古俄语学习者提供了更多的选择。

除俄罗斯以外，欧洲其他国家，例如法国、荷兰、捷克、波兰、保加利亚、塞尔维亚等的古俄语研究水平也很高，在历史比较语言学，尤其是斯拉夫语比较语言学方面也做出了较大贡献。其中，法国学者梅耶、瓦扬，荷兰学者范维克（N. van Wijk）都是杰出的斯拉夫语比较语言学家。梅耶撰写的《共同斯拉夫语》（《Общеславянский язык》，1951 年）至今仍是这方面最好的专著之一。

2. 国内学者的研究概况

国内从事古俄语研究的学者多为 20 世纪 50 年代的老一辈俄语教学、科研工作者，学习的途径主要有两种：一是向在我国工作的俄罗斯专家学习；二是出国学习。较为杰出的古俄语专家有黑龙江大学的李锡胤教授、北京大学的左少兴教授、华中师范大学的杨隽教授、北京外国语大学的信德麟教授、原驻俄罗斯大使李凤林以及中国社会科学院的吕国钧教授、马福聚教授等。

杨隽的《俄语历史语法概论》（1988年）是国内学者编写的第一本古俄语教科书，该书是在参照俄罗斯历史语法教材的基础上编写而成。左少兴编写的《俄语古文读本》（1997年）不仅是一个读本，还简明扼要地介绍了古俄语的语音和语法（形态学），可供俄语语言专业学生作为学习俄语历史语法的参考书。在这本书的基础上，经过修订和增补，北京大学出版社于2018年出版了《古俄语简编》。该书由上、下两编组成，上编简要介绍古俄语及其文字，下编为古俄语文选。

我国学者还翻译了俄罗斯学者撰写的古俄语著作和文献。1959年，宋玉昇、左少兴等翻译了车尔内赫的《俄语历史语法》。近年来出版的俄语古文献主要包括李锡胤译注的《伊戈尔出征记》（2002年）、左少兴编译注的《十七世纪俄国文学作品选读》（2013年）、王松亭译注的《古史纪年》（2010年）等。这些经典著作是我国俄语界学习古俄语的重要参考文献。

第五节 斯拉夫诸语言之间的关系

1. 斯拉夫诸语言的相通之处

斯拉夫诸语言同属一个语族，这些语言的语法和基本词汇都十分接近。讲不同斯拉夫语言的人可以听懂对方谈话的不少内容。经过简单的语言学培训，他们就能用自己的语言与对方进行简单的交流。

1）语音系统

就语音系统而言，斯拉夫语中的三个语支都继承了共同斯拉夫语（斯拉夫母语）的元音系统：12个元音，其中有长元音、短元音、两个鼻元音、两个弱元音。元音又分为前元音和非前元音（也叫作后元音）。此外，还有一些二合元音（дифтонги）和准二合元音（дифтонгоиды 或 дифтонгические сочетания）。

共同斯拉夫语的辅音系统与现代斯拉夫诸语言大不相同。共同斯拉夫语有约

25 个辅音，其突出特点是没有软—硬辅音、清—浊辅音的对偶关系。但是，共同斯拉夫语中存在半软音，它们是辅音与前元音组合时的发音。

共同斯拉夫语中有两条重要的语音规律：一是开音节规律，即共同斯拉夫语的所有音节都是以元音结束的；二是音节谐和规律，即软辅音只跟前元音结合，硬辅音只跟非前元音结合。某些硬辅音一旦与前元音结合，它们就要软化（смягчение）或颚化（палатализация），从而变为软辅音。例如 к、г、х 在前元音前要发生软化变为 ч、ж、ш，这一过程可表示为 ке>ч'е、ге>ж'е、хе>ш'е，或者变为半软音，如 де>д˙е、те>т˙е①。

共同斯拉夫语分化为东、南、西三支的过程大体经历了三四千年的时间。从六七世纪开始，它们走上了各自独立发展的道路，这种独立发展也是造成各斯拉夫语言之间差异的原因。不过，这种变化是有一定规律可循的，其中一条规律便是：弱元音在所有斯拉夫语中要么脱落（消失），要么变为正常元音。例如 день（天，日）在古俄语中写作 дьнь，其中包括两个弱元音：第一个弱元音 ь 处于强位，变成 е；第二个弱元音 ь 处于弱位，于是脱落不见了。古俄语单词 дьнь 在斯拉夫诸语言中的变化如下：

俄语 день，白俄语 дзень，保语 ден，塞语 dân，斯洛文语 dan，马其顿语 ден，捷克语 den，斯洛伐克语 deň，波兰语 dzień。②

共同斯拉夫语中有 ж(ǫ) 和 ᴀ(ę) 两个鼻元音。它们在各斯拉夫语中几乎都已变化为其他元音，唯独在波兰语中保留至今。当然，这两个元音在一些方言中仍有体现，比如马其顿方言。例如：

俄语 язык（语言）（古俄语 ѧзыкъ），乌克兰语 язик，白俄语 язык，保语 език，塞语 jèzik，捷克语 jazyk，斯洛伐克语 jazyk，波兰语 język，马其顿语 јазик。

古俄语的某些半软辅音后来再次软化，变成软辅音。但是，捷克语、波兰语和塞尔维亚语中至今仍保留了半软辅音。

---

① ч'、ж'、ш' 右上角的逗号 ' 为软音符号，而 д˙、т˙ 右上角的圆点 ˙ 为半软音符号。
② 以下白俄罗斯语简称"白俄语"，保加利亚语简称"保语"，塞尔维亚语简称"塞语"，斯洛文尼亚语简称"斯洛文语"。

2）语法系统

现代斯拉夫诸语言的语法也颇为相似，但与日耳曼语族、罗曼语族等诸语言差别较大。

现代斯拉夫诸语言中的静词，例如名词、形容词、代词、数词等几乎保留了格范畴。一些语言中的名词、形容词继承了共同斯拉夫语的七个格[①]。名词、形容词除了格范畴以外，还有性的范畴。动词则继承了共同斯拉夫语中的体范畴，但更加发达和完善。与此同时，时间范畴得以简化。共同斯拉夫语的动词过去时有四种形态，将来时有两种形态，古俄语和古斯拉夫语也是如此。但是，在现代俄语动词中，过去时只有一种形态，即复合过去完成时（перфект）的残余；将来时也只有一种形态，即未完成体动词的将来时 быть+ 原形动词。

总体而言，与共同斯拉夫语相比，现代斯拉夫诸语言的语法体系大为简化且更加系统。

3）词汇系统

斯拉夫诸语言的同源关系在基本词汇上体现得尤为显著。俄罗斯、法国、保加利亚、波兰等国的学者对斯拉夫诸语言在基本词汇方面的共同之处做过研究。俄罗斯的一些词源学家、词汇学家、辞典学家至今仍在研究这一课题。

保加利亚语言学家列科夫（И. Леков）在《论斯拉夫诸语言基本词汇的统一与特点》（«Към въпроса за единството и националното своеобразие на славянските езици в основния им речников фонд», 1953 年）一文中指出，现代斯拉夫诸语言中同源的词汇大约有 1 120 个，其中有 320 个词存在一些例外现象，也就是说，它们并非在所有斯拉夫语言中都完全一致。波兰学者莱尔-斯普拉文斯基（T. Лер-Сплавински）在《波兰语》（«Польский язык», 1954 年）一书中统计过波兰语、捷克语、俄语三门语言中最常用的词汇，其中三分之二是共同的。他的研究证实，在现代波兰语中保存了 1 700 多个上古斯拉夫词汇，这相当于一个受过教育的现代波兰人掌握的积极词汇的四分之一。这些词表达了人们生活中涉及内心世界和

[①] 俄语只保留六个格，呼格被第一格取代。保加利亚、马其顿语则完全没有格的范畴。语言学家们推测这是与其他语言的长期接触中受到影响所致。

外部世界的重要概念。德国语言学家吉帕尔斯基（V. Kiparski）在《俄语历史语法》(«Russische Historische Grammatik», 1975年）第三卷《关于俄语历史词汇》(«Entwicklung des Wort schatzes»）中确定：俄语从印欧共同语中继承下来的词汇有454个，这些词已经使用超过了3 500年；从波罗的-斯拉夫时期继承的词汇约有300个，使用超过了2 500年；[①]源自共同斯拉夫语的词汇有420个。除此以外，俄语借自其他语言的词汇还包括：日耳曼词语55个，伊朗词语约20个，突厥词语23个。古俄语从共同斯拉夫语中共继承了1 272个词语，它们之中绝大多数是斯拉夫语固有的，少数是在不同历史时期借自其他语言的。吉帕尔斯基的书是一部十分有价值的语言学著作。但俄罗斯语言学家菲林认为，这部著作只能算是一本词汇的列表，可以作为研究俄语历史词汇学的参考资料，并不是俄语历史词汇学研究著作，与他本人和车尔内赫共同撰写的《俄语历史词汇纲要·上古时期》(«Очерк русской исторической лексикологии. Древнерусский период», 1956年）类似。[②]菲林认为，研究俄语历史词汇学，应该以俄语从共同斯拉夫语继承的词为出发点，但仍需加以构拟，也就是结合语言地理学探察词源。当然，恢复文字出现以前的语言中的词汇是一件十分烦琐而艰巨的工作。20世纪50—60年代苏联斯拉夫语词源学家特鲁巴乔夫主持编写了《斯拉夫语词源词典·共同斯拉夫语词汇》(«Этимологический словарь славянских языков. Праславянский лексический фонд»），以分卷形式分期连续出版。从已经出版的分卷来看，这是一部独一无二的斯拉夫语词源词典。此外，波兰学者斯拉夫斯基（F. Sławski）主持编写的《共同斯拉夫语词典》(«Słownik prasłowiański», 1974年）也是一本较好的斯拉夫语词源词典。

下文我们运用霍多娃（К. И. Ходова）的《斯拉夫各民族的语言同源关系》(«Языковое родство славянских народов», 1960年）、加夫里什（К. Гавриш）编纂的《马其顿语-俄语词典》(«Македонско-руски речник», 1969年）对斯拉夫诸

[①] 历史比较语言学有一种理论认为，在印欧共同语母语分化为多个语族时，斯拉夫语族经过了一个波罗的-斯拉夫语言共同体（балто-славянская сообщность）的阶段。波罗的语（立陶宛语、拉脱维亚语、古普鲁士语等）与斯拉夫语的确更加接近。

[②] Ф. П. Филин. Историческая лексикология русского языка(2-ое изд.). Москва: Изд-во ЛКИ, 2008.

语言从共同斯拉夫语中继承的词汇进行描述。

斯拉夫语学家研究表明，这部分词汇的数量有一千多个，而且十分稳定，构成斯拉夫诸语言词汇系统中最古老的词层之一。这些词汇主要包括亲属关系称谓、人和动物身体各部分名称、农作物名称、家畜和野生动物名称、鱼类名称、自然现象、人类活动等。以下分门别类[①]举例加以说明：

一是氏族、家族名称。

俄语 род（氏族），乌克兰语 рiд，白俄语 род，保语 род，塞语 род，马其顿语 род，斯洛文语 rod，捷克语 rod，斯洛伐克语 rod，波兰语 ród；

俄语 племя（家族），乌克兰语 племя，白俄语 племя，保语 племе，塞语племе，斯洛文语 pleme，捷克语 plémě，斯洛伐克语 plemä，波兰语 plemię。

племя 一词在斯拉夫诸语言中的读音几乎一样，只是词尾元音不同，这是因为在共同斯拉夫语中它是鼻元音，后来演变成不同的元音，只有在波兰语中保留了鼻元音。

二是亲属关系称谓。

俄语 мать（母亲），乌克兰语 маti，白俄语 маці，保语 майка，塞语 majka、马其顿语 majка，斯洛文语 mati，捷克语 matka，斯洛伐克语 matka，波兰语 matka；

俄语 отец（父亲），白俄语 ацец，乌克兰语 отець，塞语 отац，斯洛文语 oče，捷克语 otec，斯洛伐克语 otec，波兰语 ojciec；

三是天空、天体、自然现象。

俄语 небо（天），乌克兰语 небо，白俄语 неба，保语 небе，塞语 небо，马其顿语 небо，斯洛文语 nebo，捷克语 nebe，斯洛伐克语 nebo，波兰语 niebo；

俄语 месяц（月），乌克兰语 мiсяць，白俄语 месяц，保语 месец，塞语 месēц，马其顿语 месец，斯洛文语 mesec，捷克语 měsíc，斯洛伐克语 mesiac，波兰语 miesiąc；

俄语 ветер（风），乌克兰语 вiтер，白俄语 вецер，保语 вятър，塞语 ветар，马其顿语 ветап 及 ветер，斯洛文语 veter，捷克语 vítr，斯洛伐克语 vietor，波兰语

[①] 需要指出的是，这里的分类并不是严格意义上的语义分类，并且类别划分主要以俄语为依据。

wiatr。

四是人体各部分名称。

俄语 голова（头），乌克兰语 голова，白俄语 галава，保语 глава，塞语 глава，马其顿语 глава，斯洛文语 glava，捷克语 hlava，斯洛伐克语 hlava，波兰语 głowa；

俄语 рука（手），乌克兰语 рука，白俄语 рука，保语 ръка，塞语 рука，马其顿语 рука，斯洛文语 roka，捷克语 глка，斯洛伐克语 ruka，波兰语 ręka；

五是农作物名称。

俄语 пщеница（小麦），乌克兰语 пшениця，白俄语 пшаніца，保语 пшеница，塞语 пщеница，马其顿语 пченица，斯洛文语 pšenica，捷克语 pšenice，斯洛伐克语 pšenica，波兰语 pszenica；

俄语 ячмень（大麦），乌克兰语 ячмінь，白俄语 ячмень，保语 ечемик，塞语 jечам，马其顿语 jачмен，斯洛文语 ječmen，捷克语 ječmen，斯洛伐克语 ječmeň，波兰语 jeczmień；

六是家畜名称。

俄语 свинья（猪），乌克兰语 свиня，白俄语 свінія，保语 свиня，塞语 свиња，马其顿语 свиња，斯洛文语 svinja，捷克语 svině，斯洛伐克语 svińa，波兰语 świnia；

俄语 корова（牛），乌克兰语 корова，白俄语 карова，保语 крава，塞语 крава，马其顿语 крава，斯洛文语 krava，捷克语 kráva，斯洛伐克语 krava，波兰语 krowa；

七是畜牧业词语。

俄语 стадо[（牲畜）群]，乌克兰语 стадо，白俄语 стадо，保语 стадо，塞语 стадо，马其顿语 стадо，捷克语 stádo，斯洛伐克语 stádo，波兰语 stado；

俄语 пастух（牧人），乌克兰语 пастух，白俄语 пастух，保语 пастир，塞语 пастир，马其顿语 пастир，斯洛文语 pastir，捷克语 pastýř，斯洛伐克语 pastier，波兰语 pastuch 及 pasterz；

八是狩猎词语。

俄语 лук（弓），乌克兰语 лук，白俄语 лук，保语 лък，塞语 лук，斯洛文语

lok，捷克语 luk，斯洛伐克语 luk，波兰语 łuk；

俄语 стрела（箭），乌克兰语 стріла，白俄语 страла，保语 стрела，塞语 стрела，马其顿语 стрела，斯洛文语 strela，捷克语 střela，斯洛伐克语 wtrela，波兰语 strzła；

九是与捕鱼有关的概念和术语。

俄语 мерёжа（袋形渔网），乌克兰语 мережа，白俄语 мярэжа，保语 мрежа，塞语 мрежа，马其顿语 мрежа，斯洛文语 mreža，捷克语 mříže，斯洛伐克语 mreža，波兰语 mrzeža；

俄语 рыба（鱼），乌克兰语 риба，白俄语 рыба，保语 риба，塞语 риба，马其顿语 риба，斯洛文语 riba，捷克语 ryba，斯洛文语 ryba，波兰语 ryba；

十是陶器工艺术语。

俄语 гончар（陶器工人），乌克兰语 гончар，白俄语 ганчар，保语 грънчар，塞语 грнчар，斯洛文语 lončar，捷克语 hrnčř，斯洛伐克语 hrnčiar，波兰语 garncarz。

十一是纺织手工业术语。

俄语 веретено（锭子），乌克兰语 веретено，保语 вретено，塞语 вретено，马其顿语 вретено，斯洛文语 vreteno，捷克语 vřeteno，斯洛伐克语 vreteno，波兰语 wrzeciono；

俄语 полотно（麻布），乌克兰语 полотно，保语 платно，塞语 платно，马其顿语 платно，斯洛文语 platno，捷克语 plátno，斯洛伐克语 plátno，波兰语 płótno。

十二是表达抽象概念和心理活动的词语。

俄语 правда（真理），乌克兰语 правда，白俄语 праўда，保语 правда，塞语 правда，马其顿语 правда，斯洛文语 pravda，捷克语 pravda，斯洛伐克语 pravda，波兰语 prawda；

俄语 радость（高兴），乌克兰语 радість，白俄语 радасць，保语 радост，塞语 радост，马其顿语 радост，斯洛文语 radost，捷克语 radost，斯洛伐克语 radost，波兰语 radość；

十三是表示物体物理特征、生物生理特征的词汇。

俄语 белый[白（色）的]，乌克兰语 білий，白俄语 белы，保语 бял，塞语

бео，马其顿语 бел，斯洛文语 bel，捷克语 bílý，斯洛伐克语 biely，波兰语 biały；

俄语 здоровый（健康的），乌克兰语 здоровий，白俄语 здаровы，保语 здрав，塞语 здрав，马其顿语 здрав，斯洛文语 zdvav，捷克语 zdravý，斯洛伐克语 zadravý，波兰语 zdrowy；

十四是基本动词。

俄语 есть（吃），乌克兰语 їсти，白俄语 есці，保语 ям，塞语 јести，马其顿语 јаде，斯洛文语 jesti，捷克语 jísti，斯洛伐克语 jest'，波兰语 jeść；

俄语 жить（居住），乌克兰语 жити，白俄语 жыць，保语 живея，塞语 живети，斯洛文语 živeti，捷克语 ziti，斯洛伐克语 zit'，波兰语 żić。

十五是运动动词。

俄语 идти（走），乌克兰语 іти，白俄语 ісці，保语 ида，马其顿语 оде，иде，塞语 ићи，斯洛文语 iti，捷克语 jíti，斯洛伐克语 ist'，波兰语 iść；

俄语 гнать（赶），乌克兰语 гнати，白俄语 гнаць，保语 гоня，塞语 гонити，马其顿语 гони，斯洛文语 goniti，捷克语 honiti，斯洛伐克语 hnat'，波兰语 gnac 或 gonić。

十六是物理动作动词。

俄语 резать（剪），乌克兰语 різати，白俄语 рэзаць，保语 режа，塞语 резати，马其顿语 реже，斯洛文语 rezati，捷克语 řezati，斯洛伐克语 rezat'，波兰语 rzezać；

俄语 мыть（洗），乌克兰语 мыти，白俄语 мыць，保语 мия，塞语 мити，马其顿语 мие，斯洛文语 miti，捷克语 mýti，斯洛伐克语 myt'，波兰语 myć。

十七是与农耕、放牧有关的动词。

俄语 орать〈旧〉（耕），乌克兰语 орати，白俄语 араць，保语 opa，塞语 орати，马其顿语 opa，斯洛文语 orati，捷克语 orati，斯洛伐克语 orat'，波兰语 orać；

俄语 сеять（播撒），乌克兰语 сіяти，白俄语 сеяць，保语 сея，塞语 сејати，斯洛文语 sejati，捷克语 síti，斯洛伐克语 siat'，波兰语 siac；

俄语 пасти（放牧），乌克兰语 пасти，白俄语 пасвіць，保语 паса，马其顿语

пасе, 塞语 пасти, 斯洛文语 pasti, 捷克语 pásti, 斯洛伐克语 pásť, 波兰语 paść, pasać。

以上列举的主要是名词、形容词和动词，实际上，斯拉夫诸语言中的数词、代词、副词、感叹词、部分前置词、连接词、语气词也十分相似。需要指出的是，这些同源词中一部分词的词根是印欧共同语的遗迹。

2. 斯拉夫诸语言之间的区别

（1）语音方面

一是东斯拉夫语存在全元音（полногласие）现象，即某些词词根中的 -оро-、-оло-、-ере- 在南斯拉夫语（以及捷克语和斯洛伐克语）中读作〔ра〕、〔ла〕、〔рě〕、〔лě〕，在西斯拉夫语中读作〔ро〕、〔ло〕、〔ре〕、〔ле〕，例如：

俄语 ворона（乌鸦），молоко（牛奶），берег（岸）；

乌克兰语 ворона, молоко, берег；

白俄语 варона, малако, бераг；

保语 врана, мляко, бряг；

塞语 врȁна, млéко, брêг；

波兰语 wrona, mleko, brzeg；

捷克语 vrána, mléro, břeh。

二是俄语、乌克兰语、白俄语中某些以元音 о 开始的词在其他斯拉夫语中读作〔je〕，例如：

俄语 осень（秋天），один（一），озеро（湖泊），олень（鹿）；

乌克兰语 осинь, один, озеро, олень；

白俄语 восень[①], адзин, возера, алень；

保语 есен, един, езеро, еленж；

塞语 jèсен, jèдан, jȅзеро, jèлен；

波兰语 jesien, jeden, jezioro, jeleń；

捷克语 jesen, jeden, jezero, jelen。

---

① 这里 в 是后来产生的。

三是共同斯拉夫语的 *tj、*kt、*gt 和 *dj 在东斯拉夫语中读作〔ч〕、〔ж〕，在保语中读作〔št〕、〔žd〕，在塞语中读作〔č〕、〔dž〕，在西斯拉夫语中读作〔c〕、〔dz〕，例如：

俄语 свеча（＜*světja）（蜡烛），ночь（＜*noktь）（夜），сажать（＜*sadjēti）（让坐下），нужа（＜*nondja）（〈方言〉贫穷）；

乌克兰语 свічка, ніч, сижу, нужа；

白俄语 свечка, ноч, сяджу, нужа；

保语 свещ（＜свешт）, нощ, саждам, нужда；

塞语 свећа, ноћ, саћа, нужа；

波兰语 świeca, noc, sadzać, nudza；

捷克语 svíce, noc, nouze, sadzat'。

四是古俄语中的弱元音 ъ 及 ь 在强位时转变为完全元音 o 和 e，在南斯拉夫语及西斯拉夫语中转变为不同的元音，例如：

俄语 сон（＜сънь）（睡眠），день（＜дьнь）（天，日）；

乌克兰语 сон, день；

白俄语 сон, дзень；

塞语 сан, дан；

波兰语 sen, dzień；

捷克语 sen, den。

（2）形态结构方面

一是东斯拉夫语形容词、代词复数第一格或第四格不区分阳性、阴性、中性，而其他斯拉夫语中形容词、代词复数第一格或第四格完全或部分地保留性的区别。

二是古俄语名词变格分为六个类型，其复数第三格、第五格、第六格各自有不同的词尾。在现代东斯拉夫语中，这些词尾已经完全统一，分别为 -ам（复数第三格）、-ами（复数第五格）、-ах（复数第六格）。但是，南斯拉夫语和西斯拉夫语完全或部分保留了古俄语名词不同变格类型词尾的差别。以俄语名词 стол（桌子）、дом（房子）、кость（骨骼）、стена（墙）为例，它们的复数第三格为 столам、домам、костям、стенам，分别是由 столомъ、домъмъ、костьмъ、стѣамъ

演变而来；复数第五格为 столами、домами、костями、стенами，分别由 столы、домъми、костьми、стѣнами 演化而来；复数第六格为 столах、домах、костях、стенах，分别由 столѣхъ、домъхъ、костьхъ、стѣнахъ 演变而来。捷克语中对应的名词保留了古俄语变格类型的差异，例如：

复数第三格 stolům, domům, kostem, sestram；

复数第五格 stoly, domy, kostmi, setrami；

复数第六格 stolech, domech, kostech, sestrach。

三是东斯拉夫语中的代词 я（我）、ты（你）、себя（自己）在古俄语中的第四格 мене、тебе、себе 后附 мѧ、тѧ、сѧ，在第三格 мънѣ、тобѣ、собѣ 后附 ми、ти、си。在现代语言中，这些后附形式都消失了，只保留了 сѧ，而且它不再作为代词使用，转而用作反身动词的语气词。在捷克语中，这些后附形式保留了下来，分别为 mě、tě、sě（第四格）和 mi、ti、si（第三格）。

四是东斯拉夫语动词现在时第三人称以 -т 或 -ть 结尾，而在其他斯拉夫语中无词尾，例如：俄语 точит、носит、поит；乌克兰语 точить、носить、поїть；白俄语 точыць、носіць、поіць；捷克语 prosí、trpí（=терпит）、bolí（=болтит）；塞语носи、тресе（=тресет）、чита。

五是东斯拉夫语的动词过去时由古时的复合过去完成时演化而来，但现在只保留以 -л（-ла，-ло，-ли）结尾的过去时形动词，系词 быть 省略不用。但在西斯拉夫语、南斯拉夫语中，系词 быть 保留了下来，形式上可能有所变化。例如：俄语 плёл、клал、хлопнул；乌克兰语 плів、клав、хлопнув；白俄语 плёў、клаў、хлопнуў；捷克语 pletl jsem、nesl jsi、psali jsme；波兰语 plotłem、wiódłem；塞语 jâ сам чѝтао 或 чѝтао сам，мѝсмо чѝтали 或 чѝтали смо。

3. 东斯拉夫语诸语言之间的区别

俄语、乌克兰语和白俄罗斯语同属东斯拉夫语支。14 世纪以后，在东斯拉夫共同语方言的基础上逐渐发展成为三个独立的语言，它们在语音、语法方面存在一定区别。

（1）语音方面

一是俄语含有词根 -ро-、-ле-，它们来自共同斯拉夫语中的 *trьt、*tlьt。它们在乌克兰语中读作〔ри〕、〔ли〕，而在白俄罗斯语中读作〔ры〕、〔лы〕。例如 крошить（<кръшити，弄碎）、глотать（<глътати，吞）、тревога（<трьвога，恐慌）在乌克兰语中读作〔кришити〕、〔глитати〕、〔тривога〕，крошить、глотать、слеза（<сльза，眼泪）在白俄罗斯语中读作〔крышыць〕、〔глытаць〕、〔слыза〕[①]。

二是俄语中某些 о 与 е（通常在 й 或 j 之前并带重音）在乌克兰语中读作〔и〕，在白俄罗斯语中读作〔ы〕或〔i〕。例如：俄语中的 злой（坏的）、молодой（年轻的）、мою（мыть 的现在时单数第一人称形式：洗）、бей（бить 的第二人称命令式形式：打）、шея（脖子）分别来自古俄语中的 зълыи、молодыи、мыю、бии、шия，在乌克兰语中为 злий、молодий、мию、бий、шия，在白俄罗斯语中为 злы、малады、мыю、бi、шыя。

三是俄语的软齿音或晞音与 j 的组合在乌克兰语和白俄罗斯语中读长软音，如俄语 платье（连衣裙）、коренья（根）、судья（法官）在乌克兰语中读作〔плаття〕、〔коріння〕、〔судця〕，在白俄罗斯语中读作〔плацце〕、〔корэнне〕、〔суддзя〕。

四是俄语中的 г 为塞音或擦音，在乌克兰语和白俄罗斯语中读作喉音，如俄语 город（城市）、гусь（鹅）在乌克兰语中读作〔hород〕、〔hусь〕，在白俄罗斯语中读作〔hорад〕、〔hусь〕。

（2）语法方面

一是俄语没有呼格，或者说，古俄语的呼格被第一格取代，而乌克兰语和白俄罗斯语保存了古代的呼格。例如：

俄语：Брат! Сын! Сестра! Муж! Иван!

乌克兰语：Друже! Брате! Діду! Сынку! Сестро! Мамо!

白俄罗斯语：Мужу! Коню! Брате!

俄语只保存了少数呼格用作感叹词，例如：Бóже!（<богъ）（天啊!），Гóсподи!（<госпóдь）（上帝啊!），Отче!（<отьць）（老天爷啊!）。

二是现代俄语名词变格无语音交替，而乌克兰语和白俄罗斯语还保存了古代的辅音音变，这主要指 к、г、х、ц、з、с 在名词词尾中的语音交换，例如：

[①] 这里需要说明的是，乌克兰语中的元音 и 不同于俄语中的 и，其发音介于俄语 и 和 ы 之间。

俄语：рука（手）—руке，на руке；нога—ноге，на ноге；соха—сохе，на сохе；

乌克兰语：рука—руці，на руці；нога—нозі，на нозі；соха—соci，на соci；

白俄罗斯语：рука—руцэ，на руцэ；нага—назе，на назе；саха—сасе，на сасе。

四是俄语中的一些阳性名词，如 дом（房子）、город（城市，城镇）、остров（岛）、берег（岸）、учитель（中学教师）、край［边（缘）］，它们的复数第一格以带重音的 -a(-я) 为词尾，而乌克兰语、白俄罗斯语中则以 -ы、-и 为词尾，例如：

俄语：дома́, города́, острова́, берега́, учителя́, края́；

乌克兰语：доми, городи, острови, береги, учителі, краї；

白俄罗斯语：дами, гарады, астравы, берагі, учítelі。

第六节 俄语与古斯拉夫语

1. 古斯拉夫语及其文字的产生

古斯拉夫语是用文字记录下来的、最古老的斯拉夫书面语。上文提到，大约六七世纪，共同斯拉夫语已经分化为东、西、南三个语支。古斯拉夫语源自保加利亚语的马其顿方言，因此它是属于南斯拉夫语支的一种语言。

古斯拉夫语的文字系统有两种：一是格拉戈尔字母（глаголица），二是基里尔字母（кириллица）。глаголица 一词源自古斯拉夫语的 глаголъ（话语），而 кириллица 一词源自人名 Кирилл（基里尔）。古斯拉夫语的产生是斯拉夫人社会生活需要的结果，首先用于满足古代斯拉夫人的宗教生活需要。

9世纪，中欧地区的大摩拉维亚王国、潘诺尼亚地区①的斯拉夫人信奉基督教，但常受到日耳曼天主教教徒的排挤，原因在于宗教活动使用的是拉丁语，这对斯拉夫人来说极为不便。为了改变这种状况，大摩拉维亚公国的王公罗斯季斯拉夫（Ростислав）决定派遣使团去拜占庭觐见皇帝米哈伊尔三世（Михаил Ⅲ），因为当时的拜占庭也信奉东正教。拜占庭皇帝欣然同意了摩拉维亚的请求，派出

---

① 大摩拉维亚王国位于现在的捷克和斯洛伐克地区，潘诺尼亚地区位于现在斯洛文尼亚。

懂斯拉夫语的传教士团队。该团队的领导人是梅福季（Мефодий）和康斯坦丁（Константин）两兄弟。他们出生在希腊北部与斯拉夫国家接壤的城市索伦①，那里是希腊斯拉夫人的聚居区，城市周围有许多斯拉夫人村落，因此他们自幼便熟练掌握斯拉夫语。康斯坦丁也被称为"先哲康斯坦丁"（Константин Философ），在去摩拉维亚之前，他发明了一种斯拉夫字母。这种文字依据的是索伦周边斯拉夫人的语言，更准确地说是古保加利亚语的马其顿方言。梅福季和康斯坦丁兄弟还着手用创立的古斯拉夫语翻译希腊文的基督教福音书。

863年，拜占庭宗教使团来到摩拉维亚以后开始招收学员并教授他们斯拉夫字母，然后一起继续翻译福音、圣徒传、圣诗等宗教书籍。但这项工作从一开始就遭到日耳曼（巴伐利亚）教会的敌视和干扰。日耳曼教会千方百计地阻挠斯拉夫宗教使团的工作。康斯坦丁等人在摩拉维亚勉强工作了三年，后来决心南下罗马向罗马教皇求援。在途经潘诺尼亚时，他们受到潘诺尼亚公国国君科策尔（Коцел）的热情欢迎。科策尔认识到斯拉夫人拥有自己文字的重要性，从当地选拔了50名学生向梅福季和康斯坦丁兄弟学习。这些学生在学成之后，也开始从事宗教著作的翻译工作和传播基督教的活动。在潘诺尼亚工作一段时间以后，康斯坦丁和梅福季继续向罗马进发。867年，他们终于来到罗马，得到教皇亚德利安二世（Адриан II）的协助。他们俩的学生都被接收为正式的传教士，而斯拉夫字母和语言也被承认为正式的教会语言。869年，康斯坦丁在罗马病逝，死前他正式剃度为教士，教名为基里尔（Кирилл）。885年，梅福季去世。

斯拉夫语言学家围绕古斯拉夫语的两种字母——格拉戈尔字母和基里尔字母进行过大量研究，很多问题都未形成统一意见，其中包括：哪种字母出现得更早，基里尔创造的究竟是哪种字母，在基里尔创造文字之前斯拉夫人是否有过文字，等等。

但学者们对一些基本问题形成了较为统一的意见：

一是在康斯坦丁创造斯拉夫文字之前，斯拉夫人没有自己的文字。也就是说，斯拉夫文字出现的时间是在9世纪下半叶。

---

① 现为希腊城市塞萨洛尼基（也称萨洛尼卡）。

二是康斯坦丁和梅福季去摩拉维亚之前创造的字母是格拉戈尔字母。

三是基里尔字母并非梅福季创造，而是由其晚年在保加利亚活动时培养的一个修士学生制定的。此人也叫康斯坦丁，与梅福季的兄弟恰好同名，但两个康斯坦丁并非同一人。也就是说，后人将自己创立的字母命名为基里尔字母，只是借用先哲康斯坦丁的教名而已。

当康斯坦丁和梅福季在摩拉维亚活动时，他们的学生在保加利亚西部地区（马其顿）活动时使用的都是格拉戈尔字母。基里尔字母出现的时间更晚，梅福季后来在东保加利亚活动时该字母才得以创立。那时，格拉戈尔字母早已不再使用，只在克罗地亚一直使用到17世纪，而基里尔字母至今仍使用于俄语、乌克兰语、白俄罗斯语、塞尔维亚语、保加利亚语、马其顿语等语言之中。在苏联时期，蒙古和中亚诸国都使用基里尔字母创立了自己国家的民族语言文字。现代俄语中使用的字母在历史发展中经历过几次重大的文字改革。彼得大帝时期采用的是世俗字母（гражданская азбука），十月革命后进行过一次重大的文字改革，对俄语字母和正字法等进行了调整和简化。

正如上文所述，古斯拉夫语是以保加利亚语马其顿方言为依据创造的语言，因此语言学界过去也常把古斯拉夫语称为古保加利亚语（древнеболгарский язык）。同时这种语言最初用于宗教活动，因此也被称为古教会斯拉夫语（древнецерковнославянский язык）。但这两个术语并未被广泛流传，学术界常用的术语仍是"古斯拉夫语"。

古斯拉夫语曾在摩拉维亚、潘诺尼亚、塞尔维亚、克罗地亚、保加利亚、马其顿、古罗斯等地区广泛传播。它虽是斯拉夫民族的共同语言，但毕竟是在保加利亚方言的基础上创造的。在不同的斯拉夫民族地区使用时，也受到该民族语言的影响，其中在罗斯地区就受到东斯拉夫共同语——古俄语的影响。在抄写古斯拉夫语文献时，古罗斯修士不免掺杂了古俄语的一些特点，因此学术界将这样的古斯拉夫语文献称为"俄语版古斯拉夫语抄本"（старославянский памятник русского извода или русской редакции），类似的说法还有"塞语版古斯拉夫语抄本"（старославянский памяник сербского извода）。语言学界把带有地方语言特点的古斯拉夫语称为"教会斯拉夫语"（церковнославянский язык）。

2. 古斯拉夫语对俄语发展的影响

古斯拉夫语对现代俄语标准语的发展产生过巨大影响。古斯拉夫语是在古罗斯接受基督教以后，即988年以后传入的。这一过程是伴随东正教经卷手抄本的流入而展开的。古罗斯文字也是从那时才开始产生。当然，古斯拉夫语在当时被用作标准语，其使用者主要是知识阶层。沃斯托科夫、布斯拉耶夫、沙赫玛托夫等语言学家都持这一观点。

直到20世纪30年代，苏联语言学家奥勃诺尔斯基提出了另一种观点。他指出：在东斯拉夫人接受东正教以前，古罗斯人在6—7世纪就已经有了自己的文字。这是关于俄语标准语起源的一种新的说法。利哈乔夫（С. Д. Лихачёв）、车尔内赫经过研究后认为，古罗斯文字出现的时间确实更早一些，尽管这种文字当时不太完善。这种观点可以从其他古文献中找到旁证。例如，《先贤康斯坦丁行传》（«Пространное житие Константина-Кирилла Философа»）中有这样一段记载：在康斯坦丁和梅福季兄弟发明古斯拉夫语字母之前，他们曾经造访过可萨里亚。在途经罗斯的赫尔松及克里米亚时，康斯坦丁发现了几本用罗斯文字抄写的福音书和圣经诗篇，他很快学会了这个语言。显然，这个语言应该与他的母语——保加利亚语马其顿方言十分接近。由此可以得出的结论是：在9世纪中叶，东斯拉夫人已经能够写字并有书面文献问世了，使用的是东斯拉夫的民间口语和文字。

此外，在907年、911年、944年和971年，古罗斯使者曾四次造访拜占庭并与其签订合约。虽然这些合约的原件未流传下来，但其内容被完整记录在编年史《往年纪事》之中。这些合约应该是用古俄语，而不是用古斯拉夫语书写的。这就是说，在10世纪早期，古罗斯文字就已经在使用。

在对《罗斯法典》《伊戈尔出征记》《莫诺马赫家训》（«Поучение Владимира Мономаха»）、《罪人达尼尔陈情》（«Моление Данила Заточника»）等古罗斯名著的语言进行系统分析后，奥勃诺尔斯基表明这些著作都是用地道的古俄语写成的，并非借助古斯拉夫语。他由此得出一个重要结论：俄语标准语是在东斯拉夫人口语的基础上发展起来的。

奥勃诺尔斯基的这一观点得到车尔内赫的支持，但并未得到苏联绝大部分古斯拉夫语专家的认同。库兹涅佐夫就明确反对这一观点。

这两种观点各持己见，甚至是针锋相对。20世纪50年代，维诺格拉多夫试图综合这两种近乎对立的观点，提出第三种观点。他认为古罗斯存在两种文学语言：一是教会斯拉夫语，主要用于宗教文献的抄写与传播，同时也运用于其他世俗文献之中；二是大众使用的日常口语，但其中吸收了不少教会斯拉夫语的成分，主要用作文牍语言，即在各种文契、法律文献中使用。这种观点得到绝大多数语言学家的认同。当然，基辅罗斯并不是一个非常集中的国家，封建割据又加剧了罗斯的分裂，各地区方言的特点愈加突出。直到16—17世纪，莫斯科方言从其他方言中突显出来，被用作标准语。但是，它只在文牍语言中占据优势。直到17世纪末，文学语言仍旧是以教会斯拉夫语为主体的，也就是说，教会斯拉夫语占据统治地位。它不仅用于宗教事务，而且用于其他领域。

俄罗斯文学语言的转折始于彼得一世时期，即18世纪。国家社会、政治、经济、文化、军事技术等领域的发展要求语言有所突破，教会斯拉夫语已经不能满足文牍、文契的要求，科学技术的大量引进也使得教会斯拉夫语无法满足翻译科技文献的需求。这些都为俄语口语进入书面语创造了条件。教会斯拉夫语的地位摇摇欲坠。为了适应新时代对语言的要求，彼得大帝进行了文字改革，将教会斯拉夫语中的基里尔字母进行简化，制定出世俗字母，这也成为现代俄语字母表的基础。1917—1918年俄语文字改革对彼得一世制定的世俗字母又做了少许删减并沿用至今。

现代俄语标准语的形成经历了一个漫长的过程。它是以普希金为代表的文学巨匠、语言大师们历经一二百年锤炼的结果。纵观俄语一千多年的发展历史，语言学界对俄语标准语的产生与发展所持的观点尽管不同，但教会斯拉夫语是俄语标准语的始祖，它对俄语标准语的发展产生过巨大影响，这一点是不能否认的。

3. 现代俄语标准语中的古斯拉夫语成分

正如上文所说，教会斯拉夫语对俄语的影响是一个漫长的历史过程。在这种过程中，有两次影响尤为突出，斯拉夫语言学界分别将其称为第一波南斯拉夫影响和第二波南斯拉夫影响。第一波南斯拉夫影响指的是基辅罗斯大公弗拉基米尔接受基督教以后，基督教宗教文献的古斯拉夫语手抄本在罗斯迅速传播。这使得古斯拉夫语不仅在书面语中使用，而且渗透到罗斯民间口语和其他世俗领域。第二波南斯拉夫影响发生在 14 世纪。奥斯曼帝国占领巴尔干半岛，保加利亚、塞尔维亚东正教人士逃往罗斯寻求庇护，同时带来了拜占庭文明。罗斯逐渐成为传播希腊文化的中心，而传播的媒介正是古斯拉夫语。如此一来，南斯拉夫对罗斯的影响至少持续了七百年，古斯拉夫语对俄语的影响可想而知。古斯拉夫语词（старославянизмы）在现代俄语词汇系统中占有相当大的比重，原因正在于此。

下文将以沙赫马托夫的《现代俄语标准语概要》（«Очерк современного литературного языка», 1913 年）为材料，对现代俄语中的古斯拉夫语词[①]做一介绍。为了便于叙述，我们将古斯拉夫语词语分为 3 类：语音型语词、语法型语词、语义型语词。

（1）语音型古斯拉夫语词

语音型古斯拉夫语词共有 11 种，分别是：

1）同一词根的古斯拉夫语词为非全元音，相应的俄语词为全元音。例如：

брег —— 俄 берег：небрежный（漫不经心的，粗枝大叶的），пренебрегать（轻慢，蔑视）；берег（岸），бережливый（节约的，节俭的），бережный（细心的，关怀的，爱护的）。

глас —— 俄 голос：гласный（公开的；元音的），возглас（喊声，高呼声），согласие（同意，赞同），огласить（〈公文〉宣读，宣布），приглашать（邀请，请来；聘请，雇用）；голосистый（嗓音高的，嗓音洪亮的），голосовой（嗓音的）。

крат —— 俄 корот：краткий（短的），сокращать（缩短；减少，缩减），кратчайший（最短的），прекратить（停止，终止）；короткий（短的；短促的），коротать（〈口〉消磨，打发），укоротить（使短些，截短，缩短）。

пред —— 俄 перед-：пред（在……之前，预先），предок（祖宗，先人），прежде（以前，原先），предводитель（首领，头目），председатель（主席），

[①] 需要指出的是，沙赫马托夫并未使用"古斯拉夫语词"这一术语，而代之以"教会斯拉夫语词"（церковнославянизмы）。现代俄语词汇学认为二者的区别在于：前者是俄语从古斯拉夫语中直接借用的词语，而后者是俄语文学语言以古斯拉夫语词汇为基础创造的派生词语。两者通常都与宗教有关，我们这里对其不加细分。

предназначать（事先规定），преддверие（〈旧〉门前，门口外边），предвкушать（预感到），предзнаменование（〈书〉预兆，征兆），предопределение（〈旧〉命运，定数），представление（〈公文〉呈文，报告），предотвратить（预先防止，防止），предупреждать（预先通知，预告）；перед（在……前），передок［（马车的）正面，前面部分］，передний（前边的，前面的）。

2）在古斯拉夫语词首出现的音组 ра、ла 在俄语中相应为 ро、ло。例如：

раб（奴隶），раба（раб 的女性），работать（运转，工作）；роба［（用帆布、防水布做的）工作服］。

возраст（年龄，年纪），растение（植物）；рост（生长；身高），рос（〈史〉罗斯人），поросль（幼林，萌芽）。

类似的情况还包括：古斯拉夫语中的 раз-、рас- 在俄语中相应为 роз-、рос-。例如：

развлекать（使娱乐，使开心），разврат（淫荡，荒淫），разбранить（〈口〉大骂一顿；尖锐批评），разглашать（泄露，泄漏），разный（不同的，不一样的），разница（区别，差别），разноречие（〈书〉言辞矛盾，意见分歧），разномыслие（〈书〉见解不同，思想不同），распря（〈旧〉争吵，纠纷）；розвальни［（矮而宽的）无座雪橇］，рознь（〈口〉反目；内讧），розно（〈俗〉分开，不在一起），розница（〈专〉零售商品），рознить（〈口〉分开，使分离，拆开），роспись（〈旧〉清单；目录），росчерк（花字体，涡形字体）。

古斯拉夫语中的 ла- 在俄语中为 ло-。例如：ладья（〈旧〉船；大帆船）；лодка（小船，小艇）。

3）古斯拉夫语音组 жд 在俄语中为 ж。例如：

вежды（〈古〉眼睑，眼皮），вождь（领袖；首领），жажда（渴，口渴），жадный（贪婪的，渴望的），между（在……之间，在……之中）；меж（〈旧〉同между），межа（田界，地界），межеумок（〈俗〉不太聪明的人，缺心眼的人）。

рождество（圣诞节）；рожество（同 рождество 圣诞节）。

невежда（无知识的人；外行）；невежа（不懂礼貌的人；没有教养的人）

надежда（希望，期望）；надёжный（可靠的，可信赖的）。

нужда（贫穷，贫困）；нужный（需要的）。

тождество（相同，一致）；тожество（相同，一致）。

гражданин（公民）；горожанин（市民）。

чуждый（志趣不同的）；чужой（别人的；陌生的；志趣不同的），чужестранный（〈旧〉外国的；外国人的）。

类似的情况还出现在：

第一，以 -ать 结尾的未完成体动词，例如：убеждать（说服，使相信），побеждать（战胜，取胜），награждать（奖赏，奖励），побуждать（〈口〉叫醒，唤醒），рождать（生孩子，分娩），сопровождать（陪同；护送；押解），рассуждать（推理，推论；思考），жаждать（〈古〉渴，口渴）。

第二，以 -ение 结尾的动名词，例如：рождение（生日），охлаждение（冷却；冷淡），учреждение（机关，机构），предупреждение（预先通知，预告）。

第三，以 -ен 结尾的动词过去时被动形动词，例如：принужден（被迫的），побужден（被激励），награжден（被奖励），поврежден（损坏的），побежден（被打败）。

4）古斯拉夫语的辅音 щ 在俄语中为 ч。例如：

мощь（〈雅〉威力，实力）；мочь（能，能够；可能）。

помощь（帮助，援助）；помочь（帮助，援助）。

вещь（东西，物品，物件），пещера（洞穴，岩穴）；печера（=Печерский монастырь）。

类似的情况还出现在：

第一，以 -ать 结尾的未完成体动词，例如：возвращать（归还，偿还），запрещать（禁止，不准），сокращать（缩短，减少），совещать（商量，商讨），сообщать（通知），поглощать（吸收，吞食）。

第二，一些以 -ить 结尾的完成体动词单数第一人称及被动形动词，例如：возвращу（возвратить 的单数第一人称），запрещу（запретить 的单数第一人称），сокращу（сократить 的单数第一人称），поглощу（поглотить 的单数第一人称）；возвращён（возвратить 的被动形动词），запрещён（запретить 的被动形动词），

сокращён（сократить 的被动形动词），поглощён（поглотить 的被动形动词）。

第三，动词现在时主动形动词，由形动词转变来的形容词、派生的个别名词，例如：несущий（нести 的主动形动词），носящий（носить 的主动形动词），бросающий（бросать 的主动形动词），сущий（存在着的，现有的）。

第四，一些形容词，例如：завидущий（〈俗〉贪婪的，妒忌的），блестящий（发亮的，闪光的），настоящий（现在的，目前的）。

第五，一些名词，例如：существо（实质，本质；生物，活物），могущество（威力，实力；强盛）。

现代词汇学常把已经转变为形容词的形动词中的 -ущ、-ющ、-ащ、-ящ 看作构词后缀。实际上，它们应与由 -уч、-юч、-ач、-яч 构成的形容词区分开来，例如：горячий（热的；炎热的；发热的），горючий（可燃烧的，可燃的），могучий（强壮的，健壮的），падучий（〈旧〉癫痫的；坠落的），сыпучий（散粒的；松散的），летучий（能飞的，会飞的；飞扬的），ходячий（能走的；流行的），сидячий（坐着的；不活动的），лежачий（平放的；躺着的），певучий（悦耳的，富于旋律的），висячий（悬挂的，吊着的）。后者原本为古俄语的现在时主动形动词，后来转化为形容词，其短尾形式则变成了副词，例如：крадучись（偷偷地，悄悄地），играючи（〈口〉毫无费力地，轻松地）。

古斯拉夫语的现在时主动形动词则成了现代俄语名正言顺的形动词。它们在被俄语吸收、同化的过程中，有少数也发生了功能上的变化，如后缀 -ущ、-еющ 变成了形容词的最高级：большущий（〈口〉非常大的，很大的），умнеющий（最聪明的），богатеющий（最富有的）。后两个形容词最高级只用于方言俗语。

5）硬辅音前的 е 在俄语中变为 'о。例如：

небо（天，天空）—нёбо（上颚），

крест（十字形，十字）—крёстный отец（教父），

падеж（格）—падёж［（牲畜因瘟疫而）大批死亡］。

尚斯基则认为，不能依据语音特点将这些词划为古斯拉夫语词语。其中一部分词确为古斯拉夫语词语，但根据的不是发音，而是其在俄语中使用的历史、语义及修辞特点，如 небо（上天）、крест（十字架）、жертва（牺牲品）等是古斯拉夫语词

语，因为词义与宗教活动有关，修辞上属于书面语。

6）词首的元音 e 对应俄语的 o。例如：

единый（共同的，一致的），единица（个位数，单位）—один（一，一个）。

7）词首的 ю 对应俄语的 y。例如：

юный（少年的；青年的）—юноша（少年），

юродивый（〈口〉傻头傻脑的，古里古怪的）—урод（身体有缺陷的人），

союз（联盟，联合）—узы（〈旧〉镣铐，枷锁）。

8）词首的 a 在俄语中变为 я。例如：

агнец（〈古〉羊羔）—ягнёнок［羊羔，小（绵）羊］，

аз（字母 a 的古称）—я［古俄 язь（圆腹鲦）］。

9）硬辅音 з 与俄语的软辅音 з 相对应。例如：

польза（益处，好处，利益）—нельзя（不能，不得，不可以）。

10）元音 o、e 取代 ъ、ь，体现为：

第一，带前缀 co，例如：содействовать（协助，帮助），содрогаться（颤动，震动），сожалеть（觉得可惜，抱歉），созывать（叫来，请来），созвучие（谐音；和音），сокровенный（〈书〉内心的；隐秘的），соорудить（建造，建立），сопровождать（陪同，伴随），сопротивление［抵抗（运动）］，соприкасаться（与……邻接，与……接壤），соревнование（竞赛，比赛），сосредоточить（集中，集结），сотрясение（震动，震荡），сотрудник（同事），сотворить（创造，创立），соучастие［〈公文〉参与，共同进行（多指不好的事情）］，сохранить［保全（住），保存（好）］。сотоварищ（〈旧〉同事，同伴）、собутыльник（〈口〉酒友）等词也是借助该构词模式构成的，但它们并非教会斯拉夫语词语。

第二，带前缀 во，例如：вовлекать（吸引，使参加），вооружить（把……武装起来），вообразить（想象，设想），воплщение（体现，反映），вопрос（问题），вопреки（与……相反，违反）。

第三，带前缀 воз-（вос-），例如：возврат（归还，偿还），возвышать（〈旧〉提高，抬高），возгласить（〈旧〉高声宣布，宣告），возгореться（〈雅〉燃烧起来），воздержаться（克制），воздвигать（〈雅〉建筑，建立），воздавать［〈书〉给

与（某种评价、奖赏或惩罚等）], возделывать（耕种）, возлежать（〈旧, 谑〉躺卧在……之上）, возлюбить（〈旧〉爱上）(试比较 не взлюбить), возлияние（〈旧〉祭酒）, возложить（〈书〉敬献, 庄严地放上）, воскурить（〈讽〉向……献媚, 阿谀奉承）, воскресить（使再生, 使复活）, восклицать（激动地喊叫, 感叹地说）, вознаграждать（奖赏, 奖励）, восток（东方）, возразить（反对, 反驳）, возраст（年龄）。

第四，带后缀 -ство，例如：рождество（圣诞节）, множество（大量, 许多）, убожество（〈旧〉生理上的缺陷, 残疾）, существо（有生命的东西, 生物）, могущество（威力, 实力）, человечество（人类）, качество（质量；品质）, количество（数目, 数量）, купечество（商界；商人们）, молодечество（大胆, 勇敢）, художество（〈古〉科学与艺术）, вещество（物质, 物体）, отчество（父名, 父称）, естество（〈书〉本质, 本性）。

-ество 通常位于 ж、ч、ш 之后, 在其他辅音之后则为 -ство, 例如: братство（〈雅〉兄弟情义, 兄弟般的团结友好）, зверство（残暴（行为））, духовенство（僧侣, 神甫）。

第五，一部分根词（корневые слова），例如：вопить（〈口〉大声喊叫, 号叫）, вопиять（〈古〉大声疾呼, 高声喊叫）, вопиющий（〈雅〉触目惊心的, 令人愤怒的）, уповать（〈旧〉期望, 希望）, упование（〈旧〉希望, 期望）, соты（蜂房）。

11）发音不同而意义相同的变体，有时还包括读音不同、意义或修辞色彩不同的两个词，其中一个来自教会斯拉夫语，另一个来自俄语口语，例如：Мари́я—Ма́рья（玛利亚）, Софи́я—Со́фья（索菲亚）; но́щию—но́чью（夜间, 夜里）, ке́лия—ке́лья[（寺院中的）单居房, 修道小室], бра́тия[〈旧〉(一个寺院里的)僧侣；〈口, 谑〉同行, 同伴]—бра́тья（兄弟）, бытие́—бытьё（〈旧〉生活, 生活方式）, житие́—житьё（生活）。

类似的情况还出现在以下场合：

第一，以 -ие 和 -ье 两种形式结尾的动名词，前者为教会斯拉夫语读音，后者为俄语读音，例如：чтение（阅读；读物）, изображение（描写, 图画）, пение（歌；唱歌）, восклицание（赞叹声, 惊叹声, 感叹声）。这些词在 18—19 世纪时可以通用，但修辞上略有区分。сиять（发光，闪耀，照耀），пиявка（水蛭，蚂蟥），влиять（有影响，起作用），убийца（杀人犯，凶手），убийственный（〈旧〉致死的，杀人的），Россия（俄罗斯），английский（英国的；英国人的），австрийский（奥地利的；奥地利人的）：这些词可能都为教会斯拉夫语读音。

第二，形容词单数二格。Живаго（日瓦格）、Мертваго（梅尔特瓦格）、Белаго（别拉格）等俄罗斯姓氏源自教会斯拉夫语形容词阳性或中性单数第二格，俄语形容词则为 -ого。1917—1918 年俄语文字改革时，-аго 被 -ого 所取代，但在少数俄罗斯姓氏中得以保留，它们最初用于称谓宗教人士家族。现代俄语词组 Государь всея Руси（全俄君主）、Патриарх Московский и всея Руси（莫斯科与全俄牧首）中的 всея 则是教会斯拉夫语代词阴性单数二格 -еѩ 演变的结果，即 всея < всеѩ。

（2）构词型古斯拉夫语词

构词型古斯拉夫语词也被称为语法型古斯拉夫语词，主要是由古斯拉夫语的词缀（后缀、前缀）和复合词的一部分构成的词语，具体包括以下类型：

一是带后缀 -тель 的词语，例如：предатель（叛徒），хранитель（〈书〉保护者；保存者），властитель（〈雅，旧〉统治者，主宰），учредитель（〈公文〉创立人，创办人），потребитель（消费者），распрастранитель（推销者；传播者），пленительница（〈旧〉俘虏）。

但是，житель（居民）、волостель（乡长）等以 -тель 结尾的单词并非古斯拉夫语词，而是古俄语词。

二是带后缀 -тельн(ый)（-ительный、-ательный）的词语，例如：страдательный（〈书〉受苦的，受罪的），мучительный（令人痛苦的；折磨人的），растительный［植物（性）的］，поразительный（惊人的，令人吃惊的），увлекательный（吸引人的，诱人的），омерзительный（令人极端厌恶的，令人极为反感的），оздравительный（促进健康的，保健的），пользительный（〈旧，俗〉有益的，有好处的）。

三是带后缀 -тельность 的名词，例如：расточительность（浪费，滥用），признательность（感激，感谢），растительность（植物界）。

四是带后缀 -тельство 的词，例如：учительство（苏联的全体教师），правительство（政府），предательство（背叛行为）。

五是带后缀 -ствие 的词，例如：бедствие（灾难，灾祸），царствие（统治时代，朝代），содействие（协助，帮助），странствие（苦难，痛苦），путешествие（旅游，旅行），бесчувствие［（处于）不省人事的状态］，сочувствие（同情，同感）。

六是带后缀 -ство 且重音在词根的词，例如：ца́рство（统治时代，朝代），сво́йство（性质，性能；特性，本性），уро́дство（畸形，生理缺陷），бога́тство（财富，财产），госпо́дство（统治，统治地位），бра́тство（〈雅〉兄弟情谊），сре́дство（方法，方式，手段），непотре́бство（〈旧〉淫荡行为，下流行为）。带后缀 -ство 且重音在词尾的词则是俄语词，例如：родство́（血缘关系，亲属关系），свойство́（姻亲关系），озорство́（顽皮，淘气），баловство́（〈口〉淘气），плутовство́（欺骗；耍滑头）。

带后缀 -ество、-енство 的词是古斯拉夫语词，例如：качество（质量；品质），множество（多数，大量），убожество（〈旧〉生理上的缺陷，残疾），человечество（人类），рождество（圣诞节），естество（〈书〉本质，本性）；главенство（统治地位，领导权，首位），духовенство（僧侣，神甫），степенство（〈旧〉老板，老人家），отщепенство（〈不赞〉背弃，背叛）。

七是带后缀 -ес 的词，例如：небесный（天的，天空的），древесный（树的，木材的），словесный（词的；口头的），телеса（〈口，谑〉肥胖身体），чудеса（奇迹；奇事），телесный（身体的，肉体的）。

八是以 -ение、-ание 结尾的动名词，与以 -енье、-анье 结尾的俄语词相对，例如：брата́ние（停战）—бра́танье，ката́ние（滚动，轧制）—ка́танье，гла́женье（熨平，烫平）—сва́танье（提亲，做媒）。两组词的重音位置不同，而且以 -енье，-анье 结尾的词在现代俄语中已经用作动名词，只有在一些书面语中例外。варенье（果酱）、печенье（饼干）很早就从动名词转变为普通名词。

九是带有 -ущ、-ющ、-ащ、-ящ、-нный、-вший 等的形动词是古斯拉夫语词，前文对此已有论述。

十是带后缀 -чий、-знь、-ьня、-тва 的词语，例如：кормчий（〈古〉掌舵人，舵手），ловчий（捕猎的），жизнь（生命），болезнь（生病），гордыня（傲慢，自

大），святыня（神圣的东西）；молитва（祷告，祈祷），битва（〈雅〉战役）。

十一是带前缀 из- 的词，与带前缀 вы- 的俄语词对应，例如：издать（出版，发行）—выдать（发给；支付），исход（〈旧〉离去，走出）—выход[（演员）出场；出口，出口处]，изъять（〈书〉取消；禁止）—вынуть（拿出，取出），излить（〈旧〉流出，洒出）—вылить[（把液体）倒出，倒掉]，исчислить（〈书〉计算，算出）—вычислить（计算出，算出），измерить（测量；计量）—вымерить（〈口〉丈量，测量出），избрать（选择，挑选）—выбрать（选择，挑选）。但是，избить（痛打，毒打）、исполосовать（〈专〉砍成扁条）、испачкать（弄脏，染污）等动词是俄语词，而非古斯拉夫语词。

十二是带前缀 низ- 的词，例如：низвергать[〈书，旧〉（从上面）掷下，抛下]，ниспадать（〈旧〉垂落，垂下），низвести（〈书，旧〉把……从高处引到低处，使降下）。

十三是以 зло-、добро-、благо-、бого-、суе- 为第一部的复合词，例如：злословить（说人坏话，诽谤，中伤），злонравие（〈旧〉坏脾气，坏性格），злокачественный（恶性的），злосчастие（〈旧〉厄运，不幸），злоумышленный（〈旧〉预谋犯罪的），злоупотреблять（滥用，非法地利用），злоязычие（〈旧〉恶言，诽谤）；добродетель（〈书〉美德，崇高的品德），добродетельный（〈书〉品质高尚的），доброжелатель（〈书〉对……怀有好意者，关心同情他人的人），доброжелательство（善意，怀有好意的态度），добронравие（〈旧〉品行端正，性情温和），добронравный（〈旧〉品行端正的，性情温和的），доброкачественный（高质量的，优质的）；благородный（高尚的，崇高的），благословение（祝福），благовоние（香气，芬芳），благодеяние（〈雅〉善事，恩惠），благодушие（好心肠，心软），благонравие（〈旧〉品行端正，有教养），благоразумие[（言行）明智，理智；深思熟虑]，благорасположение（〈旧〉赏识，垂青，善遇）；богоборец（反抗上帝的人），богослов（神学家），богоотступник（叛教者，背神者），богослужение（祈祷仪式，礼拜），богохульник（〈旧〉咒骂神者，渎神者），богоугодный（〈古〉合乎神意的），богохульство（〈旧〉咒骂神，渎犯教规）；суеверие（迷信），суеверный（迷信的），суемудрие（〈旧〉冥想，空想），суеслов

(〈旧〉空谈家，说空话、废话的人），суесловить(〈旧〉说空话，说废话）。

（3）语义型古斯拉夫语词

语义型古斯拉夫语词在语音和形态上与俄语词并无二致，它们是在共同斯拉夫语时代产生的，在罗斯时期已进入东斯拉夫语之中，与俄语词融为一体，成为俄语基本词汇的一部分。但是，这些词的意义多与宗教概念、教会活动有关，例如：суета（尘世的空虚），соблазнить（诱惑，引诱），воскресение（礼拜日），таинство（圣礼），образ（圣像），креститель（施礼者），святой（神圣的），страсть（磨难），кадить（摇炉散香），пророк（先知），творец（救世主），бог（上帝），господь（上帝），дьякон（助祭，辅祭），монах（修士），монастырь（修道院），пасха（复活节），чаяние（渴望，期望），лобзание[（接）吻］，лобзать[（接）吻］，чрево（肚子，腹），десница（右手；手），ересь（异端；异教），выя（颈）。

在现代俄语词汇系统中，古斯拉夫语词约占 10%。其中很大一部分属于俄语基本词汇，例如：враг（敌人），время（时间），сладкий（甜的），праздник（节日），храбрый（勇敢的），срам（耻辱），вред（伤害），член（成员），овощи（蔬菜），среда（环境），нужда（需求），пламя（火焰），влага（水分），надежда（希望），одежда（衣服），побеждать（战胜），чувствовать（感觉）。它们是将相应的俄语词淘汰后留下的。一部分古斯拉夫语词，如благо（幸福，福利）、бремя（累赘）、жажда（渴求）、творец（创造者）、истина（真）、вождь（首领）、всуе（无益，枉然）也属于基本词汇，但带有书面语的修辞色彩。

有些古斯拉夫语词和同源俄语词共存，前者是后者的复本（дублет），且意义更为抽象，例如：хранить（保持）—хоронить（埋葬），здравый（健全的，合理的）—здоровый（健康的），краткий（简短的）—короткий（短期的），нрав（脾气）—норов（风俗，风气），власть（政权）—волость（乡），вращать（使旋转）—ворочать（搬动，转动），совратить（减少）—своротить（挪开；翻下），мощь（威力）—мочь（劲儿，力气）。

还有一些古斯拉夫语词在现代俄语中不属于积极词汇，通常只在文学作品中出现，带有古旧、庄严、华丽的意味，例如：нощь（ночь：夜），хощу（хочу，хотеть 现在时单数第一人称：想），дщерь（дочь：女儿），брег（берег：岸），

глас（голос：声音），град（город：城市，城镇），древо（дерево：树），чреда（череда：行，列），злато（золото：黄金），хлад（холод：寒冷），длань（手，掌），агнец（羊羔），алкать（感到饥饿），отверзать（打开，敞开），предтеча（先知），глагол（词语，话语），риза（衣服）。如果在日常口语中使用这些词，常带有谐谑、讽刺等附加语义色彩。例如：

Как **дщерь** моя пожелает, так и будет.（我的宝贝女儿想怎么样就怎样，一切照办。）

Дщерь ты моя непутёвая!（哎呀呀，我这糊涂的女儿呀！）

此外，град、древо现在已不单独使用，常常用作构词成分，例如：градостроитель（城市建设者），градостроительство（城市建设），Ленинград（列宁格勒），Калининград（加里宁格勒），Сталинград（斯大林格勒），Волгоград（伏尔加格勒）；древовал（刨树机），древогрыз（粉蠹），древолаз（短头蛙），древонасаждение（植树）。

古斯拉夫语不仅为现代俄语贡献了大量词汇，也留下不少熟语。这些熟语保留了古斯拉夫语词的一些语音和语法特征，例如：алчущие и жаждущие（渴望的人们，孜孜以求的人们），питаться акридами（и диким мёдом）（过着半饥半饱的生活，食不果腹），глас вопиющего в пустыне（无人回应的请求，哀求），камни вопиют（顽石也会为之鸣不平），притча во языцех（众人议论的话题），темна вода во облацех（不可解的东西），ничто же сумняшеся（сумнясь）（毫不犹豫，不顾一切），шуя и десница（左膀右臂），карающая десница（惩戒之手，报应），почить в бозе（长眠），(напиться, напоить) до положения риз［酩酊大醉、（喝得）不省人事］。

第七节　俄语标准语与方言

1. 俄语方言区的划定

俄语通常分为两大方言区：北部方言区（северное наречие）和南部方言区（южное наречие）。北部方言区包括诺夫哥罗德、沃洛格达、阿尔汉格尔斯克、雅罗斯拉夫、科斯特罗马、彼尔姆、下诺夫哥罗德、乌拉基米尔等城市，南部方言区包括卡卢加、图拉、奥廖尔、沃罗涅什、梁赞等。两大方言区的分界线是莫斯科。有些学者认为在两大方言区之间还存在以莫斯科为中心的过渡地带，即中部方言区，它兼有北部和南部方言的某些特点。现代俄罗斯标准语就是以中部方言的莫斯科俗语（просторечие）为基础发展起来的。在各个方言内部，还存在一些次方言（говоры）。

2. 北方方言与南方方言的区别

（1）语音方面

一是北方方言 о 音化（оканье），即元音 о 在所有情况下发〔о〕；而南方方言 а 音化（аканье），即元音 о 在所有情况下发〔а〕。如 вода（水）在北方方言中读作〔вода〕，在南方方言中读作〔вада〕。

二是北方方言将来自古俄语的 ѣ 读作〔и〕。如 сеять（＜古俄语 сѣяти：播种）和 песня（＜古俄语 пѣсня：歌曲）在沃洛格达方言中分别读作〔сиять〕和〔писня〕，хлеб（＜古俄语 хлѣбъ：面包）和 сено（＜古俄语 сѣно：干草）在诺夫哥罗德方言中分别读作〔хлиб〕和〔сино〕。

三是北方方言中形容词或动词常用简化形式，例如 зла собака（现俄 злая собака：恶狗）。这一情况出现的原因是 j 脱落，元音同化后紧缩，形成简化形式，可将其描述为 злаја＞злаа＞зла。类似的情况还有：большо село（большое село：大村庄），деревенски избы（деревенские избы：乡村木屋），он играт（он играет：他在玩），мы не умем（мы не умеем：我们不会）①。南方方言中基本不存在这种简化形式。

四是辅音 г 在北方方言中读作塞音（爆破音），在南方方言中读作擦音，清音化时读作〔х〕，例如：друг（朋友）读作〔друх〕，лёг（лечь 的过去时阳性单数形式：躺下）读作〔л'ох〕。

五是辅音 ц、ч 在北方方言中相互混淆。例如在沃洛格达方言中，часто（经

---

① 括号中为标准语形式。

常）、в речке（在小溪里）、ночь（夜晚）分别读作〔цясто〕、〔в рицьке〕、〔ноць〕，而лицо（脸）、месяц（月）则读成〔лицё〕、〔мисець〕。南方方言中则不存在这种情况。

（2）语法方面

一是北方方言中名词、形容词复数第五格使用复数第三格词尾，例如：ходят списням［ходят с песнями：（人们）边唱边走］，царапат кохтям［царапает когтями：（它）用爪子挠］，сними вилам（сними вилами：用草叉摘下），с широким рукавам（с широкими рукавами：宽袖），полно с краям（полно с краями：满到边），с вам［с вами：与您（你们）一起］。

二是在南方方言中，人称代词я（我）、ты（你）以及反身代词себя（自己）的第二格、第四格不同于标准语形式，例如：у мене（у меня：在我这里），у себе（у себя：在自己这里），вижу тебе［вижу тебя：（我）看见你］。

三是在南方方言中，动词现在时单、复数第三人称保留了古代软音т'(-ть)结尾，例如：он сидить（он сидит：他坐着），они несуть（они несут：他们拿着），они глядять（они глядят：他们看着）。

四是在南方方言中，过去时副动词常用-мши结尾，例如：взямши（взявши），не спамши（не спавши）。副动词在南方方言和北方方言中可用作谓语，例如：он уехавши（он уехал：他乘车走了），мы не выспавшись（мы не выспались：我们没睡够）。

五是在南方方言中，中性语法范畴消失，例如：большая сяло（большое село：大村庄），мая плячё（或пличё）(моё плечо：我的肩膀），какая грязная стякло（какое грязное стекло：多么脏的玻璃），эта адна письмо（это одно письмо：这一封信）。

六是在北方方言中，简单句谓语部分使用"原形动词+阴性名词单数第一格"，例如：косить трава（косить траву：割草），купить корова（купить корову：买奶牛），топить печка（топить печку：生炉子）。

七是在北方方言中，使用"及物动词、不及物动词构成的过去时被动形动词+前置词у与二格代词"这样的短语，例如：у него уехано（он уехал：他乘车走了），

у ей сколько было рожано（сколько она рожала：她生了几个孩子）。

八是在北方方言中常使用后置语气词 -от、-та、-то、-ту、-те。这些语气词源自古俄语的指示代词 тъ、та、то，与名词保持性、数的一致，例如：старик-от，ключ-от где，сестра-та，село-то，через море-то，убить муху-ту，на ночь-ту，в Москву-ту，продавать огурцы-те，рядом озёра-те。

此外，在俄语南方方言和北方方言中都存在独有的语法形式。例如北方方言中某些名词的复数第二格有着特殊形式：времян（времён：时间）。另外还会用单词мати、дочи 作为名词单数第一格。南方方言中一些名词的复数第一格形式也很特殊：свекры（свекрови：婆婆），жука́（жуки：甲虫），соловья́（соловьи：夜莺），зеленя́（зелени：幼苗）。

（3）词汇方面

任何方言都有一些特有的词汇，这种情况也存在于俄罗斯方言中。例如南方方言中有：хата（изба：农舍），рогач（ухват：炉叉），дежа（квашня：发面盆），виски（волосы：头发），кочет（петух：公鸡），бирюк（волк：狼），сигать—сигануть（прыгать—прыгнуть：跳跃）。

第一编　古俄语语音学

ИСТОРИЧЕСКАЯ ФОНЕТИКА

第一章　古俄语语音学引论

第一节　古俄语字母及其发音与书写

古俄语与现代俄语一样，也使用基里尔字母，但两者有较大区别。现代俄语继承了古俄语的基里尔字母，简化并舍弃了某些字母。古俄语的基里尔字母借用自古斯拉夫语，共有43个字母，而现代俄语只有33个字母。古俄语的字母表[①]如下所示。

Кириллица

Написание буквы X-XI вв.	Название буквы	Звуковое значение	Числовое значение	Буква современной азбуки
а	азъ	[а]	1	Аа
б	букы	[б]	—	Бб
в	вѣди	[в]	2	Вв
г	глаголи	[г]	3	Гг
д	добро	[д]	4	Дд
є	ѥсть	[е]	5	Ее, Ёё
ж	живѣте	[ж']	—	Жж
ѕ	зѣло	[з]	6	Зз
ꙃ	земля	[з]	7	Зз
и	ижеи	[и]	8	Ии
і	иже	[и]	10	—
к	како	[к]	20	Кк
л	людиѥ	[л]	30	Лл
м	мыслите	[м]	40	Мм
н	нашь	[н]	50	Нн
о	онъ	[о]	70	Оо
п	покои	[п]	80	Пп
р	рьци	[р]	100	Рр
с	слово	[с]	200	Сс
т	твьрдо	[т]	300	Тт
оу, ꙋ	оукъ	[у]	(400)	Уу
ф	фьртъ	[ф]	500	Фф
х	хѣръ	[х]	600	Хх

[①] 字母表摘自 Сулейманова Д. З. Древнерусский язык: учебно-методическое пособие. Магнитогорск: МаГУ, 2009, 第51页。

				续表
w	отъ (омега)	[o]	800	—
ц	ци	[ц']	900	Цц
ч	чьрвь	[ч']	90	Чч
ш	ша	[ш']	—	Шш
щ	шта	[ш'ч']	—	Щщ
ъ	коъ	[ъ]	—	ъ
ы	коы	[ы]	—	ы
ь	крь	[ь]	—	—
ѣ	ıать	[ê], [ие]	—	—
ю	—	['у], [jy]	—	Юю
ıa	-(йотированная a)	['a], [ja]	—	Яя
ıє	-(йотированная є)	['e], [je]	—	—
ѧ	юсъ малый	['a]	(900)	Яя
ıѧ	-(йотированный ѧ)	['a], [ja]	—	—
ѫ	юсъ большой	[у]	—	—
ıѫ	-(йотированный ѫ)	['у], [jy]	—	—
ѯ	кси	[кс]	60	—
ѱ	пси	[пс]	700	—
ѳ	ѳнта	[ф]	9	—
ѵ ү	ижица	[и], [в]	400	—

表 1 古俄语字母表

对该表需要做几点说明：1) 10—11 世纪的字母为手写体；2) 字母名称为古代俄语字母的名称，与现代俄语不同；3) звуковое значение 指古时读音，如 ж、ш、ц 读软音；4) 有些字母表示数字，如 а 表示 1，в 表示 2，下文对此仍有论述。

第二节 古俄语字母的音位

1. 字母 ѫ 和 ѧ

ѫ（юс большой）和 ѧ（юс малый）是古俄语中常用的两个元音字母。它们在古斯拉夫语中表示鼻元音〔ǫ〕和〔ę〕。9 世纪以前古俄语中也曾有过这两个字母。与其他斯拉夫语一样，它们也是从共同斯拉夫语继承下来的。古俄语的两个鼻元音后来演变为 у（<ǫ）和 ä（<ę），例如：зѫбъ>зубъ（牙），рѫка>рука（手），несѫ>несу [нести 的现在时单数第一人称：(我) 拿]，пѧть>пять（五），кънѧзь>князь（王公, 大公）。但是，在波兰语和马其顿语个别方言中，鼻元音得以保存下来，发音类似法语的〔on〕和〔in〕。

  12 世纪下半叶至 13 世纪，古俄语文献中的字母 ѫ 已经被 оу 和 ȣ 所取代（它们都相当于 у）。14 世纪末至 15 世纪，罗斯受到第二波南斯拉夫影响，字母 ѫ 又重新出现。当时的东正教修士们又将部分正统保加利亚文字从塞尔维亚文字移植到罗斯文字之中，ѫ 又使用了一段时间。因此，在古代罗斯手抄文献中，ѫ 和 оу、ȣ 三个字母表示同一个元音〔у〕。

  16 世纪，俄国印刷术出现之前，字母 ѧ 仍在使用，它被收入教会斯拉夫语字母表。18 世纪初彼得大帝改革文字系统，它被 я 所取代。

2. j 化元音字母

  j 化元音字母（йотированные гласные）共有 5 个，包括 ѩ、ѩ、ꙗ、ѥ、ю，分别是由 ѫ、ѧ、а、є、оу 前面加 і（去掉上面的点）组合而成。其中 ѩ、ю、ꙗ 既用于一个音节之前，例如：поѭ〔现俄 пою，петь 的现在时单数第一人称：（我）唱〕，югъ（现俄 юг：南方），моꙗ（现俄 моя，мой 的单数阴性：我的）；也用于辅音之后，例如：молѭ〔现俄 молю，молить 的现在时单数第一人称：（我）祈求〕，земла（现俄 земля：土地）。ѥ、ѩ 一般用于音节之前，例如：ѥсмь（我是），моѥ（现俄 моё、мой 的单数中性：我的），ѩзыкъ（现俄 язык：语言）。

3. 同音异写字母

  1）元音〔и〕可用字母 и 和 і 表示。и 被称为 и восьмеричное，在古俄语中表示数字 8；і 也被称为 и десятеричное，在古俄语中表示数字 10。不过，古俄语的 и 写作 и。古俄语的 і 还可写作 ї。і 通常出现在元音字母前，如 марія（现俄 Мария：玛丽亚）。1917—1918 年文字改革时，і 被 и 所取代。字母 й 则出现于 14 世纪。

  2）元音〔о〕可用字母 о 和 ѡ 表示。在《拉甫连季编年史》（«Лаврентьевская летопись»，1377 年）中经常用 ѡ，例如：ѡльга（现俄 Ольга：奥莉加），ѡружье（现俄 оружие：武器），ѡпѧть（现俄 опять：又，再），ѡбрадоватисѧ（现俄 обрадоваться：高兴）。

  3）辅音〔з〕可用字母 з 或 ҁ（земля），或者 ѕ（зело）表示。18 世纪以后 ѕ 被

淘汰。

4) 辅音〔ф〕可用字母ф和ѳ表示，它们用于古俄语的借词之中，例如：ѳилосоѳиа（现俄 философия：哲学）、ѳедоръ（现俄 Фёдор：费奥多尔）。1917—1918年文字改革时，ѳ被取消。

4. 复合字母

古俄语字母表中的复合字母包括元音字母 оу、ꙋ、ы 和辅音字母 ѱ（щ）。其中，оу 由 о 和 у 复合而成，ꙋ 也由两部分复合而成。оу 和 у 在古俄语文献中并存，但 оу 比 у 更为常用。оу 和 ꙋ 最终都被 у 取代，延续至今。

ы 在古俄语手抄文献中有时写作 ъı，有时写作 ы。14世纪末以后，ы 更为常用并保留在现代俄语之中。

在古斯拉夫语文献中，辅音字母 ѱ 最初表示〔ш'т'〕，如 свеща 读作〔свеш'т'а〕、нощь 读作〔нош'т'ь〕。ѱ 在古俄语中读作〔ш'ч'〕，后来演变为 щ。现代俄语中 щ 来自 шт 的痕迹彻底消失。

5. 字母 ѯ 和 ѱ

ѯ 和 ѱ 是从希腊语借入的两个字母，字母名称分别为 кси 和 пси，读音为〔кс〕和〔пс〕。它们主要用于数字意义：ѯ 代表 60，ѱ 代表 700。它们偶尔也用于源自希腊语的借词中，例如 алеѯандръ（现俄 Александр：亚历山大）、ѱалъмъ（现俄 псалом：圣诗）等。

6. 字母 ѵ

字母 ѵ 是古俄语基里尔字母表中的最后一个字母，读作 ижица，发音为〔и〕，有时也发〔у〕，如 кѵриль（现俄 Кирилл：基里尔）既读作〔кириль〕，也读作〔кюриль〕。

7. 字母 ѣ

字母 ѣ 读作 ять，表示窄元音〔ê〕，如 лѣсь（现俄 лес：森林）、дѣти（现俄

деть：把……放到 ）、совѣть（ 现俄 совет：建议）。18 世纪的俄语标准语中，ѣ 和 е 的差别已很难觉察，两者后来合而为一，但字母 ѣ 仍保留在书写之中，直到 1917—1918 年文字改革中被废除。

8. 字母 ъ 和 ь

字母 ъ 和 ь 在古俄语里不是硬音符号和软音符号，而是两个弱元音（редуцированные гласные 或 глухие гласные）。它们的发音特点是短而弱，区别与正常元音（гласные полного образования），有些语言学家常常将两者称为超短元音（сверхкраткие гласные）。

第三节 古俄语的书写规范

1. 古俄语的书写特点

（1）古俄语字母不区分大小写，人名、地名等专名首字母都用小写。

（2）单词之间不留间隔，读者需自己断句。例如莫斯科姆斯季斯拉夫·弗拉季米罗维奇大公及其子符谢沃洛德的捐赠文书开头如下：

сеазъмъстнславьволодимиръсн̃ъ

如果按照现代俄语的书写规范，整个句子应当写成：

се азъ мъстнславъ володимиръ сн̃ъ...

（朕，姆斯季斯拉夫·弗拉季米罗维奇……）

（3）古俄语文献中常用字体上符号（надстрочные знаки），出现最多的是字上符号（титло），即 ҃ 。字上符号的用途包括：1）它是单词缩短的符号，表示单词在抄写时省掉几个字母，与简写法相似。例如 богъ 写作 б̃ъ，господинъ 写作 г̃нъ，отьца 写成 оц̃а，свѧть 写成 с̃ть。[①] 2）用于字母表示数字时，同时在字母两边各加

[①] 有时不用字上符号，直接删掉字母，并在字母右上角加写较小的字母，例如：лѣ ͭ = лѣто，окт ͓ѧ = октѧбрѧ，на па ͭ = на памѧть，м ͦ = морє。

一个点。例如 ·а̇· 表示 1，·р̇· 表示 100。

（4）14 世纪以前的古罗斯文献不带重音，但会把重读元音重复写两次，如 вэлнуаание、врагоомъ。

此外，俄语文字发展史上有过三次影响重大的事件，具体为：1) 16 世纪 60 年代俄国印刷术的出现与逐渐普及，确定使用教会斯拉夫语字母。2) 彼得大帝的文字改革，确立了世俗字母表及阿拉伯数字的统治地位。这次改革废除了 ѧ、ѡ、ѱ、ѯ、ѱ 等字母，用 у 取代 оу，取消重音符号 ′ 和 ˝ 等字体上符号，采纳了新字母 я、э。俄罗斯科学院出版物从 1735 年开始使用 й、э、i、о(ё) 等字母。作家卡拉姆辛（Н. М. Карамзин）创造的字母 ё 一直使用至今。3) 1917—1918 年文字改革废除了字母 ѣ、i，将 ъ、ь 用作隔音符号，阳性名词词尾的 ъ 不再保留。

2. 古俄语手抄文献中的"字体"

（1）楷书

楷书（устав）主要用于 11—13 世纪，特点是横平竖直、规矩，类似于我国书法中的楷书。

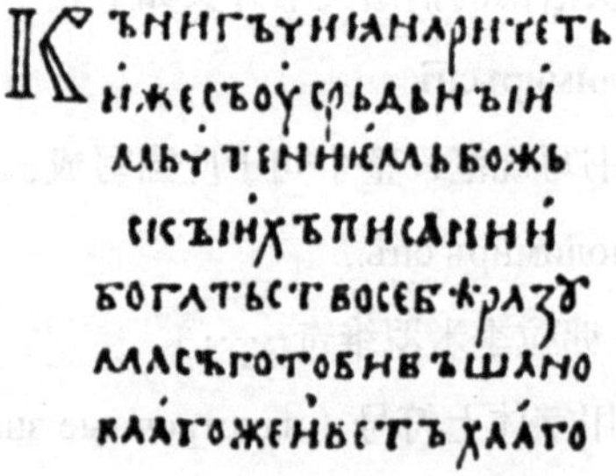

图 4　俄语楷书

（2）行书

14 世纪中叶以后，楷书逐渐被行书（полуустав）所取代。这种书写体经过整理、规范，在 16 世纪末开始用于印刷书籍，世称"旧印刷体"。旧印刷体字母表经彼得大帝文字改革后改造为世俗字母表，是现代俄语字母表的前身。

图 5　俄语行书

（3）草书

行书后来又被草书（скоропись）所取代。草书的特点是自由奔放，这是生活节奏加快和科学技术的进步而引发的必然结果。17 世纪，草书已占绝对统治地位。

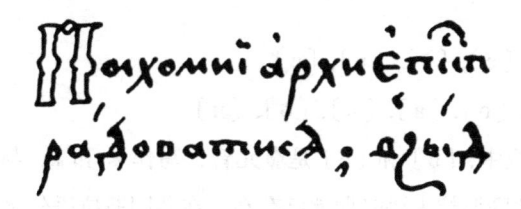

图 6　俄语草书

（4）连字体

除了草书之外，还有一种连体字（вязь），属于装饰性抄写体。

图 7　俄语连字体

第二章 6—9世纪的古俄语语音系统

俄罗斯语言学界一般从10—11世纪开始描写古俄语的语音系统,因为10世纪是罗斯有文字记载的开端,10世纪以前属于文字前时期或历史前时期。但是历史前时期古俄语语音系统的一些总体变化,比如6—9世纪的鼻元音消失现象,都真真切切发生过,有必要加以介绍。

6—9世纪,古俄语共有11个元音音位,包括5个前元音和6个后元音,具体包括:

前元音:〔i〕,〔e〕,〔ě〕,〔ь〕,〔ę〕

后元音:〔y〕,〔o〕,〔a〕,〔ъ〕,〔ǫ〕,〔и〕

11个元音音位中,〔ǫ〕和〔ę〕是鼻元音,写作ж和ѧ,与jot搭配时写作ѭ和ѩ。鼻元音在共同斯拉夫语时期就已存在,在共同斯拉夫语分化成三个语支后仍存在过一段时间。

9世纪左右,古俄语中的鼻元音发生了转变,具体表现为〔ǫ〕变成〔y〕,而〔ę〕变成〔'a〕。可以通过比较语言学构拟出这些鼻元音最初的面貌,例如:

共斯 *sǫdъ,古斯 сѫдъ,古俄 соудъ,现俄 суд(法庭)[①];

共斯 *zǫbъ,古斯 sѫбъ,古俄 зоубъ,现俄 зуб(牙齿);

共斯 *pǫtь,古斯 пѫть,古俄 поуть,现俄 путь(道路);

共斯 *gǫba,古斯 гѫба,古俄 гоуба,现俄 губа(嘴唇);

共斯 *męso,古斯 мѧсо,古俄 мѧсо,现俄 мясо(肉);

---

① 以下共同斯拉夫语简称"共斯",古斯拉夫语简称"古斯",古俄语简称"古俄",现代俄语方言简称"现俄方"。

共斯 *pętь，古斯 пѧть，古俄 пѧть，现俄 пять（五）；

共斯 *mę、tę、sę，古斯 мѧ、тѧ、сѧ，现俄方 мя、тя，虚词 ся。

还有其他材料证实了古俄语两个鼻元音的消失是在 9 世纪以前。拜占庭皇帝紫袍王君士坦丁在《异族见闻》一书中提到第聂伯河两处浅滩的名字，他用希腊语记录的发音分别为〔verutzi〕和〔neasit〕。其中〔verutzi〕对应的古俄语是 вьроучи（动词 вьрѣти 的现在时主动形动词：沸腾的），而〔neasit〕对应的古俄语是нєѧсыть（鹈鹕）。如果再往前推，вьрѣти 的古斯拉夫语形式是 вьржщи，нєѧсытьвьрѣти 的古斯拉夫语形式是 нєѩсыть。也就是说，在共同斯拉夫语和古俄语早期，两个词中分别有鼻元音〔ǫ〕和〔ę〕，但是拜占庭皇帝按照读音节记录下来的是〔u〕和〔'a〕。这说明 10 世纪时两个鼻元音在古俄语中就已经消失。

但是，基里尔字母表中还保留了 ж 和 ѧ，它们表示鼻元音。需要提醒的是，它们的作用已经不同于古斯拉夫语的鼻元音，主要用于记录古斯拉夫语文献中的鼻元音，因为早期的古俄语手抄文献几乎是来自古斯拉夫语的宗教书籍。而在古俄语民间口语中，鼻元音早已不复存在，这也影响到宗教书籍的抄写者。他们原本按要求应准确无误地记录古斯拉夫语中的鼻元音，但在实际抄写过程中常常把 ж 和 y（或 oy）、ѧ 和 а 混用，这显然是受到当时古俄语的影响。例如在《奥斯特罗米尔福音书》中，я начал（我开始了）在有些地方写成 почѧхъ，在另一些地方则写成 почахъ，正确的写法应当是 почѧхъ。同样的情况还有 поручение（委托，担保）一词，按照词源应当是 поржчєниє，但是抄写员写成了 пороучєниє。总体而言，上述字母混用的情况反反复复持续了五六百年。

抄写员弄不清楚鼻元音和非鼻元音的区别，恰恰说明当时的口语中已经不存在鼻元音。语言的变化总是先发生在口语中，然后才体现到书面形式中的。这也从侧面说明，鼻元音在古俄语口语中消失的时间是在 9 世纪以前，ж 与 y（或 oy）、ѧ 与 а 的读音已经相同。

第三章　10—11世纪的古俄语语音系统

第一节　元音系统

1. 古俄语与现代俄语在元音系统方面的比较

古俄语共有10个元音[①]，但与历史前时期的11个元音不同。两个鼻元音消失了，但增加了前元音 ä。10—11世纪的古俄语元音系统如下表所示：

舌位区 （зона образования） 舌位高低 （подъём）	前 （передняя）	后（或非前） задняя 或 непередняя
高（верхний）	ĕ и	ы у
中（средний）	е ь	ъ о
低（нижний）	ä	а

表2　10—11世纪的古俄语元音系统

如果把这一时期的古俄语语音系统同现代俄语做一比较，便会发现两者之间有一定差别。首先，元音数量有较大差别。古俄语有10个元音音位，现代俄语只有5个元音音位（и 和 ы 被看成一个元音音位的两个变体）。现代俄语的 и（ы）、у、е、о、а 与古俄语中对应元音的读音无多大区别，甚至可以说它们的发音是相同的。其次，按舌位高低，古俄语和现代俄语的元音系统都分为高元音、中元音、低元音

---

① 俄罗斯语言学家对此持不同观点。有的学者区分出窄元音 ô，也有学者区分出前高元音 ü，还有学者把元音 ы 视作央元音。

三类；但按舌位区的不同，古俄语的元音系统只分为前元音和后元音，没有央元音。a 在现代俄语中被认为是央元音，在古俄语中被认为是后元音。最后，ы 是一个独立的后元音，而非元音 и 的变体。

2. 古俄语的几个特殊元音

上面说到，古俄语中有 6 个元音的音位与现代俄语中的相应元音是基本相同的，因为现代俄语继承了古俄语的这些元音，一千多年以来几乎没有发生什么变化。但另有 4 个元音，即 ě(ѣ)、ъ(ep)、ь(ерь) 发生了很大变化，ä 则是更早期别的元音变化的结果。

1）元音 ě

元音 ě 源自古俄语中的窄元音（закрытый гласный）ê，写作字母 ѣ，发音时舌面比发 е 时要抬得高一些，甚至有可能类似二合元音 ие。在现代俄语标准语中，元音 ě 同元音 е 合而为一了，字母 ѣ 在 1917—1918 年文字改革中被取消，例如：лѣсъ>лес（森林）、лѣто>лето（夏天）、совѣтъ>совет（建议）、бѣлый>белый（白的）、ѣздити>ездить［（乘、骑）行］、ѣсть>есть（吃）。

2）元音 ä

与现代俄语中的元音 a 不同，ä 是一个前元音，由鼻元音 ę 演变而来，例如：пять（五）（〔п'ät'〕<〔п'ęть〕），мясо（肉）（〔м'äсо〕<〔м'ęсо〕）。ä 和 a 后来合并了。

3）元音 ъ 与 ь

如前文所说，ъ 与 ь 在古俄语中是弱元音。其中，ъ 为中高元音、后元音，与 о 在重读音节前第二音节中的读音类似，如 голова（头）读作〔гълавá〕；而〔ь〕为中高元音、前元音，与 е 重读音节前第二音节的读音近似，如 человек（人）读作〔чьлвéк〕。

元音 ъ 与 ь 的发音特点也决定了它们后来的命运。在一些语音环境中，它们强化了，变为 о 和 е，如 сънъ（现俄 сон：睡眠）、мъхъ（现俄 мох：藓，苔）；而在另一些语音环境中则完全消失，如 домъ（现俄 дом：房子）、столъ（现俄 стол：桌子）、правьда（现俄 правда：真理）、красьный（现俄 красный：红色的；美丽的）、

русьскый（русский：罗斯的；俄语的）。语言学界将后种现象称为弱元音的脱落（падение редуцированных 或 утрата глухих），它在古俄语的发展过程中发挥了重大作用。

4）元音 и 与 ы

莫斯科音位学派和彼得堡音位学派对于元音音位 и 和 ы 的认识不统一：前者认为 ы 是 и 的变体，и 在硬辅音之后则为 ы；后者认为它们是两个不同的音位。例如：бить（打）—быть（是）（〔б'ит'〕—〔быт'〕），играть—сыграть（玩），к Ивану（〔к ывану〕）（去伊万那儿）。

但在古俄语中，и 与 ы 是两个明确不同的音位。它们在与辅音搭配构成音节时会影响前面的辅音，如 столъ 一词的复数第一格是 столи，而复数第四格为 столы，用音标表示为〔stol·i〕和〔stoly〕（l· 右上角的点表示半软音）。i 与 y 在这里有区别意义的功能。再如 волк（狼）的古俄语形式 вълкъ 的复数第一格为 вълци，而复数第四格为 вълкы。后舌音 к 在前元音 и 前受其影响变为软辅音 ц'，而在后元音 ы 前没有变化。可见，и 与 ы 在古俄语中的作用不同，它们决定了前面辅音的性质，и 与辅音搭配时要么使前面的辅音软化为半软音，要么使其彻底软化并发生音变。

3. 古俄语中元音的分布

元音可以出现在任何音节中，既可用于重读音节，也可用于非重读音节。古俄语中不存在现代俄语所具有的非重读音节元音的弱化现象，换言之，古俄语的元音无强位与弱位之分，所有语音环境对它们来说都是强位。所有元音音位均以舌面高度（高、中、低）、圆唇动作的有无（前元音不圆唇、后元音圆唇）及舌面水平移动（前、后）等特征来区分（а、у 例外）。

与现代俄语中元音受相邻辅音影响不同，古俄语元音的性质反过来影响其前面的辅音。所有元音音位都可用于硬辅音之后，但当前元音位于硬辅音之后时，硬辅音要软化为半软音（t·），而位于软辅音之后的前元音发音动作无变化。о、ъ、ы 这三个后元音音位不可能出现在软辅音之后，但 у、а 这两个后元音可以与软辅音搭配，例如：〔вол'а〕（现俄 воля：意志力），〔душ'у〕（现俄 душу, душа 的第四格：心灵）。

在词首位置不可能出现元音 ъ、ь（及其变体弱元音ĭ和ў）、ы、a、e、ě、ä。从历史起源来看，如果 a、e、ě、ä 位于词首，那它们前面必然会派生出辅音 j，如古俄语的 ѩвити（现俄 явить：让看见）、ѥго（现俄 его：他）、ѥмоу（现俄 ему：他）、ѥль（现俄 ель：云杉）、ѣхати（[现俄 ехать：（乘、骑）行]、ѩзыкъ（现俄 язык：语言）、ѩдро（现俄 ядро：核心）等。

词首位置只可能出现 и、о、у 这3个元音，且 о 在古俄语中用得更多，许多以 о 打头的词在其他斯拉夫语中往往以 je 打头，例如：

古俄语：　　　　озеро，　　　осень，　　　олень，　　　одинъ；
塞尔维亚语：　　jëzero，　　　jëcēн，　　　jèлен，　　　jèдан；
波兰语：　　　　jezioro，　　　jesień，　　　jeleń，　　　jeden。

第二节　辅音系统

1. 古俄语与现代俄语在辅音系统方面的比较

构成方式 \ 构成部位		唇音	前舌音	中舌音	后舌音
噪音（辅音）	塞音	п б в (w)	т д		г к
	擦音		з з' с с' ш' ж'		х
	塞擦音		ц' ч' ж' д' ж' ш' т' ш'		
响音（辅音）	鼻音	м	н н'		
	流音		р р' л л'	擦音　　j	

表3　10—11世纪古俄语的辅音系统

可以看出，无论是数量、特征，还是相互之间的关系，古俄语的辅音系统与现代俄语的辅音系统皆有较大差别。下面分别加以叙述：

（1）唇音 в 在一些古俄语方言中读成唇齿音，发音同现代俄语标准语中字母 в 的读音一样；在某些方言中则读成双唇音，与现代英语中的字母 w 读音相似。这种双唇音存在了很长时间，后来逐渐被唇齿音取代。在现代俄语的一些南方方言中，有时还会把 в 读作〔ў〕（不构成音节的 y，或者类似半元音 y），例如：правда 读作〔праўда〕，коров 读作〔короў〕，голов 读作〔голоў〕。〔ў〕和〔w〕之间的区别很难分辨，它们的发音动作甚至是相同的。可以说，把 правда 读作〔праўда〕是古俄语〔праwда〕的延续。

古俄语文献中的一种书写法也反映出双唇音的存在：当一个词中两个相邻元音的第二个为圆唇音时，这个圆唇音前会出现辅音 в，如 тиоунъ（тиун：执事）亦写作 тивоунъ。在现代俄语某些方言中也保留了类似现象，如把 паук（蜘蛛）读作〔паўк〕、радио（无线电）读作〔ра́диво〕等。这些都是古俄语中 в 读作〔w〕的遗迹。

（2）古俄语中最初没有辅音 ф。古俄语基里尔字母表中的字母 ф 和 ѳ 表示辅音〔f〕。而且，ф 和 ѳ 最初用于外来语，且多为书面语词汇，这些词大多借自希腊语，如 философъ（先哲）。有些希腊语词汇通过古斯拉夫语进入古俄语，如 февраль（二月）、фонарь（灯）、порфира〔（皇帝的）紫红袍〕等。辅音 ф 对古罗斯人来说有些格格不入，在借词时常用别的音取而代之，这尤其体现在民间口语中，如希腊语的 faros 在俄语中为 парус（帆），人名 Iosif（约瑟夫）被罗斯人改为 Осип，人名 Stefanos 被改为 Степан（斯杰潘）。这种现象在现代俄语的某些方言中也很常见。但在现代俄语标准语中 ф 已很平常，它同外来语词汇一起完全融入俄语，如фабрика（工厂）、фракция（党团）、факел（火炬，火把）、туфли（便鞋）、трофей（战利品）、картофель（土豆）、кофе（咖啡）、телефон（电话）等。

（3）唇音 п、б、м 在古俄语中只有硬音，而没有对应的软辅音 п'、б'、м'。这三个硬辅音与现代俄语中 п、б、м 的构成没有原则上的差别。

（4）古俄语中没有软辅音 в'，因此古俄语中没有 в—в' 之间的对偶关系。

（5）后舌音 к、г、х 及前舌音 т、д、с、з、н、р、л 从读音及发音构成上来看与现代俄语中的相应辅音没有什么区别。

古俄语中没有软辅音 к'、г'、х'、т'、д'，但有软辅音 з'、с'、н'、р'、л'，与

相应的硬辅音构成对偶关系。

（6）噝音 ш'、ж' 及塞擦音 ц' 在古俄语中均为软音，塞擦音 ч'、ж'д'ж' 及 ш'т'ш' 亦为软音，例如：ѣзжу〔jěж'д'ж'у〕〔езжу, ездить 的现在时单数第一人称：(我) 乘车去〕，дождикъ〔дож'д'ж'икъ〕(小雨)，пущу〔пуш'т'ш'у〕(пущу, пустить 的现在时单数第一人称：放下)，ищу〔иш'т'ш'у〕(ищу, искать 的现在时单数第一人称：寻找)。

（7）中舌音 j 与现代俄语一律为软音。

综上所述，古俄语的辅音系统由硬音音位 п、б、в、м、т、д、с、з、н、р、л、к、г、х，软音音位 ч'、ж'、ш'、ц'、с'、з'、н'、р'、л'、j 及 ш'т'ш'、ж'д'ж' 组成。所有软辅音都叫作固有软辅音（исконно мягкие），因为它们从产生之时起就是软音。

所有硬辅音及软辅音均为独立的音位。它们在不同的元音音位前同元音一起构成音节。

2. 古俄语中辅音的分布

（1）硬辅音同前、后元音的结合

所有硬辅音，后舌音 к、г、х 除外，均可以同所有元音结合构成音节。位于后元音之前的硬辅音发音动作无任何变化，但当它们位于前元音之前时，舌面向硬腭移动，形成所谓的 jот 发音动作，因而发生软化，从而使自己获得半软性质（полумягкость）。发生这种变化的辅音叫作半软音（полумягкий согласный）。比如古俄语 лѣсъ（现俄 лес：森林）一词中，л 在前元音 ě 之前就变成了半软音：лěсъ>л˙ěсъ；再比如 дьнь（现俄 день：天，日）一词中 д˙ 与 н˙ 变为半软音〔д˙нь〕。可见，硬辅音在前元音之前变为半软音是在特定的语音环境中发生的变化，也就是说，半软音是硬音的变体。它不是独立的，而是从属于语音环境的。

后舌音 к、г、х 只能与后元音结合，而不能与前元音结合。软辅音可出现在前元音前，也可出现在 a 和 у 这两个后元音前，但是后者在发音时舌位要微微前移。

（2）清浊辅音的对偶

现代俄语辅音音位中有 12 对清浊对偶的辅音，但古俄语没有清浊辅音的对偶。

这是因为古俄语的音节都是以元音结尾的开音节，辅音不出现在词尾，同时古俄语也不存在浊噪音＋清噪音及清噪音＋浊噪音的辅音组，这就使得古俄语语音系统丧失音位对立中和的条件，换句话说，在特定语音环境下，要么出现清辅音，要么出现浊辅音。因此，古俄语中不会出现现代俄语中常见的那种浊音清化及清音浊化的语音同化现象。这些语音同化现象是在弱元音ъ及ь脱落以后才出现的。

前缀 роз-、из-、без-、въз- 在古俄语中是少数例外。它们自古以来是以辅音з结尾的。з后面没有弱元音ъ，因此当上述前缀与后面的以清辅音开始的词或词素结合构成新词时，这个з就会受到影响而发生清化，也就是说，它们会变为рос-、ис-、бес-、въс-；而当后面的词或词素以浊音打头时，它们保持原来的з不变。试比较：безбожиѥ（现俄 безбожие：不信神）—беспѹтиѥ（现俄 беспутье：崎岖难行的道路），бездъна（现俄 бездна：深渊）—бестѣлесьныи（现俄 бестелесный：无形的），избивати（现俄 избивать：毒打，痛殴）—испити（现俄 испить：喝些），изгыбати（现俄 изгибать：使……成弧形）—ископати（现俄 ископать：耕地），розбои（现俄 разбой：抢劫）—роспоутиѥ（现俄 распутье：岔路），роздати（现俄 раздать：分给）—росточити（现俄 расточить：〈旧〉驱赶），возъдѣлати（现俄 возделать：耕地）—въстрѹбити〔现俄 вострубить：（喇叭、军号）吹起来〕。可以看出，前缀结尾出现з或с完全取决于它们后面辅音音位的性质。在其他语音环境中它们是自由使用的。因此可以说，古俄语中辅音清浊的对偶关系并不明显，不像现代俄语中涉及的辅音那么广。古俄语中清辅音和浊辅音的特性是它们固有的，一般不受它们所处的语音环境的影响。

（3）软硬辅音的对偶

现代俄语中有15个软硬辅音的对偶关系，而古俄语中只有5对：с—с'、з—з'、ар—р'、л—л'、н—н'。并且这5对软硬辅音也与现代俄语中的15对软硬辅音的对偶不同。古俄语中软辅音和硬辅音可在所有语音环境中使用，不存在软硬特征的中和，例如：〔порá〕（现俄 пора：时候）—〔бур'а〕（现俄 буря：暴风雨），〔пóру〕（现俄 пору）—〔бу́р'у〕（现俄 бурю）。这些词的形式中软硬 р—р' 在元音а和у之前有区别，但在〔пор'е́〕—〔бу́р'е〕中р'均为软音，即出现了软音与硬音对立的中和。

第三节　音节结构

　　古俄语早期的元音与辅音系统受到音节的制约，从而形成了它们的许多独有特点。音节通常由音节部分和非音节部分构成。一般情况下，音节部分都是由元音充当，而非音节部分由辅音充当。但有的时候则完全相反，辅音充当音节的主角，而元音却充当配角。比如在某些斯拉夫语言中响音（流音）r(р)与l(л)可以作为音节的载体，而元音i(и)与u(у)可能成为音节的非主要载体。以捷克语、塞尔维亚语等语言为例，捷克语 prst（现俄 перст：手指）、prvý（现俄 первый：第一）、vltava（伏尔塔瓦河）、vlk（现俄 волк：狼）等词中的 r 和 l 就是构成音节的成分。俄语中的 мой（我的）、война（战争）以及俄语方言中的праўда（правда：真理）中的半元音 й、ў 都不构成音节。凡是以元音或非元音成分（流音 r、l 等）构成的音节都叫作开音节（открытый слог），反之为闭音节（закрытый слог）。

　　古俄语早期的音节结构遵循两条规律：一是开音节规律（закон открытого слога），二是音节谐和规律（закон слогового сингармонизма）。它们都是从共同斯拉夫语继承下来的。

　　（1）开音节规律

　　共同斯拉夫语与印欧共同语在语音上的一个的重大区别在于：共同斯拉夫语的音节皆为开音节，而印欧共同语则可能是开音节，也可能是闭音节。共同斯拉夫语以及古俄语继承了印欧共同语的语音系统，但不是一成不变的继承，而是在音节方面进行了大大的改变。共同斯拉夫语以不同的方式消除了闭音节，开音节规律占据了绝对的统治地位。贝尔恩什泰恩（С. Б. Бернштейн）指出，共同斯拉夫语中发生的所有语音变化几乎都与开音节规律有直接或间接的联系。正是由于开音节规律的作用，在共同斯拉夫语中发生了词尾辅音的脱落、辅音组的简化、二合元音及准二合元音的单音化或重组。开音节规律还使得共同斯拉夫语的语音面貌发生重大变化，有些变化甚至使得一些词语或语法形式变得难识其"庐山真面目"了，例如：kaina>c'ěna（цѣна，现俄 цена：价格）、*kъningъ>кънęзь（кънязь，现俄 князь：王公，大公）。这条规律在古俄语时期才逐渐失去其影响。

（2）音节谐和规律（节内谐和规律）

这条规律在共同斯拉夫语和古俄语时期起过重要作用，具体表现为：音节内的软辅音只能与前元音搭配（也可以与后元音 а 与 у 结合），而硬辅音则一般同后元音搭配。如果硬辅音同前元音结合则要发生音变，其中后舌音 к、г、х 最为典型，例如：другъ（朋友）—дроужина—дружьскыи—дрoузѣ（другъ 单数第六格）—дроузи（другъ 的复数第一格），рука（手）—ручьныи—руцѣ（рука 的单数第三、六格），послухъ（证人）—послусѣ（单数第六格）—послуси（复数第一格）。

这里还要补充说明一下，在一些斯拉夫语比较语言学、古俄语的著作中，除提及上述两条涉及音节的规律外，还提出"音节内音素按响度排列的规律"（расположение звуков в слоге по возрастающей звучности）。响度最强的自然是元音，因此音节大都以元音收尾，其结果必然是开音节。究其实质，开音节规律只不过是音节内音素响度递增规律的必然结果。所以这两条规律也经常被看作一条规律。

第四节　方言特征

生活在不同地区的古罗斯人使用不同的方言，即便受过专门训练的抄写员也会受到当地方言的影响，因此古罗斯的手抄文献中时常反映出方言的特征，其中主要的方言包括诺夫哥罗德方言、普斯科夫方言、斯摩棱斯克-波洛茨克方言、加里西亚-沃伦方言。古俄语手抄文献的方言特征主要体现在语音方面，偶尔也体现在词汇方面。

1. 语音特征

（1）ц 音化

广义的 ц 音化（цоканье）指 ц 与 ч 混淆不分，把 ч 读作 ц，把 ц 读作 ч。ц 音化是俄语最古老的方言特点之一，它多见于俄语北部方言，常见于中部方言，鲜见于南部方言，同时在俄语南部方言区的北部也不鲜见。11 世纪的诺夫哥罗德古文献中已发现 ц、ч 不分的现象。13 世纪斯摩棱斯克的手抄文献以及 14 世纪普斯科夫的手抄文献中也发现了类似现象。例如在诺夫哥罗德的手抄文献中就有 видьчь/

видьць（现俄 очевидец：目击者）、пѣвьчь/пѣвьць（现俄 певец：讴歌者）、чвѣтъ/цвѣтъ（现俄 цвет：颜色）、црево/чрѣво（现俄 чрево：肚子）、цьто/чьто（现俄 что：什么）、жеребечь/жеребьць（现俄 жеребец：公马）等。

普斯科夫和斯摩棱斯克-波洛茨克地区的古文献中也有类似现象，原因在于这些地区的罗斯人多为诺夫哥罗德的移民。例如：всемъ коупчемь/коупцемъ（всем купцам：给所有商人）。

沙赫马托夫院士推断，ц 音化是古俄语受古波兰语影响产生的结果。切尔内绍夫（В. И. Чернышёв）和阿瓦涅索夫则指出，ц 音化是古俄语受芬兰-乌格尔语影响的结果。后一种观点为大多数语言学家所接受。古代罗斯人在历史上长期与芬兰-乌格尔人比邻而居，语言之间相互渗透的情况甚多。而且，芬兰-乌格尔许多语言中的确只有一个塞擦音，而不是两个塞擦音，ц 与 ч 的混用不会引起交流障碍，更不会产生新词。

（2）把 жд' 写作 жг 或 чь

这一现象存在于诺夫哥罗德和普斯科夫方言中。例如，俄语词 дождь（雨）在诺夫哥罗德古和普斯科夫文献中写作 дъжгь/дождь，在加里西亚-沃论方言中写作 дъжчь。

（3）不区分咝音与嘘音（с—ш，з—ж）

这一现象存在于普斯科夫方言中。在《普斯科夫训诫集》（«Псковский пролог»，1383 年）中就有不少这样的情况，例如：помѣсати/помешати（现俄 помешать：轻轻搅拌一下），псенице/пьшеницѣ（现俄 пшеница：小麦），носаше/ношаше（现俄 носил：提着），знаѥси/знаѥши（现俄 знаешь：知道），зѣлаше/желаше（现俄 желал：希望），в затву/въ жатву（现俄 в жатву：用于收割），наказютьса（现俄 наказываются：惩罚）；до шего дне/до сего дьне（现俄 до сего дня：到今日），герашиму/герасиму（现俄 Герасиму：给格拉西姆），жимою/зимою（现俄 зиме：冬天），кладажь/кладазь（现俄 колодец：水井），сапожи/сапози（现俄 сапоги：靴子）。

咝音与嘘音不分的特点起源于较久远的时代，是斯拉夫语与波罗的语相互影响的结果。这可以从拉脱维亚语、立陶宛语、古普鲁士语的语音现象中找到佐证，但也有学者认为这也可能是受到芬兰语影响的结果。

（4）音组 tl、dl 变成 кл、гл

这一现象存在于普斯科夫方言中。更为详细的说法是：共同斯拉夫语的音组 tl、dl，在东斯拉夫共同语中变为 л，在普斯科夫方言中变为 кл、гл。试比较：повели（<*povedli）（повести 的过去时复数：开始）—ровегли，подъвели（现俄 подвести：领到……跟前）—подъвегли，суỳстроѣли（<*sǫstrětli）（现俄 встретили：遇到）—соустрѣкли。

tl、dl 变为 кл、гл 多发生在以 -л 结尾的动词过去时主动形动词中。库兹涅佐夫认为，这种辅音间的异化现象是受相邻的波罗的语影响的结果，类似的现象在波罗的语中十分常见。

（5）ѣ 写作 и

这一现象存在于诺夫哥罗德方言中，例如：търпѣниє/търпиниє（现俄 терпение：忍耐），чєловѣкомъ/чєловикомъ（现俄 человеком，человек 的单数第五格：用一个人），отъ звѣри/отъ звири（现俄 от звери：由于野兽），к жєнѣ /к жєни（现俄 к жене：去妻子那里）。

（6）ѣ 替代 є

这一现象是加里西亚-沃伦方言的主要特征，例如：знамѣньє/знамєньє（现俄 знамение：特征），корѣнь/корєнь（现俄 корень：根），пѣщь/пєчь（现俄 печь：炉子），рємѣнь/рємєнь（现俄 ремень：皮带，皮条）。

（7）加长元音 о

这一现象也是加里西亚-沃伦方言的主要特征，即正常元音 о 变为长元音 о。在书面文献往往用 оо 表示，例如：воовца/овца（绵羊），воотчиноу/отчиноу（现俄 вотчина，отчина：世袭领地，采邑）。词首的辅音 в 是后来加到元音 о 之前的。

方言的语音特征还包括以下方面：

一是诺夫哥罗德和普斯科夫方言中的辅音 в 在 л' 之前常常缺失，例如：посталяша（应为 поставляша）。

二是斯摩棱斯克-波洛茨克方言中的 е 替代 ѣ，в 读作 у，例如：всємъ тємъ（替代 всѣм тѣмъ）（现俄 всем тем：所有那些人），оузяти（взяти）（现俄 взять：

拿），oуризѣ（现俄 в Ризе：在里加），oустокъ（въстокъ）（现俄 восток：东方），oуспѧти（вспять）（现俄 вспять：向后）。

三是加里西亚-沃伦方言中的 л 代之以 в，ы 与 н 不分，y 代替 в，例如：вовкъ（＜вълкъ）（现俄 волк：狼）。

2. 词汇方面

诺夫哥罗德方言中的某些词至今仍常见于俄语北方方言之中，例如：орати（现俄 пахать：耕地），олоньсь（现俄 в прошлом году：在去年）。

第四章　古俄语语音溯源

第一节　共同斯拉夫语与共同印欧语语音的区别

1. 开音节规律

共同斯拉夫语继承了印欧共同语的语音系统，但不是一成不变地继承。印欧共同语的音节或是开音节，或是闭音节。但共同斯拉夫语以不同的方式消除了闭音节，开音节规律从而占据绝对统治地位。贝尔恩什泰恩在《斯拉夫语比较语法纲要》(《Очерки сравнительной грамматики славянских языков》，1961年）一书中指出，共同斯拉夫语中发生的所有语音变化，例如词尾辅音的脱落、辅音组的简化、二合元音及准二合元音的单元音化或重组等，几乎都与开音节规律有直接或间接的联系。这些语音变化在印欧共同语时代，即有闭音节存在的时代是根本不可能出现的。例如印欧语 *olkomŏs 在共同斯拉夫语中变成了 lakomъ（现俄 лакомый：好吃的，美味的），这一过程具体描述如下：ol/ko/mŏs 分为三个音节，第一音节 ol 是一个闭音节，通过换位（метатеза）转变为开音节 la，最后一个音节 -mŏs 也是一个闭音节，辅音 s 脱落，同时 ŏ 进一步圆唇化变为 u，u 又变为 ъ，最终形成 лакомый 的短尾形式 lakomъ。开音节规律（ŏ>u>ъ）促成上述一系列语音变化。lakomъ 一词还是准二合元音 ol 转化的典型例证。再如，共同斯拉夫语的 c'ěna 来自印欧语的 *kaina。二合元音 ai̯ 在开音节规律作用下变为单元音 ě；k 在 ě 前又变为 c'，最后定格为 c'ěna（现俄 цена：价格）。整个过程记录为 kai̯na>kěna>c'ěna。

词尾辅音的脱落、辅音组的简化可以使 t、d、s、n 等辅音脱落：

pt>t, bt>t,

tn、dn、pn、bn>n,

tm、dm＞m，

ts、ds、ps、bs＞s。

例如：

*plodŏs＞plodъ，tod＞to，*reč'et＞reč'e［动词 reč'i，现俄 говорить（说）的简单过去完成时单数第三人称］，

*dolbto＞*dolto［现俄 долото（凿子），试比较 долбить（凿）］，*vędnǫti＞vęnǫti［现俄 вянуть（枯萎），试比较 увядать（枯萎）］，

*sъpnъ＞sъnъ［现俄 сон（睡眠），试比较 спать（睡觉）］；

*gybnǫti＞gynǫti［现俄 гибнуть（死亡），试比较 гибель（牺牲）］；

*dadmь＞damь［现俄 дам（дать 的将来时第一人称单数：给），试比较 дадут］；

opsa＞osa［现俄 oca（黄蜂），试比较立陶宛语 vapsà］。

以上列举的辅音组的简化方式是两个（或三个）辅音中的一个脱落，有时也可能是以一个另外的辅音取代原来的辅音，从而达到音节的重新划分，消除闭音节。*tt、*dt 在一些词中发生了两个爆破音的异化，即 *tt＞st、*dt＞st，从而使音节划分改变了，消除了闭音节。例如：

*metti＞mesti（现俄 мету：扫除）；

*vedti＞vesti（现俄 веду：带领）。

在印欧语中这两个动词的音节划分是 *met|ti 和 *ved|ti，第一个音节为闭音节。在两个相近爆破辅音发生异化以后形成了摩擦音＋爆破音的组合 *met|ti＞ve|sti、*ved|ti＞ve|sti，从而消除了闭音节。

开音节规律的作用还促使二合元音都变成单元音。二合元音 ei̯、eu̯、oi̯、ou̯、ai̯、au̯、ēi̯、ēu̯ 在辅音前都变成了单元音。em、en、im、in、om、on、am、an、um、un、ъm、ъn 等准二合元音也变成了单元音（鼻元音）。

2. 音节和谐规律

共同斯拉夫语语音系统的另一条重要规律就是音节谐和规律。它在共同印欧语中不存在，也就是说，后舌音可以与任何元音（后元音、前元音）搭配，可以发软音，也可以发硬音。印欧语的辅音系统曾有过发达的爆破音。不仅有清音和浊音，

同时还有送气音和非送气音，如：非送气浊辅音 b—送气浊辅音 bh，非送气清辅音 p—送气清辅音 ph。梵语就有类似的辅音。后舌音 g、k、ch 可以是圆唇音，即 gu̯、ku̯、chu̯，也可以是非圆唇音。

3. 长、短元音的区分

印欧语有长元音（долгие гласные）和短元音（краткие гласные）之分，如 ā、ō、ē、ū、ī 为长元音，而 ă、ŏ、ĕ、ŭ、ĭ 为短元音。共同斯拉夫语也有长元音和短元音之分。现代塞尔维亚语、捷克语、斯洛文尼亚语仍保留长、短元音的区别。这可以证明在共同斯拉夫语中曾经有过长元音和短元音。此外，共同斯拉夫语继承了印欧共同语的元音和二合元音等，因而也必然反映在其元音系统上。不过，在共同斯拉夫语中还有过两个超短元音 ъ 和 ь。

此外，印欧语的摩擦音较少，只有 s、z、i̯(j) 和 u̯(v)，不存在嘶音和塞擦音。响音有鼻辅音 n、m 及流音 r、l。印欧语的辅音和辅音组可以同 j 连用；共同斯拉夫语则不可能，当辅音及辅音组与 j 相邻时会发生音变。印欧共同语任何词的组成中都可能出现辅音的自由组合，不像共同斯拉夫语词的组成中辅音的组合会受到多种限制。

第二节　共同斯拉夫语元音的起源

1. 元音音位〔a〕

（1）〔a〕<〔*ā〕

试比较：

共斯 *mati，古斯 мати，古俄 мати，现俄 мать，拉丁 māter，古希 māter，梵语 mātá(mātár)；[①]

共斯 *bratъ、bratrъ，古斯 братъ、братрь，古俄 брать，现俄 брат，拉丁 frāter，

[①] 以下古希腊语简称"古希"，拉丁语简称"拉丁"，立陶宛语简称"立陶宛"，哥特语简称"哥特"，普鲁士语简称"普鲁士"，伊朗语简称"伊朗"，赫梯语简称"赫梯"，现代英语简称"现英"，现代德语简称"现德"。

古希 frátor，梵语 bhrātā，普鲁士语 brāti。

可见，共同斯拉夫语的 a 来自印欧语的 *ā，也是一个长元音。

（2）［a］＜［*ō］

试比较：

共斯 *darъ，古斯 даръ，古俄 даръ，现俄 дар，拉丁 dōnum，古希 dōron；

共斯 *znajǫ、znati，古斯 знаю、знати，古俄 знаю、знати，现俄 знаю、знать，拉丁 cognōscō，古希 gignōscō。

可见，共同斯拉夫语的 a 来自印欧语的 *ō，且是长元音。

（3）［a］＜［*ē］（在 j、č'、ž'、š' 之后）

斯拉夫语中有一类动词，其词干以 ě 结尾，如 gorěti（古斯 горѣти，现俄 гореть：燃烧）、viděti（古斯 видѣти，现俄 видеть：看见）、tьrpěti（古斯 трьпѣти，现俄 терпеть：忍受）等。如果词干结尾的 ě（＜*ē）在软辅音 j、č'、ž'、š' 之后，则会变为元音 a，如 krič'ati＜kričěti（古斯 кричати，现俄 кричать：喊叫）、lež'ati＜lež'ěti（古斯 лєжати，现俄 лежать：躺）、dyš'ati＜dyš'ěti（古斯 дышати，现俄 дышать：呼吸）等。

将这类动词与其他印欧语做一比较可以发现：动词词干确以 ē 结尾。试比较：

共斯 *viděti＜*veidēti，古斯 видѣти，古俄 видѣти，现俄 видеть，拉丁 vidēre，立陶宛 veidéti；

共斯 *dyš'ati＜*dychēti＜*dūsēti，古斯 дышати，现俄 дышать，立陶宛 dūséti。

ē 在软辅音之后变为 ā 的现象也出现在其他词类中，例如：

共斯 *žarъ＜*gērъ＜*gerŏs（古斯 жаръ，古俄 жаръ，现俄 жар）。动词 gorěti（古斯 горѣти，现俄 гореть）中无此变化。再如：

共斯 *gybělь（古斯 гыбѣль，古俄 гыбѣль，现俄 гибель），共斯 *peč'alь（＜*pekēlь），古斯 печаль（古俄 пєчаль，现俄 печаль）。

综上所述，共同斯拉夫语的元音音位 a 有三个来源：

$$[a] \begin{cases} \swarrow [*\bar{a}] \\ \leftarrow [*\bar{o}] \\ \nwarrow [*\bar{e}]（在 j、č'、ž'、š' 之后） \end{cases}$$

2. 元音音位〔o〕

(1)〔o〕<〔ŏ〕

试比较：

共斯 *dŏmъ，古斯 домъ，古俄 домъ，现俄 дом，拉丁 dŏmus，古希 dŏmos；

共斯 *oko，古斯 око，古俄 око，现俄 око，拉丁 ŏculus，古希 ŏsse（双数）；

共斯 *ovьca，古斯 овьца，古俄 овьца，现俄 овца，拉丁 ŏvis，古希 ŏfis。

可见，共同斯拉夫语的 o 源自印欧语的 ŏ，且为短元音。

(2)〔o〕<〔ă〕

试比较：

共斯 *ŏsь，古斯 ось，古俄 ось，现俄 ось，拉丁 ăxis，古希 ăksōn，立陶宛 ăšis，普鲁士 ăssis，梵语 áksah；

共斯 ŏtьcь，古斯 отьць，古俄 отьць，现俄 отец，拉丁 atta，古希 'átta，哥特 atta。

可见，共同斯拉夫语的 o 源自印欧语的 ă，且为短元音。

综上所述，共同斯拉夫语元音 o 的来源有：

〔o〕 ↙ 〔ŏ〕
     ← 〔ă〕

需要指出的是，元音 a、o 在印欧语和共同斯拉夫语中的音色差别不大，主要体现为量的差别，即长元音（ā、ō）或短元音（ă、ŏ）的区别。因此，在共同斯拉夫语晚期以前，它从其他印欧语中的借词往往 a 与 o 是不分的，例如：古斯 топоръ（现俄 топор：斧头）借自伊朗语 tapara（o 替代 a，或者说 o 与 a 不分），古斯 осьлъ（现俄 осёл：驴）借自歌特语 asilus。在斯拉夫语早期借自古希腊语的词汇中，重读的 a 以 a 转写，而非重读的 a 则以 o 转写，例如：古斯 корабль（现俄 корабль：船）借自古希 karábi(o)n。可以推测，共同斯拉夫语中的 o 是一个较低的元音或者说是一个较宽的元音，所以印欧语的 ā 与 ō 合并为 a，ă 与 ŏ 合并为 o 就成为规律性的语音现象了。

3. 元音音位〔e〕

（1）〔e〕<〔*ĕ〕

试比较：

共斯 *berǫ, 古斯 бержѫ, 古俄 береу, 现俄 беру, 拉丁 férō, 古希 férō;

共斯 *desętь, 古斯 дєсѧть, 古俄 десѧть, 现俄 десять, 拉丁 děcem, 古希 děka, 立陶宛 děšimtis;

共斯 *medъ, 古斯 медъ, 古俄 медъ, 现俄 мёд, 古希 méthu, 立陶宛 medùs;

共斯 *jestь, 古斯 ѥсть, 古俄 ѥсть, 现俄 есть, 拉丁 est, 古希 ěstí, 立陶宛 ěst。

可见，共同斯拉夫语的 e 源自印欧语的 *e。

（2）〔e〕<〔*'o〕

例如，第二变格法的中性名词：

共斯 *selo, 古斯 село; 共斯 *bedro, 古斯 бедро;

软变化：共斯 *pol'e, 古斯 полѥ; 共斯 *mor'e, 古斯 морѥ。

可见，稍晚期共同斯拉夫语的 e 也可能来自软辅音之后的 o。

综上所述，共同斯拉夫语元音 e 的来源有：

〔e〕 ↙ 〔*ĕ〕
     ↖ 〔*'o〕

4. 元音音位〔ě〕

（1）〔ě〕<〔*ē〕

试比较：

共斯 *sěmę, 古斯 сѣмѧ, 古俄 сѣмѧ, 现俄 семя, 拉丁 sěmen, 立陶宛 sěmens;

共斯 zvěrь, 古斯 звѣрь, 古俄 звѣрь, 现俄 зверь, 古希 thēr, 立陶宛 žvēris;

共斯 viděti, 古斯 видѣти, 古俄 видѣти, 现俄 видеть, 拉丁 vidēre, 立陶宛 veizdéti;

共斯 děti，古斯 дѣти，古俄 дѣтѧ，俄 дети，дитя，立陶宛 dēti，拉脱维亚 dēt。

可见，共同斯拉夫语的元音 ě(ѣ) 源自印欧语的 *ē，且是一个长元音。例如：古斯拉夫语中的 něstъ 来自 neestъ>nēstъ>něstъ，两个元音 e 紧缩为一个长元音 ē。

（2）〔ě〕<〔oi̯〕(<ŏi̯、ōi̯、ăi̯、āi̯)

共同斯拉夫语的元音 ě 源自印欧语的二合元音 oi̯(<ŏi̯、ōi̯、ăi̯、āi̯)。试比较：

共斯 *cělъ，古俄 цѣлыи，现俄 целый，古希 koil-，哥特 hails；

共斯 *cěna，古斯 *цѣна，古俄 *цѣна，现俄 цена，古希 poiné，立陶宛 kainé，伊朗 kaẽna；

共斯 *sněgъ，古斯 снѣгъ，古俄 снѣгъ，现俄 снег，哥特 snaiws，普鲁士 snaygs；

共斯 věньcь，古斯 вѣньць，古俄 вѣньць，现俄 венец，立陶宛 vainìkas；

共斯 *berěte，古斯 берѣте，古俄 берѣте，现俄 берите(брать)，古希 féroite；

共斯 *lěvъ，古斯 лѣвъ，古俄 лѣвъ，现俄 левый，古希 laiós(<laiƒós)，拉丁语 laevus(<lai̯vos)。

共同斯拉夫语从日耳曼语或拉丁语借入的词语中，用 ě 转写日耳曼语或拉丁语的二合元音 oi̯(ai̯)，例如：цѣсарь (现俄 царь：恺撒) 源自哥特语 kaisar 和拉丁语 caesar(<*cai̯sar)。

如果二合元音 oi̯(ai̯) 位于词尾，则取决于重音，扬音时变为 ě。例如第二变格法的阳性名词单数第六格：

共斯 *vozˇě，古斯 (на)возѣ，古俄 (на)возѣ，现俄 навозу́；

共斯 *vьlcˇě(vlkъ 六格)，古斯 вльцѣ，古俄 вьлцѣ，现俄 волке；

共斯 *měsˇě(měchь 六格)，古斯 мѣсѣ(мѣхъ 六格)，古俄 мѣсѣ(мѣхъ 六格)，现俄 мохе。

再如第一变格法阴性名词的单数三、六格：共斯 *nozě<nogai，古斯 нозѣ，古俄 нозѣ，现俄 ноге；共斯 *rěcě<*rěkai，古斯 рѣцѣ，古俄 рѣцѣ，现俄 реке。

抑音时则变为 i，例如第二变格法的阳性名词的复数第一格：

共斯 *vьlci<*vĭlkoi̯，古斯 вльци，古俄 вьлци，现俄 волки，立陶宛 vilkaĩ，古希 lūkoi。

综上所述，斯拉夫语元音 ě 的来源有：

〔ě〕 ↙ 〔*ē〕
　　 ↖ 〔oi̯〕(<ŏi̯、ōi̯、ăi̯、āi̯)

5. 元音音位〔i〕

(1)〔i〕<〔ī〕

试比较：

共斯 *piti，古斯 пити，古俄 пити，现俄 пить，梵语 pītáhi，古希 píthi(命令式 пей)、pīnō(пью)；

共斯 *živъ，古斯 живъ，古俄 живъ，现俄 жив，拉丁 vīvus<vīvos，立陶宛 gývas，普鲁士 jiva，梵语 jīváh(斯拉夫语的 ž<g，拉丁语的 v<g)。

可见，共同斯拉夫语的 i 与其他印欧语的 ī 相对应，因此来源于 *ī。

(2)〔i〕<〔i̯ь〕(=i̯ь)

试比较：

共斯 *imǫ<i̯ьmǫ，古斯 имж，古俄 имжю，现俄 имею(иметь 的现在时第一人称单数：具有)。

同一个词根还会出现在以辅音结尾的前缀后，例如：共斯 *vъzьmǫ，古斯 възьмж(возьму，взять 的将来时第一人称单数：拿)。

共斯 *igo<*i̯ьgon，古斯 иго，古俄 иго，现俄 иго，拉丁 jŭgum，梵语 yugám，赫梯语 i̯ugan；

共斯 *imę<*i̯ьmę，古斯 имл，古俄 имя，现俄 имя；

共斯 igra<*i̯ьgra，古斯 игра，古俄 игра，现俄 игра。

可见，共同斯拉夫语的 i 来源于〔i̯ь〕(=i̯ь)，或相当于印欧语 jŭ。

(3)〔i〕<〔i̯ь*ū〕

试比较：

共斯 *š'iti<*siūti，古斯 шити，古俄 шити，现俄 шить，立陶宛 s'ūti，哥特 siūjan，梵语 si̯ūtás。

这个变化过程可以表示如下：siūti>si̯uti>š'ūti>š'iti，也就是说，元音 i 在元音 s 之前成为不构成音节的半元音，同时它又与 s 同化，使 s 变为软音 s'。元音 ū 受前面的软辅音 s' 的影响舌位前移变为 'ū。最后 'ū 推动了圆唇特性变成了 i。此语音过程从印欧语到共同斯拉夫语经历了两三千年。

（4）〔i〕<〔eį〕〔oį〕

共同斯拉夫语元音 i 也可能来自二合元音 eį。试比较：

共斯 *vidъ，古斯 видъ，古俄 видъ，现俄 вид，立陶宛 véidas，古希 eĩdos（<Feĩdos）；

共斯 *iti，古斯 ити，古俄 ити，现俄 идти，立陶宛 eĩti，古希 eĩmi，拉丁 is（<*eis）；

共斯 *zima，古斯 зима，古俄 зима，现俄 зима，古希 cheima，cheimṓn，拉丁 hibernus（<heimrinos）；

共斯 *krivъ，古斯 кривъ，古俄 кривыи，现俄 кривой，立陶宛 kreĩvas。

元音 i 源自 oį 的情况上文已有介绍，此处不再赘述。

（5）〔i〕<〔ē〕

按照谢利舍夫的观点，共同斯拉夫语 mati（古俄 мати，现俄 мать：母亲）和 dŭkti（古俄 дъчи，现俄 дочь：女儿）中的 i(u) 是由 e 演变而来，试比较古希 mētēr（或 mā́tēr），thugátēr，立陶宛 motė́，duktė̃（ė<ē）。

但是，一些语言学家不同意此观点。他们认为，这个 i 是受某些阴性名词单数第一格词尾的影响移植过来的。我们在此接受谢利舍夫的观点，即某些词中的 i<ē（在某种特殊重音下）。

综上所述，共同斯拉夫语的元音 i 来自：

〔i〕 ← 〔ī〕
　　　〔jь〕（iь）
　　　〔jь*ū〕
　　　〔eį〕，〔oį〕
　　　〔ē〕（在特殊重音下）

6. 元音音位〔ь〕

共同斯拉夫语的元音 ь 源自印欧语的短元音 ĭ。试比较：

共斯 *vьdova，古斯 вьдова，古俄 вьдова，现俄 вдова，拉丁 viduā，梵语 vidhávā，哥特 widuwo；

共斯 mьzda，古斯 мьзда，古俄 мьзда，现俄 мзда，古希 isthós，哥特 mizdo；

共斯 dьnь，古斯 дьнь，古俄 дьнь，现俄 день，拉丁 dinum，古希 diós＜diƒós，梵语 dinam。

7. 元音音位〔ъ〕

共同斯拉夫语的 ъ 与印欧语的 ŭ 对应。试比较：

共斯 dъšti，古斯 дъшти，古俄 дъчи，现俄 дочь，立陶宛 duktē̃，梵语 duhitá，古希 thügátēr；

共斯 synъ，古斯 сынъ，古俄 сынъ，现俄 сын，立陶宛 sūnŭs，梵语 sūnúh；

共斯 dъva，古斯 дъва，古俄 дъва，现俄 два，古希 dúō，拉丁 duo，梵语 duvā；

共斯 mъchъ，古斯 мъхъ，古俄 мъхъ，现俄 мох，拉丁 muscus，立陶宛 musaí；

共斯 *bъděti，古斯 бъдѣти，古俄 бъдѣти，现俄 бдеть，立陶宛 budéti，普鲁士 budē，梵语 búdhyatē。

共同斯拉夫语从拉丁语和日耳曼语中借用的词汇，其中的 ŭ 通常转写为 ъ。例如：

共斯 kъnędž'ь，古斯 кънѧsь，古俄 кънѧsь，古高地德语 kuning。

8. 元音音位〔y〕或〔ы〕

共同斯拉夫语元音 y 源自印欧语的 *ū，且是一个长元音，试比较：

共斯 *byti，古斯 быти，古俄 быти，现俄 быть，立陶宛 bǔti，拉脱维亚 būt；

共斯 *dymъ，古斯 дымъ，古俄 дымъ，现俄 дым，立陶宛 dū́mai，梵语 dhūmáh，古希 thūmós，普鲁士 dumis，拉丁 fūmos＜dhūmos，拉脱维亚 dũmi；

共斯 *synъ，古斯 сынъ，古俄 сынъ，现俄 сын，立陶宛 sūnŭs，梵语 sūnúh；

共斯 *myš'ь，古斯 мышь，现俄 мышь，古希 mū́s，拉丁 mūs，古高地德语 mus，梵语 mú̇h；

共斯 *ty，古斯 ты，古俄 ты，现俄 ты，立陶宛 tù，拉丁 tu，德语 du，法语 toi。

共同斯拉夫语从拉丁语和日耳曼语借入的单词中，其中的 ū 通常转写为 y 或 ы。例如古斯 хызъ（现俄 хижина：简陋的小茅屋）借自日耳曼语，试比较：古高地德语 hūs（现俄 дом：房子），现代德语 Haus，英语 house。再如古斯 тынъ（现俄 забор：栅栏）、быволъ（现俄 буйвол：水牛），试将它们分别比较古高地德语 zūn（<*tūn）、拉丁语 būbalus。

需要说明的是，*ū>y 的过程只发生在辅音之前或词尾。如果 *ū 位于元音之前，它就会分解为 ūu̯，而后在斯拉夫语中变为 ъv，例如：

共斯 *(za)byti—(za)bъvenъ，古斯 (за)быти—(за)бывєниє，古俄 забыти—забывєниє，现俄 забыть—забвение；

共斯 *ryti—rъvati，古斯 рыти—ръвати，古俄 рыти—ръвати，现俄 рыть—рвать；

共斯 *svekry（单数一格）、svekrъve（单数二格），古斯 свекры—свєкръве，古俄 свекры—свєкръве，现俄 свекровь—свекрови。

9. 元音音位〔u〕、〔ǫ〕、〔ę〕

共同斯拉夫语的元音 u、ǫ、ę 由二合元音或准二合元音演变而来。印欧共同语有过发达的二合元音及准二合元音系统，具体包括：

二合元音：āi̯, ai̯, ōi̯, oi̯, ēi̯, ei̯;
　　　　　āu̯, au̯, ōu̯, ou̯, ēu̯, eu̯, ŭu̯<ū。

准二合元音：ār, ar, ō, or, ēr, er;
　　　　　　āl, al, ōl, ol, ēl, er;
　　　　　　ām, am, ōm, om, ēm, em, im, um, ъm;
　　　　　　ān, an, ōn, on, ēn, en, in, un, ьn。

上述二合元音、准二合元音由两部分构成：音节成分（слоговой элемент）和非音节成分（неслоговой элемент）。音节成分指其中构成音节的部分，通常为元音 ā、ă、ō、ŏ、ē、ĕ；非音节成分指不构成音节的部分，通常为半元音 i̯、u̯（对二合元音而言)，或者为响辅音 r、l、m、n(对准二合元音而言)。

共同斯拉夫语并未完全继承印欧共同语母语的二合元音和准二合元音，保留下来的是 4 个二合元音，即 ei̯、oi̯、eu̯、ou̯。其他二合元音、准二合元音合并了。

(1) 元音音位〔u〕

共同斯拉夫语元音音位 u 是印欧语二合元音 eu̯、ou̯(au̯)在辅音前单音化的结果。试比较：

共斯 turъ，古斯 тоуръ，古俄 тоуръ，现俄 тур，拉丁 taurus，立陶宛 taŭras，普鲁士 tauris，古希 taŭros；

共斯 *ucho，古斯 оухо，古俄 оухо，现俄 ухо，拉丁 auris(<*ausis(r 来自早期的 s，斯拉夫语中的 ch 也来自早期的 s)，立陶宛 ausis，哥特 auso；

共斯 *suchъ，古斯 соухъ，古俄 соухъ，现俄 сух，立陶宛 saũsas。

二合元音 eu̯ 在辅音前变为元音 u，同时使前面的辅音软化，即 eu̯>'u。试比较：

共斯 *bl'udǫ，古斯 блюдж，古俄 блюдоу，现俄 блюду，古希 peúthomai；

共斯 *l'ubъ，古斯 любъ，古俄 любын，现俄 любый，梵语 leubhoḥ；

共斯 bl'udo，古斯 блюдо，古俄 блюдо，现俄 блюдо，梵语 beudhoḥ；

共斯 *l'udĭje，古斯 людиѥ，古俄 люд、люди，现俄 люд、люди，立陶宛 liaudis，古高地德语 liut，现德 Leute，勃艮第语 leudis。

(2) 元音音位〔ǫ〕

共同斯拉夫语元音 ǫ 源自印欧语的准二合元音 am、om、an、on 等，但前提是这些准二合元音处于辅音之前或词尾。试比较：

共斯 *dǫga，古斯 джга，古俄 доуга，现俄 дуга(<*donga)，立陶宛 danga、dangùs；

共斯 *zǫbъ，古斯 зѫбъ，古俄 зоубъ，现俄 зуб(<*zombs)，立陶宛 žambas，古冰岛 kmbr，古希 gamphos，拉脱维亚 zùobs；

共斯 *pǫtь，古斯 пѫть，古俄 поуть，现俄 путь，梵语 pánthāḥ，拉丁 pons、pontis；

共斯 *rǫka，古斯 рѫка，古俄 роука，现俄 рука，立陶宛 rankà(<*ronka)。

（3）元音音位〔ę〕

共同斯拉夫语元音 ę 源自印欧语的准二合元音 ĕm、ĕn 等。试比较：

共斯 *męso，古斯 мѧсо，古俄 мѧсо，现俄 мясо，古普鲁士 mensã，拉脱维亚 miesa；

共斯 *pętь，古斯 пѧть，古俄 пѧть，现俄 пять，古希 pénte，立陶宛 penki；

共斯 *svętь，古斯 свѧтъ，古俄 свѧтъ，现俄 свят，立陶宛 šveñtas，普鲁士 swenta。

共同斯拉夫语从日耳曼语借入的词语中，把 an 转写为 ǫ，in 转写为 ę，例如：

古斯 кънѧsь，古俄 кънѧзь，现俄 князь，古撒克逊语 kuning，古英语 cyning，古高地德语 kuning（kъnęzь < kuning）。

古斯 хѫдогъ，古俄 хоудогъ、хоудогыи、хоудожьныи，现俄 художник，哥特 handugs，古高地德语 hantag。

从上文可知，二合元音、准二合元音位于辅音前及词尾时，变成独立元音。当它们位于元音前时，其音节成分与非音节成分分解为两部分，非音节与后面紧挨的元音组合成为一个音节，试比较：

古斯 пѣти，古俄 пѣти（现俄 петь：唱）< *poi̯ti，二合元音 oi̯ > ě，但 поѭ [пою，петь 的现在时第一人称单数：（我）唱] < poi̯ǫ，oi̯ > o-i̯ǫ；

古斯 цѣна，古俄 цѣна（现俄 цена：价格）< c'ěna < *kai̯na，二合元音 ai̯ > ě，但 кати < *kai̯ati（ai̯ 在元音 a 之前）；

古斯 бити，古俄 бити（现俄 бить：打）< *bei̯ti，二合元音 ei̯ > i，但 быѭ < *bei̯ǫ（ei̯ 在元音 ǫ 之前）；

古斯 коуѭ、古俄 коую [кую，现俄 ковать 的现在时第一人称单数：（我）打（铁）] < *kou̯i̯ǫ，二合元音 ou̯ 在辅音 j 之前，但 ковати < *kou̯ati（ou̯ 在元音 a 之前）。

共同斯拉夫语从印欧共同语中继承的元音共有八个：a、o、e、ě、i、ь、ъ、у(ы)。此外，由二合元音及准二合元音演变而来的元音为 ǫ、ę、u(y)。因此，共同斯拉夫语晚期及古俄语早期最终形成由 11 个元音音位组成的元音系统。9 世纪以前，鼻元音从古俄语中消失，ǫ 演变为 u，ę 演变为 ä，u 与原有的 u 合二为一。10—11 世纪，古俄语的元音系统由 10 个元音构成。

第三节　共同斯拉夫语辅音的起源

1. 共同斯拉夫语从印欧共同语继承的辅音

共同斯拉夫语原封不动地从印欧共同语继承的辅音包括 b、p、m、v、d、t、z、s、n、l、r、g、k。这些辅音中，b、p、d、t、g、k 有对应的送气音 bh、ph、dh、th、gh、kh。现举例加以说明。

共同斯拉夫语的辅音 m 与印欧语完全对应，例如：共斯 *domъ，古斯 домъ，古俄 домъ，现俄 дом，梵语 dámaḥ。

辅音 v 在共同斯拉夫语中是唇齿音，与印欧语的唇音 w 对应，例如：共斯 *vezǫ，古斯 вєзѫ，古俄 вєзоу，现俄 везу，梵语 váhati。

共同斯拉夫语的辅音 z 与印欧语音组 zd、zg 中的 z 对应，例如：共斯 mьzda，古斯 мьзда，古俄 мьзда，现俄 мзда，哥特 mizdō，古希 misthós，共斯 mozgъ，古伊朗语 mazga。

共同斯拉夫语的辅音 s 与印欧语的 s 对应，例如：共斯 *synъ，古斯 сынъ，古俄 сынъ，现俄 сын，梵语 sūnús，立陶宛 sūnus。

共同斯拉夫语的辅音 n 与印欧语的 n 对应，例如：共斯 *nagъ，古斯 нагъ，古俄 нагъ，现俄 нагой，梵语 nagnáh。

共同斯拉夫语的辅音 l 与印欧语的 l 对应，例如：共斯 *lež'ǫ，古斯 лєжѫ，古俄 лєжоу，现俄 лежу，哥特 ligan，德语 liegen。

共同斯拉夫语的辅音 r 与印欧语的 r 对应，例如：共斯 *berǫ，古斯 бєрѫ，古俄 бєроу，现俄 беру，梵语 bhárāmi。

2. 送气音的消失

印欧共同语的爆破音发达，其中 6 个辅音有对应的送气音，它们是：b—bh，p—ph，d—dh，t—th，g—gh，k—kh。共同斯拉夫语继承了这些辅音，但送气音与非送气音合并，个别的送气音，如 kh 则变为另外的辅音。

（1）$\begin{matrix}\text{[b]}\\\text{[bh]}\end{matrix}\Big\rangle$ [b]

试比较：

1）共斯 *bolii，古斯 болии，古俄 болии，现俄 более，梵语 bálīyan，古希 beltíōn，拉丁 dēbilis；

2）共斯 *berǫ，古斯 бєржь，古俄 бероу，现俄 беру，梵语 bhárāmi，古希 férō，拉丁 ferō。

在1）组中，共同斯拉夫语的 б 与梵语、古希腊语、拉丁语的 b 对应，说明这里的 б 起源于 b。

在2）组中，共同斯拉夫语中的辅音 б 与梵语的 bh 对应，还与古希腊语、拉丁语的 f 对应。bh 和 f 是送气音，表明共同斯拉夫语此处的辅音应是送气音 bh。

以上二词在共同斯拉夫语中用的都是 б，虽然来源不同，却是同一个辅音，说明古印欧语的 bh 与 b 在共同斯拉夫语中合二为一了。

（2）$\begin{matrix}\text{[p]}\\\text{[ph]}\end{matrix}\Big\rangle$ [p]

试比较：

1）共斯 *plovǫ，古斯 пловж，古俄 пловоу，现俄 плыву，梵语 plavatē，古希 pléō，拉丁 pluit。

2）共斯 *pěna，古斯 пѣна，古俄 пѣна，现俄 пена，梵语 phénaḥ。

（3）$\begin{matrix}\text{[d]}\\\text{[dh]}\end{matrix}\Big\rangle$ [d]

试比较：

1）古斯 дъва，古俄 дъва，现俄 два，梵语 duvá，古希 dūō，拉丁 duo；

古斯 домъ，古俄 домъ，现俄 дом，梵语 dámaḥ，古希 dómos，拉丁 domus。

2）共斯 *dojǫ，古斯 доиж，古俄 доюо，现俄 дою，梵语 dháyati，古希 thēsato，拉丁 ferāre。

（4） 〔t〕 ↘
　　　　 　　〔t〕
　　　〔th〕 ↗

1）共斯 *to，古斯 то，古俄 то，现俄 то，梵语 tád，古希 tó，拉丁 istud；
　　共斯 *mati，古斯 мати，古俄 мати，现俄 мать，梵语 mātár，拉丁 māter。
2）共斯 *mętǫ，古斯 матж，古俄 матоу，现俄 мяту，梵语 mánthati。

（5）送气音 kh>ch

印欧共同语的送气辅音 kh 在共同斯拉夫语中演变为 ch。kh>ch 的变化反映在古希腊语中，请见下文。

3. 圆唇后舌音与非圆唇后舌音

印欧共同语有两种不同的后舌音：圆唇后舌音（kᵘ、gᵘ）与非圆唇后舌音（k、g）。在共同斯拉夫语中这两种辅音合并为非圆唇音，可以表示为：

〔kᵘ〕↘　　　　　〔gᵘ〕↘
　　　　〔k〕,　　　　　〔g〕
〔k〕↗　　　　　〔g〕↗

试比较：

共斯 *govędo，古斯 говадо，古俄 говадо，现俄 говядина，梵语 gauíh；
共斯 *goręti，古斯 горѣти，古俄 горѣти，现俄 гореть，梵语 ghr̥noti；
共斯 *pekǫ，古斯 пєкж，古俄 пекоу，现俄 пеку，梵语 pakvah。

但有一些印欧语，例如拉丁语和日耳曼语，仍保留了圆唇 k 和 g 的痕迹，试比较：古斯拉夫语 къто（现俄 кто：谁），拉丁语 quis，哥特语 hwas。

4. 非圆唇软后舌音

印欧共同语曾有过 3 个非圆唇的软后舌音：k'、g'、g'h。它们在共同斯拉夫语和其他斯拉夫语中变为 s、z，具体为：*k'>s，*g'>z，*g'h>z。试比较：

1）共斯 *sъto，古斯 съто，古俄 съто，现俄 сто，拉丁 centum，古希 ekatón，立陶宛 šim̃tas；

共斯 *desętъ，古斯 дєсать，古俄 дєсать，现俄 десять，拉丁 decem，立陶宛

dešimtis，古希 déka；

共斯 *slovo、slava，古斯 слово、слава，古俄 слово、слава，现俄 слово、слава，古希 kléos。

2）共斯 *znati，古斯 знати，古俄 знати，现俄 знать，拉丁 co-gnōscō，古希 gi-gnóscō，立陶宛 žinóti；

共斯 *zьrno，古斯 зрьно，古俄 зърно，现俄 зерно，拉丁 grānum，古爱尔兰 grán；

3）共斯 *zima，古斯 зима，古俄 зима，现俄 зима，古希 cheimón，拉丁 hiems，立陶宛 žiemá；

共斯 *vezǫ、voz，古斯 вєзж、возъ，古俄 вєзоу、возъ，现俄 везу、воз，古希 óchos（<Fóchos），拉丁 veho，立陶宛 vežù，古斯堪的纳维亚 vag。

5. 辅音 ch 的渊源

（1）斯拉夫语中的 ch 源自印欧共同语的 kh，表示为 ch<kh。试比较：

共斯 *socha，古俄 coxa，现俄 coxa，梵语 çǎkha，波斯 šāch，立陶宛 šakà，拉脱维亚 saka；

共斯 *chorbъrъ，古斯 храбъръ，古俄 хоробрыъ，现俄 храбрый，梵语 kharah；

共斯 *chochotati，古斯 хохотати，现俄 хохотать，梵语 kakhati。

还有一种解释是，此处的 ch 是一些拟声词所特有的，例如捷克语 chuchati（吹，呼吸）、俄语 хихикать（嘻嘻笑）等。

（2）斯拉夫语中的 ch 源自印欧共同语的 s，表示为 ch<s（位于印欧语 *i、*u、*r、*k 之后）。试比较：

共斯 *blъcha（<*blŭsa），古俄 блъха，现俄 блоха，立陶宛 blusà；

共斯 *mъxъ（<*mŭsos），古斯 мъхъ，古俄 мъхъ，现俄 mox，立陶宛 mŭsos，拉丁 muscus；

共斯 *ucho<（*ousos），古斯 оухо，古俄 оухо，现俄 ухо，拉丁 auris（<*ausis），立陶宛 ausis，哥特 auso；

共斯 *mucha（<*mousa），古斯 моуха，古俄 моуха，现俄 муха，立陶宛 musẽ，拉丁 musca；

共斯 *vьrchъ（<*vĭrsus），古斯 врьхъ，古俄 вьрхъ，现俄 верх，立陶宛 viršùs<*virsùs，拉脱维亚 virsus。

共同斯拉夫语从其他相邻民族语言借词时，也可能直接引进辅音 ch。例如从日耳曼语中借词：

古斯 хлѣбъ、古俄 хлѣбъ、现俄 хлеб，哥特语 hlaifs；

古俄 хыжа、хыжина，现俄 хижина，古高地德语 hus，现德 Haus，现英 hous。

6. 后舌音 k、g、ch 的软化

后舌音 k、g、ch 在共同斯拉夫语不同的历史时期受到相邻前元音的影响而发生软化，斯拉夫比较语言学、古俄语研究者将这个过程叫作后舌音的软化［смягчение（或 палатализация）заднеязычных（或 задненёбных）］。前文中说到，在印欧共同语中，后舌音既可以与后元音结合，也可以与前元音结合。但在共同斯拉夫语时期，后舌音在与前元音结合时会发生质的变化，变为另外的辅音。根据软化过程的不同结果、发生的条件与时间，语言学界将其分为两类：第一波后舌音软化（первая палатализация заднеязычных）和第二波后舌音软化（вторая палатализация заднеязычных）。

（1）第一波后舌音软化

第一波后舌音软化发生在前元音 e、ь、ę、ě（<*ē）、i（<*ī 或 *ei）之前，后舌音受到前元音的同化变为噝音：k>č'，g>dž'>ž'，ch>š'。试比较：

共斯 *rǫka—porǫč'iti，古斯 рѫка—порѫчити，古俄 роука—пороучити，现俄 рука—поручить；

共斯 *konъ，konьс'ь—nač'ьnti（>nač'ęti），古斯 конъ，коньць—начати，古俄 конъ，коньць—начати，现俄 кон，конец—начать；

共斯 *kъniga—kъniž'ьnikъ，古斯 кънига—кънижьникъ，古俄 кънига—кънижьникъ，现俄 книга—книжник；

共斯 *drougъ—drouž'ina，古斯 дроугъ—дроужина，古俄 дроугъ—дроужина，现俄 друг—дружина；

共斯 *groi̯sŭ（>grěchъ）—grěš'ьnikъ，古斯 грѣхъ—грѣшьникъ，古俄 грѣхъ—

грѣшьникъ，现俄 грех—грешник；

共斯 *souchъ—souš'iti，古斯 соухъ—соушити，古俄 соухъ—соушити，现俄 сух—сушить。

当 k、g、ch 在 ě(<e) 前变为 č'、ž'、š' 后，反过来又促使 ě 变为后元音 a。类似的情况较多，尤其是动词。例如：

共斯 *gēros>ž'ěrъ>ž'aгъ，古斯 жаръ，古俄 жаръ，现俄 жар；试比较 гореть。

共斯 *bēgētei>běž'ěti>běž'ati，古斯 бѣжати，古俄 бѣжати，现俄 бежать；试比较 бег、бегать。

共斯 *gēritei>ž'ěriti>ž'ariti，古斯 жарити，古俄 жарити，现俄 жарить；试比较 гореть。

共斯 *krikētei>krič'ěti>krič'ati，古斯 кричати，古俄 кричати，现俄 кричать；试比较 крик。

共斯 *slouchētei>slouš'ěti>sluš'ati，古斯 слоушати，古俄 слоушати，现俄 слушать；试比较 слух。

共斯 *mēchētei>měš'ěti>měš'ati，古斯 мѣшати，古俄 мѣшати，现俄 мешать；试比较 помеха。

这种后舌音软化发生在共同斯拉夫语早期，语言学界因此称之为第一波后舌音的软化。

（2）第二波后舌音的软化

共同斯拉夫语第二波后舌音的软化发生在第一波后舌音软化之后，而且结果也不相同。k、g、ch 变成了咝音，可表示为 k>c'、g>dz'>z'、ch>s'。发生的条件也不同，这一软化有两种类型：第一是 k、g、ch 在元音 i 与 ě（<二合元音 oi̯ 与 ai̯）之前，第二是 k、g、ch 在前元音 i、ь、ę 之后。两种类型软化，哪种在先，哪种在后，语言学界没有统一的意见。而且，不少语言学家甚至认为，这两种类型的后舌音软化不能合并在一起，而将它们分别称为第二波后舌音软化和第三波后舌音软化。我们接受将两种类型合成为第二波后舌音软化的说法。

第一种类型表示为 k、g、ch+ě、i（<oi̯ 及 ai̯）>c'、z'、s'。可具体解释为：k、g、ch 在二合元音 oi̯、ai̯ 前变为 c'、z'、s'，但印欧语的二合元音 oi̯ 与 ai̯ 先变为 ě

与 i。例如：

1) k>c'

共斯 *kaina>kĕna>c'ĕna（氏族社会的杀人"赔偿"与 kajati "复仇"为同根词），古伊朗语 kaēna，古俄 цѣна，现俄 цена，立陶宛 kaina；

共斯 *kaisar'ь>c'ĕsar'ь，古斯 цѣсарь，古俄 цѣсарь，现俄 цесар，哥特 kaisar。

a 类型变格法名词单数第三、六格：

共斯 *rankai̯>rǫc'ĕ，古斯 рѫка—рѫцѣ，古俄 роука—роуцѣ，现俄 рука—руке，立陶宛 rañkai。

o 类型变格法名词复数第一格：

共斯 *vilkoi̯>vьlc'i，古斯 вльцѣ，古俄 вълци，现俄 волки，立陶宛 vilkaĩ。

o 类型变格法名词单数第六格：

共斯 *vilkoi̯>vьlc'ĕ，古斯 вльци，古俄 вълцѣ，现俄 волке。

2) g>z'

共斯 *goi̯lo>dz'ĕlo，古斯 sѣло，古俄 sѣло，现俄〈旧〉зело，立陶宛 gailús，哥特 gailjan。

a 类型变格法名词单数第三、六格：

共斯 *nogai>nod'z'ĕ，古斯 нозѣ，古俄 нозѣ，现俄 ноге，立陶宛 nagá、nãgas。

o 类型变格法名词单数第六格，复数第一格：

共斯 *drougoi̯>droud'zi>druz'i，古斯 дроузи，古俄 дроузи，现俄 друзья，立陶宛 draũgas，拉脱维亚 draugs。

3) ch>s'

共斯 *poslouchoi̯>poslus'i，古斯 послоуси，古俄 послоуси，现俄 послухи；

共斯 mouchai̯>mus'ĕ，古斯 моусѣ，古俄 моусѣ，现俄 мухе。

可以看出，词根中的 k、g、ch 在 ĕ（<oi̯、ai̯）之前时，变为 c'、z'、s'。词尾的二合元音可能变为 ĕ，也可能变为 i。在乐重音（политоническое ударение 或музыкальное ударение）时代，此音节为扬音，则二合元音变为 ĕ；如果此音节为抑音，则二合元音变为 i。

4）c'vě<kvě<*kvoi̯, z'vě<d'z'vě<*gvoi̯

现代斯拉夫诸语言的音组 *kvě、gvě 是从共同斯拉夫语继承而来的，它们也是第二波后舌音软化的结果。但它只发生在东斯拉夫语和南斯拉夫语中，未出现在西斯拉夫语之中，例如：古斯、古俄 цвѣтъ（现俄 цвет：颜色），其变化过程为 *kvoi̯tь>květь>c'větь；古斯、古俄 звѣзда（现俄 звезда：星），其变化过程为 *gvoi̯zda>gvězda>z'vězda。试比较波兰语和捷克语：kwiat, gwiazda; květ, hvězda。

kvě、gvě 音组在东斯拉夫语、南斯拉夫语和西斯拉夫语中的不同命运反映了共同斯拉夫语中三大方言的差别。

第二种类型表示为 k>c'、g>dz'、ch>s'（在 i、ь、ę 之后）。可具体解释为：后舌音在前元音 i、ь、ę 之后受到其同化作用变为咝音。例如：

共斯 *mūsĭka>myš'ьca，古斯 мышьца，古俄 мышьца，现俄 мышца，梵语 mūsikā；

共斯 *ovĭka>ovьc'a，古斯 овьца，古俄 овьца，现俄 овца，梵语 aviká，立陶宛 avis，拉脱维亚 avs；

共斯 *dēvika>děvic'a，古斯 дѣвица，古俄 дѣвица，现俄 девица；

共斯 *otьkъ>otьc'ь，古斯 отьць，古俄 отьць，现俄 отец，哥特 atta，古希 atta，拉丁 atta，古高地德语 atto；

共斯 *vьchъ>vьs'ь，古斯 вьсь，古俄 вьсь，现俄 весь；

共斯 *stьga>stьdz'a，古斯 стьза、стьза，古俄 стьза、стьза，现俄 стезя，拉脱维亚 stiga，古高地德语 steg，现德 Steg。

后舌音的软化现象一直持续到共同斯拉夫语晚期。共同斯拉夫语从日耳曼语借入的词语中也反映了这一过程。日耳曼语中一些以 -ing 结尾的名词，斯拉夫人转写为 -ędz'ь，例如：日耳曼语 kŭningŏ>kъnęgъ>kъnędz'ь>kъnęz'ь，古斯 кнѧзь，古俄 кнѧзь，现俄 князь；共斯 *likon>lic'o>lic'e，古斯 лицє，古俄 лицє，现俄 лицо。

（3）后舌音未发生软化的情况

后舌音不发生软化有两种情况：一是后舌音 k、g、ch 位于 i、ь、ę 之后且同时

位于 ъ 与 y(ы) 之前。谢利舍夫认为，发音时受到圆唇动作的影响，有阻止发生软化的可能①。他的观点为大多数俄罗斯语言学家所认同。二是后舌音之后还紧跟另一辅音，例如：

　　*mьgla（古斯、古俄 мьгла）（现俄 мгла：云雾）、*mьgnǫti（古斯 мьгнѫти，古俄 мигноути）（现俄 мигать：眨眼）、*stьgna（古斯、古俄 стьгна）（现俄 стега：街道）、*sęgnǫti（现俄 иссякнуть：用完）、*kliknǫti［现俄 кликать：喊（人）、叫（人）］、*męknǫti（古斯、古俄 мѧкнѫти）（现俄 мякнуть：变软）、*vьchrъ（古斯、古俄 вьрхъ）（现俄 верх：顶部）。

　　这里 k、g、ch 未变为 c'、z'、s'，原因不详。

　　根据音节谐和规律，k、g、ch 作为后舌音不能同前元音结合，所以共同斯拉夫语和古俄语中不能出现音组 ki、gi、chi（ки、ги、хи），而只能用 ky、gy、chy（кы、гы、хы），因此 кыѥвъ（现俄 Киев：基辅）、гыбѣль（现俄 гибель：牺牲）、хытрыи（现俄 хитрый：狡猾的）十分正常。早期的斯拉夫语古文献中存在 кить、гигантъ、хитонъ 等词，它们都是从希腊语借入的词汇。但例外的确存在，例如：代词 къто（кто：谁）的第五格 кѣмь，本应为 цѣмь（<koi̯mь）；роука（рука：手）的单数第三、六格 роуцѣ，本应为 роуцѣ（rankoi̯）。这些例外都发生在形态变化中，是类推作用的结果，цѣмь 受到 къто、кого、комоу、комь 等的影响，роуцѣ 受到 роукы、роукоу、роукамъ 等的影响，并不是语音规律所起的作用。

7. 辅音在 j 的作用下的软化

　　古俄语从共同斯拉夫语继承的软辅音有两类：一是第一波和第二波后舌音软化而形成的软辅音（嘶音与咝音）；二是一些辅音与 j 相互作用而形成的软辅音。它们共同构成古俄语的固有软辅音。下文我们将论述上述软辅音中的第二类。

　　（1）音组 kj、gj、chj、sj、zj 的演变

　　音组 kj、gj、chj、sj、zj 的演变过程如下：

---

① Селищев А. М. Старославянский язык[M]. часть I, часть II. Москва: Учпедгиз, 1951–1952, стр. 206–207.

kj>k’j>t̄’>t’^{š}’>t’š’>tš’(=č);

gj>g’j>d̄’>d’^{ž}’>dž’>ž’;

chj>ch’j>š’;

sj>s’j>š̄’>š;

zj>z’j>ž̄’>ž’。

试比较：

共斯 *sěkja>sěč’a，古斯 сѣча，古俄 сѣча，现俄 сеча；

共斯 *plakjos>plač’ь，古斯 плачь，古俄 плачь，现俄 плач，保语 плач，塞语 plăč，波兰 płacz，捷克 plač；

共斯 *lъgja>lъž’a，古斯 лъжа，古俄 лъжа，现俄 ложь，保语 лъжа，塞语 lâž，捷克 lež；

共斯 *douchja>duša，古斯 доуша，古俄 доуша，保语 душа，塞语 dúša，波兰 dusza，捷克 duše；

共斯 *nosjǫ>noš’ǫ，古斯 ношѫ，古俄 ношоу，现俄 ношу；

共斯 *gasjǫ>gaš’ǫ，古斯 гашѫ，古俄 гашоу，现俄 гашу；

共斯 *kozja>kož’a，古斯 кожа，古俄 кожа，现俄 кожа，保语 кожа，捷克 kůže。

（2）音组 tj、dj 的演变

音组 tj、dj 的变化发生在共同斯拉夫语晚期，也就是共同斯拉夫语面临解体的时期，因此反映出共同斯拉夫语方言的差异。其演变过程可描述如下：

东斯拉夫语：tj>t’j>t̄’>t’š’>tš’(=č’);

dj>d’j>d̄’>d’^{ž}’>dž’>ž’;

南斯拉夫语：tj>t’j>t̿’>t’^{š}’>^{š}’t^{š}’>š’tš>š’t’;

dj>d’j>d̄’>d’^{ž}’>^{ž}’d^{ž}’>^{ž}’dz’>ž’d’;

西斯拉夫语：tj>t’j>t̿’>t’^{s}>t’s’(=c’);

dj>d’j>d̄’>d’^{z}>d͡’z’。

试比较：

共斯 *světja，古斯 свѣшта，古俄 свѣча，现俄 свеча，保语 свещ，塞语 svéća，

波兰 świeca，捷克 svíece；

共斯 *medja，古斯 межда，古俄 межа，塞语 mèđa，波兰 miedza，捷克 meze；

共斯 *chotjǫ，古斯 хоштѫ，古俄 хочоу，现俄 хочу，波兰 chcę；

共斯 *vidjo，古斯 вижду，古俄 вижоу，现俄 вижу，波兰 widzę；

共斯 *tjudjь，古斯 штоуждь，古俄 чоужии，现俄 чужой，波兰 cudzy。

（3）音组 pj、bj、mj、vj 的演变

当音组 pj、bj、mj、vj 位于词首时，它们在所有斯拉夫语言中都演变为 pl'、bl'、ml'、vl'，也就是说，由于 j 与唇音相互作用与同化而衍生出一个 l'，语言学称之为"插入的 l"，用拉丁语命名为 l-epenthéticum。试比较：

共斯 *bjudo，古斯 блюдо，古俄 блюдо，现俄 блюдо，塞语 bljùdo，古波兰 bluda，哥特 biups（单数二格 biudis）；

共斯 bjudǫ，古斯 блюдж，古俄 блюдоу，现俄 блюду；

共斯 *pjujǫ，古斯 плюѫ，古俄 плюю，现俄 плюю，塞语 pljùjem，波兰 pluję，立陶宛 spiáuju。

当音组 pj、bj、mj、vj 不位于词首时，插入的 l 只在东斯拉夫语和南斯拉夫语中出现，在西斯拉夫语中则未出现。现代保加利亚语中找不到插入的 l，古保加利亚语中曾一度有过，但后来消失了，对于这一现象的原因至今仍悬而未决。试比较：

共斯 *zemja，古斯 земла，古俄 земла，现俄 земля，塞语 zèmlja，波兰 ziemia，捷克 země，保语 земя；

共斯 *koupia，古斯 коупла，古俄 коупла，现俄 купля，波兰 kupia，捷克 koupě；

共斯 *kapja，古斯 капла，古俄 капла，现俄 капля，塞语 käplja，保语 капка；

共斯 *lovjǫ，古斯 ловлѫ，古俄 ловлю，现俄 ловлю，保语 ловя；

共斯 *pogubjǫ，古斯 погоублѫ，古俄 погоублю，现俄 погублю，保语 погубя。

（4）音组 rj、lj、nj 的演变

响音 r、l、n 在 j 的作用下被同化，j 消失后变成长软音 r̄'、l̄'、n̄，长软音后来又变为正常软音。整个变化过程可以表现为：rj>r̄>r，lj>r̄'>l'，nj>n̄'>n'。试

比较：

共斯 *bourja，古斯 боурıа，古俄 боурıа，现俄 буря，保语 буря，捷克 bouře；

共斯 *volja，古斯 вола，古俄 вола，现俄 воля，塞语 võlja，波兰 wola；

共斯 *konjos，古斯 конъ，古俄 конъ，现俄 конец，塞语 kònj，波兰 koń。

（5）音组 skj、stj 的演变

音组 skj、stj 在东斯拉夫语和西斯拉夫语中变为 $\widehat{š'č'}$。例如：

共斯 *iskjǫ，古俄 ишчоу，现俄 ищу；

共斯 *tьstja，古俄 тьшча，现俄 тёща，波兰 teściowa；

共斯 *poustja，古俄 поушча，现俄 пуща。

音组 skj、stj 在南斯拉夫语中变为 $\widehat{š't'}$。例如：

共斯 *iskjǫ，古斯 иштж；

共斯 *tьstja，古斯 тьшта，保语 тьща，塞语 täšta。

（6）音组 zgj、zdj 的演变

音组 zgj 与 zdj 演变为 $\widehat{ž'd'ž'}$，在古斯拉夫语文献中常写作 жд。试比较：

共斯 *dŭzgjь，古斯 дъждь，古俄 дъждь，保语 дъжд，捷克 dést'；

共斯 *jēzdjǫ，古斯 ѣждж，古俄 ѣждоу，波兰 jeździć。

（7）音组 kt、gt 在前元音前的变化

音组 kt、gt 在前元音前发生的变化与 tj 相同，即在共同斯拉夫语的东斯拉夫方言中变为 č'，南斯拉夫方言中变为 š't' 或 ć，而在西斯拉夫方言中变为 c'，可以表示为：

东斯拉夫语：kt、gt > č'；

南斯拉夫语：kt、gt > s't' 或 ć；

西斯拉夫语：kt、gt > c'。

试比较：

共斯 *noktь，古斯 ноштъ，古俄 ночь，现俄 ночь，保语 нош，塞语 nôć，波兰 noc，捷克 noc，拉丁 nox，noctis，立陶宛 naktis；

共斯 *dъkti，古斯 дъшти，古俄 дьчи，现俄 дочь，塞语 kćérka，kćî，波兰 cora，corka，捷克 dcera，立陶宛 duktẽ，古普鲁士 dukti，哥特 daúhtar，现英 daughter；

共斯 *mogti，古斯 мошти，古俄 мочи，现俄 мочь，塞语 moći，波兰 moc，捷克 moci，哥特语 magen，立陶宛 mégti；

共斯 *pekti，古斯 пешти，古俄 пєчи，现俄 печь，塞语 pèći，波兰 piec，捷克 pèci，梵语 paktáḥ。

第四节　古俄语的重音

现代俄语的重音是移动重音，不同于一些印欧语言中的固定重音。法语的重音在倒数第一个音节，日耳曼语言的重音多在词根上，捷克语的重音在第一音节，波兰语重音通常在倒数第二音节。这些具有固定重音的语言是在历史发展的后期形成的。

古俄语重音与现代俄语的显著区别在于：古俄语的重音属于乐重音，即重读音节以声调（интонация）的高低来区别；而现代俄语的重音属于力重音（силовое ударение 或 динамическое ударение），是以发音的力度来区别。古俄语的音调分为扬音（восходящая интонация 或 акут）和抑音（нисходящая интонация 或 циркумфлекс）。现代塞尔维亚语和克罗地亚语仍保留了扬音和抑音的区别，而且抑音和扬音还有长短之别。

现代俄语虽然没有扬音和抑音的区别，但这种区别在重音的位置上有所反映。带全元音组合 -оро、-оло、-ере 的词，重音可能落在第一个元音上，也可能落在第二个元音上。例如：

во́рон（渡鸦），го́род（城市），мо́лот（锤子），бе́рег（岸）；

воро́на（乌鸦），горо́х（豌豆），боло́то（沼泽），доро́га（道路），поро́г（门槛）。

重音落在第一个元音上的词在古时曾处于抑音下，而重音落在第二个元音上的词在古时曾处于扬音下。

标准语词汇 о́тчина>во́тчина（采邑）和 о́смь>во́семь（八）也属于古俄语乐重音在现代俄语中的残留。

现代俄语某些方言保留了正常元音 о 和窄元音 ô 之间的区别，这也是古俄语重音的区别造成的：元音 о 由处于抑音下的 о 发展而来，元音 ô 则由处于扬音下的 о 发展而来。

对于斯拉夫语言的乐重音何时演变为力重音，语言学界尚无统一意见。

第五章　11—17世纪初古俄语的语音系统

第一节　半软音的再软化

　　这一时期的古俄语辅音系统继承了共同斯拉夫语的硬辅音和软辅音系统，但与现代俄语的辅音系统仍有较大差别。

　　首先需要指出的是，现代俄语中硬辅音—软辅音的完整对偶系统尚未形成。古俄语只有5对硬、软辅音的对偶关系，它们是：

　　响辅音：р—р'、л—л'、н—н'；

　　咝音：с—с'、з—з'。

　　其他辅音要么发硬音，要么发软音。除后舌音 к、г、х 以外，硬辅音既同后元音组合，也同前元音组合，但软辅音只同前元音和后元音 а、у 组合。

　　位于前元音前的硬辅音受其影响变为半软音，用 т˙ 表示，具体包括：т˙、д˙、с˙、з˙、п˙、б˙、м˙、в˙、р˙、л˙、н˙。例如：т˙ер˙ати（现俄 терять：丧失）中的 т˙ 和 р˙；д˙ѣло（现俄 дело：事情）中的 д˙；д˙ѣв˙ица（现俄 девица：少女）中的 д˙ 和 в˙；з˙емла（现俄 земля：土地）中的 з˙；бер˙егъ（现俄 берег：岸）中的 б˙ 和 р˙；с˙ело（现俄 село：村庄）中的 с˙；б˙р˙ь˙вьно（现俄 бревно：原木）中的 б˙、р˙ 和 в˙；м˙зда（现俄 мзда：报酬）中的 м˙；м˙иръ（现俄 мир：世界）中的 м˙；н˙ебо（现俄 небо：天空）中的 н˙；п˙ѣт˙и（现俄 петь：唱）中的 п˙ 和 т˙；п˙ь˙рь˙ць˙ь（现俄 перец：辣椒）中的 п˙ 和 р˙。这样的半软音显然是硬辅音在一定的语音环境中的变体，并不是独立的音位。

　　由于半软辅音的出现，古俄语便形成了硬辅音与半软辅音的对应关系。有学者研究表明：古俄语中的半软辅音一直存在到 11—12 世纪，后来逐渐软化成为软辅音①。这些软辅音不同于共同斯拉夫语、古俄语中固有的软辅音，它们的演变过程发生在共同斯拉夫语解体之时。语言学界称这种情况为次生软辅音（вторично смягчённые）。

半软辅音的再次软化使得古俄语出现了新的软辅音 т'、д'、п'、б'、м'、в'，加上古俄语固有的软辅音 с'、з'（<*sj、zj）、р'、л'、н'（<*rj、*lj、*nj），软辅音的数量增加了。

与此同时，软辅音的特性也发生了转变。大多数情况下，软辅音只能与前元音结合（а、у除外），硬辅音只能同后元音结合。例如：古俄语单词 конъ（=предел，начало，конец：开始，结束）与 конь（现俄 конь：马）的发音区别不是元音 ъ 与 ь 的区别，而是 нъ 与 нь 两个音节的区别。硬辅音 н 与软辅音 н' 尚且不是区别意义的最小单位，起区别意义作用的是音节 нъ 与 нь。换句话说，н' 并不是独立的音位，只是音位 н 的变体。

古俄语软、硬辅音的特性及其与后面元音组合的特性发生变化之后，软辅音才能成为独立的音位，软、硬辅音的对偶关系才能成为体系。这种变化是在 12 世纪以后形成的，它出现在弱元音脱落过程完成之后。

第二节　弱元音的脱落

弱元音的脱落指古俄语的弱元音 ъ、ь 及其语音变体 ы、й 的消失或强化、转变为正常元音的过程。弱元音的脱落是古俄语最重要的语音变化过程，它促使俄语语音系统从古俄语时期转变为现代俄语时期。

1. 弱元音的强化与脱落

弱元音的强化或脱落取决于其所在的语音环境。语言学界称之为"位"（положение 或 позиция）。位分为两种：强位（сильное положение）和弱位（слабое

---

① Калнынь Л. Э. Развитие категории твердости и мягкости согласных в русском языке//Учёные записки Института славяноведения, т. XIII. Москва: изд-во АН СССР, 1956.

положение)。处于强位的弱元音强化并转变为正常元音 o、e，处于弱位的弱元音则消失脱落了。

强位[1]包括以下几种：

（1）弱元音处于重音之下，如：рь́пътъ（现俄 ропот：低声怨言），сь́хноути（现俄 сохнуть：干枯），дъ́скоу（现俄 до́ску，доска 单数第四格：板），тъ́ща（现俄 тёща：岳母），пь́стрыи（现俄 пёстрый：五光十色的）；

（2）弱元音处于弱位的弱元音构成的音节之前，如：сънъ（现俄 сон：睡眠），мъхъ（现俄 мох：藓），дьнь（现俄 день：白天），отьць（现俄 отец：父亲），жьньць（现俄 жнец：割麦人），шьвьць（现俄 швец：裁缝）；

（3）在单音节的代词和连接词中，如：тъ（现俄 тот：那个），сь（现俄 сей：这个），нъ（现俄 но：但是）；

（4）在古俄语流音与弱元音构成的音组中（*tъrt... 及 trъt...），弱元音总是强势的：1）tъrt>tort, tьrt>tert, tъlt>tolt, 如：търгъ>торгъ（现俄 торг 的第二格：商场），гърло>горло（喉咙），гърдыи>гордый（骄傲的），дьржати>держати（现俄 держать：掌握），мьртвыи>мёртвый（死的），вьрхъ>верх（顶部），вълкъ(*<вълкъ)>волкъ（狼）；пълкъ>полк（团），мълния>молния（闪电），вълна(<*вълна)>волна（浪）；2）trъt>trot, trьt>tret, tlъt>tlot, tlьt>tlet, 如：кръвь>кровь（血），кръвь>бровь（眉毛），глътка>глотка（吞咽），глътати>глотати（现俄 глотать：吞咽），крьсть>крест（十字），трьвога>тревога（恐慌），сльза>слеза（眼泪）。

弱位包括以下几种：

（1）在词尾，如：жи́знь（现俄 жизнь：生活），дьнь（现俄 день：白天），столъ（现俄 стол：桌子），городъ（现俄 город：城市），сынъ（现俄 сын：儿子）；

（2）在强位的弱元音构成的音节之前，如：льстьць（现俄 льстец：谄媚者），шьвь́ць（现俄 швец：裁缝），жьнь́ць（现俄 жнец：割麦人）；

（3）在完全元音构成的音节之前，如：съказа́ти（现俄 сказать：说出），бъра́ти（现俄 брать：拿），вься́（现俄 вся, весь 的阴性单数形式：整个），съто́（现俄

---

[1] 强位以符号 ‿ 表示，如 ъ、ь；弱位以符号 ⌣ 表示，如 ъ̆、ь̆。

сто：百），къдѣ́（现俄 где：哪里），бьр́ьвьно（现俄 бревно：原木）。

可见，弱元音脱落的实质在于：在一定的语音环境中，弱元音要么弱化，以至于完全消失；要么强化，最终转变为正常元音 о、е。

2. 弱元音脱落的历史过程

古俄语弱元音脱落是一个漫长的过程，从 11 世纪后期一直持续到 14 世纪后期，前后经历了约 300 年。1068 年的《特木塔拉干铭文》中使用了 кнѧзь 一词（<кънѧзь）。1130 年莫斯科季斯拉夫的捐赠文书中又使用了 по моѥмь кнѧжении（<кънѧжении）。12 世纪后半叶的《(洞窟修道院的)费奥多西行传》中用了 кто（<къто）、что（<чьто）、всѣхъ（<вьсѣхъ）等词。这些文献表明，从 11 世纪开始，弱元音已经开始脱落。

从 12 世纪后半期开始，弱元音的脱落越来越普遍，13 世纪的古俄语文献对此反映得十分清晰。例如 1229 年的《斯摩棱斯克同里加及哥得兰岛签订的合约》中 ъ 同 о 混用，ь 同 е 混用。不仅如此，由于 е 与 ѣ 不分，因此 ь 与 ѣ 也混用，例如：берьгомь 应为 берегомь（берегъ 的单数第五格），что былъ немирно 应为 чьто было немирьно，латинескому 应为 латиньскому，дъбрии 应为 добрии，миро 应为 миръ。

直到 14 世纪后半叶，弱元音脱落基本完成，这已经成为当时俄语抄写的规范。这一点在《拉甫连季编年史》中已经反映出来。

对古俄语文献的研究表明，弱元音脱落在不同地域、不同语域中的发展不是同步的。就地域来说，弱元音脱落始自南部地区，然后扩散到北部地区；就语域而言，弱元音脱落始自口语，然后逐渐覆盖书面语、文学语言、宗教活动使用的语言。库兹涅佐夫指出，俄罗斯旧礼仪派教徒至今在朗诵宗教书籍时，仍将 ъ 读作短促的 о，将 ь 读作短促的 е。换句话说，ъ、ь 仍被用作弱元音。

不仅如此，弱元音脱落在不同语音环境下的脱落速度也不相同。沙赫马托夫认为，位于词首、重读音节前的弱势弱元音最先脱落，例如：къто̀>кто（谁），чьто̀>что（什么），кънѧзь>кнѧзь（现俄 князь：王公，大公），вьсѣхъ>всѣхъ（现俄 всех：所有人），кънѧжение>кнѧжение（现俄 княжение：公国）。但是，福尔图纳托夫等则认为，弱元音的脱落不只是由单一语音条件决定的，къто、чьто、кънязь 等词中的弱元音最先脱落，并非仅出于语音，还有其他因素的影响。

弱元音的脱落并不总是一定的，也会有例外情况出现。这里仅举两例说明。俄语单词 доска（木板）一词源自 дъска，这里的 ъ 处于弱位，理应脱落，变成 дска。但是，дъска 的单数第四格、复数第一格分别是 дъскоу（доску）、дъскы（доски），这里的 ъ 处于强位。受此影响，该词的词干最终统一为 доск-（доска́，доски́，доске́，до́ску...）。这是类推规律起作用的结果，它使得 дъска 中弱位弱元音 ъ 转变为 о。再如 Смоленск（斯摩棱斯克）一词源自 смольньскъ，弱元音脱落后应为 смольнеск，但变格后为 смольньска＞смоленска、смольньску＞смоленску 等，最后统一为 Смоленск，弱位弱元音 ь 转变为 е。

3. 第二类元音组合的演变

类似 tьlt、tьrt、tьlt 这样的弱元音与流音的组合，弱元音永远是强势的，最终演变为 tort、tolt、tert，例如：търгъ＞торг（торга，торгу...）（生意，买卖）、пълкъ＞полк（полку，полкы...）（军队）、дьржати＞держать（握）、вьрхъ＞верх（顶部）。

但是，在古俄语北方方言中，弱元音与流音的组合也可能演变为全元音组合，即：tьrt＞torot、tьlt＞tolot、tьrt＞teret。因此，类似的情况不仅发生在共同斯拉夫语的末期，也发生在古俄语时期，语言学界将其分别称为第一类全元音组合（первое полногласие）和第二类全完音组合（второе полногласие）[①]。

在诺夫哥罗德的一些古文献中，会将 тържькоу 写成 торожкооу 或 торошкоу（тържькъ 的单数第三格：市场），将 повължье（伏尔加河沿岸地区）写成 поволожье，将 безмълвия（默不作声）写成 безмоловия。现代俄语北方方言中也有类似的现象，将来自古俄语的 мълния（молния：闪电）读作〔молонья〕，вьрхъ（верх）读作〔верёх〕，гърбъ（горб：脊背）读作〔гороб〕，кърмъ（корм：饲料）读作〔кором〕，хълмъ（холм：山丘）读作〔холом〕。

少数全元音词进入到标准语之中，如 верёвка（＜古俄语 вьрвъка：绳索）、

---

① 这是语言学家波铁布尼亚提出的术语。

полон（＜古俄语 пълнъ：俘虏）、бестолочь（试比较古俄语 тълкъ：混乱）等。语言学家对这一现象的解释是：弱元音后的流音自成一个音节，但东斯拉夫语流音自成音节与其格格不入，于是流音后发展出一个弱元音，增加了一个新的音节，从而消除闭音节，最终形成全元音组合。

4. 弱元音 ы̆、й 的演变

弱元音 ы̆、й 是元音音位 ъ 和 ь 在 j(i) 和 i 之前的变体，例如：

крыю（крыти 现在时单数第一人称），试比较 кры̆ју＜共斯 *krъjǫ；
мыю（мити 的现在时单数第一人称），试比较 мы̆ју＜共斯 *mъjǫ；
бию́（бити 现在时单数第一人称），试比较 бйју＜共斯 *bьјǫ́；
пию́（пити 现在时单数第一人称），试比较 пйју＜共斯 *рьјǫ́；
бии（бити 的命令式），试比较 бйи＜共斯 *bьјь；
пии（пити 的命令式），试比较 пйи＜共斯 *рьјь。

弱元音 ы̆、й 同弱元音 ъ 和 ь 一样，也经历了脱落的过程。当它们处于强位时，强化为正常元音 о 和 е，例如：

крыю＞кро́ю；мыю＞мо́ю；бии＜бей；пии＞пей；лии＞лей。

当它们处于弱位时，则脱落消失，例如：

бию́＞бью，пию́, лию́＞лью；шы̆я(шы̆ja)＞ше́я。

但是，对于弱元音 ы̆ 和 й 的来源还有另一种说法，那就是将它们看成元音 ы 和 и 在 j(i) 之前的弱元音变体[①]。这一观点不无道理，只是符合这一情况的例证不多。

第三节　弱元音脱落的后果

弱元音的脱落改变了古俄语早期的音节结构。具体来说，共同斯拉夫语的开音节规律、音节内语音按响度递增排列的规律不再起作用，闭音节大量出现。例

---

① Иванов В. В. Историческая грамматика русского языка. Москва: Просвещение, 1964, стр. 187.

如 столь、конь、сынъ、гость 等词中的 ъ、ь 脱落以后，原来的两个音节变成单音节，开音节词变成闭音节词 стол（桌子）、конь（马）、сын（儿子）、гость（客人）。городъ 从三音节词变成双音节词 город（城市，城镇），第二个音节变成闭音节。

音节谐和律也摇摇欲坠，同一个音节中元音和辅音的发音动作不一定属于同一类型。由于弱元音脱落，лѣсъ 变成 лѣс（读作〔л'ёс〕），只有一个音节，却包含一个软辅音、一个前元音和一个硬辅音，这明显违反音节谐和律。

弱元音消失后，古俄语中出现大批单音节词，例如：домъ/дом（房屋）、медъ/мёд（蜂蜜）、соль/соль（盐）、ледъ/лёд（冰）、ровъ/ров（沟）、кръвь/кровь（血）、пълкъ/полк（军队）、кьто/кто（谁）、чьто/что（什么）。而在弱元音脱落之前，古俄语中单音节词为数甚少，只有几个前置词、连接词、代词。

弱元音的消失还使得古俄语中出现新的语法形式，最为突出的例子就是零词尾。在弱元音脱落以前，很多单词是以元音 ъ、ь 结尾的，当它们消失后，这些单词变成零词尾，如上面已多次提到的 столъ>стол、женъ>жён（жена 的复数第二格：妻子）、земль>земл'ъ（земля 的复数第二格：土地）。

不仅如此，在弱元音脱落以前，古俄语中不存在以单一辅音构成的词尾或后缀，但弱元音的脱落使其成为可能。例如古俄语中动词现在时单、复数第三人称均以 -ть 结尾，如 ходить、ходять、носить、носять，在弱元音脱落后变成 ходит'、ходят'、носит'、носят'，原来的词尾 -ть 变成了 -т'。古俄语动词过去时形动词由后缀 -л 和词尾 -ъ 构成，如 писалъ、читалъ，弱元音脱落后变成 писал、читал。总体而言，弱元音的脱落使得古俄语中出现诸如 -ск、-н、-к 等由单一的辅音构成的词素，如 женьский/женский（女性的）、тьмный/тёмный（黑暗的）、палъка/палка（木棍）等。弱元音脱落之前，古俄语不存在这类词素。

第四节　隐现元音的形成

弱元音脱落造成的另一个后果是现代俄语中出现隐现元音（беглые гласные）。在现代俄语中，隐现元音指的是元音 о 与 е，它们在词的语音形态结构中时而出现，时而隐去，这是从共时层面观察的结果。从历时层面看，这与古俄语弱元音在不同语音环境下的脱离和强化有关。例如：

сънъ＞сон，съна＞сна，съну＞сну…

мъхъ＞мох，мъха＞мха，мъху＞мху…

дьнь＞ден'，дьня＞дня，дьню＞дню…

在上述例证中，弱元音 ъ 和 ь 在不同的语音环境中发生的变化不同：在强位时转变为 о、е，在弱位时则消失了。这就是隐现元音的雏形。换句话说，现代俄语中元音 о、е 出现或隐去的位置，在古俄语中相应为 ъ 或 ь。古俄语中原本符合规范的语音形态结构，在弱元音脱落或强化后，反而变得"不符合规范"。

受到类推作用的影响，隐现元音现象从一种语音现象逐渐变为语法现象。现代俄语以 -ец（-ьць）结尾的阳性名词大多可归入其中，例如：отéц（父亲）（отцá…），венéц（花环）（венцá…），молодéц（棒小伙）（молодцá…），глупéц（蠢人）（глупцá…），слепéц（盲人）（слепцá…）。这些词是从古俄语，甚至是从共同斯拉夫语继承下来的，其中的隐现元音与弱元音脱落有关，即 -ец＜-ьць。但是，俄语中还有很多带后缀 -ец 的词，它们不是源自古俄语，而是后来，甚至是不久前才进入俄语之中。这些词中的隐现元音跟弱元音的脱落无关，完全是类推作用的结果，例如：стрелéц（射手）（стрельцá…），пловéц（游泳者）（пловцá…），борéц（战士）（борцá…），америкáнец（美国人）（америкáнца…），китáец（中国人）（китáйца…），комсомóлец（共青团员）（комсомóльца…），беспартúец（无党派人士）（беспартúйца…）。

以 -ок 结尾的俄语阳性名词也是如此。在古俄语中它不是后缀，而是词干的组成部分。例如 кусóк（块）在古俄语中应为 коусъкъ，其中的隐现元音与古俄语弱元音脱落有关，试比较 коусъкá（＞кускá）、коускоý（＞кускý）。потолóк（天花板）一词情况较为特殊，它与 кусóк 一样，也是从古俄语中继承下来的词。尽管该词以 -ок 结尾，但在古俄语中属于规则变化，这可以从俄语熟语 Руки в боки, глаза в потолóки（双手叉腰，两眼朝天）中得到验证。此处的 потолóки 和 бóки（侧）一样，都是名词复数第四格。现代俄语中 потолóк 的复数第四格变为 потолкú，出现隐现元音 о 完全是类推作用影响的结果，并不是古俄语弱元音脱落引起的。

这种类推作用的影响如此之大，以至于使 -ок 从构词词干变成了后缀。当然，这一情况出现在古俄语晚期。例如 венок（花环）一词出现于 15 世纪后半期，молоток（锤子）出现于 16 世纪中期。它们中的隐现元音都与古俄语毫无关系，因为古俄语中只有 вѣньць（венец），没有 венок，而 молот 也未曾在古俄语文献中记载过。

同样的情况也适用于以 -к(а) 结尾的阴性名词。只有 клетка（格子）（复数第二格 клеток<клѣтъкъ）、кошка（猫）（复数第二格 кошек<кошькъ）等少数词中的隐现元音是从古俄语的弱元音 ъ 和 ь 演变而来的。каска（头盔）（复数第二格 касок）、кнопка（图钉）（复数第二格 кнопок）、розетка（花结）（复数第二格 розеток）、зажигалка（打火机）（复数第二格 зажигалок）、кокетка（卖俏的女人）（复数第二格 кокеток）、шпаргалка［（考试作弊用的）夹带］（复数第二格 шпаргалок）、бомбёжка（轰炸）（复数第二格 бомбёжек）、фляжка（军用水壶）（复数第二格 фляжек）等词中的隐现元音都是类推的产物。

类推的作用如此之大，有时也会造成误判，将单词 лёд（冰）（льда...）、ров（沟）（рва...）中的 е、о 也视作隐现元音。需要注意的是，这里 е、о 恰恰是俄语固有的，这可以从古文献中 глѣбъ кнѧзь мѣрилъ море по ледоу...（现俄 Князь Глеб измерил море по льду...：格列布公沿冰面丈量……）和 въ ровѣ（现俄 во рву：在沟里）得以验证。这说明，лёд 和 ров 中的 е、о 是古俄语中就有的。

第五节　新辅音组的产生与变化

弱元音的脱落使原本属于不同音节、被元音间隔的辅音变为相邻的辅音，形成大量的辅音组，也使辅音间相互影响的可能性大大增加。这种影响或为同化（ассимиляция），或为异化（диссимиляция）。从方向上看，辅音的同化或异化都是逆向的，即后面的辅音影响前面的辅音。

辅音的同化或异化不仅反映在读音上，也经常反映在书写上，但口语比书面语表现得更多一些。

1. 辅音清浊的同化

лодька>лодка>лотка（д 被 к 同化，正字法未反映）；

съдѣсь > сдѣсь > здесь（с 被 д 同化，正字法有反映）；

лавька > лавка > лафка（в 被 к 同化，正字法未反映）；

къдѣ、къде > гдѣ 或 кде > где（к 被 д 同化，正字法有反映）；

съдоровъ > сдоров > здоров（с 被 д 同化，正字法有反映）；

ложька > ложка > лошка（ж 被 к 同化，正字法未反映）；

бъчела > бчела > пчела（б 被 ч 同化，正字法有反映）；

отъдалъ > отдал > оддал（т 被 д 同化，正字法未反映）。

清辅音浊化始于 13 世纪，见于文献的例证包括 гдѣ（现俄 где：哪里）、нѣгдѣ（现俄 негде：无处）、зде（现俄 здесь：这里）、здрава（现俄 здорова：健康的）等。浊辅音清化要晚一些，不早于 14 世纪，如 ис торъшку（现俄 из Торжка：从托尔诺克）、оускими（现俄 узкими，узкий 的复数第五格：窄的）、воевотьство（现俄 воеводство：作战）等。

2. 辅音完全同化

辅音完全同化指发音部位及方法都发生同化。

съшилъ > сшил > шшил（读作 шыл，正字法未反映）；

съ женою > с-женою > з-женою > ж-женою > ж̄еною（正字法未反映）；

съ шумомъ > с-шумом > ш-шумом > ш̄умом（正字法未反映）。

3. 软硬辅音的同化

красьныи > крас'ный > красный；

тьмьныи > тем'ный > темный (> тёмный)；

сътихати > ст'иихати > с'т'ихать；

дъвѣ > дв'е > д'в'е。

4. 辅音的异化

辅音的异化比同化要少一些，且多发生在下列辅音组中：爆破音 + 爆破音或塞擦音 + 爆破音。例如：

къто > кто > хто；

къ комоу > к-кому > х-кому；

льгъко > легко > лекко > лехко；

когъти > когти > кокти > кохти；

ногъти > ногти > нокти > нохти；

чьто > что > што；

коньчьно > конечно > конешно；

молочьныи > молочный > молошный；

яичьница > яичница > яишница。

辅音的异化一般只体现在读音上，未反映在书写中。一些情况下，чн 读作 шн 是唯一正确的读音，而且它被正字法记录了下来，例如莫斯科的街道名称 Столешников переулок（斯托列什尼科夫大街），还有俄罗斯的姓氏名称 Свешников（斯韦什尼科夫）（试比较 свечник：掌蜡烛的人）、Прянишников（普里亚尼什尼科夫）（比较 пряничник：烤制蜜糖饼干的人）、Шапошников（沙波什尼科夫）（比较 шапочник：制帽师傅）等。

一些词中的辅音组 чн 保留原读音，未发生异化，如 ночной（晚间的），这显然受到同根词 ночь（夜晚）的影响。类似的情况还有 дачный（乡间别墅的）—дача（乡间别墅）、печной（烤制的）—печь（烤）等。一些书面语词汇中的辅音组 чн 未发生异化，如 порочный（有毛病的）、восточный（东方的）、алчный（饥饿的）、вечный（永恒的）、циничный（厚颜无耻的）等。有些情况下，这可能是为了避免出现同音词，如 точный（准确的）— тошный（令人恶心的）、научный（科学的）— наушный（戴在耳朵上的）。

5. 新辅音组的出现与简化

弱元音的脱落使新的辅音组得以出现，辅音同 j 的组合就属于此类，如 Колосья（колос'ja：俄罗斯出版物名称）、свинья（свин'ja：猪）、судья（суд'ja：法官）、друзья（друз'ja，друг 的复数一格：朋友）中的弱元音 ь 脱落，с、н、д、з 出现在 j 前形成新的辅音组合 cj、нj、дj、зj。同样，辅音组合 тл、дл 也是在弱

元音 ь 脱落后出现的，如 метьла>метла（扫帚）、тьлѣти>тлѣти>тлеть（腐烂）、сѣдьло>сѣдло>седло（马鞍）。

弱元音脱落后形成的辅音组合中，有一部分发生简化，特别是当辅音组合含有三个辅音时，其中一个辅音不发音。例如：сьрдьца>сердце（〔серце〕：心脏）、сълньце>солнце（〔сонце〕：太阳）、жѣстько>жёстко>жёско（〔жоско〕：坚硬地）、пльсковъ>Плсков（〔Псков〕：普斯科夫）、бедрьцовый>бедрцовый（〔берцовый〕：小腿的）。

弱元音的脱落使得词的初始形式与现代形式产生巨大差异，造成同根词的分化。例如：ни зги не видно（漆黑一片）中的зги<сга<стга<стьга，与现代俄语中的стёжка（小道）是同根词；现代俄语中хорь（艾鼬）<дхорь<дъхорь，同дохнуть（呼一口气）、дышать（呼吸）、вздох（呼吸（一下））也属于同根词。

弱元音脱落以后，在俄语词首会形成"响音+噪音"或"响音+响音"的辅音组合，例如：ржаной（黑麦的）<ръжаныи，льняной（亚麻的）<льняный（灯）。在现代俄语标准语中，这类辅音组合是合乎规范的。只不过在一些俄语方言中，这类组合前会出现另一个音，例如：ржаной>аржаной（或 оржаной、иржаной）、льняной>ильняной（或 альняной、ольняной）。现代俄语中也使用同样的方法来摆脱新辅音组合的发音困难，例如огнь与угль在弱元音ь脱落后便形成辅音组 гн' 与 гл'。古俄语的 н'、л' 进一步发展为构成音节的元素 ṇ、ḷ，再衍生出一个元音 о，这个过程描述为：огнь>огн'>огṇ'>огóнь，угль>угл'>угḷ'>ýголь。在一些方言中，把журавль（鹤）读作〔журавель〕，把рубль（卢布）读作〔рубель〕，把мысль（想法）读作〔мысель〕，把жизнь（生命）读作〔жизень〕，也是出于同样的原因。

词尾的弱元音脱落会造成新的辅音组合发音困难，这类组合通常是"噪音+响音"或"响音+响音"，例如：以 -л 结尾的过去时形动词неслъ、жьглъ、гръблъ、умьрлъ、тьрлъ、замьрлъ在弱元音ъ脱落后会形成сл、зл、гл、бл、рл等辅音组。化解这种发音困难的方法是将词尾的 -л 舍去，于是形成нес（>нёс）、вез（>вёз）、жьг（>жог）、греб（>грёб）、умер等。现代俄语中，这些形式发展为动词过去时单数阳性形式，但在相应的阴性、中性、复数形式中这个-л就又浮现了出来，例如：

  нести（拿）：нёс, несла, несло, несли;

  вести（运送）：вёз, везла, везло, везли;

  жечь（点燃）：жёг, жгла, жгло, жгли;

  грести（划桨）：грёб, гребла, гребло, гребли;

  умереть（死亡）：умер, умерла, умерло, умерли。

6. 摩擦唇音 в、ф 的演变

  在现代俄语中 в、ф 是一对浊清对偶的唇齿音，в 是浊辅音，ф 是清辅音，但在古俄语中并非如此。

  沙赫马托夫的研究表明，古俄语早期的 в 有三种读音：一是发唇齿音，在一定的条件下会清化为〔ф〕；二是唇齿音，在某些情况下要读作〔ў〕；三是双唇音，类似英语和汉语中的辅音 w，读作〔ў〕。这些读音还保留在俄语方言之中，例如把 голов 读作〔голóў〕，把 травка 读作〔трáўка〕。此外，в 在词首则读作〔у〕，如 внук（孙子）读作〔унýк〕。

  同时，古俄语早期没有辅音 ф，确切地说，它只用在少数从希腊语借入的外来词中。

  但在弱元音脱落以后，情况发生大变，辅音 в 可能出现在词尾或另一个辅音前，这就给它的清化或被清辅音同化创造了条件，例如：коровъ＞коров（〔короф〕：奶牛），городовь＞городов（〔городоф〕：城市，城镇），головька＞головка（〔голофка〕：头），лавька＞лавка（〔лафка〕：商铺）。如此一来，清辅音 ф 出现的频率大大增加，从浊辅音 в 的变体逐渐独立为一个音位。

第六节 元音 и 与 ы 的合并

  在半软辅音再次软化之前，古俄语的元音 и 与 ы 是两个独立的音位。词尾的弱元音 ъ 与 ь 脱落之后，形成了次生的软辅音与硬辅音，成为了独立的音位。这样一来，在软辅音+и、硬辅音+ы 的组合中，辅音成为音位，元音 и 和 ы 反而成为音位变体，其性质取决于前面的辅音：软辅音之后用 и，而硬辅音之后则用 и 的变体 ы。

以古俄语单词 съискати（现俄 сыскать：找到）、въ иноую（现俄 в иную：去别的）为例，弱元音脱落后分别变为 сискати、в иноую，这样元音 и 就出现在硬辅音 с、в 之后。这种情况下，辅音保持不变，元音 и 只能变成 ы，于是读作〔сыскати〕、〔в ыную〕。

在古俄语中，这种读音变化也反映在书写上。从 12 世纪的古俄语文献中能够发现 к ыномоу（现俄 к иному：去别人那里）、под ывою（现俄 под ивой：在柳树下）、в ыстóбкоу（现俄 в избу：去小木屋）、с ываномъ（现俄 с Иваном：和伊万一起）、с ызумрудомъ（现俄 с изумрудом：带着纯绿宝石）等。在上述前置词或前缀与词根结合的地方，现代俄语虽然书面语上保留词源，即仍写作 и，但规范的读音是 ы。

于是，元音 и 和 ы 从两个独立音位逐渐演变成同一音位的两个变体，在硬辅音后用 ы，软辅音后用 и，例如：бить（打）—быть（是，有），мило（可爱）—мыло（肥皂）。

第七节　кы、гы、хы 的演变

古俄语曾有过后舌音与元音的组合 кы、гы、хы，如 кыевъ（现俄 Киев：基辅）、гыбель（现俄 гибель：牺牲）、хытрыи（现俄 хитрый：狡猾的）、рукы（现俄 руки：手）、ногы（现俄 ноги：腿）、сохы（现俄 сохи：木犁）等。古俄语早期不可能出现组合 ки、ги、хи，因为 к、г、х 在前元音前要软化为唏音 č、ž、š 或咝音 c'、z'、s'。

12—13 世纪，音组 кы、гы、хы 的辅音和元音都开始变化，辅音 к、г、х 变为软辅音 к'、г'、х'，而元音 ы 变为前元音 и。这样一来，音组 к'и、г'и、х'и 便出现了。也就是说，к、г、х 在一定的语音条件下（在前元音 и 之前）就以其变化形式 к'、г'、х' 出现。

语言学家推测，古俄语早期一些外语的借词，如 китъ（现俄 кит：鲸）、кипарисъ（现俄 кипарис：柏树）、хитонъ（现俄 хитон：长衬衫）、гигантъ（现俄

гигант：巨大的物体），这类词中的后舌音很可能读半软音，这促进了 к、г、х 向 к'、г'、х' 的转变。

需要指出的是，尽管在古俄语中出现了 к'、г'、х'，但尚未形成 к'—к、г'—г、х'—х 的软、硬辅音对偶。它们出现在相同的语音环境中，还不是独立的音位。现代俄语中的 к'、г'、х' 与 к、г、х 就不能出现在相同的语音环境中，即 к'、г'、х' 通常不可能出现在非前元音之前。①

第八节 元音 e 向 o 的转变

1. e 变为 o 的历史过程

e 变为 o 的语音过程约始自 12—13 世纪的东斯拉夫共同语时期。具体说来，它出现在半软音再软化和弱元音脱落之后。这一过程最先从东斯拉夫共同语的乌克兰方言、俄语北方方言开始，14 世纪扩展到俄语南部方言中，继而扩展到整个东斯拉夫共同语。这一语音过程起初与重音无关，即在所有硬辅音前都发生这一变化。但是在现代俄语标准语中，这一变化的结果只体现在硬辅音前的重读音节中，例如：〔н'есу̇〕—〔н'ос〕（несу—нёс）（现俄 нести：拿，〔в'еду̇〕—〔в'ол〕（веду́—вёл）（现俄 вести：带领），〔с'ло'〕—〔с'о́ла〕（село́—сёла）（现俄 село：村庄），〔в'есе́лье〕—〔в'ес'о́лый〕[веселье（快活）—весёлый（快乐的）]，〔св'о́кла〕（现俄 свёкла：甜菜），〔кл'он〕（现俄 клён：槭树）。e 在软辅音前保持不变，例如：ель（云杉），печь（烤），плеть（鞭子），веселье。不过，在俄语北方方言中，e 在非重读音节之前也变成 o，如将 поле（田野）读作〔пол'о〕，将 море（海）读作〔мо́р'о〕，将 несу〔нести 的现在时第一人称单数：(我）拿〕读作〔н'осу̇〕。出现这一现象的原因很清楚：在标准语中，非重读音节中不可能出现元音 o，它要发生弱化。

---

① 存在的少数例外并不能动摇这个体系，如动词 ткать 的变位 тк'ош、тк'от、тк'ом、тк'оте，这是受 тку 的影响所致。在少数外来词语中，к' 出现在后元音 а、о、у 前，如：Кя́хта，ликёр、кюре́、кюве́т、маникю́р、педикю́р、кюрасо́、кюри́、кю́рий。这些外来词多借自法语。

e 变为 o 的历史过程结束时间可以根据文献资料准确地加以断定，那就是在啸音 ж、ш 和塞擦音 ц 从固有软辅音变成硬辅音之后。啸音 ж、ш 大约在 14 世纪变为硬音，ц 直到 16 世纪时变为硬音。也就是说，e 变为 o 这一过程是在 14—16 世纪完成的。

2. e 变为 o 的原因

沙赫马托夫认为，在弱元音脱落之后，与弱元音构成音节的硬辅音"落单"，转而与其前面的元音 e 构成音节并对其施加影响，使其变为圆唇音 o，如 н'есъ>н'ес>н'ос。这一说法的根据在于：在后元音之前，尤其在 o、у、ы 之前的古俄语硬辅音都具有圆唇的特性，当它与前面的元音 e 构成一个音节后，对其产生逆向同化，使 e 变为唇音的 o。

e 变为 o 出现在何种辅音之后，这在古俄语文献中反映得并不完全一样：在啸音这样固有的软辅音后较为常见，如 въ чомъ（现俄 в чём：在何处）、чорный（现俄 чёрный：黑的）、жонка（现俄 жёнка：妻子）、дошолъ（现俄 дошёл，дойти 的过去时单数阳性：到达）、решоть（现俄 решёто：筛子）；而在再次软化的半软音后则几乎见不到，直到 14 世纪才偶尔能遇到。对于这一现象出现的原因，语言学界有不同的解释。沙赫马托夫、雅库宾斯基提出 e 变为 o 分为两阶段的理论：e 变为 o 的第一阶段发生在所有东斯拉夫语言中，是在半软辅音再软化之前；而第二阶段只发生在俄语和白俄罗斯语中，是在半软辅音再软化之后。不过，这一说法未得到广泛认同。另一种解释在于，古俄语无法用一个符号表达软辅音+后元音 o，修士抄写员对此束手无策。尽管提出了一些解决的办法，如把 ярём 写作 яром、серебро 写作 серобро、озёра 写作 озора、за морём 写作 за мором、Фёдор 写作 Фодор、Семён 写作 Семон、поперёг 写作 поперог，但这些都不是很好的解决办法。这个问题最终是由卡拉姆津（Н. М. Карамзин）发明字母 ё 来解决的。

3. e 未变为 o 的若干情况

现代俄语中来自共同印欧语和共同斯拉夫语的一些词汇，其中处于硬辅音前带重音的 e 未变为 o。这里注意有三种情况：

（1）元音 e 源自窄元音 ě

现代俄语的元音 e 源自古俄语的三个元音 e、ь 和 ě。只有在前两种情况下，即古俄语中固有的 e 和来自 ь 的 e 在硬辅音前变为 o，而来自 ě 的 e 保持不变，原因就在于 ě 还是一个窄元音。后来，当 ě 与 e 合二为一时，e 变为 o 的过程结束。因此，现代俄语中的 лес（<лѣсъ：森林）、хлеб（<хлѣбъ：面包）、белый（<бѣлый：白色的）、мел（<мѣлъ：白垩）、нет（<нѣтъ：没有）、колено（<колѣно：膝盖）、полено（<полѣно：（一段）劈柴）、дело（дѣло：事情）、свет（<свѣтъ：光）等词，它们虽然是从共同斯拉夫语中继承下来的，但并没有经历 e 变为 o 的语音过程。

（2）古俄语从古斯拉夫语借词中的 e

古俄语从古斯拉夫语的借词中的 e 现在还读作〔e〕，未经历 e 变为 o 的过程，如 крест（十字架）、небо（天）、жертва（祭品）、плен（俘虏）、трезвый（清醒的）、скверный（恶劣的）、перст（手指）、пещера（洞穴）、надежда（希望）、одежда（衣服）、прежде（之前）等。

与其构成对比的是上述词的共同斯拉夫语同根词，其中的 e 读作〔o〕，如 перекрёсток（〔перекр'óсток〕：十字路口）、нёбо（〔н'óбо〕：上颚）、напёрсток（〔нап'óрсток〕：顶针）、надёжный（〔над'óжный〕：可靠的）、Печора〔伯朝拉（河名，城市名）〕等。

（3）硬辅音 p 前的 e

硬辅音 p 前的 e 未变为 o，如 первый（第一）、зеркало（玻璃）、верба（柳树）、смерть（死亡）、четверг（星期四）、верх（顶部）、серп（镰刀）、коверкать（使……完全变形）、церковь（教堂）等。

这些词包含了古时的 tьrt。当 r 推动构成音节的功能后，r 仍旧保持着软音的特性。它向硬辅音转变的过程进展得缓慢而曲折。在位于 т、д、н、з 等前舌音前时，r 就硬化，也使得在它前面的 e（<ь）变成了 o，例如：мёртвый（死的）、твёрдый（硬的）、чёрный（黑的）、мёрзнуть（冻僵）、зёрна（зерno 的复数第一格：粮食）。由此可以推断，p' 硬化时，e 变为 o 的过程起过作用。但当 p' 处在唇音、后舌音之前时，其软音特性保持了很长一段时期。这种情况下，e 事实上

仍处在软辅音之前，不可能演变为 o。著名的雕塑《青铜骑士》上铭刻着 Петру Перьвому Екатерина Вторая（叶卡捷琳娜二世献给彼得一世），按照书写形式，此处的 Перьвый 中的 p 仍发软音。也就是说，上述情况一直持续到 18 世纪末。阿瓦涅索夫的《俄语标准语发音》（«Русское литературное произношение», 1954 年）一书指出：直至 20 世纪，莫斯科俗语还保留着这种传统的发音。可见，p' 的硬化是很晚的事，因此 e 变为 o 的过程最终没有发生。

类似的情况也发生在后缀 -ьск-，位于它前面的 н' 在古俄语中硬化的时间同样较晚，是在 e 变为 o 的过程终结之后，因此它前面的 e 也未变成 o，例如：женьский（女子的），деревеньский（乡村的）。

4. e 变为 o 的其他情况

e 变为 o 的过程常发生在词尾，例如：твоё（твой 的单数中性：你的），моё（мой 的单数中性：我的），всё（весь 的单数中性：所有的），жильё（住宅），бельё（内衣），старьё（旧物件）。需要指出的是，上述单词词尾的 e 变为 o 并非由语音演变引起，而是类推作用的影响，其中代词 твоё、моё、всё 受到 то、оно、само 词尾的影响，жильё、бельё、старьё 则是受到 село、окно 等词尾的影响。

某些动词，如 нести（拿、带）、везти（运）、плести（编织），它们的变位形式也受到类推作用的影响：несёте 受 несём、несёт 的影响，везёте 受 везём、везёт 的影响，плетёте 受 плетём、плетёт 的影响。

一些 ā 类型变格法的名词，如 земля（土地）、свинья（猪）、судья（法官），它们的单数第五格受 рукóй、рекóй、женóй、сестрóй 第五格硬变化的影响，分别为：землёй（应为 земл'éй），свиньёй（应为 свин'jéй），судьёй（应为 суд'jéй）。

e 变为 o 的语音过程甚至把窄元音 ě 也牵扯了进去，如 звёзды（<звѣ'зды，星星）、гнёзда（<гнѣ'зда，巢穴）、сёдла（<сѣ'дла，马鞍）、приобрёл（<приобрѣлъ，获得），它们都是受到单词 вёсны（春天）、сёла（村庄）、привёл（领来）影响的结果。

第九节　元音 ě 的演变

元音 ě 被称为窄元音，用字母 ѣ 表示。在不同方言中，元音 ě 经历了不同的变化。

1. 元音 ě 变为元音 e

这是最为普遍的现象，在俄语南方方言、中部方言和北部方言中都有体现。更确切地说，不是元音 ě 变为元音 e，而是合二为一。在古俄语文献《斯摩棱斯克同里加及哥得兰岛签订的合约》中，ѣ 与 e 两个字母混合，例如：вѣремьнемь/веремьнемь（现俄 временем：时间），будѣте /будете（现俄 быть 的第二人称复数：是），останѣть/останеть（现俄 останет：留下），смольнѣскъ/смольнескъ（现俄 Смоленск：斯摩棱斯克），всѣмоу /всемоу（现俄 всему：所有），всемъ/всѣмъ（现俄 всем：所有人），юхали/ѣхали[现俄 ехали：（乘、骑）行]，темь/тѣмь（现俄 тема：黑暗）。字母 ѣ 与 e 的混用说明，在 13 世纪斯摩棱斯克方言中，ě 与 e 两个元音已经合二为一。

2. 元音 ě 变为元音 и

这一现象主要体现在北方方言中。在《诺夫哥罗德福音书》（《Новгородское евангелие》，1355 年）中就有相应例证：тило/тѣло（现俄 тело：身体），колинома/колѣнома（现俄 коленом，колено 的单数第五格：用膝盖），нитуть/нѣтуть（现俄 нет：五），к жени/к женѣ（现俄 к жене：去妻子那里）。诺夫哥罗德的编年史中也有许多 и 取代 ѣ 的抄写法，例如：невирно/невѣрно（现俄 неверно：不对），медвидь/медвѣдь（现俄 медведь：熊），повисили/повѣсили（现俄 повесили：绞死），побиди/побѣди（现俄 победи：战胜），в городки/в городкѣ（现俄 в городке：在小城里），по дви/по двѣ（现俄 по две：每两个）。

3. 莫斯科方言中元音 ě 的演变

根据瓦西里耶夫（Л. Л. Васильев）、维诺格拉多夫、戈尔什科娃的研究，窄元音ê在莫斯科一直保持到18世纪初,当然只出现在硬辅音前的重读音节中。罗蒙诺索夫在《俄语语法》中指出,ĕ与e这两个音在口语中很难觉察出有什么差别,也就是说,ĕ的发音已经与e没有什么区别,但是在文学语言中可能还保持着一定的差л。ĕ虽然与e合二为一了,但它在硬辅前和重音下没有变为о。直到1917—1918年文字改革时,字母ѣ才被取消。十月革命后旅居海外的俄罗斯知识分子在写作时仍使用字母ѣ。

需特别指出的是,现代俄语标准语几个常用词中的ѣ被и取代,并非出于元音ĕ本身读音的改变,而是出于其他原因。这些词包括дитя(小孩子)、дитятко(=дитя)、дитина等。它们由古俄语的дѣтѧ演变而来,ѣ受到相邻音节中и的同化而变为и,于是出现了дѣтина>дитина,然后и又移植到дѣтѧ(>дитя)、дѣдятко(>дитятко)等同根词上。同样,сидеть(坐)源自古俄语中的сѣдѣти,它受到该词命令式сѣди(现俄сиди:坐下)的影响。свидетель(证人)源自古俄语的съвѣдѣтель,其词根是вѣд-,由于与вѣдати(видеть:看见)同源,因此受其影响变成свидетель。

第十节 а音化

1. а音化的出现与发展

а音化指非重读音节中硬辅音后的元音о、а,软辅音及嘶音后的元音e、o、а的读音均读作弱化元音的现象。

古俄语早期并不存在а音化,其开始出现的确切年代至今仍无法考证,但14世纪的古文献中已经有确凿的证据。例如:《莫斯科福音书》(«Московское Евангелие», 1393年)中将опустѣвшии(现俄опустевший:空落落的)写作апустѣвшии。1389年以前的《伊万·卡里塔遗嘱》(«Завещание Ивана Калиты»)中将地名брошевая(现俄Боршева:博尔舍娃)写作брашевая。

14世纪后半叶的普斯科夫文献中也出现了а、о混淆的情况,例如古文献中曾将година(年代)写作гадина,将Москву(Москва的单数第四格:莫斯科)写作

маскву。从 15 世纪开始，古文献中 а、о 混淆的情况越来越多。在罗斯西部的古文献中也开始出现 а 音化迹象，如 з абою сторнъ（现俄 с обеих сторон：从两边）、съ братамъ（现俄 с братом：和兄弟一起）。

15—16 世纪，将非重读音节的 о 写作 а 的情况大量增加，同时也出现了将非重读音节的 а 写作 о 的情况，例如：обя́зон（现俄 обязан：有义务）、тола́нт（现俄 талант：才能）、за́пода（现俄 запада，запад 的单数第二格：西方）、задови́ти（现俄 задавить：压死）。这种混淆现象从另外一面反映了 а 音化的存在。

从上述古俄语文献可以看出，а 音化最早出现在 14 世纪。同时可以断定，它在口语中的出现早于 14 世纪。语言学界普遍认为，а 音化出现在弱元音脱落之后，即大约在 13 世纪。а 音化发源于现代俄罗斯的梁赞、图拉、库尔斯克、奥廖尔等地。大约在 14—15 世纪，а 音化逐步向莫斯科及其周围地区扩散。也就是在这一时期，莫斯科逐渐形成了俄罗斯中部方言。15—16 世纪，а 音化向西扩展至白俄罗斯。

2. а 音化形成的原因

а 音化的原因至今仍困扰着语言学界。沙赫马托夫及其学生杜尔诺沃认为，а 音化产生自上古时代，古俄语文字出现以前，是由元音长度的改变引起的。语言学界并不接受这一观点，因为这忽视了元音长度的变化发生在共同斯拉夫时期这一事实。

语言学家雅柯布逊在 1929 年发表的一篇文章中，尝试从音位学角度解释 а 音化产生的原因。库兹涅佐夫则认为，音位学关系往往是语音变化的结果，而不是相反。

波铁布尼亚和博格洛季茨基（В. А. Богородицкий）提出，а 音化是古俄语乐重音被力重音取代而造成的非重读音节元音的弱化。还有语言学家提出 а 音化是"舶来品"，是受楚瓦什语或伏尔加河流域的芬兰-乌戈尔语言影响的结果。但是，这些学说都缺乏有说服力的证据。

第十一节　词尾元音的完全弱化

词尾元音的完全弱化指俄语发展史上词尾元音在一定条件下被弱化至零的现象。这一现象通常出现在词的变化形式的结尾和虚词（半虚词）的结尾，它带有任意性，并不是呈规律性的，虚词（半虚词）弱化的元音通常不带重音（或带有较弱的重音）。

1. 变化形式结尾元音的完全弱化

（1）阴性名词、代词、形容词的单数五格，反身代词的五格，即 -ою>-ой，例如：водо́ю>водо́й（вода 的单数第五格：用水），жено́ю>жено́й（жена 的单数第五格：由妻子），землёю>землёй（земля 的单数第五格：用土地），семьёю>семьёй（семья 的单数第五格：全家），то́ю>то́й（代词 та 的单数第五格：那个），больно́ю>больно́й（形容词 больная 的单数第五格：生病的），мно́ю>мно́й（代词 я 第五格：我），собо́ю>собо́й（代词 себя 第五格：自己）。

（2）副词 домой（<домо́в'<домо́ви, домъ 的单数三格）（回家）和 долой（<доло́в<доло́ви, долъ 单数三格）（分开, 脱离）。这两类词尾元音的完全弱化始见于 13—15 世纪。在现代俄语中，名词、代词、形容词单数五格的弱化形式和非弱化形式在诗歌中自由使用，主要出于格律的要求。

（3）代词与形容词阴性单数二格 -ой<-оѣ，例如：той（<тоѣ）（代词 та 的单数第二格：那个），доброй（доброѣ）（形容词 добрая 的单数第二格：善良的）。古俄语文献中最早的例子见于 14 世纪。《诺夫哥罗德福音书》中就有 радости ваше никто же възметь（现俄 радости вашей никто не возьмёт：您的幸福谁也拿不走）。其中，ваше 源自 вашеѥ（вашеѣ）。

（4）形容词、副词的比较级 -ej<-ѣje，例如：现代俄语中的 скоре́й（скорый 的比较级）、сильне́й（сильный 的比较级）与未弱化的形式 скоре́е、сильне́е 并列使用。

（5）某些以 о 结尾的副词失去了 о，例如：тако>так（这样），како>как（怎样)，тамо＞там（那里），вото＞вот（那儿）。从 14 世纪开始就出现了такъ、какъ 等写法，这里 ъ 取代 о，说明已无元音。

2. 虚词（半虚词）结尾元音的完全弱化

（1）否定语气词 нет＜нѣту（нѣту＜нѣстьту 表示"这里没有"）。这类完全弱化始见于 13—15 世纪。现代俄语中 нет 与 нету 意义完全相同，但修辞色彩不同，нету 是一个俗语词。

（2）动词假定式的组成部分语气词 бы，源自古俄语动词 быти 的简单过去完成时单数第二、三人称。当它前面的词以元音结尾时，бы 可能弱化至零，如 ты могла́ б，但 ты мог бы。这种弱化形式最早见于 16 世纪的俄语文献，例如 есьли не были бъ，бы 与 б 的使用是任选的。

（3）疑问语气词 ли 与 ль 也可通用。这种用法出现在 14—15 世纪的古俄语文献中，例如 виноваты ль ѥсте（виноваты ли вы：你们是否有罪）。

（4）语气词 ведь 现代俄语中常读作〔в'ит'〕，它来自古俄语的 вѣдѣ，源自动词 вѣдѣти（видеть：知道）的复合过去完成时的单数第一人称。

（5）前置词 сквозь、насквозь（穿过，通过）来自古俄语的 сквозѣ。

（6）当由反身代词 себя（自己）的后附形式 ся 演变而来的反身语气词 -ся 与动词构成一个反身动词时，如果处于元音后会弱化为零，例如：动词 ворваться（冲入）的过去时单数阳性形式为 ворвался，但单数阴性、中性形式为 ворвалась、ворвалось，复数形式为 ворвались。

第十二节　ш、ж、ц 的变化

现代俄语中 ш、ж、ц 为硬辅音，ч 为软辅音，但它们在古俄语中都是所谓的软辅音。ш、ж、ц、ч 从古俄语到现代俄语的演变实际上是硬化的过程。但有趣的是，它们的硬化过程与弱元音的脱落没有联系。

嘶音硬化的确凿证明最早见于 14 世纪的文献，如《波洛茨克主教雅科夫致加里书》（《Грамота полоцких епископа Якова Риге》，1300 年）中的 слышышь〔现

俄 слышишь：（你）听到]，《顿河王德米特里与立陶宛大公奥尔格尔德签订的合约》（《Договор между князем Дмитрием Донским и князем литовским Ольгердом》，1372 年）中的 межы（现俄 между：在……之间），《顿河王德米特里遗嘱》中的 жывота（现俄 живота：生命）和 держыть（现俄 держать：握着），《拉甫连季编年史》中的 жыва（现俄 жива：活的），《基辅圣经诗集》（《Киевская псалтырь》，1397 年）中的 лжы（现俄 ложи：谎言）。嘶音 ш、ж 在三种东斯拉夫语言中都变为了硬音，仅在乌克兰个别方言中保持为软音。

塞擦音 ц 的硬化比嘶音 ш、ж 要晚约一百五六十年，也就是从 15 世纪下半期开始的。莫斯科及莫斯科周边地区抄写的文献就反映了当时状况，如《大公伊万·尤里耶维奇·帕特里凯耶夫文书》（《Духовная грамота князя Ивана Юрьевича Патрикеева》，1499 年）中的 большые оулицы（现俄 болошие улицы：大街），16 世纪《治家格言》中的 концы（结局）。

塞擦音 ч' 在俄语标准语及方言中仍发软音，但是在俄语西部方言和北部方言中发生了硬化，在白俄罗斯语和乌克兰语的一些方言中也变成了硬辅音。

古俄语中的辅音组合 ш'ч（<*stj, *skj, *sk）和 ж'д'ж'（*zdj, *zgj, *zg）发软音。它们的变化过程表现为：失去爆破的成分，完全变成长嘶音 ш' 和 ж'，例如：щука（[ш'ýка]：狗鱼），ищу́（[иш'ý]，искать 的现在时单数第一人称：寻找），леща（[леш'á]，лещ 的单数第二格：欧鳊），вожжи（[вóж'и]：缰绳），дрожжи（[дрóж'и]：酵母）。但是在圣彼得堡等地的俄语方言中，这两个辅音组合保持原来的发音，没有发生变化。而且，在现代俄语标准语中，由于受正字法的影响，ш'ч 和 ж'д'ж' 读硬音的情况也是存在的，如 приезжать（到来）、дождик（小雨）。总体而言，ш、ж、ц 等的变化对俄语辅音系统没有产生根本性的影响。

第十三节　16 世纪末—17 世纪初的俄语语音系统概述

16 世纪末，俄语语音系统已经基本定型，此后基本没有发生过重大的、根本性的变化。

古俄语语音系统在历史发展中呈现出两个互为补充的明显趋势：一是元音音位的数量减少。在古俄语早期，甚至包括古俄语的历史前时期，元音系统占统治地位。历史前时期的古俄语有 11 个元音音位，古俄语早期仍有 10 个元音音位，而在 16 世纪以后元音音位只剩下 5 个（а, о, у, е, и），具体过程为：鼻元音 ǫ 与 у 合并；鼻元音 ę 与 а 合并；и 与 ы 合并为 и, ě 与 е 合并为 е；ъ 和 ь 在强位转化为 о 与 е，在弱位时脱落。

而且，元音与辅音结合时，元音决定辅音的性质。例外的情况只出现在元音 а 和 у 上，它们与前面的软辅音结合时，会受软辅音的影响改变自己的性质。在其他情况下，元音在任何情况下都保持不变，影响与其结合的辅音的性质。当古俄语中的半软音再次软化变为全软音以后，元音音位的统治地位更加强了，因为辅音音位的软与硬完全取决于后面元音的性质，而且音位作用由辅音加元音组成的音节来担负。

另一方面，辅音大量增加，如半软音再软化、弱元音脱落促使软辅音的产生。到了 15—16 世纪，俄语的辅音系统中有 т—т'、д—д'、с—с'、з—з'、п—п'、б—б'、в—в'、ф—ф'、м—м'、н—н'、р—р'、л—л'、j、ч'、ж、ш、ц、ш̄'、ж̄'、к、г、х 等 34 个辅音音位。辅音在俄语语音系统中的作用显著增强。

此外，古俄语的音节结构也发生重要变化，闭音节开始出现。这使得辅音对前面元音的影响增强，俄语辅音本身的优势也得以强化。

综上所述，俄语语音发展的历史始终向着一个方向演变，即由元音占统治地位的状态向辅音占统治地位的方向发展。16—17 世纪时的俄语语音系统已经十分严谨，它与现代俄语标准语的语音系统已没有什么区别。

第二编　古俄语形态学
ИСТОРИЧЕСКАЯ МОРФОЛОГИЯ

第六章　古俄语形态学引论

第一节　历史形态学的研究对象

历史形态学研究俄语形态结构的历史发展。历史形态学必须要与历史语音、历史词汇、历史句法结合起来研究。

元音、辅音交替原本属于历史语音现象，但在语音交替基础上形成构词手段。共同斯拉夫语的词尾辅音脱落造成名词、形容词不同变格形式的混淆。这为俄语名词或形容词变格法的统一创造了条件。古俄语的弱元音脱落不仅彻底改变了古俄语的语音系统，也对古俄语的形态系统产生过重大影响，因为上古俄语的词缀中至少包含一个元音，但后来出现只包含一个辅音的词缀，动词现在时第三人称的ть 变为т' 便是如此。俄语动词体的最终形成要以历史词汇的研究为基础。短尾形容词失去变格功能看似属于历史形态学的研究范畴，但它却与短尾形容词的历史句法功能的变化密切相关。

同历史语音学一样，历史形态学研究依据的材料主要包括古俄语文献、现代俄语方言等，有时需要运用历史比较法汲取斯拉夫诸语言、印欧诸语言的资料。

与古俄语的语音系统相同，古俄语的语法系统变化相对缓慢。这些变化主要发生在古俄语早期到 13 世纪。此后，古俄语的形态系统与现代俄语相差无几。

第二节　古俄语的词类

古俄语早期的词类体系已与现代俄语基本相同。按照语法特征，古俄语词类分为静词（имя）和动词（глагол）两大类。静词的主要语法范畴包括性、数、格，动词的主要语法范畴包括时间、体、式和人称。

古俄语静词包括名词、形容词、代词和数词。古俄语的名词和形容词差别很大。形容词分为长尾形容词、短尾形容词，它们都产生于历史前的时期，长尾形容词的产生晚于短尾形容词，而且是在短尾形容词的基础上产生的。短尾形容词可以用作名词，而且与名词一样，具有性、数、格的语法范畴。

代词的语法范畴不同于其他词类。古俄语的人称代词只有第一人称和第二人称代词，且不具有性的语法范畴。反身代词不具有性、数的语法范畴。

与现代俄语中的数词相比，古俄语的数词还算不上一个真正的词类，因为古俄语数量数词尚未形成独特的语法范畴体系。

古俄语的副词为数不多，远少于现代俄语中的副词。它们主要是由其他词类转化而来。

第七章　古俄语的构词法与语音交替

第一节　古俄语的构词法

1. 词缀法

古俄语的词缀分为前缀（префиксы 或 приставки）、后缀（суффиксы）、中缀（инфиксы）。运用各种词缀构词的方法被称为"词缀法"（аффиксация）。前缀是位于词根前的词缀。前缀法主要用来构成动词，例如：

писати：въ-писати, вы-писати, за-писати, надъ-писати, подъ-писати, при-писати；

ходити：вы-ходити, за-ходити, на-ходити, при-ходити。

后缀是位于词根后的词缀，词尾有时也被归入后缀。后缀法主要用来构成动词、动名词。如 запись（现俄 запись：记录）、подъпись（现俄 подпись：签名）、выходъ（现俄 выход：出口）、находъ（现俄 наход：袭击）、приходъ（现俄 приход：到来）都是借助后缀法构成的名词。运用后缀法也可以构成其他词类的词，例如：

зълоба：зълоб-ие, зълоб-ь; зълоб-ивыи, зълоб-ьныи。

пити：пи-вати; пи-во, пива-ние; пив-ьныи, пив-ьць。

писати：пи-са-ло, писа-ль-никъ, писа-ние, писа-рь, писа-тельникъ, писа-тель。

погъбати：погыб-ну-ти。

中缀是位于两个词根之间的词缀。印欧诸语言、斯拉夫语诸语言发展史中都曾有过为数不多的中缀。例如拉丁语动词 vincĕre（现俄 побеждать：战胜）的变化 vinco（现俄 побеждаю, побеждать 现在时第一人称单数），其中的 -n- 便是中缀。该中缀未在名词 victoria（现俄 победа：胜利）、victor（现俄 победитель：胜者）以及动词过去完成式单数第一人称 vici（现俄 я победил：我胜利了）里出现。

中缀 -n- 表示动作开始的意义。共同斯拉夫语早期也存在过，并且在古俄语中留有少量残迹。例如古斯拉夫语 лагѫ 和古俄语 лягоу［现俄 лягу，лечь 将来时第一人称单数：（我）开始躺着］在历史前的时期应为 legǫ（<*lengōm）和 lešti（<*legit）。同样，古斯拉夫语 сѧдѫ 和古俄语 сѧдоу［现俄 сяду，сесть 将来时第一人称单数：（我）开始坐着］在历史前的时期应为 sędǫ（<*sēndōm）和 sēsti（<*sēdti）。由此可见，上述两词的词根中也有中缀 -n-，表示动作的开始。лягу、сяду 最初的意思是"开始躺着""开始坐着"。共同斯拉夫语的鼻元音在古俄语早期变为 ä 和 u，于是出现了 legǫ>lägu、sędǫ>sädu。到了东斯拉夫语，上述两词词根的元音交替，即 a 与 e 交替（лягу—лечи）、a 与 ѣ 交替（сяду—сѣсти）。古俄语早期的中缀便已消失。

2. 词素重叠

词素重叠（морфемный повтор）指词素完全或部分重复。词素重叠法在古俄语早期是能产型的构词方法，在古俄语晚期只保留了少量残迹。例如动词 дати（现俄 дать：给予）的不定式词根是 да-，而现在时复数第一人称则为 дад-имъ，词根 да- 部分重复。

3. 异干

异干（супплетивизм）也称为异干构形（сплетение основ），指运用同一个词素的不同形式构成不同的语法形式，例如：іазъ（现俄 я：我）—мене（现俄 мне：我），мы（我们）—насъ（现俄 нас：我们），идти（走）—шьдлъ（现俄 шел：走）。

4. 复合法

复合法（словосложение）指由两个或更多词根构词的方法。复合法在古俄语中十分常用，例如：водоносъ（现俄 водонос：担水人）、оброхоть（关怀者，同情者）。复合词两部分之间用元音 -o- 连接。复合法有时与词缀法连用，例如：благоразумие（现俄 благоразумие：理智），добронравие（现俄 добронравие：正派），добродѣтель

（现俄 добродетель：美德），зъловѣрие（现俄 зловерие：恶习），смѣхотворение（现俄 смехотворение：搞笑），вьседьржитель（现俄 Вседержитель：主宰），жестокосердие（现俄 жестокосердие：心狠），баснословие（现俄 баснословие：深化）。这类词表示抽象的概念，在 10—11 世纪基辅罗斯时期使用得非常广泛，一般是通过古斯拉夫语从希腊语引进的仿造词（кальки）。

第二节　古俄语的语音交替

1. 元音交替

语音交替是古俄语中十分常见的构词手段之一。而且，相互交替的元音之间形成交替的不同梯级（степени чередования），最为典型的梯级是 ь—е—о—ѣ—а。当然，这样完整的交替梯级系列并不常见，但是梯级中部分元音的交替十分常见。例如：

стьлати — стелю — стол；

мьроу — мереть — мор；

тьци — текоу — притѣкати — ток；

бьрати — бероу — събирати — съборъ；

положити — полагати；

летѣти — летати。

上述元音交替现象多发生在动词和动名词之中。但是，上述交替梯级并没有明显的规律性，也不是依次交替的。例如弱元音 ь 出现在动词不定式 бьрати（现俄 брать：拿）、стьлати（现俄 стлать：铺）之中，元音 е 出现在时 бероу（现俄 беру，брать 现在时第一人称单数）、стелю（стлать 现在时第一人称单数）之中。相反的情况也是存在的，е 出现在 мерети（现俄 мереть：大批死亡）、терети（现俄 тереть：擦拭）的动词不定式之中，ь 出现在现在时 мьроу（现俄 мру，мереть 现在时第一人称单数）、тьроу（现俄 тру，тереть 现在时第一人称单数）之中。

元音交替的梯级情况有时表现稳定，比如在动名词中使用 о：бероу（现俄

беру：拿）—съборъ（现俄 сбор：收集），текоу（现俄 теку：流）—токъ（现俄 ток：流动），везоу（现俄 везу：运送）—возъ（现俄 воз：载货的大车、雪橇等）。当动词词干以后舌音结尾时，命令式中一定出现弱元音 ь，例如：текоу（现俄 теку），пекоу（现俄 пеку），жегоу（现俄 жгу：燃烧），тьци（现俄 течи），пьци（现俄 печи），жьзи（现俄 жечи）。对于一次性动作和多次动作，用元音 a 交替元音 o，例如：положити（现俄 положить）—полагати（现俄 полагать）（放置），помочи（现俄 помочь）—помагати（现俄 помогать）（帮助）。对于定向运动动词和不定向运动动词，用元音 o 交替元音 e，例如：вести（现俄 вести）—водити（现俄 водить）（领着），везти（现俄 везти）—возити（现俄 возить）（运送），нести（现俄 нести）—носити（现俄 носить）（带着）。

古俄语中常见的元音交替还有：

（1）ь‖и，ъ‖ы：бьрати—събирати，оумьроу—умирати，тьроу—затирати，сълати—посылати，дъхноути—дыхати，съпати—засыпати；

（2）ьр‖ере‖оро：вьртѣти—веретено—воротити，жьрдь—ожерелье—городъ①；

（3）ере‖ор：мерети—мор，береши—съборъ.

古俄语 ä‖y 之间的元音交替较为特殊，它们由共同斯拉夫语和古俄语历史前的时期的元音交替 ę‖ǫ 演变而来，可用于构成不同词汇，例如：мѧсти（现俄 мясти：使……惊恐不安）—моука（现俄 мука：痛苦），трѧсти（现俄 трясти：摇晃）—троусъ（现俄 трус：地震）。

2. 辅音交替

与古俄语的元音交替一样，辅音交替可以构成新词，也可以构成新的词形。在后一种情况下，辅音交替一般出现在词根与后缀、词尾的连接处。后舌音在前元音之前，前舌音和后舌音在中舌音 j 之前，唇音 п、б、м 和唇齿音 в 在 j 之前都要发生音变，从而形成辅音交替。

（1）к‖ч，г‖ж，х‖ш

后舌音 к、г、х 与塞擦音 ч 和啸音 ж、ш 之间的交替在古俄语中十分常见，多

---

① жьрдь—ожерелье—городъ 中的辅音 ж 是由辅音 г 在前元音 ь、е 前演变而来。

见于名词和动词的后缀、词尾之中。例如：

к‖ч：вѣкъ — вѣчьнъ，отрокъ — отрочьскыи，текоу — течеши；

г‖ж：дроугъ — дроужина — дроужьскъ，нога — ножька，берегоу — бережемъ，бѣгоу — бѣжить；

х‖ш：мѣхъ — мѣшькъ，послоухъ — послоуше，дыхати — дышить。

这种辅音交替有时也出现在以元音 a 结尾的动词词干之中。例如：

слоухати — слоухаю — слышати，слышоу；бѣгаю — бѣжати，бѣжоу。

（2）к‖ц，г‖з，х‖с

后舌音 к、г、х 同咝音 ц、з、с 之间的交替在古俄语中也较为常见，一般出现在名词 ā 类型变格法的单数第三格与第六格、ŏ 类型变格法的复数第一格之中。例如：

к‖ц：роука — роуцѣ，отрокъ — отроци；

г‖з：нога — нозѣ，дроугъ — дроузи，соха — сосѣ；

х‖с：моуха — моусѣ，послоухъ — послоуси。

当词干以后舌音结尾的动词构成命令式时，也会发生此类辅音交替。例如：

к‖ц：пекоу — пьци，пьцѣте，текоу — тьци，тьцѣте；

г‖з：жегоу — жьзи，жьзѣте；берегоу — берези，березѣмъ。

（3）т‖ч，с‖ш，з‖ж，д‖ж

前舌音 т、с、з、д 与塞擦音 ч 和嘶音 ж、ш 之间的交替常见于动词构成现在时单数第一人称时。例如：

воротити — ворочоу，просити — прошоу，возити — вожоу，видѣти — вижоу。

这类辅音交替也见于动名词和物主形容词之中，例如：

носити — ноша，вьсеволодъ — вьсеволожь，свѣньлдъ — свѣньлжь，Перемыслъ — Перемышль。

（4）п‖пл'，б‖бл'，м‖мл'，в‖вл'

唇音 п、б、м、в 与辅音音组 пл'、бл'、мл'、вл' 的交替常见于动词构成现在时单数第一人称时。例如：

коупити — коуплю，любити — люблю，ломити — ломлю，ловити — ловлю。

这类辅音交替也见于动名词和物主形容词之中。例如：

капати—капля，ловити—ловля，Ярославъ—Ярославль。

（5）н‖н'，л‖л'，р‖р'

词干以 н、л、р 结尾的名词在构成物主形容词时会出现硬、软辅音的交替。例如：

боянъ—боянь，Володимиръ—Володимирь。

共同斯拉夫语的许多辅音交替可能并非源自单个辅音与 j 的相互作用，而是源于辅音组与 j 的相互作用。例如：

ст+j＞щ'ч'：поустити—поущоу，простити—прощати；

ст+j＞щ'х'：пльскати—пльщть，искати—ищоу；

сл+j＞ш'л'：мыслити＞мышление。

第八章 名词

第一节 古俄语名词的变格类型

古俄语名词与现代俄语一样，具有性、数、格的语法范畴。古俄语名词具有七个格，与现代俄语名词相比，多出一个呼格（звательный падеж）。

古俄语名词的变格类型是从共同斯拉夫语和共同印欧语继承而来的。根据俄语名词词干的结尾，语言学家将俄语名词的变格分为六种类型[1]，分别称为：ā 类型变格法（或第一变格法），ŏ 类型变格法（或第二变格法），ŭ 类型变格法（或第三变格法），ĭ 类型变格法（或第四变格法），辅音类型变格法（或第五变格法），ū 类型变格法（或第六变格法）[2]。

上述六类词干结尾的元音或辅音是构词后缀，到斯拉夫语母语的早期已经固化为一种语法手段，被称为"词根标识"（корневые определители 或 детерминативы）。不同类型的名词按照词汇意义围绕一定的词根标识构成不同的类别。由于时代的久远，名词的语义基础有时会被淡忘，变得模糊。

1. ā 类型变格法

ā 类型变格法分为硬变化和软变化两种。以 -ā 结尾的阴性名词、少数阳性名词或共性名词属于硬变化，如 жена（现俄 жена：妻子）、сестра（现俄 сестра：姐妹）、нога（现俄 нога：腿）、роука（现俄 рука，手）、слоуга（现俄 слуга，仆从）、воевода（现俄 воевода：部队长官）、дружина（现俄 дружина：侍卫）、сирота（现

---

[1] 也有学者划分为五种类型。
[2] 变格类型的顺序排列是任意的，第一变格法与第二变格法可以相互调换。这里我们采用库兹涅佐夫的分类。

俄 сирота：孤儿）等；以 jā 结尾的阴性名词、阳性名词属于软变化，如 боурıа（现俄 буря：暴风雨）、строуıа[现俄 струя：（一股）水流]、свѣча（现俄 свеча，蜡烛）、доуша（现俄 душа：心灵）、дѣвица（现俄 девица：少女）、оубиица（现俄 убийца：凶手）、братьıа（现俄 братья，брат 复数第一格：兄弟们）等。

ā 类型变格法包括以 -ыни 结尾的阴性名词，如 кънаґыни[现俄 княгиня：公（爵）夫人]、рабыни（现俄 рабыня：女奴）等；以 -ии 结尾的阳性名词，如 соудии（现俄 судья：法官）、кърмчии（现俄 Кормчая：教会法汇编）等。

	单数		复数		双数	
一格	жена	нога	жены	ногы	женѣ	нозѣ
二格	жены	ногы	женъ	ногъ	жену	ногу
三格	женѣ	нозѣ	женамъ	ногамъ	женама	ногама
四格	жену	ногу	жены	ногы	женѣ	нозѣ
五格	женою	ногою	женами	ногами	женама	ногама
六格	женѣ	нозѣ	женахъ	ногахъ	жену	ногу
呼格	жено	ного				

表 4　ā 类型变格法名词硬变化变格样表

	单数		复数		双数	
一格	бурıа	богыни	бурѣ(-ѧ)	богынѣ(-ѧ)	бури	богыни
二格	бурѣ(-ѧ)	богынѣ(-ѧ)	бурь	богынь	бурю	богыню
三格	бури	богыни	бурıамъ	богынıамъ	бурıама	богынıама
四格	бурю	богыню	бурѣ(-ѧ)	богынѣ(-ѧ)	бури	богыни
五格	бурею	богынею	бурıами	богынıами	бурıама	богынıама
六格	бури	богыни	бурıахъ	богынıахъ	бурю	богыню
呼格	буре	богыне				

表 5　ā 类型变格法名词软变化变格样表

需要说明的是：

（1）在古俄语时期，属于 ā 类型变格法的名词词干以辅音结尾。硬变化名词的词干结尾辅音为硬辅音，软变化名词的词干结尾辅音为软辅音。

（2）当词尾 -ā 之前的辅音为后舌音时，硬变化名词的单数第三格、第六格和双数第一格、第四格会发生音变 к‖ц、г‖з、х‖с，例如：роука（手）—роуцѣ，нога（脚）—нозѣ，плаха（一块劈柴）—пласѣ。

（3）软变化名词的单数第二格和复数第一格、第四格的词尾 -ѧ 为古斯拉夫语词尾。

2. ŏ 类型变格法

ŏ 类型变格法分为硬变化和软变化两种。以 -ъ 结尾的阳性名词（以 -ъ 结尾的ŭ 类型变格法阳性名词除外）属于硬变化，例如：рабъ（现俄 раб：奴隶），вълкъ（现俄 волк：狼），дроугъ（现俄 друг：朋友），доухъ（现俄 дух：精神），столъ（现俄 стол，桌子），городъ（现俄 город：城市，城镇），быкъ（现俄 бык：公牛），доубъ（现俄 дуб：橡树），кленъ（现俄 клён：槭树），родъ（现俄 род：氏族）。以 -о 结尾的中性名词也属于硬变化，例如：село（村庄），озеро（湖泊），сѣно（现俄 сено：干草），лѣто（现俄 лето：夏天），окъно（现俄 окно：窗户），добро（善良）。但是，以 -о 结尾的辅音类型变格法（第五变格法）名词除外，如 слово（词）、небо［天（空）］等。

以 -и（<jь）结尾的阳性名词属于软变化，例如：покои（现俄 покой：静止），краи［现俄 край：边（缘）］，разбои（现俄 разбой：抢劫）。以 -ь 结尾（在固有软辅音之后）的阳性名词也属于软变化，例如：ножь（现俄 нож：刀），ключь（现俄 ключ：钥匙），плачь（现俄 плач：哭泣），отьць（现俄 отец：父亲），кнѧзь（现俄 князь：王公，大公），роубль（现俄 рубль：卢布），царь（皇帝）。但是，以 -ь 结尾的ĭ类型变格法名词除外，例如：огнь（现俄 огонь：火）、зверь（野兽）等除外。

以 -е 结尾（在固有软辅音之后）的中性名词属于软变化，例如：поле（田野），лице（现俄 лицо：脸），копиѥ（现俄 копьё：矛），плече（现俄 плечо：肩膀）。

	单数		复数		双数	
一格	дубъ	быкъ	дуби	быци	дуба	быка
二格	дуба	быка	дубъ	быкъ	дубу	быку
三格	дубу	быку	дубомъ	быкомъ	дубома	быкома
四格	дубъ	быкъ	дубы	быкы	дуба	быка
五格	дубъмь(-омь)	быкъмъ(-омь)	дубы	быкы	дубома	быкома
六格	дубѣ	быцѣ	дубѣхъ	быцѣхъ	дубу	быку
呼格	дубе	быче				

表 6　ŏ 类型变格法阳性名词硬变化变格样表

	单数		复数		双数	
一格	окъно	благо	окъна	блага	окънѣ	блазѣ
二格	окъна	блага	окънъ	благъ	окъну	благу
三格	окъну	благу	окъномъ	благомъ	окънома	благома
四格	окъно	благо	окъна	блага	окънѣ	блазѣ
五格	окънъмь(-омь)	благъмь(-омь)	окъны	благы	окънома	благома
六格	окънѣ	блазѣ	окънѣхъ	блазѣхъ	окъну	благу
呼格	окъно	благо				

表 7　ŏ 类型变格法中性名词硬变化变格样表

	单数		复数		双数	
一格	КЪНАЗЬ	ПОКОИ	КЪНАЗИ	ПОКОИ	КЪНАЗ	ПОКО
二格	КЪНАЗ	ПОКО	КЪНАЗЪ	ПОКОИ	КЪНАЗЮ	ПОКОЮ
三格	КЪНАЗЮ	ПОКОЮ	КЪНАЗЕМЪ	ПОКОЮМЪ	КЪНАЗЕМА	ПОКОЮМА
四格	КЪНАЗЬ	ПОКОИ	КЪНАЗѢ(-А)	ПОКОѢ(-А)	КЪНАЗ	ПОКО
五格	КЪНАЗЬМЬ(-ЕМЬ)	ПОКОЮМЬ	КЪНАЗИ	ПОКОИ	КЪНАЗЕМА	ПОКОЮ
六格	КЪНАЗИ	ПОКОИ	КЪНАЗИХЪ	ПОКИХЪ	КЪНАЗЮ	ПОКОЮ
呼格						

表 8　ŏ 类型变格法阳性名词软变化变格样表

	单数		复数		双数	
一格	плече	лице	плеча	лица	плечи	лици
二格	плеча	лица	плечь	лиць	плечю	лицю
三格	плечю	лицю	плечемъ	лицемъ	плечема	лицема
四格	плече	лице	плеча	лица	плечи	лицема
五格	плечьмь(-емь)	лицьмь(-емь)	плечи	лици	плечема	лицема
六格	плече	лици	плечихъ	лицихъ	плечю	лицю
呼格	плече	лице				

表 9　ŏ 类型变格法中性名词软变化变格样表

需要说明的是：

（1）硬变化名词词尾 -ъ 或 -о 之前为后舌音，变格时会发生音变，如单数、复数第六格和阳性名词复数第一格的音变为：к‖ц，г‖з，х‖с。例如：вълкъ — вълцѣ — вълцѣхъ — вълци（现俄 волк：狼），дроугъ — дроузѣ — дроузѣ — дроузи（现俄 друг：朋友），доухъ — доусѣ — доусѣхъ — доуси（现俄 дух：精神），благо — блазѣ — блазѣхъ（现俄 благо：财富）。

（2）软变化阳性名词复数第四格的词尾 -ѧ 为古斯拉夫语词尾。

3. ŭ 类型变格法

以 -ъ 结尾的少数阳性名词属于 ŭ 类型变格法，例如：сынъ（现俄 сын：儿子），домъ（现俄 дом：房子），полъ（现俄 пол：半），долъ（现俄 дол：山谷），вьрхъ（现俄 верх：顶部），медъ（现俄 мёд：蜂蜜），низъ（现俄 низ：底部），миръ（现俄 мир：世界），ледъ（现俄 лёд：冰）。属于 ŭ 类型变格法的名词还包括：рѧдъ（现俄 ряд：排），даръ（现俄 дар：礼物），пиръ（现俄 пир：酒宴），чинъ（现俄 чин：官阶，官衔），санъ（现俄 сан：官爵，头衔），садъ（现俄 сад：花园），ядъ［现俄 яд：毒（物）］，разъ（现俄 раз：次），солодъ（现俄 солод：麦曲）。

	单数		复数		双数	
一格	сынъ	домъ	сынове	домове	сыны	домы
二格	сыну	дому	сыновъ	домовъ	сынову	домову
三格	сынови	домови	сынъмъ	домъмъ	сынъма	домъма
四格	сынъ	домъ	сыны	домы	сыны	домы
五格	сынъмь	домъмь	сынъми	домъми	сынъма	домъма
六格	сыну	дому	сынъхъ	домъхъ	сынову	домову
呼格	сыну	дому				

表 10　ŭ 类型变格法名词变格样表

4. ĭ 类型变格法

以 -ь 结尾的阳性名词和阴性名词属于 ĭ 类型变格法。其中，阳性名词有：поуть［现俄 путь：(道)路］，гость（客人），тьсть（现俄 тесть：岳父），зѧть（现

俄 зять：女婿），тать（盗贼），господь（上帝），голоубь（现俄 голубь：鸽子），медвѣдь（现俄 медведь：熊），звѣрь（现俄 зверь：野兽），лось（驼鹿），моль（鱼苗），гвоздь（钉子），огонь（火）；阴性名词有：кость（骨骼），ногъть（现俄 ноготь：指甲），ночь（夜晚），ръжь（现俄 рожь：黑麦）。

	单数		复数		双数	
一格	гость	звѣрь	гостиѥ	звѣриѥ	гости	звѣри
二格	гости	звѣри	гостии	звѣрии	гостию	зврию
三格	гости	звѣри	гостьмъ	звѣрьмъ	гостьма	звѣрьма
四格	гость	звѣрь	гости	звѣри	гости	звѣри
五格	гостьмь	звѣрьмь	гостьми	звѣрьми	гостьма	звѣрьма
六格	гости	звѣри	гостьхъ	звѣрьхъ	гостию	звѣрию
呼格	гости	звѣри				

表 11　ǐ 类型变格法阳性名词变格样表

	单数		复数		双数	
一格	мышь	вьсь	мыши	вьси	мыши	вьси
二格	мыши	вьси	мышии	вьсии	мышию	вьсию
三格	мыши	вьси	мышьмъ	вьсьмъ	мышьма	вьсьма
四格	мышь	вьсь	мыши	мьси	мыши	вьси
五格	мышию	вьсию	мышьми	мьсьми	мышьма	вьсьма
六格	мьши	вьси	мышьхъ	вьсьхъ	мышию	вьсию
呼格	мыши	вьси				

表 12　ǐ 类型变格法阴性名词变格样表

需要说明的是：

（1）上面列举的阳性名词中，个别名词在现代俄语中为阴性，如 степень（程度）、гортань（喉）、печать（印刷）。

（2）阳性名词词尾 -ь 前的辅音为半软音：б·，п·，в·，д·，т·，с·；阴性名词 -ь 前的辅音可能是半软音，也可能是固有软辅音。

5. 辅音类型变格法

辅音类型变格法覆盖了阳性、阴性、中性名词。具体包括：

（1）以 -ы 结尾的阳性名词，例如：камы（现俄 камень：石头），пламы（现俄 пламя, пламень：火焰），ремы（现俄 ремень：皮带，绳）。此外，还包括дьнь（现俄 день：天，日）和 корень（根）这两个阳性名词。

（2）以 -o 结尾的中性名词，例如：слово（词），чудо（奇迹），небо（天（空）），тѣло（现俄 тело：身体），око（眼，目），оухо（现俄 ухо：耳）。

（3）以 -и 结尾的阴性名词只有дъчи（现俄 дочь：女儿）和 мати（现俄 мать：目前）。

（4）以 -'a（<ä<ę）结尾的名词，例如：имѧ（现俄 имя：名字），веремѧ（现俄 время：时间），сѣмѧ（现俄 семя：籽）。表示人或动物幼崽名称的词，例如：телѧ（现俄 теля：牛犊），козьлѧ（现俄 козлёнок：山羊羔），поросѧ（现俄 поросёнок：猪崽），робѧ（现俄 ребёнок：小孩儿），дѣтѧ（现俄 дитя：小孩儿），коурѧ（现俄 курёнок：鸡雏），циплѧ（现俄 цыплёнок：鸡雏），жеребѧ（现俄 жеребёнок：马驹）。

	单数		复数		双数	
一格	камы	ремы	камене	ремене	камени	ремени
二格	камене	ремене	каменъ	ременъ	камену	ремену
三格	камени	ремени	каменьмъ	ременьмъ	каменьма	ременьма
四格	камень	ремень	камени	ремени	камени	ремени
五格	каменьмь	ременьмь	каменьми	ременьми	каменьма	ременьма
六格	камене	ремене	каменхъ	ременьхъ	камену	ремену
呼格	камы	ремень				

表 13　辅音类型变格法阳性名词变格样表

	单数		复数		双数	
一格	имѧ	племѧ	имена	племена	имени	племени
二格	имене	племене	именъ	племенъ	имену	племену
三格	имени	племени	именьмъ	племеньмъ	именьма	племеньма
四格	имѧ	племѧ	имена	племена	имени	племени
五格	именьмь	племеньмь	именьми	племеньми	именьма	племеньма
六格	имене	племене	именьхъ	племеньхъ	имену	племену
呼格	имѧ	племѧ				

表 14　辅音类型变格法中性名词变格样表（一）

	单数		复数		双数	
一格	слово	тѣло	словеса	тѣлеса	словеси	тѣлеси
二格	словесе	тѣлесе	словесъ	тѣлесъ	словесу	тѣлесу
三格	словеси	тѣлеси	словесьмъ	тѣлесьмъ	словесьма	тѣлесьма
四格	слово	тѣло	словеса	тѣлеса	словеси	тѣлеси
五格	словесьмь	тѣлесьмь	словесьми	тѣлесьми	именьма	племеньма
六格	словесе	тѣлесе	словесьхъ	тѣлесьхъ	словесу	тѣлесу
呼格	слово	тѣло				

表 15　辅音类型变格法中性名词变格样表（二）

	单数		复数		双数	
一格	мати	дъчи	матери	дъчери	матери	дъчери
二格	матере	дъчере	матеръ	дъчеръ	матеру	дъчеру
三格	матери	дъчери	матерьмъ	дъчерьмъ	матерьма	дъчерьма
四格	матерь	дъчерь	матери	дъчери	матери	дъчери
五格	материю	дъчерию	матерьми	дъчерьми	матерьма	дъчерьма
六格	матере	дъчере	матерьхъ	дъчерьхъ	матеру	дъчеру
呼格	мати	дъчи				

表 16　辅音类型变格法阴性名词变格样表

这一变格法名词的特点是：间接格中会出现词干加长（наращение），例如：кам-ы—кам-ене（现俄 камень：石头），сѣм-а—сѣм-ене（现俄 семя：籽），тел-а—тел-ате（现俄 теля：牛犊），слов-о—слов-ес-а（词），мат-и—мат-ере（现俄 мать：母亲），дъч-и—дъч-ере（现俄 дочь：女儿）。

6. ū 类型变格法

这类变格法的名词均为阴性名词，例如：боубы（现俄 буква：字母），цръкы（现俄 церковь：教堂），кры（现俄 кровь：血），любы（现俄 любовь：爱情），тыкы（现俄 тыква：南瓜），моркы（现俄 морковь：胡萝卜）。车尔内赫认为，Москва（莫斯科）应该具有第一格形式 Москвы，但古俄语文献中并未见到。

	单数		复数		双数	
一格	тыкы	букы	тыкъви	букъви	тыкъви	букъви
二格	тыкъве	букъве	тыкъвъ	букъвъ	тыкъву	букъву
三格	тыкъви	букъви	тыкъвамъ	букъвамъ	тыкъвама	букъвама
四格	тыкъвь	букъвь	тыкъви	букъви	тыкъви	букъви
五格	тыкъвию	букъвию	тыкъвами	букъвами	тыкъвама	букъвама
六格	тыкъве	букъве	тыкъвахъ	букъвахъ	тыкъву	букъву
呼格	тыкы	букы				

表 17　ū 类型变格法名词变格样表

这类变格法名词变格时也会出现词干加长，即 -ы‖-ъв-。

7. 混合变格法

混合变格法的名词将 ŏ 类型变格法和辅音类型变格法相结合，单数、双数变格如同 рабъ（现俄 раб：奴仆）、другъ（现俄 друг：朋友）、конь（马）、кнѧзь（现俄 князь：王公，大公）等，而复数则如同 камы（现俄 камни：石头）等。古俄语中的混合变格法名词多为表人名词，表示从事某个职业、属于某个社会阶层、某个民族的人，例如：пахарь（耕地人），оучитель［现俄 учитель：（中学）教师］，воинъ（现俄 воин：士兵），боѩринъ（现俄 боярин：贵族），крьстьанинъ（现俄 крестьянин：农民）。

	单数		复数		双数	
一格	пахарь	оучитель	пахаре	оучителе	пахарѩ	оучителѩ
二格	пахарѩ	оучителѩ	пахарь	оучитель	пахарю	оучителю
三格	пахарю	оучителю	пахарьмъ	оучительмъ	пахарема	оучителема
四格	пахарь	оучитель	пахари	оучители		
五格	пахаремь	оучителемь	пахари (-ьми)	оучители (-ьми)		
六格	пахари	оучители	пахарьхъ	оучительхъ		

表 18　混合变格法名词变格样表（一）

	单数		复数		双数	
一格	воинъ	боıаринъ	вое	боıаре	воина	боıарина
二格	воина	боıарина	вои	боıаръ	воиноу	боıариноу
三格	воиноу	боıариноу	воьмъ	боıарьмъ	воинома	боıаринома
四格	воинъ	боıаринъ	вои	боıари	воина	боıарина
五格	воинъмь (воиномь)	боıаринъмь (боıариномь)	вои (воьми)	боıары	воиноу	боıариноу
六格	воинѣ	боıаринѣ	воьхъ	боıарьхъ	воинома	боıаринома

表 19　混合变格法名词变格样表（二）

需要说明的是：

（1）该变格法名词单数、双数按 ŏ 类型变格法变格。

（2）该变格法名词复数按辅音类型变格法变格。在变格时词干出现截短（усечение），如去掉 -ин-。

8. 古俄语名词变格法的历史演变

上文指出，古俄语名词的六种变格法源自共同印欧语。作为名词变格标记的词干结尾的元音或辅音是从共同印欧语中继承下来的。例如 ā 类型变格法名词 жена（妻子）的词干以 -ā 结尾，其余各格也各有自己的词尾，分别为：

第一格 *genā（等于词干）

第二格 *genās（词尾 -s）

第三格 *genāi（词尾 -i）

第四格 *genām（词尾 -m）

第六格 *genāi（词尾 -i）。

受到共同斯拉夫语时期开音节规律和第一波后舌音软化规律的影响，上述词缀演变为：

第一格 *genā＞ž'na（古俄语为 жена）

第二格 *genās＞ž'eny(ās＞y)（古俄语为 жены）

第三格 *genāi＞ž'eně(āi＞ě)（古俄语为 женѣ）

第四格 *genām>ženǫ(ām>ǫ)（古俄语为 женоу）

第六格 *genāi>ž'eně(ai>ě)（古俄语为 женѣ）。

对比 жена 一词的共同印欧语、斯拉夫共同语的变格可以发现，ā 最初是词干的结尾，后来变成词尾。语言学将这种现象称为"词干的重构"（переразложение основы），即词干的一部分（ā）归属了词尾，词干则变成以辅音结尾，如 жена 中的 н-。

其他变格法的名词也是如此，这些单词词干的结尾最初为元音。其中，ŏ 类型变格法名词的词干结尾为元音 -ŏ，ŭ 类型变格法名词的词干结尾为元音 -ŭ，ĭ 类型变格法名词的词干结尾为元音 ĭ。例如：*orbŏs>robъ(-ŏs>ъ)（古俄语为 робъ，斯拉夫语为 рабъ：奴仆），*sūnŭs>synъ(ŭs>ъ)（古俄语为 сынъ：儿子），*noktĭs>noču(-ĭs>ь)（古俄语 ночь：夜晚）。

共同斯拉夫语名词词干结尾的元音或辅音的变化造成不同变格类型的混淆，如 робъ 与 сынъ、конь 与 гость。

第一格	робъ	сынъ	конь	гость
第二格	роба	сыноу	коня	гости
第三格	робоу	сынови	коню	гости
第六格	робѣ	сыноу	кони	гости
呼格	робе	сыноу	коню	гости

表 20　不同类型变格法名词变格的混淆

这种混淆现象以及其他一些句法现象为名词变格类型的统一做了铺垫。

第二节　名词变格类型的统一

古俄语名词的六种变格类型在后来的发展中有的瓦解了，有的被兼并了，最终统一为现代俄语的三种变格法。

1. ŏ 类型变格法与 ŭ 类型变格法的统一

古俄语 ŏ 类型变格法名词与 ŭ 类型变格法名词的多数格在形式上仍保持差异，

但是促使它们统一的原因大致在于：1）两类变格法的单数第一格（包括单数第四格）完全相同，例如 вълкъ（现俄 волк：狼）和 сынъ（现俄 сын：儿子）的词尾皆为 -ъ。2）ŏ 类型变格法属于能产型，运用这一变格法的俄语名词数量多；而 ŭ 类型变格法属于非能产型，运用这一变格法的名词数量很少，现代俄语中只有 сын（儿子）、дом（房子）、верх（顶部）、вол（阉牛）、лёд（冰）、мёд（蜂蜜）等数十个词源自 ŭ 类型变格法。这就为 ŏ 类型变格法合并 ŭ 类型变格法奠定了基础，两者最终统一为现代俄语的第二变格法。两类变格法的合并始于共同斯拉夫语时期，一直持续到古俄语时期。这一过程是相当漫长的，而且也并非像后来看到的那样，ŏ 类型变格法将 ŭ 类型变格法合并了。它们之间是相互影响、相互作用的，不过 ŏ 类型变格法最后占据了上风。

早在 11 世纪的古俄语文献中，属于 ŭ 类型变格法的名词 волъ（现俄 вол）、вьрхъ（现俄 верх）、медъ（现俄 мёд）等，第二格形式使用 вола、сына、меда 这样的形式。在《伊戈尔出征记》中，дон（顿河）一词的第二格形式既用 дона，也用 доноу。在 12—13 世纪的古文献中，сынъ（儿子）一词的单数第三格 сыноу 取代了旧的规范形式 сынови。更有甚者，ŭ 类型变格法本来只有硬变化，但却发展出гюргеви、игореви 这样的软变化形式。同样，вьрхъ 一词在 14 世纪的文献中出现了 на верс㕰、на верхоу 这样的单数第六格混杂的现象。сынъ 的双数第一格规范形式应为 дъва сыны（两个儿子），但使用的却是 дъва сына。

同样，属于 ŏ 类型变格法的名词，如 св㕰тъ（现俄 свет：光亮）、воскъ（现俄 воск：腊）、льнъ（现俄 лён：亚麻）、хмель（葎草）等，按照 ŭ 类型变格法的名词变格为 св㕰тоу、отъ воскоу、отъ льноу、отъ хмелю。在 13—15 世纪的古俄语文献中，一些 ŏ 类型变格法名词，如 мастеръ（现俄 мастер：工匠）、холмъ（现俄 холм：小丘）、бог（现俄 бог：神），它们的单数第三格使用 мастерови、холмови、ледови、богови 这样的形式。一些 ŏ 类型变格法名词，如 боръ（现俄 бор：松林）、пиръ（пир：酒宴）等，它们的单数第六格则使用 на бороу、въ пироу 这样的形式。在 14 世纪的古文献中，ŏ 类型变格法名词 посълъ（现俄 посол：使臣）的复数第一格为 посълове。在 15 世纪的《伊帕季编年史》（«Ипатьевская летопись»）中，сватъ（现俄 сват：媒人）的呼格使用 сватоу。

11—15 世纪，尽管古文献中存在一些不合规范的新形式，但旧形式仍然占重要地位。14 世纪古俄语文献中的例证 городъ нашихъ（复数第二格）、ис портъ（复数第二格）、ѡ доуховьныихъ сънѣхъ（复数第六格），仍是按照 ŏ 类型变格法的规范形式变化的。这说明，变格类型的统一过程还未结束。

ŏ 类型变格法和 ŭ 类型变格法最终合并为现代俄语的第二变格法，它囊括了几乎所有的阳性与中性名词。

2. ŭ 类型变格法对现代俄语的影响

ŭ 类型变格法在现代俄语中仍留有残余，它们构成某一名词的特殊格形式。这些特殊形式主要体现在名词单数第二格、第六格和复数第二格上。

现代俄语阳性物质名词的第二格在表示一定数量意义时用词尾 -y，这就是古俄语 ŭ 类型变格法名词第二格的残余，例如：кусок сахару（一块糖），кило песку（一公斤砂糖），стакан чаю（一杯茶）；много снегу（хлебу，винограду，картофелю）〔很多雪（面包、葡萄、土豆）〕。一些抽象名词和集合名词也有类似用法，例如 много шуму（народу，разговору）〔很大的噪音（很多人，多次谈话）〕。一些阳性名词与前置词连用作为固定词组或熟语使用时也是如此，例如：из лесу（从森林里），из дому（从家里），с полу（从地上），быть на виду（引人注目），иметь в виду（指的是），упустить из виду（忘记，疏忽），терять из виду（看不见），до упаду（直到筋疲力尽），умереть со смеху（笑得要死），без отдыху（不停地），ни слуху ни духу（杳无音信），с часу на час（飞快地，马上）。在 18—19 世纪初的俄语中，这种形式用得更广。罗蒙诺索夫认为：以 -y 结尾的阳性名词第二格是俄语固有的语法形式，而以 -a 结尾的则来自教会斯拉夫语。换句话说，前者是口语形式，后者是书面语形式。

现代俄语中一些阳性名词单数第六格以带重音的 -y（或 -ю）结尾，这也是 ŭ 类型变格法的残余，例如：в лесу́（在森林里），в саду́（在花园里），на мосту́（在桥上），на краю́（在边上），на берегу́（在岸上），в углу́（在角落），в шкафу́（在衣柜里），в аэропорту́（在机场）。少数前置词和名词的搭配发展成为副词或前置词，例如：вверху́（在上面），внизу́（在下面），наверху́（在上面），ввиду́（由于）。

需要指出的是，当前置词与带重音 -у（或 -ю）的名词单数第六格连用时，表示处所意义，和前置词与 -e 结尾的名词单数第六格所表示的意义有所区别。试比较：

Он был в лесу́.（他曾去过树林。）

Он знает толк в ле́се.（他对木材很熟悉。）

在现代俄语的一些方言中，以带重音的以 -у（或 -ю）结尾的阳性名词使用更广，标准语中以 -e 结尾的名词在方言中也以 -у 结尾，试比较：в городу́/в го́роде（在城镇），на острову́/на о́строве（在岛上），в маю́/в ма́е（在五月）。在这些方言中，动物名词、中性名词的单数第六格也以带重音的 -у（或 -ю）结尾，例如：на быку́（在牛背上），на окну́（在窗户上），на крыльцу́（在翅膀上）。

现代俄语中以辅音结尾的阳性名词，复数第二格的硬变化词尾是 -ов，这完全来自古俄语的 ŭ 类型变格法。也就是说，ŭ 类型变格法在复数第二格的竞争中最终取得了优势。ŏ 类型变格法名词 раб(-ъ)（奴仆）与 ŭ 类型变格法名词 дом(-ъ)（房子）的复数第二格分别是 рабъ 和 домовъ。现代俄语中都统一为 -ов（<-овъ），如 раб（奴仆）、дом（房子）、город（城市，城镇）、лес（森林）、мастер（工匠）、пароход（蒸汽机船）、самолёт（飞机）、боец（战士）的复数第二格 рабов、домов、городов、лесов、мастеров、пароходов、самолётов、бойцов。现代俄语以 -й 结尾的阳性名词，如 сарай（棚子）、край（边缘）、бой（战斗），其复数第二格词尾为 -ев（有时为 -ов），具体为：сараев、краёв、боёв。这也是 ŭ 类型变格法的残余。中性名词 облако（云）的复数第二格是 облако́в，同样也是如此。

在俄罗斯南部方言和中部方言中，一些中性名词和阳性名词的复数第二格以 -ов（或 -ев）结尾，例如：дело—делов［事（情）］，место—местов（地方），озеро—озёров（或 озеро́в）（湖泊），болото—боло́тов（或 болото́в）（沼泽）；поле—полёв（田野）；день—днёв（天，日），нож—ножов（刀），товарищ—товарищов（同志），кирпич—кирпичов（砖），ключ—ключо́в（钥匙）。莫斯科的俗语中也有"Наде́лал дело́в! Мно́го дело́в наде́лал!（干了很多蠢事！闯了不少祸！）"。这些也是受古俄语 ŭ 类型变格法影响的结果。

当然，也存在一些例外。глаз（眼睛）、сапог（皮靴）、чулок（长筒袜）、солдат（士兵）、партизан（游击队员）、драгун（龙骑兵）、гусар（骠骑兵）、волос（头

发）、человек（人）等少数表示成双成对或具有集合意义的名词，当它们与数词或表示数量意义的词连用时，复数第二格同单数第一格，例如：без сапог（没穿皮靴），без чулок（没穿长筒袜），пара сапог（一双皮靴），пара чулок（一双长筒袜），пять человек（五个人），отряд партизан（一队游击队员），две роты солдат（两个连士兵），полк драгун（一个团龙骑兵）。这种形式恰恰是古俄语 ŏ 类型变格法复数第二格的残留。一些语言学家认为，这种复数第二格用法是为避免缺乏语法意义表现力而造成的。现代俄语一些中性名词的复数第二格为零词尾，例如：село—сёл，озеро—озёр, болото—болот。这同样是古俄语 ŏ 类型变格法的残留。

古俄语 ŏ 类型变格法与 ŭ 类型变格法相互影响的结果是：ŏ 类型变格法占据优势，ŭ 类型变格法留下不少痕迹。它们合并为现代俄语中的名词第二变格法。

3. ĭ 类型变格法阳性名词与 ŏ 类型变格法软变化名词的统一

古俄语 ĭ 类型变格法阳性名词与 ŏ 类型变格法软变化名词统一的基础在于：两类名词的单数第一格和第四格外形相似，都以弱元音 -ь 结尾。但是，ĭ 类型变格法阳性名词 конь（马）、кнѧзь（现俄 князь：王公，大公）等词尾 -ь 前的辅音为固有软辅音 n'、z'，ŏ 类型变格法软变化名词 путь [（道）路] 等词尾 -ь 前的辅音为半软辅音 t'。随着古俄语半软辅音的再次软化，它与固有软辅音的差别消失了。这就为两类变格法的最终合并扫除了障碍。

在12世纪的古俄语文献中，上述两类变格法的混用已经开始出现。огнь（现俄 огонь：火）的单数第二格用 огнѧ，规范形式应为 огни。在13世纪的《斯摩棱斯克同里加及哥得兰岛签订的合约》中使用了 имьть татѧ, 规范形式应为 имьть тати（有贼），在14世纪的《拉甫连季编年史》中使用了 в огнѣ，应为 в огни（在火里）。огнь 在古俄语中属于 ĭ 类型变格法名词，但在上述古文献中却使用了 ŏ 类型变格法的词尾。

在13—14世纪古罗斯的北方文献中，ĭ 类型变格法阳性名词，如 гость（客人）、тьсть（现俄 тесть：岳父）、зѧть（现俄 зять：女婿）、путь，很少保留其原有的变格形式；但在古罗斯南部的文献中，这些词在变格时仍出现摇摆。1284 年的《梁赞宗教法汇编》（«Рязанская Кормчая»）中使用了 от поутѧ，规范形式应为 от пути（从路上回来）。

同样也会出现相反的情况：ŏ 类型变格法的阳性名词使用 ĭ 类型变格法的词尾。例如 ŏ 类型变格法的阳性名词 моужь（现俄 муж：丈夫）与 кнѧзь 的复数第二格应为 моужь 和 кнѧзь，但却使用了 ĭ 类型变格法的词尾 -ии（现俄 -ей）。在《梁赞宗教法汇编》和《宗教局图书馆版本—号诺夫哥罗德编年史》中都能找到 моужии（现俄 мужей）和 кнѧзии（现俄 князей）。

ĭ 类型变格法阳性名词与 ŏ 类型变格法软变化名词相互影响的结果是：后者取得优势地位。因为属于这一变格法的名词数量占优，它们合并为现代俄语的第三变格法。

例外的情况出现在复数第二格中，ĭ 类型变格法阳性名词占据优势，这两种变格法都采用 -ии（现俄 -ей）作为词尾，原因在于它在句法上更有区分价值，而不像 ŏ 类型变格法阳性名词那样，与单数第一格和第四格共用词尾 -ь。一种语法形式表达一种句法功能是比较理想的。

现代俄语中一些中性名词的复数第二格词尾也是 -ей，例如 поле（田野）— полей、море（大海）— морей 等。这是因为它们在古俄语中曾经属于 ŏ 类型变格法。

现代俄语某些词干以 -ц 结尾的阳性名词复数第二格以 -ов 结尾，而中性名词以零词尾终结，例如：отец（父亲）— отцов，конец（结局）— концов，огурец（黄瓜）— огурцов，лицо（脸）— лиц，кольцо（环，圈）— колец。在俄语北部方言和中部方言中，这些词的复数第二格都以 -ей 结尾，例如：огурец — огурцей，палец（手指）— пальцей，заяц（兔子）— зайцей。这也是古俄语 ĭ 类型变格法阳性名词残留下来的结果。

путь 在古俄语中属于 ĭ 类型变格法名词，在现代俄语中作为特殊变格类型，例如：путь, пути, пути, путь, путём, о пути。

4. 辅音类型变格法的解体

古俄语的辅音类型变格法是一个大杂烩，属于此变格法的有阳性名词、阴性名词，也有中性名词。这些名词的词干在历史前的时期都以辅音结尾。在后来的发展中，这些名词逐渐和其他变格类型合并。

（1）камы（现俄 камень：石头）、ремы（现俄 ремень：皮带）、дьнь（现俄 день：天，日）一类的阳性名词很早就融入了ĭ类型变格法。这一过程从共同斯拉夫语时期就开始了，因为这两种变格法的阳性名词在一些格上的形式相同。具体体现为：камы、ремы 这些词后来的单数第一格采用第四格的形式 камень、ремень。于是它们与ĭ类型变格法名词 огнь、гость、голоoубь（现俄 голубь：鸽子）等形式相同，受其影响转为ĭ类型变格法。再晚些时候，原本属于ŏ类型变格法软变化的名词，如 конь、кнѧзь、моужь 也归入了此类。它们共同组成现代俄语的名词第二变格法，即以 -ь 结尾的名词。

由上文可见，камы、ремы、дьнь 是经过转化后并入ĭ类型变格法的。这从 дьнь 的变化历程看得十分清楚。在现代俄语一些方言中，день 的第二格和第六格形式皆为 дни，这与ĭ类型变格法名词相似。此外，现代俄语方言中的副词 намедни（或 намеднись：不久前，几天前）中的 дни，实际上是由 дьнь 的单数第六格演变而来，也就是 намедни＜ономьдьне（在那一天）。14 世纪的《拉甫连季编年史》中有这样的句子：есть могила его в том пустынном месте и до сего дне（直到今天在这个荒芜的地方还有他的墓穴）。此处的 дне 是 дьнь 的单数第二格。

（2）коло（现俄 кольцо：环，圈）、небо（天空）、слово（词）、дрѣво（现俄 дерево：树）、тѣло（现俄 тело：身体）、чудо（奇迹）一类的中性名词并入了ŏ类型变格法，也就是说，село（村庄）、окно（窗户）、весло（桨）、лето（夏天）等ŏ类型变格法的中性名词合并。

небо、тѣло 等词的各格中原本都有后缀 -ес，但是在单数形式中该后缀脱落了，仅在复数形式中出现，例如：небеса—небес...，словеса—словес...，телеса—телес，чудеса—чудес，древеса—древес。当然，有些词的复数形式中也可以不带 -ес，例如：тело—тела，слово—слова，чудо—чуда。

небо、тѣло 等中性名词的复数有两种不同的形式，它们的意义已有区别。тела 表示"物体、身体"，而 телеса́ 表示"肥胖、臃肿的身体"，常有谐谑的意味。небо 的复数 небеса 通常表示"天堂般的快乐、幸福"或"天花乱坠"之意，这一意义常用在熟语中，例如：семь вёрст до небес（说得天花乱坠）；возносить, превозносить кого-л. до небес（把……捧上天）。чудеса 表示"奇迹；神怪现象"，

而 чуда 表示"怪物"之意。

слово、небо、дрѣво、коло 的现代俄语派生词中，有些带后缀 -ес，有些则不带。例如：派生自 слово——словесе 的 словно（好像）、дословный（逐字的）、пословица（谚语）、словечко（词），派生自 тѣло——тѣлесе 的 тельце（弱小的身躯）、тельный（贴身的）、нательный（贴身穿的），派生自 чудо——чудесе 的 чудный（奇怪的）、чудной（古怪的）、чудак（怪人）、чудить（行为举止古怪）、чудится（觉得好像），派生自 дерево 的 деревяшка（小块木头）、деревянный（树木的、木制的）。无后缀 -ес 的派生词来自古俄语口语，而有后缀 -ес 的词来自古斯拉夫语或者教会斯拉夫语。

（3）以 -ѧ 结尾的中性名词，如 телѧ（现俄 телёнок：牛犊）、осьлѧ（现俄 ослёнок：驴驹）、козлѧ（现俄 козлёнок：山羊羔）、порослѧ（现俄 поросёнок：猪崽）、жеребѧ（现俄 жеребёнок：马驹）、ягнѧ（现俄 ягнёнок：羊羔）、курѧ（现俄 курёнок：鸡雏）、дѣтѧ（现俄 ребёнок：孩子）、робѧ（现俄 ребёнок）转变为阳性名词，与 ŏ 类型变格法合并。但是，复数形式保留原有的后缀 -ат-，例如：телята，ослята，козлята，поросята，жеребята，ягнята，курята。上面例词中，телѧ、дѣтѧ 保留原来的变格形式，例如：теля，теляти，теляти...；(дѣтя̀ >) дитя，дитяти，дитяти....。至于 дитя 的复数，现代俄语变为：дети，детей，детям....。在现代俄语的方言和俗语中，还保留了这样的形式：(дѣтя̀ >) дитё，дит，дитю）。

теля 的旧形式只保留在谚语中，例如：Ласковое теля двух маток сосёт（温顺的牛犊吃奶多，有礼貌的人得便宜多）；Дай бог нашему теляти волка поймати（我家的牛犊能抓狼——自不量力）。

对于 телѧ 等词是如何转化为 телёнок 的，语言学界有好几种解释。乌克兰学者布拉霍夫斯基（Л. А. Булаховский）认为，这可能是受到乌克兰语的影响，乌克兰语中存在 кошеня 转变为 котёнок 的例证。库兹涅佐夫推测，现代俄语中 Вася（瓦夏）、Коля（科里亚）、Серёжа（谢廖扎）等爱称与 теля、жеребя、порося 等词相似，因此可能是受 теля 等词的影响构成的，也就是说，这类词也是爱称。

（4）имѧ、сѣмѧ、племѧ 等以 -ѧ 结尾的中性名词流传到现代俄语中约有 10 个，包括：бремя（负担），время（时间），вымя（乳房），знамя（旗），имя（名字），

пламя（火焰）、племя（部落）、семя（籽）、стремя（马蹬）、темя（前囟）。它们在现代俄语中属于特殊的一类词，变格时保存后缀 -ен。

而在某些方言中，这些词完全融入了 ŏ 类型变格法，例如：имя, имя, имю, имя, имем....。18—19 世纪初的俄语标准语中也曾使用过这样的变格形式，例如莱蒙托夫的诗歌中有这样的句子：Не встретит ответа средь шума мирского из пламя и света рожденное слово（从火和光中诞生的单词不会从世间的喧闹中得到回应）。此处的 пламя 是 пламя 的单数第二格形式，而不像现代俄语的 пламени。

（5）мати（现俄 мать：母亲）、дъчи（现俄 дочь：女儿）等词归入 ĭ 类型变格法，但单数间接格和复数各格保留后缀 -ер，例如：мать, матери, матери, мать...。

现代俄语标准语和大部分方言中的 мать 单数第一格是古俄语 мати 词尾 -и 弱化至零的结果，дочь 也是如此。在俄罗斯一些北部方言中，这两个词保留着古时的形式，但重音移到词尾，变为 мати́ 和 дочи́。有些方言保留了古俄语时的单数四格形式 ма́терь，有的方言单数第一格和第四格还使用 матерь、дочерь 的形式。

5. ū 类型变格法的解体

古俄语中属于 ū 类型变格法的是一小部分阴性名词。它们在单数第一格以 -ы 结尾，在间接格中以 -ъв- 为后缀。这一变格法后来与 ā 类型变格法合并。

具体来说，属于 ū 类型变格法的一部分名词，如 любы（现俄 любовь：爱情）、кры（现俄 кровь：血）、бры（现俄 бровь：眉）等，第一格被第四格 любъвь、кръвь、бръвь 等取代，弱元音 ъ 与 ь 的强化再次转化为 любовь、кровь、бровь。此类变格法中的另一类词，如 букы、тыкы、смокы 等，它们的演变路径为：букы > букъва > буква（字母）、тыкы > тыкъва > тыква（南瓜）、смокы > смокъва > смоква（无花果）。在现代俄语中，它们都归入第三变格法［像名词 кость（骨骼）一样变格］。

在俄语方言中，ū 类型变格法名词转为 ā 类型变格法硬变化的情况比标准语要多一些，例如在俄罗斯北方方言中可以听到 церква（现俄 церковь：教堂）、морква（现俄 морковь：胡萝卜）、свекрова（或 свекрова）（现俄 свекровь：岳母）等词。在俄罗斯南部方言中，свекровь 则保留了古俄语第一格形式 свекрвы，第四

格形式为 свекро́ў（<свекровь）。

比较特殊的一个词是 Москва（莫斯科）。前文说过，在古俄语文献中并未发现 москвы 这样的第一格形式，在编年史中仅见过四格形式：москвь（<москъвь）。

6. 混合变格法的演变

古俄语混合变格法涵盖了 пахарь（耕地者）、учитель（教师）、мытарь（收税人）、воин（士兵）等表示某种职业、社会阶层、某地居民名称的阳性名词。这里名词的变格与 ŏ 类型变格法的名词相似，最终并入此类变格法之中。

随着社会政治、经济、文化等的发展，以 -тель、-арь 结尾的名词不断增加，例如：преподаватель（大学教师），основатель（奠基者），создатель（或 созидатель）（创造者），читатель（读者），наблюдатель（观察者），строитель（建设者）；токарь（车工），слесарь（钳工）。以 -ин 结尾的词也大量增加，例如：горожанин（市民），мещанин（市侩），англичанин（英国人）。

7. 名词变格中硬变化与软变化的相互影响

古俄语中 ā 类型变格法和 ŏ 类型变格法有硬变化与软变化的区别，试比较：жена（妻子）—земла（土地），столъ（桌子）—конь（马），село（村庄）—полѥ（田野）。

这种差别被现代俄语有选择性地继承了下来。随着俄语的发展和名词变格类型的统一，同一变格类型的硬变化与软变化之间也相互渗透、相互融合。例如 ā 类型变格法的硬变化与软变化的单数第二格、第三格、第五格、第六格、呼格的词尾原本是不同的，后来大多统一，变化的方向是软变化向硬变化看齐，具体如下：

单数	硬变化	软变化		现代俄语
二格	жены	землѣ	жены	земли
三格	женѣ	земли	жене	земле
五格	женою	землею	женою	землёю
六格	женѣ	земли	жене	земле

表 21　古俄语名词硬变化与软变化的统一

ŏ 类型变格法硬变化单数第六格词尾为 -ѣ，软变化则为 -и，试比较：столѣ—кони，село—селѣ，полѥ—поли。现代俄语均统一为 -е（<ѣ），如 столе、коне、селе、поле，变化的方向也是软变化向硬变化看齐。

8. 名词复数变格类型的进化

（1）复数第三格、第五格和第六格的统一

总体而言，古俄语的六类变格法后来合并为三类，即 ā 变格类型、ŏ 变格类型和 ĭ 变格类型。它们分别对应现代俄语的第一、第二和第三变格法。但这主要是就名词单数而言。名词复数变格类型更加趋向统一，上述三种变格法，除了复数第一格、第二格、第四格以及个别情况外，基本统一为一种变格法，即 ā 类型变格法。古俄语六类变格法的复数形式具体如下：

	ā 类型变格法	ŏ 类型变格法	ŭ 类型变格法	ĭ 类型变格法	辅音类型变格法	ū 类型变格法
一格	жены землѣ поустынѣ	столи кони села поля	сынове домове	гостие(ье) кости	камене колеса дъчере(и)	свекръве(и) тыкве
二格	женъ земль поустынь	столъ конь селъ поль	сыновъ домовъ	гостии(ьи) костии(ьи)	каменъ колесъ дъчеръ	свекръвъ тыквъ
三格	женамъ землямъ поустынямъ	столомъ конемъ селомъ полемъ	сынъмъ домъмъ	гостьмъ костьмъ	каменьмъ колесьмъ дъчерьмъ	свекръвамъ тыквами
四格	жены землѣ поустынѣ	столы конѣ села поля	сыны домы	гости кости	камени колеса дъчери	свекръви тыкви
五格	женами землями поустынями	столы селы кони поли	сынъми домъми	гостьми костьми	каменьми колесы дъчерьми	свекръвами тыквами

| 六格 | женахъ
земляхъ
поустыняхъ | столѣхъ
конихъ
селѣхъ
полихъ | сынъхъ
домъхъ | гостьхъ
костьхъ | каменьхъ
колесьхъ
дъчерьхъ | свекръвахъ
тыквахъ |

表 22　古俄语名词复数变格样表

将古俄语各类变格法复数第三格、第五格、第六格与现代俄语的相应格进行比较，会发现这三个格的词尾与现代俄语第一变格法完全一致，均为 -ax（硬变化）和 -ях（软变化）。具体如下：

ā 类型 变格法	ŏ 类型 变格法	ŭ 类型 变格法	ĭ 类型 变格法	辅音类型 变格法	ū 类型 变格法
古俄语					
женамъ землямъ поустынямъ	столомъ конемъ селомъ полемъ	сынъмъ домъмъ	гостьмъ костьмъ	каменьмъ колесьмъ дъчерьмъ	свекръвьмъ тыкви
现代俄语					
женам землям пустыням	столам коням селам полям	сынам (сыновьям) домам	гостям костям	камням (каменьям) колесам дочерям	свекровям тыквам

表 23　古俄语名词复数第三格与现代俄语的比较

ā 类型 变格法	ŏ 类型 变格法	ŭ 类型 变格法	ĭ 类型 变格法	辅音类型 变格法	ū 类型 变格法
古俄语					
женами землями пустынями	столы кони селы поли	сынъми домъми	гостьми костьми	каменьми колесы дъчерьми	свекръвьми тыквьми

续表

现代俄语					
жена́ми земля́ми пусты́нями	стола́ми коня́ми сёлами поля́ми	сына́ми (сыновья́ми) дома́ми	гостя́ми костя́ми (костьми́)	камня́ми (каменья́жи) колёсами дочеря́ми (дочерьми́)	свекро́вями ты́квами

表 24　古俄语名词复数第五格与现代俄语的比较

ā 类型 变格法	ŏ 类型 变格法	ŭ 类型 变格法	ĭ 类型 变格法	辅音类型 变格法	ū 类型 变格法
古俄语					
женахъ земляхъ пустыняхъ	столѣхъ конихъ селѣхъ полихъ	сынъми домьми	гостьхъ костьхъ	каменьхъ колесьхъ дъчерьхъ	свекръвьхъ тыквьхъ
现代俄语					
жена́х земля́х пусты́нях	стола́х коня́х сёлах поля́х	сына́х (сыновья́х) дома́х	гостя́х костя́х	камня́х колёсах дочеря́х	свекро́вях ты́квах

表 25　古俄语名词复数第六格与现代俄语的比较

不同历史时期、不同方言中古俄语名词复数变格类型的变化是不平衡的，六种变格类型先是并入 ā 类型变格法、ŏ 类型变格法、ĭ 类型变格法，最后统一到 ā 类型变格法。

名词复数变格类型的统一在方言中表现得更为突出，在标准语中仍反映出不同变格类型的差别。现代俄语标准语阳性名词硬变化的复数第二格通常以 -ов 结尾，而在俄罗斯南部方言中，阳性、中性与阴性名词，甚至软变化的名词，复数第二格通常以 -ов 结尾，例如：место（地方）—местов，дело（事情）—делов，окно（窗户）—окнов，дедушка（爷爷）—дедушков，бабушка（奶奶）—бабушков，ложка（勺）—ложков，тарелка（盘子）—тарелков，медведь（熊）—медведёв。

现代俄语的副词 поделом 保留了古俄语名词复数第三格，源自 по+деломъ，如"Ему́ подело́м!(他活该，罪有应得!)"。

现代俄语中 люди(人们)、дети(孩子们) 的第五格为 людьми、детьми，лошадь(马) 复数第五格为 лошадями(或 лошадьми)。людьми、детьми 和 лошадьми 都是古俄语 ĭ 类型法的残余。

此外，一些俄语单词的复数第五格保留了两种形式，例如：

дочь(女儿)：дочерями, дочерьми;

дверь(门)：дверями, дверьми;

кость(骨骼)：костями, костьми。

这两种形式往往有修辞或语法上的差别，例如：дверями 属于俗话，костьми 属于古旧形式，只用于 лечь костьми(战死沙场；鞠躬尽瘁) 等熟语之中。

在现代俄语某些方言中，-áми(-ями) 这个词尾用得更广一些，讲方言的人会说 людями、детями。

名词复数变格类型的统一最早出现在 13 世纪的古文献之中，例如：съ клобоуками(现俄 с клобуками：带着修道士高筒帽子)，къ латинамъ(现俄 к латинам：去天主教徒们那里)。клобоуками 应按 ŏ 类型变格，这里却按 ā 类型变格；латинамъ 应按 ŏ 类型变格，但这里却按 ā 类型变格。这个过程一直持续到 17 世纪。在 19 世纪的文学作品中还能到 гостьми(现俄 гостями，гость 复数第五格：客人)、желудьми(现俄 желудями，желудь 复数第五格：栎实)、когтьми(现俄 когтями，коготь 复数第五格：爪子)、ушьми(现俄 ушами，ухо 复数第五格：耳朵) 等形式。

（2）复数第一格和第四格的变化

在古俄语的发展过程中，名词复数第一格和第四格也发生过变化。属于 ā 类型变格法硬变化的名词，其复数第一格和第四格自古以来就是相同的，例如：жены(妻子)、стѣны(现俄 стены：墙壁)，травы(草)。属于 ŏ 类型变格法的中性名词和辅音类型变格法的阳性、阴性、中性名词，它们的复数第一格和第四格也是相同的，例如：села(村庄)、окна(窗户)、поля(田野)、моря(大海)、имена(名字)、колеса(轮子)、небеса(天空)、словеса(单词)、телеса(身体)、чудеса

（奇迹）、телята（牛犊）、дочери（女儿）。

但是，属于ŏ类型变格法硬变化的阳性名词，如столъ（现俄 стол，桌子）、городъ（现俄 город：城市，城镇）、плодъ［现俄 плод：果（实）］、дроугъ（现俄 друг：朋友），它们的复数第一格和第四格词尾并不相同：第一格以 -и 结尾，即столи、городи、плоди、дроузи；第四格却以 -ы 结尾，即столы、городы、плоды、дроугы。属于ŏ类型变格法软变化的阳性名词，如конь（马）、ножь（现俄 нож：刀）、коньць（现俄 конец：结局），它们的复数第一格以 -и 结尾，即кони、ножи、коньци，复数第四格以 -ѣ 结尾，即конѣ、ножѣ、коньцѣ。受名词变格统一趋势的影响，上述两类名词的复数第一格和第四格之间的差别消失了。在硬变化中，第四格形式取代了第一格，即столы、плоды 取代了 столи、плоди；而在软变化中，第一格取代了第四格，即ножи、коньцы 取代了 ножѣ、коньцѣ。

名词复数第一格和第四格的混用始见于 13 世纪的古俄语文献之中。如съзвавь князи（现俄 созвали князей：把王公们召集到了一起），此处的 князи 为复数第四格，其规范的变格形式应为 князѣ；再如 стояхоу кумиры（现俄 стояли кумиры：摆放着众神像），此处的 кумиры 是主语，应为复数第一格 кумири，但却使用了复数第四格形式。在例句 се приехаша послы（现俄 вот прехали послы：使者们这就来了）中，此处的 посълъ 为主语，应为复数第一格 посли，但却使用了复数第四格形式。这类名词的规范复数第一格形式在莫斯科地区的公文语言中一直使用到 16 世纪。

现代俄语中只有 соседи（单数 соседъ，现俄 сосед：邻居）与 черти（单数чертъ，现俄 чёрт：鬼）两个词保留了古俄语ŏ类型变格软变化的复数第一格形式，且复数各格皆用软变化。例如：

соседи、соседей、соседям、соседей、соседями、соседях；

черти、чертей、чертям、чертей、чертями、чертях。

холопи（单数 холопъ，现俄 холоп：奴隶）一词直到 18—19 世纪初仍按软变化变格，现代俄语标准语已变为硬变化：холопы、холопов…。

古俄语ĭ类型变格法阳性名词，如 поуть［现俄 путь：(道）路］和 людие（现俄 люди：人们），它们的复数第一格和第四格也有区别：第一格词尾以 -ие

结尾，即 поутие、людие；而第四格以 -и 结尾，即 поути、люди。后来发展的结果是第四格取代了第一格。这种现象在 13 世纪的古文献中有所反映，例如：боудоуть оустроени люди（现俄 будут подготовлены люди：人们要准备好），дахоу люди листъ липовъ（现俄 люди ели липовые листья：人们吃了椴树叶子），люди вылезоуть（现俄 люди выйдут：人们走出去）。在以上几个句子中，都用了复数第四格形式 люди，而不是 людие 做主语。

ŭ 类型变格法名词，如 сынъ（现俄 сын：儿子）和 домъ（现俄 дом：房子），它们的复数第一格和第四格自古就存在差别：复数第一格为 сынове、домове；复数第四格为 сыны、домы。ŭ 类型变格法与 ŏ 类型变格法合并后，复数第四格取代了第一格的地位，例如：волы（阉牛）、льды（冰）、ряды（排）、дары（礼物）取代了 волове、льдове、рядове、дарове；дома、верха 取代了 домове、вьрхове。

这里需要指出的是，дома 和 верха 是后来出现的形式。вьрхъ（现俄 верх：顶部）的复数第一格有 верха 和 верхи 两种形式，两者的意义不同：前者的意义为"折叠式车篷"；后者的意义为"……的顶、尖、梢"。同样的情况还有 сын 一词，古俄语最初的复数第一格形式为 сынове，后来被复数第四格 сыны 所取代，再后来又发展出另一个复数第四格 сыновья。сыны 与 сыновья 的区别体现在修辞特色上：前者是一个高雅词汇，用于庄严的意义，如 сыны отечества（народа）[祖国（人民）之子]；后者则是指普通的亲属关系中的儿子。

古俄语中曾经有过以 -ия（>-ья）结尾的阴性集合名词，如 братья（兄弟）。与此同时，在古俄语中也使用 братъ 一词，其复数第一格为 брати，后被第四格 браты 所取代。再后来，братья 逐渐被理解为 брат 的复数第四格，取代了 браты。类似的过程还有 господа（先生）一词，它在古俄语中也是阴性集合名词，后来被理解为 господин 的复数第一格，并取代了后者原有的复数第一格形式。

现代俄语中存在一些第二变格法的阳性名词，它们的复数第一格词尾为带重音的 -а（或 -я），而不是 -ы（或 и），例如：лес（森林）—леса́，дом（房子）—дома́，город（城市、城镇）—города́，глаз（眼睛）—глаза́，берег（岸）—берега́，рукав（衣袖）—рукава́，бок（边、侧）—бока́，токарь（车工）—токаря́，пекарь（面包师）—пекаря́，учитель[（中学）教师]—учителя́。这些词的词尾是从名词双数

词尾移植而来的。它们最初用在成双成对的事物上，后来扩展到其他词上。

现代俄语标准语的名词复数第二格形式呈现多样化：以 -a 结尾的阴性名词（硬变化与软变化）、中性名词（硬变化）及少数阳性名词（硬变化）复数第二格为零词尾；阳性名词（硬变化）、以 -ǔ 结尾的阳性名词（软变化）及少量中性名词复数第二格词尾为 -ов（或 -ев）；软辅音或咝音结尾的阴性名词（古时的 ĭ 类型变格法）以及软变化的阳性和中性名词复数第二格词尾为 -ей。

第三节　呼格的消失

1. 呼格的演变

古俄语名词的第七格为呼格。名词的呼格有自己的词尾系统，例如：ā 类型变格法名词 жена（妻子）的呼格为 жено；ŏ 类型变格法名词 дроугъ（现俄 друг：朋友）、отьць（现俄 отец：父亲）的呼格为 дроуже、отьче。

在古俄语发展史上，呼格逐渐被第一格所取代。这一现象在古罗斯最早的文献《奥斯特罗米尔福音书》中已有记载，即用第一格人名 марфа（玛尔法）取代呼格 марфо。

古俄语的呼格大约是在 14—15 世纪消失的，但在乌克兰语和白俄罗斯语中保留了下来，例如：乌克兰语的 батьку（兄弟）、сынку（儿子）、жінко（女子），白俄罗斯语的 мужу（丈夫）。呼格作为高雅文体的象征，19 世纪仍出现在俄语诗歌中。例如普希金的诗句 "чего тебе надобно, старче（老人家，你需要什么）" 中的 старче 便是 старец（老者）的呼格。

2. 现代俄语中呼格的残留

古俄语的呼格并非完全消失，它在现代俄语中有所残留。俄语感叹词 "Боже！" "Господи！"（天啊！）最初便是 богъ 和 господь 的呼格形式演变而来的。再如 друже（哥们）和 человече（老兄）在现代俄语中常常用作呼语，带有谐谑意味，它们也是从呼格演变而来的。

在现代俄语中，常常将专有名词的元音词尾弱化为零的形式用作呼语，如〔Пап〕（папа）、〔Мам〕（мама）、〔Кат'〕（Катя）、〔Кол'〕（Коля）等。有的语言学家把这种形式称为呼格形式（звательная форма）或者类似截短的第一格（вроде усечённый именительный падеж）。但是，这种形式与旧时的呼格差别很大，称之为呼语更为恰当。

第四节　双数的消失

1. 古俄语双数的历史演变

古俄语名词的数范畴具有单数、复数、双数这三个对立的形式。双数是从共同斯拉夫语和共同印欧语继承下来的，它不仅涉及名词，也涉及代词、形容词、动词、形动词等。

实际上，古俄语名词的双数只有三个格，即第一格、第四格和呼格。以现代俄语中的стол（桌子）、конь（马）、село（村庄）、поле（田野）、сестра（姐妹）、земля（土地）、сын（儿子）、кость（骨骼）为例，它们的第四格和呼格同第一格，即стола、коня、селѣ、поли、сестрѣ、земли、сыны、кости。名词双数的第二格和第六格词尾为 -оу，即столоу、коню、полю、сестроу、землю、сыноу、кости。名词双数的第三格和第五格词尾为 -ма，即столома、конема、селома、полема、сестрама、земляма、сынъма、костьма。

在 13 世纪以前的古俄语文献中，名词的双数使用很正常，例如《拉甫连季编年史》中就有 лось рогома боль（现俄 лось рогами бодал：驼鹿用双角顶人）、сы двѣма сынома（现俄 с двумя сыновьями：和两个儿子一起）。рогома、двѣма、сынома 是 рогъ、дъва、сынъ 的双数第五格。

再如 борисъ и глѣбъ небесьнаıа човѣка ѥста（现俄 Борис и Глеб есть небесные люди：鲍里斯与格列布是两神人）中的 небесьная、човѣка、ѥста 皆为双数。тоу сѧ брата разлоучиста（现俄 тут два брата разлучились：两兄弟就在此地分离了）中的 брата、разлоучиста、сѧ 为双数第一格。

《罗斯法典》中的条款 за мѣхъ две ногатѣ（现俄 за мех две ногаты[①]：一张兽皮支付两个诺加塔），其中 ногатѣ 是 ногата 的双数第四格。

从 13 世纪开始，古俄语的双数开始被复数所取代。13 世纪诺夫哥罗德的一份遗嘱中使用了词组 на свои роукы。这里指的是自己的双手，应该用名词的双数第四格形式 на свои роуцѣ，但这里却用复数第四格 роукы 替代。这份遗嘱是用口语写成的。可见，在当时口语中，复数已经开始取代双数。

在 13—14 世纪古俄语文献中也有复数取代双数的例证。例如 помози рабомъ своим иваноу олексию（现俄 Помоги рабам своим Ивану и Олексию：（祷告）帮助自己的奴仆伊万和阿列克谢），其中的 рабомъ 应该用双数，但这里用的却是复数第三格。再如 из двоу жеребьевъ（现俄 из двух жеребят：从两匹马驹中），这里的 жеребьевъ 是复数第二格，而 двоу 是双数第二格，两者之间的一致关系被破坏。古文献中多次出现过词组 двѣ чары（гривенки, жены）〔现俄 две чары（гривенки, жены）：两酒盅（两俄斤，两个妻子）〕，其中与 двѣ 搭配的阴性名词 чара、гривенка、жена 都用的是复数形式，而非双数形式。

直到 14—15 世纪，古俄语分化为三个东斯拉夫语以后，双数彻底消失了。

2. 现代俄语中的双数遗留

（1）阳性名词的复数第一格

在现代俄语中遗留了古俄语双数的痕迹，这首先涉及辅音结尾的阳性名词，例如：рог（动物的角），бок（侧），глаз（眼睛），берег（岸），рукав（衣袖），город（城市），лес（森林），луг（草场），профессор（教授），адрес（地址），голос（嗓音），пекарь（面包师），токарь（车工），слесарь（钳工）。这些名词的复数第一格以带重音的 -а（或 -я）结尾，即：рогá，бокá，глазá，берегá，рукавá，городá，лесá，лугá，профессорá，адресá，голосá，пекаря́，токаря́，слесаря́。这种变格词尾源自名词双数第一格，最初只用于表示成双成对的事物，如 рогá、бокá、глазá、берегá、рукавá，后来逐步用于其他名词，如 лесá、лугá、голосá、адресá、профессорá，其

---

① ногата（诺加塔），10—15 世纪的罗斯货币单位，1 诺加塔等于 0.5 戈比。

至包括软变化的名词，如 пекаря́、токаря́、слесаря́、учителя́。它逐渐变成的复数第一格的词尾，而最初的复数第一格词尾 -и 被取代，如 рози、боци、лази、берези、рукави。

用双数第一格取代复数第一格始见于 15 世纪的古俄语文献中。1495 年的一份编年史中便使用 города́ 作为复数第一格[①]。到了 15—16 世纪，这种词尾用得更广，但直到 19 世纪末才进入俄语标准语。

在某些俄语方言中，以带重音词尾 -а(-я) 结尾的名词复数第一格用得更广。屠格涅夫在《猎人笔记》中使用 площадя́ 和 мелоча́ 作为 пло́щадь（广场）和 ме́лочь（小物件）的复数第一格，这体现了俄罗斯南部方言词汇的特点。

（2）中性名词的复数第一格形式

现代俄语名词 плечо́（肩膀）、коле́но（膝盖）的复数第一格 пле́чи、коле́ни 也是古俄语双数形式的遗留。这是因为 плече、колѣно 在古俄语中属于 ŏ 类型变格法，它们的复数第一格应为 плеча、колѣна，而双数第一格为 плечи、колѣнѣ（>колени）。在 19 世纪的文学作品中，这两种复数形式还是混用的。试比较普希金的长诗《叶甫盖尼·奥涅金》中的诗句：

1）... И первым снегом с кровли бани.

　　Умыть лицо, плеча и грудь.

（也不到浴室屋顶上取雪，用它擦脸搓胸揉双肩。）

2）Ах, милый, как похорошели

　　У Ольги плечи, что за грудь!

（啊，我亲爱的伙计，奥尔加的肩膀出落得太美了！那样的胸部！）

例 1）中用 плеча 作为复数，而例 2）中则用 плечи 作为复数。屠格涅夫的小说《父与子》中也曾使用 плеча 作为 плечо 的复数第一格，例如：Платок скатился с её головы́ на плеча（围巾从她的头滑落到了肩上）。

---

① 对于名词复数第一格带重音词尾 -а(-я) 的起源，语言学界至少还存在两种不同的观点：一种观点认为，这种词尾是古俄语以 -а 结尾的集合名词，如 брати（教士们）、дроужина［（古罗斯诸侯国的）亲兵］、сторожа（侦察队）等影响的结果，它们形式上是单数，但句法上要求动词谓语使用复数；另一种观点认为，这种词尾是受中性名词影响的结果，因为古俄语中性名词的复数第一格一直以 -а(-я) 结尾。

现代俄语名词 око（眸）、ухо（耳朵）的复数第一格 очи、уши 也是古俄语双数的残留。与 плечо、колено 不同，它们属于 ŏ 类型变格法的软变化，按照规则不可能出现 очи、уши 这样的双数形式。根据奥勃诺尔斯基的推测，远古时代 ухо 和 око 的形式可能是 *ушь 和 *очь，它们应当归入 ĭ 类型变格法之中。如果真是这样的话，ушь、очь 的双数第一格和第四格应该是 уши、очи。

（3）数词与名词构成的词组

在古俄语中，当数词 2 与名词搭配时，名词用双数第一格，如 дъва стола（两张桌子）、двѣ селѣ（两个村庄）、двѣ рыбѣ（两条鱼）；而当数词 3、4 与名词搭配时，名词则用复数第一格，如 три（четыре）столи、села、рыбы。可见，这与现代俄语数词与名词组成的词组不同。

试比较以下词组：

1）два шагá（两步），два рядá（两排），два часá（两小时）；

2）с пéрвого шáга（从第一步），до послéднего чáса（到最后一小时）。

在第一组词组中，шагá、рядá、часá 的重音落在词尾 -á 上；而在第二组词组中，шáга、чáса 的重音落在词干上。这两类词组中的名词都是单数第二格形式，只是重音有别。但实际的情况是，第一组词组中的名词是由古俄语双数第一格演化而来，而第二组词组中的名词才是真正的单数第二格。

在古俄语中，当数词 2 与中性、阴性名词搭配时，则用 дъвѣ селѣ、дъвѣ рыбѣ。中性名词受阳性名词的影响，名词 село 和数词 два 都与阳性看齐。但是阴性名词 рыбѣ 也与阳性名词看齐，用单数第二格 рыбы，数词 2 则仍用阴性形式 две（＜дъвѣ）。总体而言，阳性名词词组中的 стола 源自古俄语双数第一格，而中性名词和阴性名词词组中的 села、рыбы 是真正的单数第二格，并非源自双数第一格。

上文指出，古俄语数词 2 后的名词用双数第一格，而数词 3、4 后的名词则用复数第一格。但是，随着古俄语名词变格法的统一，数词与名词词组的用法也统一了，逐步发展成为现代俄语标准语的形式。在 16 世纪的古俄语文献中，还可以看到数词 2、3、4 与名词连用时存在单数、复数的摇摆现象，例如 четыре дворы поповыхъ（四间神甫的院子）。这里的 дворы 是复数第一格。

在乌克兰语和白俄罗斯语中，当数词 2、3、4 与名词连用时，名词不用单数第二格，而用复数第一格，例如乌克兰语的 два（три，чотири）столи 和白俄罗斯语的 два（три，чатыры）сталы 都表示"两（三、四）张桌子"。

在俄罗斯北部方言中，名词、形容词、代词的复数第五格词尾为 -ма，这也源于古时的双数，例如：за покупкима（утками, плотами）[现俄 за покупками（утками, плотами）：取回买的东西（鸭子、木筏）], с има（现俄 с ними：和他们一起），красныма пятнами（现俄 красными пятнами：用红色印迹），с ногама（руками, палками）[现俄 с ногами（руками, палками）：用腿（手、木棍）]。

第五节　名词性范畴的演变

俄语名词的性范畴是相当稳定的，自古划分为阳性、阴性、中性三个对立的序。在古俄语的发展过程中，一些名词的性范畴多少发生了变化，从一种属性变为另一种属性。

首先，以 -а 结尾的阳性名词转变为阴性名词，这是因为结构形态类似而发生的变化。如 жена（妻子）、книга（书）、нога（腿）、ржка（手）、соха（木犁）、рѣка（河）、вѣжа、вѣкъша、вѣра（信仰）、голова（头）、доуша（精神）、цѣна（价格）、чистота（纯洁）、учительница [女（中学）教师]、наставница（女教师）、школа（学校）在古俄语中属于阳性名词，现在属于阴性名词。只有少数 -а 结尾的表人名词属阳性，如 слуга（奴仆）、сирота（孤儿）、сиротина（孤儿）等。但是它们的词尾为 -а，在古俄语中就有要求阴性一致定语的倾向。这种倾向不仅出现在古文献中，也反映在民间口头文学和方言中。例如 11 世纪的例证 слоугы моѩ оубо подвизалы сѧ быша（现俄 мой слуга в таком случае подвизался：我的仆人在这种情况下发挥了作用），主语 слугы моѩ 为阳性单数，动词谓语用的却是复数 подвизалы сѧ，正确的形式应为 подвизали сѧ。17 世纪的例证 пожалоуи меня, сироту свою（现俄 пожалуй меня, сироту свою：原谅我，一个无依无靠的人），这里的 сирота 为阳性，却与物主代词阴性单数第四格 свою 连用。

在方言中也有类似的情况。例如 1937 年，在奥洛涅夫方言中仍说 бол'ша

мужычина（现俄 большая мужчина），这里的 мужчина 是当作阴性名词使用的。

现代俄语中指小、指大、表卑等后缀在构成新词时，有时保留生产词的性，如 сынишка[<сын（儿子）]、девчушка[<девчонка（小女孩儿）]、деревушка[<деревня（乡村）]、ручища[<рука（手）]、домище[<дом（房子）]，上述指小、指大、表卑的形式皆用作阳性。但在乌克兰语、白俄罗斯语中，上述派生词汇常常转为中性名词。16—17 世纪的古俄语文献也有这类的例子，如 другое мое деревнишко（我亲爱的乡村）、сынишко мое（我的儿）、за то службишко（为了这项职责）、купчишко пришло（买家来了）等。从上述例证中可以看出，деревня、сын、служба、купец 的派生词都是中性名词，这可以从与它们连用的中性定语 мое、то 加以判定。

第六节　名词动物性/非动物性范畴的演变

古俄语早期的一些句法关系用相同的形态手段表达。ŏ 类型变化法、ŭ 类型变化法和ĭ类型变化法的名词第一格同第四格，这不利于区分它们的句法功能，有必要用其他形式来取代第四格。

在《奥斯特罗米尔福音书》中已经能够发现 ŏ 变格类型法阳性名词单数第二格取代第四格的现象，如 оузьрѣ иисуса（现俄 увидел Иисуса：见到了耶稣）。其中，用作补语的 иисуса 第四格同第二格。类似的例证还有 а сынъ посади новѣгородѣ всѣволода на столѣ（现俄 а сына Всеволода посадил в Новгороде на столе：将儿子弗谢沃罗德分封在诺夫哥罗德）。此处的补语 сынъ 用的是旧的第四格形式，同第一格，但是同位语 всеволод 的第四格同第二格。

再如 и посла къ нимъ сынъ свои сватослава（现俄 и послал к ним своего сына Святослава：派自己的儿子斯维亚托斯拉夫到他们那儿去）。此处的补语 сынъ 及其定语 свои 用的是旧的第四格形式，同第一格，但 сынъ 的同位语 сватослав 的第四格同第二格。

又如 приславъ свояkъ свои изъ новагорода ярослава（现俄 прислав свояка своего Ярослава из Новгорода：从诺夫哥罗德派来了自己的连襟雅罗斯拉夫）。此

处的补语 свояк 用的是旧的第四格形式，同第一格，但其同位语 ярослав 的第四格同第二格。

由此看出，属于 ŏ 类型变格法的阳性名词（包括已转化过来的 ŭ 类型变格法名词）取代旧的第四格现象是有区别的，专有名词最早用第二格取代第四格。

当动物名词作为动词的直接补语时，用第二格代替第四格，这并非偶然。这是因为现代俄语中名词第二格就可用作动语的补语。当然名词第二格客体与名词第四格充当的客体略有区别，前者表示部分客体意义。试比较：

Он выпил воду.（他喝完了水。）

Он выпил воды.（他喝了些水。）

名词第二格还可用作否定客体，例如：

Я не брал этой книги.［我没买（借）这本书。］

此外，古俄语的一些类型现象也起到了助推作用，那就是第一、第二人称代词的第四格同第二格，例如：iазъ（现俄 я：我）的第二格和第四格都是 мене（现俄 меня），ты 的第二格和第四格都是 тебе（现俄 тебя），而且疑问代词 къто（现俄 кто：谁）的第二格和第四格也都是 кого。

动物名词用第二格取代第四格作为动词的直接补语是漫长的演变过程，从 11 世纪一直持续到 17 世纪。

如前文所说，这一演变过程最早出现在人名之中，然后扩展到表示人的名词以及表动物名称的名词上，试比较 14 世纪《拉甫连季编年史》和 15 世纪《伊帕季编年史》中的例句：

чему ѥси слѣпилъ братъ свои.

чему ѥси ослипилъ братъ своего.

（现俄 Почему ты ослепил своего брата：你为什么蒙骗自己的兄弟。）

在两部不同时期的编年史中，前一句使用的是旧的第四格补语 братъ свои，而后一句则用的是第二格补语 брата своего。

这里除了年代先后的因素外，动词体也是重要的影响因素。前一句使用未完成体 слѣпити，后一句使用完成体 ослѣпити。完成体动词表达更强的确定性。

同时，当名词与前置词连用时，旧的第四格形式也更容易保留下来。请见《拉甫连季编年史》中的例句：

се кнѧѕа оубихомъ роускаго, поимемъ женоу его вольгоу за кнѧѕь нашь за малъ...（现俄 Мы убили русского князя, возьмём его жену Ольгу за нашего князя Мала...：我们杀了罗斯的大公，抢了他的妻子奥莉加给我们的大公马尔为妻……）

在上述例句中，词组 кнѧѕа оубихомъ роускаго 中的 кнѧѕа 与定语 роускаго 是用第二格代替第四格，但前置词词组 за кнѧѕь нашь за малъ 中，名词 кнѧѕь 及其定语，甚至专有名词 малъ 都仍用第四格做补语，这是受前置词 за 影响的结果。

当然也有一些名词出现摇摆不定的情况，例如 моужь（现俄 муж：男子；丈夫）一词，该词在不同古俄语文献中有不同的用法。试比较《罗斯法典》中的例证：

ажь оубьѥть моужа...（现俄 Если убьёт муж мужа...：如果一个男人杀死另一个男人……）

аже кто оубиѥть кнѧжа моужа въ разбои...（现俄 Если кто-н. убьёт княжеского мужа умышленно...：如果某人蓄意杀死王公的侍从……）

在以上两个短句中，моужа 和 кнѧжа моужа 皆用第二格做补语。而在《拉甫连季编年史》中，мужь 仍保留旧的第四格形式，例如：

выпусти тъ свои мужь, а ꙗ свои, да сѧ борета（现代 выпусти ты своего мужа, а я своего, путь их двое поборются：你放开你的人，我放开我的人，让他们两个打斗一番。）

另一个摇摆的单词是 конь，例如：

(олегъ) на пѧтое лѣто помѧну конь свои.（现俄 На пятый год Олег вспомнил своего коня：第五年奥列格想起了自己的马。）

въсѣсти на конь（现俄 сести на конь：跨上战马）

а оже кто въсѧдеть на чюжь конь не прашавъ... то ·г· грвны.（现俄 Если кто-н. сядет на чужого коня, не просив позволения... то платить 3 гривны штраф：如果某人不经允许就骑上别人的马，罚款三格里夫纳。）

上述例句中的直接补语 конь 都保留旧的第四格形式。但是，第二格补语也常常使用，例如：

...всѣде на конѧ, и скоро доиде кыѥва града.（现俄 ... сел на коня, и скоро доехал до города Киева：……骑上马，很快就到了基辅。）

быша новогородци въсѣли на коня в торжекъ.（现俄 Новгородцы сели бы на коня в Торжок：诺夫哥罗德人骑上马去往托尔若克。）

古俄语中动物名词第四格被第二格取代最初只发生在单数上，且只是针对ŏ类型变格法的名词，在ǔ类型变格法与ī类型变格法、ŏ类型变格法合并以后，сынъ（儿子）、гость（客人）等词也开始像рабъ（奴仆）、кнѧзь（王公，大公）、конь（马）、моужь（男子；丈夫）等一样，用第二格取代第四格。

复数第四格被第一格取代最早出现于14世纪的莫斯科文献中。请见《伊万·卡里塔遗嘱》和《拉甫连季编年史》中的例证：

ıа пожаловаль есмь сокольниковъ печерскихъ.（现俄 Я пожаловал сокольников печорских：我给了伯朝拉的驯鹰手们赏赐。）

победиша деревлѧнъ（现俄 победили древлян：战胜了德列夫利安人）

其中，сокольниковъ 为 сокольникъ 的复数第四格，деревлѧнъ 为 деревлѧнъ 的复数第四格。

不仅如此，一些阴性动物名词也开始用复数第二格取代复数第四格。这一现象可见于16世纪的古俄语文献中，жонокъ（现俄 жёнка：女子）和 рабынь（现俄 рабыня：女奴）可作为数不多的两个例证。直至17世纪，这一现象更加普遍，出现诸如 птицъ прикормить（现俄 прикормить птиц：喂几只鸟）、лошадей коупить（现俄 купить лошадей：购买几匹马）等例证。

需要指出的是，古俄语中旧的名词第四格形式仍残留在现代俄语之中，一般为前置词结构。例如俄语词组 выйти замуж（出嫁）中的副词 замуж 源自 за мужъ，再如 Há конь！[上马！（口令）]。

在 выйти（выбиться）в люди（出人头地，成家立业）、пойти в солдаты（去当兵）、быть избранным в депутаты（被选为议员）、наняться в садовники（受雇为园林工人）、поступить в работницы（招工）、взять в жёны（娶妻）等固定词组中，люди、солдаты、депутаты、садовники 都是旧的复数第四格形式。在类似的结构中，用复数第二格形式，如 играть в индейцев（出演印度人），在现代俄语中则成为极少的例外。

第七节　名词词干的变化

　　以后舌音结尾的古俄语名词，在变格时词干会发生 к‖ц、г‖з、х‖с 之间的语音交替。前文指出，后舌音 к、г、х 在来自二合元音的 и 与 ѣ 之前会变为 ц、з、с。这一语音过程最终作为一种语法手段在名词变格时显现出来。例如 ā 类型变格法名词的单数第三格、第六格及双数第一格、第四格：роука（手）—роуцѣ, нога（腿）—нозѣ, соха（木犁）—сосѣ; ŏ 类型变格法名词的单数第六格及复数第一格、第六格、кроугъ[现俄 круг：圆（形）]—кроузѣхъ, кроузи; вълкъ（现俄 волк: 狼）—вълцѣ—вълцѣхъ—вълци; послоухъ（现俄 послух：证人）—послоусѣ—послоусѣхъ—послоуси。

　　由于双数范畴的消失以及 ŏ 类型变化法名词复数第一格与第四格合并，上述音变只保留在单数形式之中。在类推作用的影响下，促进词干的取齐（выравнивание основ），к、г、х 最终取代 ц、з、с，从而构成现代俄语的形式，即：нозѣ＞ногѣ＞ноге, роуцѣ＞роукѣ＞руке, сосѣ＞сохѣ＞сохе; кроуци＞кругы＞круги, вълци＞волкы＞волки, послоуси＞послоухы＞послухи。

第九章 代词

第一节 古俄语代词概述

　　古俄语代词和现代俄语代词大致相似。它包括两大类：人称代词（личные местоимения）和非人称代词（неличные местоимения）。人称代词包括第一人称和第二人称的代词，它们具有数的语法范畴，分为单数、复数和双数，不具备性的语法范畴。古俄语的人称代词只有六个格，没有呼格。与人称代词极为相似的是反身代词себе（现俄 себя：自己），它没有第一格，在句子中做补语使用。非人称代词包括指示代词（указательные местоимения）、物主代词（притяжательные местоимения）、疑问代词（вопросительные местоимения）、关系代词（относительные местоимения）、限定代词（определительные местоимения）、否定代词（отрицательные местоимения）和不定代词（неопределенные местоимения）。非人称代词具有性、数、格的语法范畴，在句子中主要用作定语，指示代词也可用作主语或补语。

　　现代俄语的第三人称代词 он（他）、оно（它）、она（她）在古俄语中用作指示代词，后来演变为人称代词。就语法功能而言，疑问代词 къто（现俄 кто：谁）和чьто（现俄 что：什么）与名词近似，但它们没有性和数的语法范畴，在句子中用作主语或补语。

第二节　人称代词与反身代词

1. 人称代词及反身代词的变格法

	人称代词						反身代词
	第一人称			第二人称			
	单数	复数	双数	单数	复数	双数	
一格	ıазъ	мы	вѣ	ты	вы	ва	—
二格	мене	насъ	наю	тебе	васъ	ваю	себе
三格	менѣ, ми	намъ, ны	нама	тебѣ, ти	вамъ, вы	вама	собѣ, си
四格	мене, мѧ	насъ, ны	на	тебе, тѧ	васъ, вы	ва	себе, сѧ
五格	мъною	нами	нама	тобою	вами	вама	собою
六格	мънѣ	насъ	наю	тобѣ	васъ	ваю	собѣ

表 26　古俄语人称代词及反身代词的变格表

从上表可见，古俄语与现代俄语人称代词和反身代词的变格系统相近。人称代词变格的突出特点是异干，主格与间接格是由不同词干构成的。

2. 人称代词的演变

（1）ıазъ（现俄 я：我）的演变

古俄语单数第一人称代词的单数是 ıазъ，相当于现代俄语的 я。它是从共同印欧语发展而来的，a 在词首发展为 ja，即 ıа。

在古俄语文献中，第一人称代词的单数有三种形式：ıазъ，азъ 和 ıа。其中，ıазъ 为俄语形式，азъ 是从古斯拉夫语借入的形式，而 ıа 是由 ıазъ 简化而来的新形式。例如罗斯文书中的句子：се ıазъ мьстиславъ...（我，姆斯季斯拉夫……），азъ далъ роукою своею...（我亲手给……），ıа се всеволодъ...（我，弗谢沃罗德……）。古斯拉夫语形式 азъ 用于书面语，常用作文牍语言的程式化短语，例如合约开头常用 се азъ рабъ...（我服从……）。虽然它不用在口语之中，但在古俄语时期使用了多个世纪。古俄语的 ıазъ 是双音节词，其音节划分为 ja|zъ，而其他都是单音节词，

例如 ты（你）、мы（我们）、вы（你们，您）。受其他单音节人称代词的影响，它也变为单音节：іазъ 变为 ιа，ιа 又变成现在的я。

第一人称代词单数的第二格和第四格是 мене，它也是共同斯拉夫语的遗产，在古斯拉夫语中也写作 мене。古俄语经历过 мене 发展为 менѧ，менѧ 又发展为 меня。меня 最早见于14世纪末的古俄语文献之中。第二人称代词单数 ты 的第二格和第四格的演变过程与 іазъ 相同，可以表示为 тебе＞тебѧ＞тебя。在俄罗斯南部方言中至今仍保留了旧的形式，如 у мене（在我这里）、без тебе（没有你）。

对于产生上述变化的原因，俄罗斯语言学界有三种不同意见。沙赫马托夫认为，这是语音变化引起的，即 e＞'a 在非重读音节下弱化的结果。索勃列夫斯基认为，мене＞меня、тебе＞тебя 是受古俄语 ŏ 类型变格法名词影响的结果。雅吉奇（И. В. Ягич）认为，мене＞меня、тебе＞тебя 是受到这两个人称代词第四格的后附形式（энклитические формы）мѧ、тѧ 影响的结果，第四格与第二格通常一致，所以新形式又逐渐转移到第二格上。

（2）ты（你）的演变

人称代词 ты 在共同斯拉夫语中的第三格和第六格为 тобѣ，在古斯拉夫语中为 тебѣ。тобѣ 这一形式最早见于11世纪的古俄语文献，并且与 тебѣ 并存。早期古俄语文献既有 к тебѣ（现俄 к тебе：去你那儿），也有 к тобѣ。某些俄语方言中至今仍还保留着 тобе（＜тобѣ）这种形式。

对于 тобѣ 转变为 тебѣ 的原因，语言学界有不同的解释。一些学者认为是从古斯拉夫语借入的形式，也有学者认为是 тобе 第一音节中的 o 被第二音节中的 e 同化的结果。库兹涅佐夫认为，这是元音 o‖e 之间交替的结果。

人称代词 ты 的第二格和第四格 тебе 是受第三格和第六格 тобѣ 的影响，其词干中的 e 也可能变为 o，即变为 тобе。在古俄语文献中可以找到 близ тобе（现俄 близ тебя：靠近你）、оу тобе（现俄 у тебя：在你那儿）、ищуть тобе（现俄 искать тебя：找你）等短语。有些地方甚至出现 тобѧ 这种混合的形式。

3. 人称代词后附形式的演变

古俄语人称代词有两种不同的形式：完全形式和后附形式。іазъ 的后附形式为

ми、мѧ；мы 的后附形式为ны；ны、ты 的后附形式为ти、тѧ；вы 的后附形式为вы。反身代词的后附形式为си、сѧ。

人称代词的完全形式和后附形式最初与其句子功能有联系，后附形式用于非重读情况。总体而言，这两种形式在古俄语中并列使用，而且人称代词的后附形式使用得更广。例如：иде на тѧ（现俄 он шёл на тебя：他攻打了你），по тѧ（现俄 за тобой：跟着你），пришедъ передъ мѧ（现俄 пришедши ко мне：到了我这里），тахъ ти волостии... не держати（现俄 тех волостей тебе не держать：那些乡村你不能占领），прислю ти（现俄 пришлю тебе：给你带来），а въ то ми сѧ доспело...（现俄 мне досталось...：我得到……），не лѣпо ли ны бяшеть...（现俄 нехорошо ли нам...：我们不好……），се посла ны црь（现俄 это нам послал царь...：皇帝派我们……），молю вы（现俄 молю вас：恳请您），иду на вы［现俄 иду на вас：（我）攻打你们］。

对于古俄语人称代词的后附形式何时消失的，这点很难确定。但是，从 15 世纪开始它们在口语中可能已经不常用了，但在文牍语言中还在使用，在文学语言中时有出现。例如 18 世纪特列季亚科夫斯基（В. К. Тредиаковский）所写的诗句：без рассудка ж ничего ти б не начинати（现俄 Без рассудка же ничего бы не начиналось：没有理智，一切无从开始）。

古俄语人称代词的后附形式在现代俄语俗语中仍有残余，例如：бог тя знат（现俄 Бог тебя знает：天知道）；я те дам（现俄 Я тебе дам：看我收拾你）；дуй те горой（现俄 Дуй тебя горой：你真该打）；чтоб те разорвало（现俄 Чтоб тебя разорвало：你不得好死）。

4. 反身代词的演变

古俄语反身代词没有主格（第一格），第二格和第四格为себе（现俄 себя），第三格和第六格为собѣ（现俄 себе<себѣ）。例如：оу себе（现俄 у себя：在自己这儿），по собѣ（现俄 по себе：在心里），коупи собѣ（现俄 купил себе：给自己买了）и рече в собѣ（现俄 и сказал в себе：我在心里说了）。

古俄语反身代词也有后附形式си 和 сѧ，例如：голову си розбих дважды（现

俄 я разбил себе голову дважды：我两次打伤了自己的头），возмоуть на сѧ прутье младое[现俄 возьмут на себя молодое прутье：（他们）会负责绿树条]。古俄语反身代词的后附形式 сѧ 作为反身动词的一部分未与动词融为一体。它是自由的，可位于动词之前，也可以在它与动词之间插入其他词，例如：что сѧ дѣете по веремьнемь, а возвращю сѧ похожю и еще（现俄 что делается по временам, а то возвращается похоже и ещё：善有善报，恶有恶报）。

在现代俄语标准语中，-ся 与反身动词融为了一体。在元音之后时，词尾的元音 а 要发生弱化至零，例如：начаться（开始）的过去时单数阳性为 начался，而过去时单数阴性、中性和复数形式分别是 началась、началось、начались。在民间文学作品中，反身动词过去时阴性、中性和复数形式也可能不发生这种元音弱化现象，例如：началася, сделалися[сделаться 的过去时：做（完）]。

5. 第三人称代词的起源

古俄语的第三人称代词源自指示代词，即 онъ、оно、она。它们并非斯拉夫语言固有的人称代词，而是从共同斯拉夫语第三人称指示代词 и（阳性）、ѥ（中性）、ıа（阴性）演变而来。

第三节　指示代词

1. 指示代词 и、ѥ、ıа

	单数			复数			双数		
	阳性	中性	阴性	阳性	中性	阴性	阳性	中性	阴性
一格	и	ѥ	ıа	и	ıа	ѣ(ıа)	ıа	и	и
二格	ѥго	ѥго	ѥѣ(ѥıа)	ихъ	ихъ	ихъ	ѥю	ѥю	ѥю
三格	ѥму	ѥму	ѥи	имъ	имъ	имъ	има	има	има
四格	и	ѥ	ю	ѣ(ıа)	ıа	ѣ(ıа)	ıа	и	и
五格	имь	имь	ѥю	ими	ими	ими	има	има	има
六格	ѥмь	ѥмь	ѥи	ихъ	ихъ	ихъ	ѥю	ѥю	ѥю

表 27　指示代词 и、ѥ、ıа 变格表

第三人称指示代词 и、ю、ia 在共同斯拉夫语时期被指示代词 онъ、оно、она 所取代。但是，它与语气词 же 构成关系代词 иже（现俄 который）、юже（现俄 которое）、iаже（现俄 которая）后继续使用，其间接格则与指示代词 онъ、оно、она 合并构成新的第三人称代词。需要指出的是，用作指示代词和第三人称代词的 онъ、оно、она 的区别在于：用作指示代词时为 óнъ、óно、óна，它与现代俄语的古旧代词 óный、óное、óная 一样变格，而用作人称代词时为 óнъ、онó、онá。

关于 и、ю、iа 变格的变化，需要强调以下几点：1）它与其他所有代词一样，失去双数范畴；2）单数第五格、第六格阳性和中性的 м' 硬化为 м，即 имь>им，第六格的 је 变成 јо，即 юмь>ём；3）这些代词的第四格单数、复数都被第二格取代，即 его 取代 и、ю，её（取代旧形式 ю̌）取代 ю，их 取代 ě、ia、ě。

与此同时，指示代词 и、ю、iа 的间接格与前置词 в（<вън[①]）、к（<кън）、с（<сън）连用时，它前面要出现一个辅音 н，如古俄语文献中的 оу него（现俄 у него：在他那儿）、на нь（现俄 на них：朝他们）、на ню（现俄 на неё：朝她）、с нимъ（现俄 с ними：和他们）等。现代俄语中保留了这种规则。但在现代俄语一些方言中，这里的 н 可以不出现，即可以说 к ему、с ими、о их。

还应指出的是，古俄语的第三人称代词 онъ、оно、она 的复数第一格有性的区别：阳性为 они，中性为 она，阴性为 оны。现代俄语则最终统一为 они。这种统一受到名词变格复数统一和代词复数间接格形式一致的影响。在 1917—1918 年文字改革以前，она 的复数第一格曾使用 онѣ，改革后被取消。

2. 指示代词 ть、то、та

	单数			复数			双数		
	阳性	中性	阴性	阳性	中性	阴性	阳性	中性	阴性
一格	ть	то	та	ти	та	ты	та	тѣ	тѣ
二格	того	того	тоѣ(тоіа)	тѣхъ	тѣхъ	тѣхъ	тою	тою	тою

[①] 古时前置词 вън 作为前缀保留在副词 внутри（<вънутри）和动词 внушить（<вънушити）中。从词源的角度看，внутри 中的 утри 与 утроба（内脏；里面，内部）有联系，而 внушить 则与 ухо 为同根词。

续表

三格	тому	тому	тои	тѣмъ	тѣмъ	тѣмъ	тѣма	тѣма	тѣма
四格	тъ	то	ту	ты	та	ты	та	тѣ	тѣ
五格	тѣмь	тѣмь	тою	тѣми	тѣми	тѣми	тѣма	тѣма	тѣма
六格	томь	томь	тои	тѣхъ	тѣхъ	тѣхъ	тою	тою	тою

表28 指示代词 тъ、то、та 变格表

古俄语指示代词 тъ、то、та 表示泛指。代词 тъ 有多种形式：

阳性：тъ，тыи，тои，тьи，то，ть；

阴性：та，та；

中性：то，тое，ть。

例如：в то（<тъ）чинъ（= 现俄 в тот договор：列入那个条约），то же звонъ слыша（现俄 слыша тот звук：听到那个响声），и подъ тыи дубъ пріиде святая троица…（现俄 и под тот дуб пришла святая троица：三位主神来到了那棵橡树下），та земла（现俄：那片土地）。

指示代词 тъ 的单数第一格太短，古俄语早期开始使用重叠形式 тътъ，弱元音脱落时期变为 тот。它在现代俄语标准语及大多数方言中保留了下来，成为指示代词的阳性单数第一格。

тотъ 单数第二格 того 中的 г 最早为塞音。现代俄语的许多方言中都保留着这种读音。在现代俄语标准语中，того 读作〔тавó〕。语言学家的分析表明，这是由于塞音 г 先弱化为擦音 г，即 того 变为 тоγо，擦音 γ 进一步削弱乃至完全消失，тоγо 演变为 тоо。由于俄语对元音的堆砌（стечение гласных）是排斥的，于是两个元音 о 之间出现新的唇辅音 в，тоо 变为 тово。因此，整个演变过程可以表示为：того＞тоγо＞тоо＞тово＞таво。① тово 的形式始见于 15 世纪的古俄语文献，并对其他代词的类似形式产生影响，例如：его（读作〔ево〕），моего（读作〔моево〕），твоего（读作〔твоево〕），своего（读作〔своево〕），нашего（读作〔нашево〕）。

---

① 关于 того 演变为 тово 的过程，一种说法认为是受长尾形容词变格的影响。

тъ 的阳性、中性单数第五格和第六格词尾的软辅音 м' 硬化为 м。阴性单数第二格 тоѣ 变为той。тъ 的单、复数各格中的 ѣ 均与 е 合而为一，即 ĕ 变为 e。

тъ 的阳性、中性、阴性的复数第一格均为 те（<тѣ）。тѣ 取自原复数第二格 тѣхѣ 和第三格 тѣмѣ 的词干。复数形式的统一是大势所趋。

现代俄语的指示代词 этот、это、эта 是由 тот、то、та 加指示语气词 э 构成的 (e<he)。этот（етот）的形式出现于 17 世纪。

指示语气词 э 最初单独使用，在与前置词连用时可以被前置词隔开，例如：въ е въ то（现俄 в это），на е на томь（现俄 на этом），съ е съ тѣмь（现俄 с этим）。它仍保留在现代俄语的许多方言之中，如 эвто、эфто、энто、эсто 等。

3. 指示代词 онъ、оно、она

	单数			复数			双数		
	阳性	中性	阴性	阳性	中性	阴性	阳性	中性	阴性
一格	онъ	оно	она	они	она	оны	она	онѣ	онѣ
二格	оного	оного	оноѣ (онои)	онѣхъ	онѣхъ	онѣхъ	оною	оною	оною
三格	оному	оному	онои	онѣмъ	онѣмъ	онѣмъ	онѣма	онѣма	онѣма
四格	онъ	оно	ону	оны	она	оны	она	онѣ	онѣ
五格	онѣмь	онѣмь	оною	онѣми	онѣми	онѣми	онѣма	онѣма	онѣма
六格	ономь	ономь	онои	онѣхъ	онѣхъ	онѣхъ	оною	оною	оною

表 29 指示代词 онъ、оно、она 变格表

古俄语的指示代词 онъ、оно、она 表示远指，指远处的人或物，例如：онъ полъ моря（现俄 та половина моря）指海的对岸。онъ、она、оно 的变体 оный、оная、оное 已经不再使用了，只出现在某些固定搭配中，例如：во время оно（=в то время：那时），во времена оны（=в те времена：在那些年代），в оны дни（=в те дни：在那些天）。

现代俄语方言中的副词 ономедни（不久前，几天前）来自 ономь+дьне。

4. 指示代词 сь、се、си

	单数			复数			双数		
	阳性	中性	阴性	阳性	中性	阴性	阳性	中性	阴性
一格	сь	се	си	си, сии	си	сиѣ(сиѩ)	си	сии	сии
二格	сего	сего	сеѣ(сеѩ)	сихъ	сихъ	сихъ	сею	сею	сею
三格	сему	сему	сеи	симъ	симъ	симъ	сима	сима	сима
四格	сь	се	сю	сиѣ(сиѩ)	си	сиѣ(сиѩ)	си	сии	сии
五格	симь	симь	сею	сими	сими	сими	сима	сима	сима
六格	семь	семь	сеи	сихъ	сихъ	сихъ	сею	сею	сею

表 30 指示代词 сь、се、си 变格表

古俄语指示代词 сь、се、си 表示近指，指近处的人或物，例如：сь столъ（现俄 этот стол：这张桌子），си стѣна（现俄 эта стена：这面墙），се село（现俄 это село：这个村庄）。сь、се、си 的变体形式分别为 сий（>сей）、сия、сие。这两种指示代词的变格相同，都属于软变化，单数第二格分别是 сего（阳性）、сеѣ（阴性）、сего（中性）。不过，阴性单数第四格有两种变体：си（сю）和 сия（сию）。

сь、се、си 在古俄语中用作书面语。在 13 世纪的文书中，出现一个新形式 ся，如在《斯摩棱斯克同里加及哥得兰岛签订的合约》中使用 ся грамота есть выдана（现俄 эта грамота была выдана：该文公已经发出了）。这个新形式逐步取代了旧形式，到 16—17 世纪时成为公文中的程式化语言。

受 ть 重叠使用的影响，сь 也开始叠用，即 сьсь，后演变为 сесь。这一过程出现在 14—15 世纪的古俄语文献中，例如：до петрова дни на сесь годъ（现俄 до Петрова дня на этот год：到这一年的圣彼得节前）。сесь 不仅用于第一格，还用于第四格，它与 ся、се 等形式一起成为 16—17 世纪莫斯科公文语言中的积极词汇，例如：сесь нашъ указъ（现俄 этот наш указ：我们的这个命令）。

18 世纪以后，сесь、ся 已不在俄语标准语中使用，而 се（>сё）保留了下来，例如：ни с того ни с сего（无缘无故，不知为何故），ни то ни сё (<се)（不三不四，不伦不类；不好不坏，平平常常），то да (и) сё, то-сё（这个那个）。形容词посюсторонний（此岸的）来自 по сю сторону。

指示代词 сей、сия、сие、сии 在书面语和文牍语言中一直使用到 19 世纪中叶。它们在现代俄语中也可用来表示戏谑、讽刺，例如：сей неугомонный политикан（这位喋喋不休的政客）。它还保留在固定词组和熟语中，例如：сейчас（现在），сегодня（今天），сию минуту（立刻，马上），сиюминутный（刚发生的），до сих пор（至今，直到现在），на сей раз（这次），по сей день（至今），по(或 о)сю пóру⟨旧⟩（至今，迄今），быть по сему（照此办理），засим⟨旧⟩（以后，接着），малые мира сего（世间的小人物，社会地位低下的人），сильные（或 великие）мира сего（这个世界的权势人物），не от мира сего（不是来自这个世界的，脱离现实的），мир дому сему⟨旧，谑⟩（祝祖国平安），от сих до сих⟨谑⟩（由这里到这里；在严格限定的范围内）。

сь 在现代俄语方言中作为后置词缀，例如：летось（去年，去年夏天），вчерась（昨天）。

总体而言，在古俄语三组指示代词 тъ、та、то，онъ、она、оно 和 сь、се、си 中，后两组都消失了。тъ、та、то 演化为 тот、та、то，它同新出现的指示代词 этот、эта、это 共同组成现代俄语的指示代词。

5. 其他指示代词

其他指示代词还包括：овъ、ово、ова；такъ、така、тако；таковъ、таково、такова；сиць、сице、сица；сицевъ、сицево、сицева；сякъ（сякыи），сяка，сяко，саковъ，саково，сакова；толикъ（толикыи）。

指示代词 овъ、ова、ово 在现代俄语中已消失。它们用在古俄语文献中，如овыхъ избиша, а инѣхъ...（现俄 этих убили, а других... ：他们杀死了这些人，而其他人……），俄罗斯北部方言的副词 овогда（=иногда，有时）源自 ово+гда。

古俄语的指示代词还包括：такъ（такыи），така，тако（现俄 такой）；таковъ，таково，такова（现俄 такой）；сиць（сиции），сица，сице（现俄 такой）；сицевъ，сицева，сицево（现俄 такой）；сакъ（сакыи），сака，сако（现俄 такой）；саковъ，сакова，саково（现俄 такой，столь）；акъ，ака，ако（现俄 какой）；iакъ，iака，iако（现俄 какой）；等等。

上述指示代词中，сиць、сицевъ、сакъ、саковъ、акъ、iакъ 等在现代俄语中

消失，只保留在熟语中，例如：так и сяк, то так то сяк（各种各样，用各种方式），так и сяк, так-сяк（马马虎虎，不好不坏；勉强弄到的），хоть так, хоть сяк（随便怎样，无论怎样）。

有些指示代词在现代俄语中仍在使用，例如 такой、таков、толикий 等。请看下列古俄语例子：таку же любовь（现俄 такую же любовь），хвала така（现俄 такая восхваление），селъ тацѣхъ（现俄 сёл таких），такоıа жизни（现俄 такой жизни），обычаи сиць（现俄 этот обычай），сици слугъ（现俄 такие слуги），сицю братию（现俄 таких братьев），о сицѣхъ（现俄 о таких），сѧкого зла（现俄 такого зла），сь сѧкыми рѣчьми（现俄 с такими речами），сѧково знамение（现俄 такое знамение），сѧкого веремени не боудеть（现俄 такого времени не будет），въ толицѣ бѣдѣ（现俄 в такой беде）。

第四节　物主代词

	单数			复数			双数		
	阳性	中性	阴性	阳性	中性	阴性	阳性	中性	阴性
一格	мои	моѥ	моıа	мои	моıа	моѣ (моıа)	моıа	мои	мои
二格	моѥго	моѥго	моѥѣ (моѥıа)	моихъ	моихъ	моихъ	моѥю	моѥю	моѥю
三格	моѥму	моѥму	моѥи	моимъ	моими	моимъ	моıма	моıма	моıма
四格	мои	моѥ	мою	моѣ (моıа)	моıа	моѣ (моıа)	моıа	мои	мои
五格	моимь	моимь	моѥю	моими	моими	моими	моıма	моıма	моıма
六格	моѥмь	моѥмь	моѥи	моихъ	моихъ	моихъ	моѥю	моѥю	моѥю

表 31　物主代词 мои、моѥ、моıа 变格表

	单数			复数			双数		
	阳性	中性	阴性	阳性	中性	阴性	阳性	中性	阴性
一格	нашь	наше	наша	наши	наша	нашѣ	наша	наши	наши
二格	нашего	нашего	нашеѣ	нашихъ	нашихъ	нашихъ	нашею	нашею	нашею
三格	нашемоу	нашемоу	нашеи	нашимъ	нашимъ	нашимъ	нашима	нашима	нашима

续表

四格	нашь	наше	нашоу	нашѣ	наша	нашѣ	наша	наши	наши
五格	нашимь	нашимь	нашего	нашими	нашими	нашими	нашима	нашима	нашима
六格	нашемь	нашемь	нашеи	нашиьхъ	нашихъ	нашихъ	нашею	нашею	нашею

表 32　物主代词 нашь、наше、наша 变格表

古俄语物主代词 мои（现俄 мой：我的）、твои（现俄 твой：你的）、свои（现俄 свой：自己的）、нашь（现俄 наш：我们的）、вашь（现俄 ваш：你们的，您的）按软变化变格。在古俄语发展史上，它们经历了与指示代词相同的发展过程，具体为：双数消失，弱元音脱落，阳性、中性单数第五格和第六格词尾的 м' 硬化为 м，阴性单数第二格同第三格，阳性、中性、阴性复数第一格和第四格统一为阴性形式 мои、твои、свои、наши、ваши。

在现代俄语的一些方言中，物主代词的复数变格受到硬变化的影响而发生变异。例如在 13 世纪的文献中，开始用 моѣхъ、моѣмъ、моѣми 取代 моихъ、моимъ、моими。在这些间接格的影响下，复数第一格和第四格也统一为 моѣ。这种现象在现代俄语方言中广泛存在，例如：мое（＜моѣ）дочери（现俄 мои дочери：我的女儿们）。

第五节　限定代词

1. 限定代词 вьсь、вьсе、вься

| | 单数 ||| 复数 |||
	阳性	中性	阴性	阳性	中性	阴性
一格	вьсь	вьсе	вься	вьси	вься	вьсѣ(вься)
二格	вьсего	вьсего	вьсеѣ(вьсеѩ)	вьсѣхъ	вьсѣхъ	вьсѣхъ
三格	вьсему	вьсему	вьсеи	вьсѣмъ	вьсѣмъ	вьсѣмъ
四格	вьсь	вьсе	вьсю	вьсѣ(вьѩ)	вься	вьсѣ(вься)
五格	вьсѣмь	вьсѣмь	вьсею	вьсѣми	вьсѣми	вьсѣми
六格	вьсемь	вьсемь	вьсеи	вьсѣхъ	вьсѣхъ	вьсѣхъ

表 33　限定代词 вьсь、вьсе、вься 变格表

限定代词 вьсь（现俄 весь）、вьсе（现俄 всё）、вьсia（现俄 вся）也属于软变化。古俄语限定代词也经历了与其他非人称代词一样的发展经历。需要指出的是，在共同斯拉夫语时期，限定代词 вьсь 的某些变格受到硬变化的影响，阳性、中性单数第五格为 вьсѣмь，复数第二格和第六格为 вьсѣхъ，复数第三格为 вьсѣмъ，复数第五格为 вьсѣми。受这些变格形式的影响，复数第一格和第四格演变成为 вьсѣ（<вьси，вьсѣ，вься）。在莫斯科周围地区的方言中，вьсь 的复数第一格并非 все（<вьсѣ），而是 вси（<вьси）。这种现象在14—17世纪的莫斯科古俄语文献中屡见不鲜，例如：вси промыслы（现俄 все промыслы：所有谋生的手艺），вси пойдут（现俄 все пойдут：所有人都会去），вси сторожи（现俄 все сторожи：所有守卫）。

2. 限定代词 самъ、самыи、вьсaкъ、вьсaкыи、iaкъ（iaкыи）

限定代词 самъ、самыи、iaкъ（iaкыи）的变格同 ть，也可同长尾形容词，例如：тебѣ же самои（现俄 тебе же самой），о мьнѣ самомь（现俄 о мене самом），самѣмъ сынъмъ ѥго（现俄 самым сыном его），на самом краи（现俄 на самом краю）。

вьсaкъ、вьсaкыи 的变格同 такъ，例如：безо вьсaкоѥ хитрости（现俄 без всякой хитрости：未用任何计谋），всaкъ языкъ（现俄 всякий язык：任何语言），от всaкого жита（现俄 от всякого жита：由任何庄稼）。

现代俄语代词 сама 的第四格为 саму 和 самоё。саму 更为常用，самоё 属于旧的形式。саму 来自古俄语 сама 的第四格，如同 та 的第四格一样；而 самоё 也来自古俄语中的第四格，最初是第二格 самоѣ，然后变为 самое，继而演变为 самоё，最终用作第四格。这与指示代词 та 在方言中的演变过程相同，即 тоѣ>тое>тоё。

3. 限定代词 къжьдо、кыижьдо

限定代词 къждо 为阳性单数第一格，没有阴性和中性形式。据沙赫马托夫推测，限定代词 къждо 可能曾有过阴性形式 кажьдо。

与 къжьдо 并存的一种形式为 кыижьдо（>коижьдо, кaажьдо, коѥжьдо）。кыижьдо 也是前半部分变化，例如：коѥгожьдо, коѥѣжьдо, коѥгожьдо, коѥмоужьдо, коеижьдо，коемоужьдо．

大约在 14 世纪末—15 世纪初出现了现代的形式 кажьдыи（кажьдого，кажьдому），它的变格与长尾形容词相同，同时使用的形式还有 кождыи。到了 18 世纪，кажьдыи 已经常用并确立了自己的统治地位，在现俄 каждый 之前还曾出现过 кажный。

第六节　疑问代词

1. 疑问代词 которыи

疑问代词 которыи（现俄 который）的变格与长尾形容词相同。которыи 的意义大致包括：1）какой 和 кто，例如：и бысть сѣча зла и межю ими смятенье, не вѣдяхуть, котории суть побѣдили（战斗惨烈，一片混乱，不知道谁取得了胜利）；которое бо бѣше насиліе wтъ земли половецкыи（波罗维茨人制造了多么大的暴行啊）。2）который，例如：которого князя хощете, и язъ вамъ того дамъ（你们愿意要哪个王公，我就给你们哪个）。3）какой-нибудь 和 кто-нибудь，例如：даже которыи князь почьнеть хотѣги отяти оу святого гewpги（如果哪个王公想要从圣乔治修道院夺走）。

2. 疑问代词 къи（>кои，кая，кое）

古俄语疑问代词 къи（>кои，кая，кое）意义相当于现代俄语中的 какой、который、некоторый、какой-нибудь 等，其变格形式为：кои, коѥго, коѥмоу, кои, коимь, коѥмь。例如：отъ кыихъ（现俄 от каких：由于怎样的），коѥѭ съмьртиѭ хотѣаше оумрѣти（现俄 какой смертью хотел умереть：想怎样死去），кымь образъмь（现俄 каким образом：怎么样），кыи человѣкъ（现俄 какие люди：怎样的人们），кая обида（现俄 какая обида：怎样的屈辱）。

疑问代词 къи 在现代俄语中已经不再广泛使用，只留下了一些遗迹，通常用在熟语之中，带有口语和俗语特征，例如：кой чёрт, коего чёрта, коему чёрту（见鬼！

干吗!)(表示坚决反对、强烈不满、气愤等); на кой чёрт(干吗! 有什么用! 何苦来呢!); в кои(或 в кои-то)веки(难得, 毕竟, 终于)。有的时候用作构词前缀, 例如: кое-где(或 кой-где)(某个地方); кое-как(或 кой-как)(不知怎么地); кое-кто(或 кой-кто)(某人); кое-куда(或 кой-куда)(往某处); кое-что(或 кой-что)(某个东西); в кою пору, кой раз(不经常, 偶尔)。

3. 疑问代词 къто、чьто、чии、чиıа、чиıє

这类疑问代词分为两类: 第一类是代名词, 如 къто(现俄 кто: 谁)、чьто(现俄 что: 什么), 分别指代人、动物(къто)或物体(чьто), 常用作主语和补语。къто 和 чьто 没有复数, 不区别性的范畴, къто 为阳性, что 为中性。第二类是代形容词, 如 чии、чиıа、чиıє, 常用作定语。

从构成上看, къто 和 чьто 是由两个不同的词干构成, 即 къ+то 和 чь+то(чь<кь)。чии、чиıа、чиıє 是由 чь+и(jь)、чь+ıа、чь+ıє 两部分复合而成, 第二部分是人称代词, 变格与人称代词相同。有的学者把 къто、чьто 称为疑问关系代词, 而把 чии 称为疑问物主代词。

(1) 疑问代词 къто、чьто

疑问代词 къто、чьто 的变格如下:

къто, кого, кому, кого, кѣмь, комь;

чьто, чего, чему, чьто, чимь, чемь。

关于 къто 的变格, 需要说明的是:

1) 在弱元音 ъ 脱落之后, къто 变成 кто, 其读音有所变化。在现代俄语的一些方言中读作〔хто〕, 即发生 к 与 т 之间的异化作用。

2) къто 的第四格 кого 同第二格, 读作〔кавó〕。这是因为 къто 表示人或动物, 共同斯拉夫语中动物名词的单数第四格同第二格。

3) къто 第五格具有变体 цѣмь, 它来自 *koimь>кѣть>сѣть(цѣмь)。古俄语文献中未发现这一形式的例句。沙赫马托夫推测, 这个形式很早就被 кымь 所取代。他认为, кем 是受到 тем 的影响而产生。另一种说法是, кем 是受 къто 其他格的类推影响而产生的。

4）къто 第五格和第六格结尾的软音 м' 硬化是古俄语演变的普遍现象，即 кемь＞кем、комь＞ком。

关于 чьто 的变格，需要说明的是：

1）在弱元音 ь 脱落之后，чьто 变成 что，发生塞擦音 ч 与塞音 т 之间的异化，所以读作〔што〕。

2）在俄罗斯北部、东北部及西伯利亚地区，что 读作〔чо〕。该读音是由 чь 演变而来的，即 чь＞че＞ч'о。чь 和 че 在 11 世纪古俄语文献中曾经出现过。在 15 世纪的《伊帕季编年史》中有过 а чо ти дасть［现俄 а что тебе даст：（他）会给你什么］。

3）古俄语文献中出现过 чьто 的第二格变体 чесо、чьсо 和 чьсого。它们不是古俄语口语的固有形式，而是借自古斯拉夫语。

4）чьто 的第五格 чимь 是与 къто 第五格 цѣмь 相互作用的结果，即 чимь＞чѣмь＞чемь。

5）чьто 的第五格和第六格结尾的软辅音 м' 硬化为 м，即 чѣмь＞чем、чемь＞чом。

（2）疑问代词 чии、чьꙗ、чьѥ

疑问代词 чии、чьꙗ、чьѥ 是由 чь 与代词 и、ꙗ、ѥ 组合而成，变格时只有 и、ꙗ、ѥ 变化。例如：чии ѥсть образъ сь（现俄 чей этот образ：这个圣像是谁的），въ чьеи вьрви（现俄 в чьей общине：在谁的村社里），во чьѥмь удѣлѣ（现俄 в чьём уделе：在谁的封地里）。代词 чии 不仅是疑问代词，也是物主代词，还经常用作关系代词，例如：товаръ весь чии бы ни былъ, то все разграбиша（现俄 Все товары, чьи бы ни были, все разграбили：所有的物品，不管是谁的，一概抢光了）。

第七节　关系代词

关系代词 иже、ꙗже、ѥже 相当于 который（那个，这个），它们是由人称代词 и、ꙗ、ѥ＋语气词 же 两部分组成。变格时只变化人称代词部分，如 иже 变为 ѥгоже、ѥѣже、ѥмоуже、ѥиже 等。例如：ꙗже нынѣ зовома русь（现俄 которая ныне называемая Русью：那个现在被叫作罗斯的），из его же wзера потечеть волховъ（现俄 из того озера течёт Волхов：从那个湖泊里流出沃尔霍夫河），и ныне есть икона богородицы на кюже надеемся（现俄 и ныне есть икона богородицы, на которую надеемся：现在有圣母的圣像，我们能够指望它）。

后来 еже 开始用作阳性、阴性、中性和复数，例如：любьвь кже к святыима（现俄 любовь, которая к святым：对圣徒们的爱），кънязь изяславъ... кже послѣже положи доушю свою...（现俄 князь Изяслав... который впоследствии положил душу свою...：后来牺牲自己性命的那位伊贾斯拉夫……），и ины грады еже суть и до сего дне под русью（现俄 и другие города, которые и до сегодняшнего дня во владении Руси：至今还在罗斯控制下的其他那些城市）。在这种用法的影响下，иже 也开始用作泛指，例如：и возьмуть землю нашю иже быша стяжали wтьци ваши и дѣти ваши（现俄 и возьмут нашу землю, которую приобрели бы ваши отцы и дети：会夺走你们的父辈和孩子们得到的那片土地），видѣ желѣза иже бѣша на немь（现俄 увидел оковы, которые были на нём：发现套在他身上的束缚）。иже 一词保留在现代俄语的熟语 и иже с ним（或 с ними）（及其同伙）之中。

其他关系代词还有 акъ же 和 ıакъ же，它们相当于现代俄语的 какой 和 такой, как，例如：акъ же бы оумъ вашь（现俄 ум был такой, как ваш：才智如您那样），бысть моръ в конихъ акъ же не былъ（现俄 был такой мор коней, как никогда не было：发生了从未有过的马瘟）。

еликъ（кликъ）、елико 也用作关系代词，相当于现代俄语的 кто、что，例如：клико слышаху словеса кго, wт слез не можаху ни словесѣ рещи（现俄 кто слышит его слова, от слёз не могли ни слова сказать：听他说话的人，由于泪水说不出一个字），аще творите клико азъ заповѣдажь вамъ（现俄 если вы делаете что я вам приказываю：如果你们做了我吩咐你们做的），исполнивайте все елико глаголеть вамъ（现俄 выполняйте всё что он вам говорит：按我告诉你们的做所有事情）。

第八节　否定代词

否定代词 никъто（никъ）[现俄 никто：谁也（不）]、ничьто（ничь, ниче）[现

俄 ничто：什么也（不）] 是由疑问代词къто、чьто+否定语气词 ни 构成，变格与 къто、чьто 相同。当它们与前置词连用时，前置词置于 ни 与 къто、чьто 之间。ничто 的第二格有变体 ничесо、ничьсого。例如：блюдѣте сѧ, да никъто же васъ не прѣльстить（现俄 остерегайтесь, чтобы никто вас не обольстил：当心，让谁也不能向你献谄），никѣмъ ни отъ кого не изобижены（现俄 никем и ни от кого не обижены：无论什么人的侮辱都不受），а тобѣ... безъ насъ не доканчивати ни съ кимъ（现俄 а тебе... без нас не договариваться ни с кем：没有我们，你无论和谁也谈不妥），... не вступаетъ нихто（现俄 ... не вступает никто：谁也不进来），никъ же можетъ двѣма господинома работати（现俄 никто не может служить двум господам：谁也不能侍奉两位尊神），нѣмцы не успѣша ничто же и устремишася на бѣгъ（现俄 германцы не добились ничего и обратились в бегство：日耳曼人什么也没达成就跑回去了），новгородцы псковичемъ не помогоша ничимъ, ни дѣломъ, ни словомь（现俄 новгородцы псковичам не помогли ничем, ни делом, ни словом：诺夫哥罗德人什么也没帮助普斯科夫人，一件事、一句话都没有），ничему быхъ не присяглъ къ иномоу брашноу（现俄 ни за что я не прикоснулся бы к иной пище：不论为了什么我也不碰别人的食物），се ни въ что же ѥсть（现俄 это ничего не стоит：这什么也不算），боляръ ихъ прещениа ни въ что же положиша（现俄 угрозы их бояр нисколько не подействовали：他们的威胁对大臣们什么作用也没起），все бо, елико твориши въ келки, ни въ что же суть（现俄 всё, что ты делаешь в келье, ничтожно：你在修士单居室里做的一切都一文不值），не вѣсте ничесо же（现俄 вы ничего не знаете：你们什么也不知道），не могж азъ о себе творити ничьсо же（现俄 не могу я самостоятельно сделать ничего：我自己什么也不能做），ничьсого бо иного не обрѧштеши（现俄 ты ничего другого не найдёшь：你别的什么也发现不了）。

古俄语文献中曾用过不定代词 никыи，它的变格与 кыи 一样，变为 никоюи、никую 等，例如：никыи же бо рабъ можеть дъвѣма господинома рабтати（现俄 никакой раб не может служить двум господам：哪个奴仆也不能侍奉两位尊神），никаѩ же польза ѥсть（现俄 никакой пользы нет：什么好处也没有），не помышляше никоюго же зла на брата своѥго（现俄 он не замышлял никакого зла на брата своего：他不想将任何罪恶加于自己的兄弟），помочи имъ нѣтъ ни отъ коея страны（现俄 помощи им нет ни от какой страны：没有得到任何一方对他们的帮助），но промежи того не бысть зла никоєго же（现俄 но между тем не было никакого зла：然而，没有任何的罪恶），ни коимъ же дѣломъ [现俄 никаким образом：无论如何也（不）]。

никыи 在现代俄语中演化为 никой、никая、никое，它们只保留在熟语中，例如：никоим образом [无论如何也（不）]，ни в коем случае [无论什么情况下也（不）]。

第九节　不定代词

古俄语的不定代词包括：нѣкъто、нѣчьто、нѣкыи（нѣкъ、нѣка、нѣко）、инъ（ина、ино）、ютеръ（ютера、ютеро）。

некто（нѣкъто）在现代俄语中只用第一格，нечто（нѣчьто）只用第一格和第四格，例如：некто с букетом цветов спросил номер дома（一个拿花的人问门牌号），вас спрашивал некто Володя（有一个叫瓦罗佳的问过您），случилось нечто странное（发生了一件怪事），расскажу нечто о себе（我说说自己的情况）。нешто 还可以当语气词使用，相当于 разве、неужели，书写上有别于 нечто。

нѣкыи、нѣка、нѣко（некий、некая、некое）的变格与кыи相同。例如：бѣ нѣкыи цесарь мжжь（现俄 был какой-то царский муж：有一个阔绰的男人），нѣци же отъ фарисеи рекоша имъ（现俄 некоторый Фарисеев сказали им：一些法利赛人对他们说过），не въ кую дальнюю вьсь（现俄 в какую-то дальнюю деревню：去往一个遥远的乡村），человѣкъ нѣкїи... в разбоиники впаде（现俄 какой-то человек попал к разбойникам：一个人遇到了一群强盗），нѣ въ коѥмь градѣ бѣаше царь зѣло благъ（现俄 в каком-то городе был царь очень благой：在某个城里有一位好皇帝），нѣкоему же умре жена（现俄 у кого-то умерла жена：有人的妻子死了），инѣхъ книжникъ ставляемъ [现俄 одних книжников ставляем：（我们）留下一些书呆子]，инѣмъ пжтьмь отидоша въ странж своѭ（现俄 другим путём ушли в свою страну：找一条别的路回到了自己的国家），а се суть инии ꙗзыци, иже дань дають руси（现俄 это другие народы, которые платят дань Руси：这是别的国家，他们赐给罗斯的礼物），творѧть инии（现俄 делают некоторые：某些人在做），етери же глаголаша（现俄 некоторые говорили：有人说过）。

第十章 形容词

第一节 古俄语形容词概述

  古俄语的形容词与现代俄语相同，按形态结构分为短尾形容词和长尾形容词。短尾形容词又叫作"名词性形容词"（именные прилагательные）或"非冠词性形容词"（нечленные прилагательные），而长尾形容词又被称为"代词性形容词"（местоименные прилагательные）或"冠词性形容词"（членные прилагательные）。按词汇—语法特征，古俄语形容词又分为性质形容词、关系形容词和物主形容词。

  与现代俄语不同的是，古俄语的性质形容词和关系形容词都有短尾、长尾之分，试比较：

性质形容词：добръ—добрыи（现俄 добрый：善良的），новъ—новыи（现俄 новый：新的），велиь—великыи（现俄 великий：大的，伟大的），малъ—малыи（现俄 малый：小的），синь—синии（现俄 синий：蓝色的）。

关系形容词：небесьнъ—небесьныи（现俄 небесный：天空的），роусьскъ—роусьскыи（现俄 русский：罗斯的，俄语的），дѣтьскъ—дѣтькыи（现俄 детский：孩子的）。

  物主形容词只有短尾形式，可借助后缀 -овъ(-евъ) 和 -инъ 构成，例如：братовъ（现俄 братов：兄弟的），отьцевъ（现俄 отцов：父亲的），сестринъ（现俄 сестрин：姐妹的），зверинъ（现俄 зверий：野兽的）；也可借助后缀 *-jь、*-ja、*-je 构成，例如：намѣстьничь（<*naměstbnikъ+-jь；kj>ч'）（现俄 наместничий：总督的），кънѧжь（<*kъnęzь+-jь；zj>ж'）（现俄 княжий：王公的），ѩрославль（<*jaroslav+jь；vj>вл'）（现俄 ярославский：雅罗斯拉夫的）。现代俄语只保留下以后缀 -ов、-ин 构成的和词干以 -bj 结尾的物主形容词，例如：отцов, сынов

（儿子的），дедов（爷爷的，外公的）；материн（母亲的），дочерин（女儿的），бабушкин（奶奶的，外婆的）；птичий（鸟的），волчий（狼的），коровий〔（奶牛的）〕。

第二节　短尾形容词

1. 短尾形容词的变格法

	硬变化			软变化		
	阳性	阴性	中性	阳性	阴性	中性
一格	добръ	добра	добро	синь	синя	сине
二格	добра	добры	добра	синя	синѣ	синя
三格	доброу	добрѣ	доброу	синю	сини	синю
四格	добръ	доброу	добръ	синь	синю	сине
五格	добръмь	доброю	добръмь	синьмь	синею	синьмь
六格	добрѣ	добрѣ	добрѣ	сини	сини	сини

表 34　短尾形容词单数变格表

	硬变化			软变化		
	阳性	阴性	中性	阳性	阴性	中性
一格	добри	добры	добра	сини	синѣ	синя
二格	добръ	добръ	добръ	синь	синь	синь
三格	добромъ	добрамъ	добромъ	синемъ	синямъ	синемъ
四格	добры	добры	добра	синѣ	синѣ	синя
五格	добры	добрами	добры	сини	синями	сини
六格	добрѣхъ	добрахъ	добрѣхъ	синихъ	синяхъ	синихъ

表 35　短尾形容词复数变格表

	硬变化			软变化		
	阳性	阴性	中性	阳性	阴性	中性
一格	добра	добрѣ	добрѣ	синя	сини	сини
二格	доброу	доброу	доброу	синю	синю	синю

续表

三格	доброма	добрама	доброма	синема	синпама	синема
四格	добра	добрѣ	добрѣ	сина	сини	сини
五格	доброма	добрама	доброма	синема	синпама	синема
六格	доброу	доброу	доброу	синю	синю	синю

表 36　短尾形容词双数变格表

由上表可见，短尾形容词属于硬变化，与 о 类型变格法阳性名词的变格相同。

2. 短尾形容词的演变

前文指出，古俄语的性质形容词和关系形容词都具有短尾形式。而且，与现代俄语短尾形容词只做谓语不同，古俄语短尾形容词具有性、数、格的语法范畴，可以用作定语。做定语时，与被说明的名词保持一致。

不过，随着古俄语的发展，短尾形容词逐渐失去格的语法范畴，也不能用作定语，例如：и бѣ градъ великъ（现俄 был большой город：有过一个大城市），в малѣ дружинѣ（现俄 с малой дружиной：和小侍卫一起），доброу человѣкоу（现俄 доброму человеку：给善良的人），от цѣла камени（现俄 от целого камня：由整块石头），присла... оумьна моужа（现俄 прислал умного мужа：派来了一个聪明的男人），заложи градъ деревянъ（现俄 заложил деревянный город：兴建了一座木城），бѣ бо тутъ теремъ каменъ（现俄 был тут каменный терем：这里有过一座石楼），бѧхоу моужи моудри и смыслени（现俄 были мужи мудрые и смысленные：有过一群智慧和聪明的男人），далъ блюдо серебрьно（现俄 дал блюдо серебряное：给了一个银餐具），дьржа роусьскоу землю（现俄 держал русскую землю：统治了罗斯的土地）。上述取自 15 世纪以前的古俄语文献的例证表明，短尾形容词既有性质形容词，也有关系形容词。这些形容词与被说明的名词在性、数、格上一致。

从 13—14 世纪开始，短尾形容词名词性的变格开始被代词性的变格所取代。这首先发生在形式上非常相近或相似的格上。例如：

	短尾形式	长尾形式
单数第五格	добрьмь	добрымь
复数第三格	добромъ, добрамъ	добрыма
复数第六格	добрѣхъ, добрахъ	добрыхъ

表 37 古俄语形容词短尾和长尾形式部分格的比较

这些格的差别往往只在一个元音。形式上的相近或相似会导致短尾形式与长尾形式的混淆，其结果是短尾形式被长尾形式彻底排斥。

古俄语发展过程中名词变格的统一趋势也影响了短尾形容词的演变。例如形容词短尾阳性、阴性、中性复数第一格的硬变化词尾本来分别为 -и、-ы、-а，最终归为一个词尾 -ы，而软变化最终统一为 -и。

短尾形容词复数第一格的统一过程相当漫长。词尾 -ы 与 -и 在标准语中长期并存。在 16 世纪上半叶的莫斯科古文献中，词尾 -и 还时常出现；到了 17 世纪中期则是个别情况，例如：братия пьяни（现俄 братья пьяны：喝醉了的兄弟们），государи ради（现俄 государи рады：高兴的老爷们），они прости（现俄 они просты：他们单纯）。

短尾形容词用作定语的情况也是逐渐退出的，只在一些方言中保留了下来。16—17 世纪的莫斯科方言中还使用了 пришелъ чернец молодъ（现俄 пришёл чернец молодой：来了一位年轻的隐修士）、взялъ конь сивъ（现俄 взял коня сивого：夺了一匹烟灰色的马）、прислали ковшь золотъ（现俄 прислали ковш золотой：寄来一个金勺）等说法。这类词语多用于文牍语言。在公文语中，短尾形容词也用作合成谓语的表语，例如：останутся дѣти глухи и нѣмы（现俄 останутся дети глухими и немыми：剩下孩子们不闻不问），жена... дитя родить мертво（现俄 жена родил ребенка мертвым：妻子生的孩子死了）。

将形容词短尾作为高雅语体的情况仍出现在 18 世纪中期的诗歌之中，例如罗蒙诺索夫的《颂攻克霍丁》(«Ода ... на взятие Хотина», 1739 年) 中的诗句 героев слышу весел клик（听到英雄们的欢呼）。在一些地名和熟语性结构中也保留了形容词的短尾形式，例如：Новгород（诺夫哥罗德），Белгород（别尔哥罗德）；от мала до велика（不分老少），среди(средь) бела дня（光天化日），по белу свету（到

处)、на босу ногу (光着脚)、мал мала меньше (一个比一个小)、по-добру поздорову (很好，很顺利；趁早)、откуда сыр-бор загорелся (因何而起风波)、ни синь(синя)-пороха (一无所有)、синь-пороха нет (не осталось) (什么也没剩下)、как синь-порох в глазу (最亲近的人；碍手碍脚的人)。

短尾形容词在谚语、壮士歌和抒情歌中经常使用，例如：Не по хорошу мил, по милу хорош (不是因为好而亲近，而是因为亲近才好的；爱屋及乌)、Бел-горючкамень (灵石)、Ворота тесовы растворилися, он садился на добра коня (木板大门打开了，他骑上了良驹)。

现代俄语词干以 -ск 结尾的地名也是古俄语短尾关系形容词的遗迹，如 Смоленск＜смольньскъ (斯摩棱斯克)、Брянск＜дебряньскъ (布良斯克)、Полоцк＜полотьскъ (波洛茨克)、Курск＜курьскъ (库尔斯克)。

最后还必须区别短尾形容词与截短形容词 (усечённые прилагательные) 和紧缩形容词 (стяжённые 或 стянутые прилагательные)。

截短形容词是一种人为构成的形容词形式，与短尾形容词颇为相似，如тёмна (＜тёмная)、тёмно (＜тёмное)，而短尾形容词的重音与其不同，如темна́、темно́。截短形容词常见于 18—19 世纪初俄国诗人的作品之中，如мала искра (点点火光)、мрачна ночь (漆黑的夜晚)、туманну даль (烟雾笼罩的远方) 等，区别于短尾形容词мала́、мрачна́。

紧缩形容词是指俄语方言中出现的一些类似短尾形容词的形式，主要指阴性、中性单数及复数第一格，例如：больша́ изба (大别墅)、большо́ село (大的村子)、большы́ сапоги (大靴子)。紧缩形容词是一种语音变化过程，即词尾两元音之间的 j(й) 脱落，两元音之间发生同化从而紧缩为一个元音，例如 красный 单数中性和阴性形式的变化分别为：красное(красноjє)＞красноо＞красно̄、красная(красноjа)＞краснаа＞красна̄。

第三节　物主形容词

1. 物主形容词的特点

物主形容词自古以来有别于性质形容词和关系形容词。首先，它们大多只有短尾而没有长尾；其次，它们通常只用作定语；最后，从构词上说，它们一般由表示人、动物或专名加后缀构成的。братъ（现俄 брат：兄弟）、отьць（现俄 отец：父亲）等第二变格法的阳性名词加后缀 -овъ (-евъ) 构成物主形容词，例如：братовъ конь（兄弟的马），отьцево имѣнье（父亲的名字），Петровъ дьнь（圣彼得节），дъщи гостиньникова（旅馆老板的女儿）。сестра（妹妹）、вдова（寡妇）、Ольга（奥尔加）、гость（客人）、звѣрь（动物）、Илья（伊利亚）等第一变格法和第三变格法的阴性、阳性名词加后缀 -инъ 构成物主形容词，例如：сестринъ домъ（妹妹的房子），вдовина дъчи（寡妇的女儿），судьинъ приказъ（法官的命令），Ильинъ дьнь（伊林节），зверина уста（动物的嘴）。参见《俄罗斯大法典》和《大司祭阿瓦库姆自传》中的物主形容词词组：в ысцовѣ иску（在原告的诉讼中），о дѣвкинѣ помѣстье（有关未出阁姑娘的田产），на гостинѣ дворѣ（在客人家的庭院）；на байкалове море（去贝加尔湖），на патриархове дворѣ（在牧首的庭院），к цареве карете（走向皇帝的銮驾）。

此类物主形容词在现代俄语中保留了下来，只是在变格方面有所变化，某些格采用长尾形容词的变格法，例如 отцов 的变格如下：

	单数			复数
	阳性	中性	阴性	
一格	отцов	отцово	отцова	отцовы
二格	отцова		отцовой	отцовых
三格	отцову		отцовой	отцовым
四格	同一格或二格		отцову	同一格或二格
五格	отцовым		отцовой	отцовыми
六格	об отцовом		об отцовой	об отцовых

表 38 物主代词 отцов 变格表

加后缀 -ин 构成的物主形容词在口语中常按长尾形容词变格，如 бабушкиного дома（祖母的房子）、Петькиному брату[（俄罗斯民间童话和寓言中）雄鸡的兄弟]。

古俄语中还有一组物主形容词，词干以 -ьj 结尾，如 коровии（коровья，

коровье)〔（奶）牛的〕、вълчии（вълчья，вълчье）（狼的）等。它们按物主形容词软变化变格。这些物主形容词在现代俄语中完全保留了下来。但是除了个别格的形式（单数和复数第一格、第四格）外，其他各格均按长尾形容词软变化变格。参见古俄语文献中的例证：не ѣмь мясъ бычии（不吃公牛肉），шуба лисья（狐狸皮），рыбии хвостъ（鱼的尾巴）。这些例证中的物主形容词皆为短尾，因为单数和复数第一格、第四格自古以来就是如此。

除单数和复数第一格、第四格以外，其他格按长尾形容词模式变化。例如：сквьрьныхъ же и бабиихъ басни отрицаися（避开污言秽语、无稽之谈），лиць птичьихъ（小鸟的面部），подъ собольими одѣялы（在紫貂皮的衣服下）。这些例证中的变格与现代俄语相同，бабиихъ 为复数第二格，птичьихъ 为复数第二格，собольими 为复数第五格。这说明，在古俄语早期长尾形容词对短尾物主形容词已经开始产生影响，以至于现代俄语中前者取代了后者的变格规则。

2. 古俄语物主形容词的用法

古俄语有两种表达物主关系的方式：一是使用物主形容词，二是用名词第二格形式。例如：княжь моужь（王公的侍从），начало княженья святославля（斯维托斯拉夫登上王位的开始）。上述例证中，княжь 是名词князь 的物主形容词，княженья святославля 是 княженье святославле 的第二格形式。

与现代俄语不同的是，古俄语允许在一个词组内同时使用物主形容词和二格名词表示所属关系，例如：юшка да василей князь ивановы дети щетинина（尤什卡与瓦西里，伊万·谢季宁王公之子）。在这个词组中，ивановы 是物主形容词，щетинина 是名词第二格。

在古俄语的历史发展过程中，物主形容词渐渐失势，被名词第二格取代，只剩下了少量以 -ов 或 -ин 结尾的物主形容词，如 отцов（父亲的）、материн（母亲的）、дядин（叔叔的，舅舅的）等。

3. 古俄语物主形容词在现代俄语中的残余

现代俄语中为数不多的城市名称来自古俄语物主形容词。例如：Киев（基辅）源自古俄语 кыевъ，后者最初是由人名 кыи 构成的，Данилов（达尼洛夫）源自人名 данило，Царицын（察里津）源自 царица，Иваново（伊万诺沃）源自 иван。还有一些城市名，如 Ярославль（雅罗斯拉夫）、Владимир（弗拉基米尔）等，也是源自古俄语物主形容词。它们是由人名加后缀 -j- 构成的，该后缀在共同斯拉夫语时期经历的语音变化为 -jo>-jи->jъ>jь，例如：ярослав+jь>ярославль，володимир+jь>володимирь。

部分俄语姓氏也源自古俄语的物主形容词，如 Петров（彼得罗夫）、Никитин（尼基金）、Волков（沃尔科夫）、Воронин（沃罗宁）等姓氏的初始意义分别为 сын Петрова（彼得罗夫之子）、сын Никиты（尼基塔之子）、сын волка（狼之子）、сын вороны（乌鸦之子）。这类姓氏在现代俄语中为数不少，按照名词变格，只有单数第五格及复数（第一格除外）按长尾形容词变化，例如：Волков 的单数第五格为 Волковым，复数第一格为 Волковы；Никитин 的单数第五格为 Никитиным，复数第一格为 Никитины。

第四节　长尾形容词

1. 古俄语长尾形容词的变格

	单数			复数		
	阳性	阴性	中性	阳性	阴性	中性
一格	добрыи	добраıа	доброıє	добрии	добрыѣ	добраıа
二格	доброго	добрыѣ, доброѣ	доброго		добрыихъ	
三格	добром	доброи	доброму		добрыимъ	
四格	добрыи	добрую	доброıє	добрыѣ	добрыѣ	добраıа
五格	добры(и)мь	доброю	добры(и)мь		добрыими	
六格	добромь	доброи	добромь		добрыихъ	

表 39　古俄语长尾形容词硬变化变格表

古俄语长尾形容词硬变化的双数只有第一格、第二格和第三格形式。以добрыи（现俄 добрый：善良的）为例，其双数第一格的阳性、阴性和中性分别

为 добра、добръи、добръи，第二格和第三格只有阴性形式，分别为 доброую、добрыима。

	单数			复数		
	阳性	阴性	中性	阳性	阴性	中性
一格	синии	синяя	синюю	синии	сиѣѣ	синяя
二格	синюго	синѣѣ	синюго		синиихъ	
三格	синюму	синюи	синюму		синиимъ	
四格	синии	синюю	синюю	синѣѣ	синѣѣ	синяя
五格	сини(и)мь	синюю	сини(и)мь		синиими	
六格	синюмь	синюи	синюмь		синиихъ	

表40　古俄语长尾形容词软变化变格表

与硬变化一样，古俄语长尾形容词软变化的双数只有第一格、第二格和第三格形式。以 синии（现俄 синий：蓝色的）为例，其双数第一格的阳性、阴性和中性分别为 синяя、синии、синии，第二格和第三格只有阴性形式，分别为 синюю、синиима。

需要说明的是：

（1）长尾形容词没有独立的呼格，呼格用第一格。

（2）古俄语和古斯拉夫语长尾形容词变格不同，具体表现为：古俄语长尾形容词的阳性单数词尾是 -ого (-'его)、-ому (-'ему)、-омь(-'емь)；古斯拉夫语相应的词尾是 -аюго、-ааго、-аго，-уюму、-ууму、-уму、-ѣюмь、-ѣмь。古俄语长尾形容词的阴性单数词尾为 -оѣ(-ѣѣ)、-ои；古斯拉夫语对应的词尾为 -ыѣ、-ѣи。古俄语阴性复数第一格和第四格为 -ыѣ；古斯拉夫语对应的形式是 -ыѧ。

2. 长尾形容词的起源与变化

短尾形容词产生于共同印欧语时期，而长尾形容词则产生于共同斯拉夫语时期。因此，长尾形容词的出现晚于短尾形容词，长尾形容词是在短尾形容词的基础上发展而来的。

在古俄语中，长尾形容词是由短尾形容词变格形式与相应的指示代词组合而成，例如：добрыи＜добръ+jь(и)，добраıа＜добра+ja(ıа)，доброıє＜добро+je(ıє)；синии＜синь+jь(и)，синıаıа＜синıа+ja(ıа)，синеıє＜сине+je(ıє)。长尾形容词变格时，两部分各自变化，例如：добраıєго＜добра+ıєго，добруıєму＜добру+ıєму，доброимь＜добромъ+имь，добрѣıємь＜добрѣ+ıємь。

随着古俄语的发展，长尾形容词开始出现词干与词尾元音之间的同化现象，例如：добраıєго＞добрааго＞добраго，добруıєму＞добрууму。再比如，长尾形容词阳性和中性单数第五格、复数第三格、第五格、第六格、双数第三格、第五格词尾中的元音 о、а、ě(ѣ) 被元音 ы 取代，因而出现以 -ыимь、-ыимъ、-ыими、-ыихъ、-ыма 结尾的形式，例如：добрыимь，добрыимъ，добрыими，добрыихъ，добрыима。

古俄语长尾形容词的上述变化，不仅是受到语音变化的影响，更多是受到指示代词 тъ、та、то 的影响。добраıєго＞добрааго＞добраго 是一种语音变化的过程。但是，古俄语形式 доброго 显然是受到代词 того 的影响。同样，单数第三格 доброму 是受 тому 影响的结果，单数第六格 добрѣмь＞добром 比照的是 томь＞том，阴性单数第二格 добрыѣ＞доброѣ＞доброй 比照的是 тоѣ＞той，阴性单数第三格、第六格 добрѣй＞доброй 是受到 той 的影响。古俄语长尾形容词变格的新形式出现在不同时期。阳性单数第三格、阴性单数第二格的变化在 11 世纪就已经出现，如《日课经文日书》中的形容词 тихомоу（现俄 тихому，тихий 的单数第三格阳性：安静的）、вѣчьномоу（现俄 вечному，вечный 的单数第三格阳性：永远的）。其他各格的变化是从 13 世纪开始的，如《拉甫连季编年史》中的 нагого（нагой 的单数第二格阳性：裸体的）,《诺夫哥罗德编年史》中的 мьрътвого（现俄 мёртвого，мёртвый 的单数第二格阳性：死去的）,《斯摩棱斯克同里加及哥得兰岛签订的合约》中的 роускои земли（现俄 русской земли，русская земля 的单数第二格：罗斯的土地）以及 14 世纪后古文献中的 по новому мѣсту（现俄 в новом месте：在新的地方）、всѣмъ христіаномъ быти（现俄 всем христианским бытам：向所有的基督教习俗）等。

有关俄语长尾形容词的发展与变化，需要说明的是：

（1）长尾形容词也叫冠词性形容词，因为它们是由指示代词 тъ、то、та 与短尾形容词连结在一起构成的。长尾形容词的作用相当于其他印欧语中的冠词，与现代德语定冠词 der、die、das 和法语定冠词 le、la 类似。这些语言中的定冠词也起源于指示代词。在斯拉夫语言中，这些定冠词置于短尾形容词之后，最初用来表示确定性（определённость），即已知的事物。

（2）现代俄语长尾形容词单数第一格的词尾为 -ый 和 -ий，如 добрый（善良的）、синий（蓝色的）。这里词尾的 ы、й 是弱元音 -ый、-ий。当古俄语的弱元音脱落时，它们在强势位变为 о、е，在古俄语中于是出现 доброй、красной、синей、вешней 等第一格形式，此外它们还保存在俄罗斯北部方言之中。在现代俄语标准语中，词尾中的 о、е 要读作 ъ、ь，从正字法的角度看应写作 добрый、красный（红色的）、синий、вешний（外部的）。

（3）长尾形容词阳性和中性单数第二格的词尾由 -ого、-его 转变为 -ово、-ево。15 世纪的古俄语文献对此已有所反映，这一变化的原因和过程与非人称代词同格的变化一致，可以表示为：доброго > доброго > доброо > доброво，синего > синего > синео > синево。-ого、-его 的形式保留在俄罗斯北部的沿海方言和奥洛涅茨方言之中，在库尔斯克、奥廖尔州的方言中也是如此，此外在俄罗斯南方方言中也有所反映。-оо、-ео 则在俄罗斯西北部方言中有所体现。

当然也有学者认为，长尾形容词单数第二格 -ово、-ево 的出现是物主形容词 -ова 同 -ого、его 相互作用的结果。

（4）长尾形容词阴性单数第二格 -оѣ (-оѣ) 被 -ой 取代。这可能是受第三格、第六格或第五格影响的结果。这是阴性名词第五格的词尾 -ою，它由双音节 -ою 变为单音节 -ой，继而扩展到代词和形容词上。

（5）复数第一格失去性的区别。添рии（阳）、добрыѣ（阴）、добраѧ（中）统一为阴性词尾 -ыѣ > -ые。软变化 синии（阳）、синѣѣ（阴）、синѧѧ（中）比照硬变化统一为 синие。在 1917—1918 年文字改革前，阴性与中性的第四格曾写为 добрыя，这是从教会斯拉夫语 добрыѧ 移植过来的。

3. 形容词的比较级

古俄语的性质形容词才有比较级，是由词干后加后缀 *-jьs 构成的，如 *chud-（古俄语 хоудъ，现俄 худой，плохой：不好的）的词干加后缀 -jьs 构成比较级

*chudjьs。后缀 -jьs 的前面经常发展出 -ě，如 novъ（古俄语 новъ，现俄 новый：新的）构成的比较级为 *nov-ějьs。有的后缀还会加 j 而延长（阳性和中性单数第一格、第四格除外），这个 j 会同前面的 s 发生同化作用而使 sj 变为 š，如 хоуд' 的阳性单数第二格 хоужьша（*chud-jьs-j-a＞chuž'ьša）、новъ 的单数第二格 новѣиша（*nov-ē-jьs-ja）等。

阳性和中性单数第一格、第四格没有 j，词干以 s 结尾，形成闭音节，从而使 s 脱落，于是形成古俄语以 -ějь 结尾的比较级。以 новъ 的比较级阳性单数第一格为例，*novējьs＞novějь＞nověi（古俄语 новѣи）。

需要指出的是，如果形容词的词干以后舌音结尾，那么后舌音 к、г、х 在 ē 之前演变为 č、ž、š，而 ē 在嘶音之后又要变为 a。以 крѣпъкъ（现俄 крепкий：坚固的）和 дългыи（现俄 долгий：长久的）为例，*krērъk-ē-jьs＞古俄语 крѣпъчаи，*dъlg-ējьs＞古俄语 дължаи。

上述形容词比较级形式都被古俄语继承了下来。与现代俄语不同的是，古俄语比较级用作定语，有性、数、格的变化。它们的词干既然以软辅音 ш 结尾，因此按 ā 类型变格法和 ŏ 类型变格法软变化变格。参见古俄语文献中的例证：премоудрѣи（现俄 премудрее）、старѣи（现俄 старше）、вода бы больши（现俄 вода была больше）、большоу раноу（现俄 больше раны）、кто честнѣе боудеть（现俄 кто честнее будет）。

12 世纪以后，形容词比较级短尾形式同短尾形容词不再用作定语，从而失去了变格的能力。这种不变格形式保留至今，其中最为常用的是中性单数第一格 -ѣе＞-ee，或最后一个元音弱化 -ей。如现代俄语的 скорее，古俄语单数第一格的阳性为 скорѣи，中性为 скорѣе，阴性为 скореиши；现代俄语 сильнее，古俄语单数第一格的阳性为 сильнѣи，中性为 сильнѣе，阴性为 сильнѣиши。

众所周知，现代俄语方言和俗语中形容词比较级以 -ee、-ей 结尾的形式比在标准语中使用更广，如 хуже、туже、жарче、проще、ближе、тише 在方言和俗语中分别读作〔хужее〕、〔тужее〕、〔жарчее〕、〔прощее〕、〔вližей〕、〔тишей〕。хуже 等形式源自古俄语单数第一格的中性形式，而 больше、меньше 等则来自古俄语单数第一格的阳性形式。

18世纪以前，莫斯科口语中使用以 -яе 结尾的形容词比较级，如 сташняе、сильняе、бодьряе、трудняе、скоряе 等。

现代俄语中词干以后舌音 г、к、х 结尾的形容词保留古时的形式，如 крепчайший（更结实的）、кратчайший（更短的）、высочайший（更高的）、нижайший（更低的）、тишайший（更安静的）等。它们是长尾形容词的比较级，保留了性、数、格等语法特征。但是它们的意义发生了变化，从古时的比较级变成了最高级。

古俄语形容词的最高级通常使用复合形式，即用 вельми、очень、самый + 形容词原级。此外，也会使用前缀 наи- 构成形容词最高级，例如 наилучший（最好的）、наибольший（最多的）。这种形容词最高级是17世纪从波兰语借用的。古俄语表示形容词最高级的另一种方式是前缀 пре（<прѣ）+ 形容词原级，例如：прѣмудрыи（现俄 премудрый：最聪明的）、прѣдобрыи（现俄 предобрый：最善良的）。该前缀源自教会斯拉夫语。

第十一章 数词

第一节 古俄语数词概述

古俄语数词与现代俄语一样，包括数量数词和顺序数词。

古俄语数量数词分为两类。一类为关键数词（узловые числительные），包括：одинъ（现俄 один：1），дъва（现俄 два：2），триѥ（现俄 три：3），четыре（4），пать（现俄 пять：5），шесть（6），семь（7），восмь（现俄 восемь：8），девать（现俄 девять：9），десать（现俄 десять：10）；另一类是算法数词（алгорифмические числительные），由关键数词组合而成。

此外，古俄语还有一些数量数词具有自己的名称，例如：百为съто（现俄 сто），千为тысѧча（现俄 тысяча），万为тьма，十万为легионъ，百万为леодръ，千万为воронъ，一亿或无限大为колода。其他数量数词由这些词组合而成。

顺序数词是在关键数词的基础上派生的。

第二节 数词的变格

古俄语数词 одинъ 有性的变化，阴性为 одина 或 одьна，中性为 одино 或 одьно。阳性和中性单数第二格为 одиного 或 одьного，以此类推。数词 одинъ 的变格与代词 тъ、та、то 完全相同，只是词干中有 i/ь 的交替。

数词 дъва 也有性的区别，阳性为 дъва，阴性和中性为 дъвѣ。数词 дъва 的变格同 одинъ，但按双数变格。оба 的变格与 два 完全相同。

一格	二格	三格	四格	五格	六格
дъва, двѣ	дъвою (дъвоѭ)	двѣма	дъва, двѣ	двѣма	дъвою (дъвоѭ)
оба, обѣ	обою (обоѭ)	обѣма	оба, обѣ	обѣма	обою (обоѭ)

表 41　数词 дъва、двѣ、оба、обѣ 变格表

例如：дъва листа（现俄 два листа：两片树叶），двѣ женѣ（现俄 две жены：两位妻子），по двою дьнью（现俄 по два дня：每两天），на дву(двою) коню（现俄 на двух конях：乘两匹马），двѣма путма（现俄 двумя путями：两条路）；обѣ власти（现俄 обе власти：两个政权），обѣма роукама（现俄 обеими руками：用双手），с обѣю сторонъ（现俄 с обеих сторон：从两方面）。

古俄语数词 триѥ 也有性的区别，阳性为 триѥ，阴性和中性为 три。数词 триѥ 和 три 按 i 类型变格法名词变格，但只有复数，无单数和双数，例如：

一格	二格	三格	四格	五格	六格
триѥ, три	трии	трьмъ	три	трьми	трьхъ

表 42　数词 триѥ、три 变格表

例如：триѥ нрави（现俄 три нрави：三个愿望），отъ тѣхъ трии ближьнии（现俄 от тех трёх ближних：来自三个亲近的人），трьми недѣлами（现俄 тремя неделями：用三周），три брати（现俄 три брата：三兄弟），къ трѣма березамъ（现俄 к трём берёзам：朝三颗白桦树）。

数词 четыре 第一格有性的区别，阳性为 четыре，阴性和中性为 четыри，第二格则应是 четыръ。数词 четыре 按辅音类型变格法变格，但只有复数（词干以 -р 结尾）。例如：четыре мѣсѧци（现俄 четыре месяца：四个月），четыри дьни（现俄 четыре дня：四天），четыри тысоуща мужь（现俄 четыре тысячи мужиков：四千男子），с четырми мужи（现俄 с четырьмя мужиками：和四个男子）。

可见，古俄语数词 одинъ、дъва、триѥ、четыре 有性的区别，但却没有数的差别，要么只有单数，要么只有复数。它们同其关联的名词处于一致关系。换言之，它们在语法体系中起着类似形容词的作用。

数词 пать、шесть、семь、восмь、девать 的变格与 ĭ 类型变格法阴性名词 кость（骨骼）相同，而数词 десать 变格与辅音类型变格法名词 мати（现俄 мать：母亲）、дъчи（现俄 дочь：女儿）相同。这些数词事实上就是阴性名词，它们可以要求带定语，并与动词保持性和数的一致。

在古俄语中可以说 третьıа пать пришьла（现俄 третья пятёрка пришла：第三批五个人来了），也可以说 дроугаıа шесть поудовъ（现俄 другая шестёрка пудов：另一个六普特的重量）。其中 пать、шесть 相当于现代俄语中的名词 пятёрка（五个人）、шестёрка（六）。

古俄语数词 съто 是中性名词，按照 ŏ 类型变格法名词变格，其语法特征同数词 пать、шесть、семь、восмь、девать。

古俄语中的数词 11—19、20—80 等是由两个以上的词组成的，如 одиннадцать（11）是由 одинъ+на+десать 构成，двадцать（12）由 дъва+десать 构成。可见这些词经过了从复合数词到简单数词的演变过程。

第三节 数词变格形式的历史演变

数词 одинъ 基本保留古俄语的变格形式。одинъ、одьна、одьно 保留性范畴，变格与指示代词 тъ、то、та 相同。只不过，它们受到软变化的影响，одинъ 的其他格形式变为 одни、одних、одним、одними、одних。

数词 дъва 和 дъвѣ 发生过巨大的变化。дъва 最初只跟阳性名词搭配，但后来则跟阳性和中性名词搭配，这是受阳性和中性名词变格一致的影响。最初 дъва 和 дъвѣ 按双数变格，只有三个格形：第一格、第四格都为 дъва，дъвѣ；第二格、第六格都为 двою；第三格、第五格都为 двѣма。与其搭配的名词也用双数，例如：сына его два（他的两个儿子），двѣ тысачѣ гривнѣ（现俄 две тысяч гривней：两万戈比），двою послоухоу（现俄 двух послух：两个证人），о двою главоу（现俄 о двух главах：关于两个首领），двѣма братома（двумя братьями：两兄弟）。

首先，第二格和第六格 двою 被 дъвоу 取代，例如：двоу двороу（现俄 двух дворов：两个院子），оу двоу мѣстехъ（现俄 о двух местах：关于两个地方），по двоу же лѣтоу（现俄 по двух летах：每两个夏天），на двоу коню（现俄 на двух конях：乘两匹马），безъ дву дней 4 недели（现俄 без двух дней 4 недели：差两天四周）。двоу 后来又被 двоухъ 取代，在 15 世纪的古俄语文献中开始使用 двоухъ。дъвоухъ 的出现是受形容词复数第二格和第六格的影响，如 добрыхъ（добрый 的复数第二格、第六格：善良的）、красныхъ（красный 的复数第二格、第六格：红色的，漂亮的），因为它们的语法功能相似，也可能受到 три 和 четыре 的第六格 трьхъ、четырьхъ 的影响。

2、3、4 三个数词之间的相互影响十分明显。第三格形式 дъвоумъ 也可能是在 трьмъ、四的 четырьмъ 的影响下形成的。

数词 дъва 的第五格 дъвум 的形成略显复杂。语言学家们推测，дъвѣма 在 дъвоу 的影响下变为 дъвоума，其中的硬音 м 又受 три 和 четыре 的第五格 трьми 和 четырьми 中的软音 м' 的影响，变为 дъвоум。整个过程表示为 дъвѣма＞дъвоума＞дъвоум。

这样一来，дъва 最终形成现代俄语的变格系统。

数词 оба、обѣ（两）与 дъва、дъвѣ 相同。但它们的间接格很早就被同类的集合名词 обои、обоѣ 所取代，后者按软变化变格，如 обоихъ、обоимъ 等。现代俄语语法把 оба、обе 的主格与 обои、обое 的间接格看作一个词。

古俄语 двою 和 дву 还保留在现代俄语中，不过通常用作构词词缀，例如：двоюродный（堂的，表的）；двубортный（有两排纽扣的），двувидовой（兼体的），двуглавый（双头的），двугорбый（双峰的），двудольный（双子叶的），двуколка（两轮车），двуконь（用两匹马更替骑乘），двуличие（两面派）。

古俄语的数词 3 和 4 具有性的范畴，但后来性的范畴消失了，три 与 четыре 成为唯一的形式。两个数词的第二格被第六格所取代，因为前者在古文献中很少使用，即 трии（或 трьи）、четыръ（或 четырь）被 трьхъ、четырьхъ 取代。它们的第五格 трьми、四的 четырьми 在 двумя 的影响下也逐渐演变为 трьмя、четырьмя。由于弱元音脱落，е 演变为 'о，两个数词的第二格、第六格及第三格、第五格都最终演变为现在的样子，即：трьхъ＞трех＞трёх，трьмъ＞трем＞трём，четырьхъ＞четырех＞четырёх。

数词 пять 至 девять 的变格从古至今未发生太大的变化。唯一不同的是，它们不再有双数和复数。保留下来的单数仍按照 ĭ 类型变格法阴性名词变化。

数词 десять 从起源看按辅音变格法名词变化，如 мати、дъчи：

	单数	复数	双数
一格	десять	десяте(-и)	десяти
二格	десяте(-и)	десять	десятоу
三格	десяти	десятьмъ	десятьма
四格	десять	десяти	同一格
五格	десятью	десятьми	同三格
六格	десяте	десятьхъ	同二格

表 43　数词 десять 变格表

同样，десять 后来失去数的范畴。保留下来的单数的变格与数词 пять—девять 相同。

现代俄语的数词 одиннадцать（11）—девятнадцать（19），двадцать（20），тридцать（30），пятьдесят（50），шестьдесят（60），семьдесят（70），восемьдесят（80）是单个的、不可分割的词。但是从词源上说，它们是由三部分组成的，如 одиннадцать 是由 одинъ+ 前置词 на+десять 的单数第六格 десяте 构成的，其意义是 10 加 1。最初 одинъ 和 десяте 各有自己的重音，后来逐渐发展为 одинъ-на-десяте，重音后的音节弱化，变为 одиннад(ь)сать，最终定格为 одúннадцать。数词 двадцать 最初的构成为 дъва+десять 的双数第一格 десяти，后来逐步演变为 двадцать。这一组数词的新形式最早出现于 14 世纪的古俄语文献，例如：двадцать рублевъ（现俄 двадцать рублей：二十卢布），в тоу же двѣнадцать тысячи сребра（现俄 в двенадцать тысяч серебра：一万两千银币）。

数词 пятьдесять 等是由 пять+десять 复数第二格 десять 构成，意思是 5 乘以 10。这几个数词一直保持古时的形式，变格时也是两部分同时变化：пятьдесят 的第二格和第五格分别为 пятидесяти、пятьюдесятью，但是 одиннадцать、девятнадцать、двадцать、тридцать 没有留下复合数词的痕迹。

数词 сорокъ（现俄 сорок：40）和 девяносто（90）与其他数词差别较大。[①] 古俄语早期曾使用 четыредесѧть、девѧтьдесѧть 这样的形式，它们至今仍保留在现代斯拉夫语言之中，但在俄语发展过程中被 сорокъ 和 девятносто 取代了。сорокъ 一词最早出现在 13 世纪的古俄语文献中。它的变格与 ŏ 类型变格法名词相同，如 оу сороцѣ（现俄 у сорока）、далъ... шесть сорокъ бѣлки（现俄 дал шесть сорока белков：给了二百四十只松鼠）等。但是后来只保留了 сорок、сорока 两种形式。

девяносто 的变格与 ŏ 类型变格法名词相当，后来只保留了 девяносто、девяноста 两种形式。

数词 съто（现俄 сто：100）与 девяносто 相同，在现代俄语中只保留了主格 сто 和间接格 ста，但在古俄语早期正常变格，如 во стѣ роублѣхъ（现俄 в ста рублях：100 卢布）。

数词 двести（200）、триста（300）、четыреста（400）的历史演变为 двести＜двѣ+сътѣ（съто 的双数第一格）、триста＜три+съта（съто 的复数第一格）、четыреста＜четыре+съта（съто 的复数第一格）。пятьсот（500）等的历史演变为 пятьсот＜пять+сотъ（съто 的复数第二格）。在这些数词中都发生过弱元音 ъ、ь 的脱落，在 дъвѣсътѣ 中还发生过 ѣ＞е、ѣ＞и 的过程，如 дъвѣсътѣ＞двести。这一组数词变格时两部分均变格，其中 дъвѣсътѣ 按双数变格，而其他数词按复数变格。随着俄语中双数范畴的消失以及 два 变格的变化，数词 двести 也按照复数变化，如 двухъсотъ、двумстамъ、двумястами。

数词 тысѧча（千）、тьма（万）、легионъ（十万）、леодръ（百万）、воронъ（千万）均为表示数量意义的名词，按照相应形式的名词变格，例如：трехъ тысѧчахъ（现俄 трёх тысяч）、тремъ тысѧчамъ（现俄 тремя тысячами）。

现代俄语中的 миллион（百万）、миллиард（十亿）、биллион（十亿）等词是 17—19 世纪从意大利语和法语中借入的。

古俄语中的十位数与个位数，百位数、十位数与个位数组合时，直接按顺序罗

[①] сорокъ 用作名词时，意义等同于 рубаха、мешокъ（意指可以装下 40 张灰鼠皮、貂皮或足够缝制一件 рубаха 的数量）。后来，这种计量单位的意义转化为数词。对于 девяносто 的词源，语言学界尚无定论。有一种说法认为 девяносто 来自 девять-до-ста。

列数词，先大后小，如 21 写作 дъва десѧти одинъ（现俄 двадцать один），也可以借助连接词 и 和 да，如 21 写作 дъва десѧти и один、156 写作 съто и пѧтьдесѧтъ и шесть（现俄 сто пятьдесят шесть）、150 写作 полъвтора съта（现俄 полтораста）。

第四节　分数词与集合数词

古俄语可以用名词表示分数，例如：用 полъ（现俄 половина）表示 1/2，用 треть 表示 1/3，用 четверть 或 четь 表示 1/4，用带后缀 -ина 的名词 пятина、осьмина、десятина 分别表示 1/5、1/8、1/10。还可以用上述名词的组合表示分数，例如：用 полъ четверти 表示 1/8，用 полъ полъ трети 表示 1/12。

полъ 作为表示数量意义的名词在古俄语中使用广泛，属于 ŭ 类型变格法，但后来逐渐退出历史舞台，只剩下一个 полтора（一个半）< полъ+втора，第二格为полутора，полу- 来自 полъ 的单数第二格和第六格。反倒是与之相关的 пол 在现代俄语中经常用作构词词缀，如 полвека（半世纪）、полведра（半桶）、полгорода（半个城市）、полвторого（一点半）、полдень（中午）、полночь（半夜）、полгоря（没什么大不了）、пол-Москвы（半个莫斯科）等。

古俄语的集合数词与现代俄语也有许多不同之处。如古俄语的集合数词 дъвоѥ（现俄 двое：二）、троѥ（现俄 трое：三）、четворо（教会斯拉夫语 четворо）（现俄 четверо：四）、пѧтеро（现俄 пятеро：五）、шестеро（六）、седмеро（седморо）（现俄 семеро：七）、осмеро（восьмеро）（现俄 восьмеро：八）、девятеро（九）、десятеро（现俄 десятеро：十），它们的意义要么与相应的数量词相同，要么表示倍数意义。它们可按名词变格，也可按代词变格，且具有性的范畴。例如：двоıа радость, двои деньги, трои пчелы, четверы двери, конь шестеро, пѧтеро коурицъ, взяти... коурь по двоѥ... 。

古俄语的集合名词发展至今，保留下来的有 двое、трое、четверо、пятеро 等，它们失去了性的区别，且按照代词复数变格法变化，如 двое、двоих、двоим、двоими。

从句法功能看，古俄语集合数词与名词处于一致联系，现代俄语集合数词与数量数词相同。当它们用作第一格时，与名词处于支配联系，要求与之搭配的名词使用复数第二格，如 трое студентов（三个大学生）；当它们用作其他间接格时，与名词处于一致关系，如 троих студентов（трое студентов 的第二格）、троим студентам（трое студентов 的第三格）等。

古俄语集合数词可以与任何名词搭配，现代俄语的集合数词主要同表人阳性名词、共性名词、只用复数的名词、复数人称代词连用。也就是说，与古俄语相比，集合数词的使用范围缩小了。

第五节　顺序数词

古俄语顺序数词同现代俄语相同，与形容词的语法特征相近。区别在于古俄语顺序数词不仅用于长尾，还可用于短尾，试比较 первъ（-а, -о）与 первыи（-ая, -оѥ）（现俄 первый：第一）、въторъ（-а, -о）与 въторыи（-ая, -оѥ）（现俄 второй：第二）等。

大于 10 的顺序数词用复合形式表示，如 одинъ на десѧте（现俄 одиннадцатый：第十一）、въторъ на десѧте（现俄 двенадцатый：第十二）。短尾顺序数词同短尾形容词一样需要变格，变格与 ŏ 类型变格法或 ā 类型变格法名词相同。在古俄语的发展中，这类顺序数词退出历史舞台。它们在现代俄语中留下的痕迹有 сам-девя́т（九口人）、сам-деся́т（十口人）、сам-два́дцать（二十人）等不变格形容词。

古俄语的数词是一片纷繁的景象，特别是作为主要部分的数量数词。上文已对它们的变化和发展情况做了简要介绍。在这个发展过程中起过作用的因素有：

（1）个别数词变格形式的改变；

（2）双数的消失；

（3）дъва 与 дъвѣ（2）、трье 与 три（3）、четыре 与 четыри（4）变格的趋同；

（4）три 和 четыре 性范畴区别的消失；

（5）其他形态方面的某些变化。

此外，在句法关系方面也发生了一致的变化。由于双数的消失，два、три、

четыре 同名词单数第二格（部分第四格）结合。与此对等的是 пять（5）—десять（10）与名词复数第二格紧密结合。由于这种对等现象的出现，пяти—десяти 向 двух—четырёх 看齐，与搭配的名词要求处于一致关系。这种数词从属于名词的现象反过来又促使词本身单数与复数的差别现象快速地消失，同时也促进了性范畴的消失。

特殊的句法联系，旧的语法范畴消失，这一切使得数词获得了许多共同的特征，促使了一个相似词族的形成，也就是一个词类的形成。上述变化多发生在 13—14 世纪，但只涉及 десять 以下的数词，随后则逐渐扩散至其他数词。

第十二章 副词

第一节 副词的分类

古俄语副词与现代俄语十分相近，只是在语音方面发生了一些变化。这些变化服从于古俄语整体变化的语音规律。此外，古俄语的副词属于不变化词类，少数具有比较级形式的性质副词除外。

根据意义，古俄语副词分为两大类：限定副词（определительные наречия）和疏状副词（обстоятельственные наречия）。

1. 限定副词

限定副词分为以下三类：

一是性质副词。这类副词表示动作、状态、特征的性质，例如：зъло，зълѣ（现俄 зло：狠狠地，恶意地）；крѣпько（现俄 крепко：坚固地，牢牢地）；вѣрьно（现俄 верно：忠诚地；准确地）；дивьно，дивьнѣ（现俄 дивно：十分，非常）；добро，добрѣ（现俄 добро：善良地）；разоумьно（现俄 разумно：理智地）；прилежьно（现俄 прилежно：勤奋地，努力地）；бесплътьно，бесплътьнѣ（现俄 бесплатно：免费，无偿）；беспооутьно（现俄 беззаконно：违法地）；мирьно，мирьскы（现俄 по мирскому：和平地）。

某些性质副词像性质形容词一样，可以构成比较级和最高级，例如：пакы（现俄 опять：再，又）— паче（现俄 больше：更多）— наипаче（现俄 лучше：最多），скоро（快）— скорѣе（现俄 скорее：更快），高соко（高）— выше（更高），боле（现俄 больше：更多），дале（现俄 дальше：更远）。

二是行为方式副词。这类副词表示行为发生的样式，例如：ашоуть，ашють，

ошоуть（现俄 тщетно：徒然）；спыти，испыти（现俄 напрасно：枉然，白白）；въспѧть（现俄 назад：向后）；таи（现俄 тайно：秘密地）；явѣ（现俄 ясно：清晰地）。

三是数量副词。这类副词表示动作、状态、性质的数量、强度等特征，例如：зѣло，вельми（现俄 очень：很）；бѣхъ，бѣхъма，бѣхма，бохма，бьхма，бехма（现俄 совсем，совершенно，вовсе，всячески：完全）；бъшию，бьшью，вошью，бьшию（现俄 всячески，совершенно：完全）；коль（现俄 сколь，как：如何）；колиждо（现俄 каждый раз：每次）；въторицею（现俄 вторично：再次）；мъножицею（现俄 много раз：多次）；третицею（现俄 трижды：三次）；дъвашьды，двакраты（现俄 дважды：两次）；мъногашьды（现俄 часто：经常）。

2. 疏状副词

疏状副词分为以下两类：

一是地点副词，例如：къдѣ（现俄 где：哪里）；сдѣ，сдѣсе，сьдесе（现俄 здесь：这里）；вьсьдѣ，весдѣ（现俄 везде：到处）；камо（现俄 куда：去哪儿）；сѣмо（现俄 сюда：从这里）；тамо（现俄 там：那儿）；куду，куды，кудѣ（现俄 куда：去哪儿）；сюдѣ，сюду（现俄 сюда：从这里）；овьдѣ，овдѣ（现俄 кое-где：某处）；оноудѣ（现俄 там：那里）；онамо（现俄 там，туда：那里；去那里）；оноудоу，онюдоу（现俄 оттуда：从那里）；инъдѣ，инъде（现俄 в другом месте：在别处）；дома（在家）；окроугъ（现俄 вокруг：周围）；отъседу（отсюда：从这里）；отъселѣ，отъселе（现俄 отсюда：从这里）；отътолѣ，отътоли，отътоль，отътол（现俄 оттуда：从那里）；отъсюда，отъсюдоу，отъсоудоу，отъсюдѣ，отъсѫдоуѣ（现俄 отсюда：从这里）。

二是时间副词，例如：къгда（现俄 когда：何时）；тыда（现俄 тогда：那时）；вьсегда（现俄 всегда：总是）；овъгда，овогда（现俄 иногда：有时）；рано（早）；поздѣ，поздьно（现俄 поздно：晚）；нынѣ（现俄 ныне：现在）；абие，абье（现俄 тот час：立刻）；вьчера（现俄 вчера：昨天）；въскорѣ（现俄 вскоре：很快）；послѣдь（现俄 впоследствии，потом：后来）。

第二节 副词的构成

1. 代词性词干构成的副词

由代词性词干（местоименные основы）构成的副词分为七类：

（1）词干 + 后缀 -дѣ(-де)，例如：идѣ，идѣже（现俄 где，когда：哪里；何时）；къдѣ（哪里）；инъдѣ，инъде（在别处）；вьсьдѣ，вьсюдѣ，вьсоудѣ（现俄 везде：到处）；онъдѣ，оноуд（那里）；овъдѣ，овдѣ（某处）；коудѣ（去哪儿）；сьдѣ，сьде（这里）。

（2）词干 + 后缀 -доу，例如：коудоу，куды（现俄 куда：去哪儿）；отькоудоу，отькоудѣ（现俄 откуда：从哪儿）；отьсюдоу，отьсоудоу，отьсюдѣ，отьсоудѣ（从这里）；вьсюдоу，вьсоудоу，вьсюда，вьсюдѣ（现俄 везде：到处）；оноудоу，онюдоу（从那里）。

（3）用后缀 -гда，例如：къгда（现俄 когда：何时）；тъгда，тогды，тъгды（现俄 тогда：那时）；егда，югда（现俄 когда：何时）；иногда（现俄 прежде：以前）；вьсегда，вьсьгда，вьсегды（现俄 всегда：总是）；овъгда，овогда（现俄 иногда：有时）。

（4）用后缀 -амо，例如：камо（现俄 куда：去哪儿），тамо（现俄 там：那里），овамо（现俄 в ту сторону：去对面，去那面），онамо（现俄 так，туда：那样；去那里）。-ѣмо 是 -амо 的变体，例如：сѣмо（现俄 сюда：从这里）。

（5）用后缀 -ль、-ли、-лѣ、-льма、-льми，例如：коль（现俄 коль，как：如何）；коли（现俄 когда，когда-нибудь：何时；某时）；кольма，кольми（现俄 сколько：多少）；колѣ（现俄 когда：何时）。

（6）用后缀 -ако、аче，例如：тако（现俄 так：这样，如此）；инако，иначе（现俄 ещё：又，再）。

（7）由代词与前置词组成的副词，例如：почто（<по+что）（为什么），почему（<по+чему）（为什么），зачем（<за+чить）（为何），потом（<по+томь）（然

后），затем（<за+тѣмь）（然后），по-моему（在我看来），по-твоему（在你看来），по-вашему（在您看来），сколько（多么），насколько（到什么程度，多么），поскольку（<коликъ，колика，колико）（既然），только（仅仅），столько（这么），настолько（这样），постольку（<толикъ，толико）（既然，那么）。

总体而言，由代词性词干构成的副词数量不多。这类副词在共同斯拉夫语时期已存在于各个斯拉夫语方言中。它们由表示处所、时间等意义的构成成分（如къ-）或指示代词（如сь、онъ、овъ、инъ、вьсь等）结合而成。在古俄语发展至现代俄语的长达一千多年的历史中，这些副词大部分保存了下来，成为现代副词的重要组成部分。当然，овъдѣ（овде）（某处）、онъдѣ（онде）（那里）等几个副词在现代俄语中已难觅踪迹，但是他们在其他某些斯拉夫语中却保存了下来，如塞尔维亚语中的ovade（现俄 здесь：这里）、onamo（现俄 там，туда：那里；从那里）、ovako（现俄 так：这样）、onako（现俄 так：这样）、onde（现俄 там，тогда：那里；那时）。

2. 名词性词干构成的副词

名词性词干（именные основы）构成的副词是指由名词、形容词、数词词干构成的副词，甚至包括部分动词、前置词词干构成的副词。其中，由形容词、名词构成的副词数量较多。这类副词可能是由单个的词派生的，也可能是由前置词与名词词组、形容词词组派生的。最常用的构词方法是前缀法。

（1）短尾形容词构成的副词

一是短尾形容词中性单数第一格用作副词，它们是以-o（硬变化形容词）或-е（软变化形容词）结尾的，例如：вольно（自由自在地；自愿），高соко（高），голѣмо（现俄 очень，много：很，很多），глумьно（现俄 возможно：可能），добльно（现俄 доблестно：英勇地），добро（善良地），досадьно（现俄 досадно：懊恼地），дивьно（现俄 дивно：十分，非常），красно（现俄 прекрасно：完美地），любьзно（现俄 любезно：热情地），лѣпо（现俄 прекрасно，прилично：很好地），всецело（完全），много（很多），гораздо（……得多），далече（далеко），крайне（极其），внутренне（暗自），внешне（外表上），прежде（以前，原先），以及某些副词比较级сильнее（更强）、краше（现俄 короче：更短）等。现代俄语中这类副

词数量极大，是一个开放的系统。性质形容词的中性单数第一格都可以构成这类副词，它们表示事物、人的特征或动作的特征。

二是短尾形容词单数第六格用作副词，例如：гладъцѣ（现俄 гладко：平整地），строинѣ（现俄 в порядке：整齐地），добрѣ（现俄 добро：善良地，很好地），довьльнѣ，довольнѣ（现俄 достаточно：十分），особьнѣ（现俄 особенно：尤其，特别），особѣ（现俄 отдельно：单独，独自），обьнѣ（现俄 особо, собенно：尤其，特别），хытрѣ（现俄 рассудительно：明智地，审慎地），хытростьнѣ（现俄 разумно：聪明地，理智地），хоудѣ（现俄 худо：不好地，很坏地）。这类副词在现代俄语中销声匿迹了。

三是短尾形容词阳性复数第五格用作副词，例如：велики（现俄 очень：很，多），скоры（现俄 скоро：很快），тихы（现俄 тихо：安静地），храбрьскы（现俄 доблестно，мужественно：英勇地）。

四是带后缀 -ьск- 的副词，表示会讲某个国家、民族的语言。《拉甫连季编年史》中就有一句 бѣ бо оумѣ печенѣжьски（现俄 так как он умел говорить по-печенежски：因为他会说佩切涅格人讲的话）。根据库兹涅佐夫的解释，这个副词源自短尾形容词复数第五格。现代俄语中的副词 по-русски（说俄语）、по-английски（说英语）、по-французски（说法语）等都是古俄语副词的延续，只不过现代俄语要与前置词 по 连用。① 俄罗斯语言学界还有另外一种观点认为，这种副词起源于形容词的复数第四格。这样一来，与前置词 по 搭配才更合理，因为 по 通常不与第五格名词（或形容词）搭配。而且，古俄语名词和形容词第五格可以用作副词，如 весной（在春天）、летом（在夏天）、днем（白天）、ночью（夜里）等。这两种说法都有一定道理。

此外，其他一些带后缀 -ск- 的形容词也可以构成这种副词，例如：по-богатырски（勇士般地），по-божески（神一般地），по-братски（兄弟般地），по-человечески（人道地），по-московски（按莫斯科人那样），по-городски［像城

---

① Кузнецов П. С. Историческая грамматика русского языка. Морфология (Изд. Второе, исправленное) [M]. М: издательство УРСС, 2004, стр. 287.

里（人）那样］, по-господски（像老爷那样）, по-граждански（不按宗教仪式）。русски 这样的短尾形式是古俄语的残迹。关系形容词在现代俄语中没有短尾形式, 像 мастерски、геройски、чертовски 等应看作是由性质形容词派生的。

现代俄语中还有一类副词, 它们是由前置词 по+ 物主形容词构成的, 例如: по-волчьи（狼一般地）、по-собачьи（狗一般地）、по-человечьи（像人那样）。它们与 по-русски 等一类的副词性质相同。волчьи、собачьи、человечьи 是古俄语物主形容词 волчь、собачь、человечь 的复数第五格（或第四格）的残迹。

五是副词比较级 сильнее、уже（更窄）、краше 等。它们源自副词 сильно、узко、красиво, 说到底是源自短尾形容词中性单数第一格。

六是短尾形容词阳性、中性单数第二格同前置词 до、из、с、с+из 构成的副词, 例如: добела（成白色）, докрасна（到通红的程度）, досуха（干透）, дочиста（弄到干净）, дополна（满满地）; издавна（很久以来）, издалека（从远处）, изредка（偶尔）, изжелта（微带黄色）, иззелена（微带绿色）, иссиня（微带蓝色）; сгоряча（一时气愤）, сглупа（由于糊涂）, слегка（轻轻地, 稍微）, смолоду（从年轻时起）, снова（重新）, сообща（共同, 合力）, справа（从右边）, спроста（由于单纯; 无意间）; сыздавна（好久以来, 从来）, сызнова（从新）。

七是短尾形容词阳性、中性单数第三格同前置词 по 构成的副词, 例如: подолгу（许久, 长时间地）, понемногу（少量, 不多）, полегоньку（慢慢地, 一点点地）, мало-помалу（渐渐地）, попусту（白白地, 徒劳地）, поровну（平均地）, понапрасну（徒劳地, 白白地）, попросту（随便地）, посуху（走陆路）。

八是短尾形容词中性单数第四格同前置词 в、за、на 构成的副词, 例如: влево（向左, 往左）, вправо（向右, 往右）, всуе（无端地）, вообще（总的来说; 总是）; заживо（活活地）, заново（重新）, замертво（不省人事地）, задолго（老早）; налево（向左, 往左）, направо（向右, 往右）, наново（重新）, надолго（长期地, 长久地）, настрого（非常严格地）, наголо（公开地）, наглухо（严密地, 严实地）, наверно（的确）, начерно（初步地; 草草地）, наскоро（急忙, 匆忙）。

九是短尾形容词单数第六格同前置词 в、на 构成的副词, 例如: внове（不习惯, 生疏）, вчерне（潦草地）, вполне（完全地, 充分地）, вскоре（很快, 不久）,

впусте（废弃，荒废），втуне（<въ+тунѣ 的第六格）（白白地，徒然），вправе（有权；在右方）；наготове（准备好），навеселе（有点醉），налегке（轻装），наравне（一样，同样）。

（2）由长尾形容词构成的副词

一是长尾形容词阳性单数第三格同前置词 по 构成的副词，例如：по-новому（以新的方式，重新），по-молодому（像年轻人那样），по-старому（依旧），по-прежнему（照旧，依然）。

二是长尾形容词阴性单数第四格同前置词 в、за、на、о、под 构成的副词，例如：вплотную（密实地，紧紧地），впрямую（直接），вручную（手工，用手），вхолостую（白白地，徒劳），врассыпную（四散着），вкруговую（转着圈，环绕着），вчистую（完全，彻底），врукопашную（徒手），впустую（白白地，枉然），втёмную（盲目地），вслепую（抹黑；盲目地），втихую（悄悄地，偷偷地）；зачастую（常常，经常）；напропалую（尽情地），наудалую（鲁莽地，冒失地），начистую（完全），напрямую（直截了当地）；одесную（=справа）（从右边），ошуюю（=слева）（从左边）；поднистую（整个，全部）。

三是长尾形容词阳性、中性单数第六格同前置词 в 构成的副词，例如 впрочем（其实）。

（3）由名词构成的副词

一是名词的变格形式用作副词。例如：

单数第一格：пора（是时候）。

单数第二格：вчера（<вечера）（昨天）。

单数第三格：домой（<домови）（回家），долой（<долови）（下来；拿开）。

单数第五格：шагом（一步一步地），бегом（跑着），поедом（不住嘴地），ладком（融洽地，和睦地），ненароком（偶然，无意），пешком（步行），нагищом（光着身子，一丝不挂地）；живьём（活活地），чудом（奇迹般地）；зимой（在冬天），весной（在春天），толпой（成群结队地），порою（有时），силой（强制地，强迫地），ощупью（摸着；试探着），волей-неволей（不管愿意与否，不得不）。

单数第六格：долу（向下，朝下）。

复数第五格：урывками（抽空），верхами（骑着马），месяцами（一连几个月），днями（日内，最近几天内）；временами（有时），местами（有些地方）。

二是名词与前置词构成的副词。

名词单数第二格＋前置词 до、из、ис-под、от、с、с-из、за 构成的副词有：доверху（满满地），донизу（到下面），дотла（<до тьла）（通通，完全）；изнизу（从下面），извека（自古以来），искони（自古以来，历来）；исподнизу（从底下，从下面），исподлобья（皱着眉头），исподтишка（悄悄地，偷偷地）；отроду（生来）；сбоку（从侧面），сверху（从上面），снизу（从下面），сроду（有生以来），сдуру（由于糊涂），сначала（开始），спервоначала（开头，起初），сзади（从后面），спереди（从前面），снаружи（从外面）；сыздетства（从小）；завтра（<заутра）（明天）。

名词单数第三格＋前置词 по、к 构成的副词有：кнаружи（朝外），кстати（顺便），кряду（不断地，连续地）；поистине（真正），позади（在后面，在背后），посреди（在当中，在中间），пополуночи（后半夜），поутру（清晨，一清早）。

名词第四格＋前置词 в、за、на、под、о、по+о 构成的副词有：вбок（往一旁，向一旁），вдобавок（另外，此外），вниз（向下，往下），взад（向后，往后），вокруг（周围，四周），взаём，взаймы（借，贷），вперёд（向前，往前），вперебой（争先恐后地），вовремя（按时），впритык（紧挨着，紧贴着），всерьёз（认真地，严肃地），вразбивку（不按次序），враздробь（零星地，零散地），вразлад（不整齐，不协调），вразмах，вразмашку（手臂一挥；跑着），враскачку（摇摇晃晃地），врасплох（突然，出其不意），врастяжку（伸直地），вскользь（附带，捎带），всласть（心满意足），всмятку（完全），вскачь（大跑着，疾驰着），втихаря，втихомолку（不声不响地，偷偷地），вприпрыжку（跳跃着，连蹦带跳地），вскладчину（合资，合伙），невмоготу（无法），впрок（备用），невдомёк（出乎意料地）；замуж（出嫁）；наперерыв［抢着（说）］，наотрез（坚决，断然），навек（永远），наоборот（相反），напрокат（租赁），наперекор（相反地），наспех（急忙，匆忙），наперёд（向前），наконец（最后），назло（故意为难地），наизнанку（里朝外，外翻地），насилу（很费劲地），наудачу（瞎蒙地），навстречу

（迎面，迎头），настежь（完全敞开，大开），наземь（向地上），насквозь（透过，穿透），навырез（先尝后买）；подряд（一连，不断），подмышку（往腋下）；обок（在旁边），окрест（在周围，在附近）；поодаль（远点）。

名词第六格＋前置词 в、на 构成的副词有：вправе（在右方，在右边），вверху（在上面），втайне（暗地里，暗中），вблизи（邻近，附近），внутри（里面，内部），впереди（前面），впросонках（迷迷糊糊地），впотьмах（暗中），второпях（匆忙中，仓促中），воочию（亲眼）；накануне（在前一天），наяву（真正地，确实），начеку（提防着，警惕着），наряду（并列着），наверху（在上面），настороже（提防着，警惕着）。

（4）由数词构成的副词

由数词构成的副词有：однажды（＜одна+шьды）（有一次），дважды（两次，两回），трижды（三次，三回）；заодно（一致地；顺便），воедино（合起来），наедине（独自），надвое（两半，两部分），вдвое（加倍），вдвоём（两人一起），вдвойне（加倍；两次），вчетверо（四倍；四折），вчетвером（四人一起）；исполу（平分，对分），сперва（首先，起初），впервые（首先），перво-наперво（首先，起先）。

（5）前置词构成的副词

由前置词构成的副词有：подле（＜подъ+лѣ）（在旁边），возле（＜возъ+лѣ）（在近旁），вовне（＜въ+внѣ）（在外面），извне（＜изъ+внѣ）（从外面；从旁）。

（6）由动词构成的副词

一是副动词构成的副词，例如：молча（默默地），лежа（躺着），сидя（坐着），нехотя（不乐意，勉强），стоя（站着），немедля（马上，立刻），необинуясь（开门见山地），шутя（开玩笑地，很容易地）；припеваючи（美满，快乐），играючи（毫不费劲地，轻松地），умеючи（懂行地）。

二是动词词根＋мя 构成的副词，例如：стоймя（竖着，直立着），лежмя（躺着），ревмя（大哭着），сидмя（坐着），торчмя（竖着，向上撅着），кишмя（кишеть）（满都是），плашмя（平着）。

三是由动词命令式构成的副词，例如：почти（＜почьти＜动词 почьсти）（几乎，差不多）。

（7）由词组构成的副词

由词组构成的副词有：днесь(＜дьнь+сь)(如今，现在)，доднесь(迄今，至今)，поднесь(直到如今，迄今)，теперь(＜топер＜то пьрво)(如今，现在)，вполголоса(低声，小声)，втридорога(贵两倍；非常贵)，втридешева(便宜三分之二；极便宜)，вдругорядь(再，又，下次)，спервоначала(起初)，попервоначалу(首先；在一开头)，вразнобой(分散)，полглаза(半睁着)，вполнакала(昏暗地；微弱地)，вполпути(中途，半路上)，вполпьяна(半醉)，вполпряма(不是很直地)，вполуха(漫不经心地)，вполсилы(没使足劲)。

第十三章 动词

第一节 古俄语动词概述

　　古俄语动词与现代俄语一样，具有时间、人称、体、态、式等语法范畴，但是每个范畴都有较大变化。仅就时间范畴而言，古俄语动词过去时有四种形式，分别为：简单过去未完成时（имперфект）、简单过去完成时（аорист）、复合过去未完成时（плюсквамперфект）和复合过去完成时（перфект）。现代俄语动词过去时只有一种形式。体范畴的差别也比较大。古俄语动词的体范畴较为原始，未形成类似现代俄语动词体那样完整的体系。如同大多数印欧语言一样，动词的时间范畴和体范畴之间构成反向关系，动词时间范畴发达的语言，其动词体范畴则相对简单，例如古代的拉丁语和现代的法语、英语。反之亦然，现代俄语动词的时间范畴较为简单，体范畴则更加发达。

　　动词的时间范畴与体范畴又是互相联系的，即都表达动作与话语时刻之间的关系。俄语动词变化历史的重点就在于两种范畴之间的关系问题。

第二节 动词词干

　　古俄语动词的词干分为现在时词干和不定式词干，这是从共同斯拉夫语时代继承下来的。古俄语动词的陈述式现在时形式、现在时形动词、命令式以现在时词干为基础构成，其他变化形式与不变化形式都以不定式词干为基础构成。

　　现在时词干是动词变位形式单数第三人称去掉词尾 -ть 后余下的部分。现在时词干通常由词根与标志元音（тема）е 或 о 构成，例如：несе-ть（нести：带着），веде-ть（вести：领着），везе-ть（везти：运送），греве-ть（грести：划船），речеть（речи，现俄 говорить：说），може-ть（мочи，现俄 мочь：能够），пече-ть（печи，现俄 печь：烤），граде-ть（грасти，现俄 идти：走），гасне-ть（гаснути，现俄 гаснуть：熄灭），знае-ть（знати，现俄 знать：知道），хвали-ть（хвалити，现俄 хвалить：称赞）。

不定式词干是动词不定式去掉后缀 -ти 或 -чи 后余下的部分，例如：нес-（нести），гасну-（гаснути），ста-（стати，现俄 стать：成为），зна-（знати），хвали-（хвалити），вед-（вести＜ведти），вез-（вести＜везти），греб-（грети＜гребти），рек-（речи＜ректи），пек-（печи＜пекти），мог-（мочи＜могти）。

第三节 动词的变位类型

按照动词词干是否具有标志元音，古俄语动词现在时形式分为标志元音动词（тематические глаголы）与无标志元音动词（нетематические глаголы）两类。标志元音动词指构成现在时形式时，人称词尾通过具有标志性意义的元音与词根联结的动词，即词干以标志性联结元音结尾。无标志元音动词指构成现在时形式时，人称词尾直接与词根相结合的动词。

标志元音动词又分为四组；无标志元音动词只有一组，仅包括五个动词。这两类动词的人称形式有时不完全相同。动词的标志元音在现在时变位时有时隐藏不现，只有通过对共同斯拉夫语早期形式的揭示才能发现标志元音。

1. 古俄语动词现在时变位类型

（1）第一组动词的变位形式。

	单数		复数		双数	
第一人称	веду	реку	ведемъ	речемъ	ведевѣ	речевѣ
第二人称	ведеши	речеши	ведете	речете	ведета	речета
第三人称	ведеть	речеть	ведуть	рекуть	ведета	речета

表 44　第一组动词变位形式表

第一组动词变位形式的特点是出现联结元音交替 e‖o，即 e 与 o 交替。在共同斯拉夫语时期，动词 вести（领着）单数第一人称 веду 应为ведѫ，读作

〔*vedo-n〕，复数第三人称 ведуть 应为 ведѫть，读作〔*vedo-n-ti〕。试比较动词 нести（带着）、плести（编织）、ити（>идти）（走）、речи（说）、печи（烤）、мочи（能够）古俄语单数第一人称、复数第三人称与古斯拉夫语的差别：

单数第一人称：несу—несѫ，иду—идѫ，реку—рекѫ，пеку—пекѫ，могу—могѫ；

复数第三人称：несуть—несѫть，идуть—идѫть，рекуть—рекѫть，пекуть—пекѫть，могуть—могѫть。

（2）第二组动词的变位形式。

	单数		复数		双数	
第一人称	гасну	тону	гаснемъ	тонемъ	гасневѣ	тоневѣ
第二人称	гаснеши	тонеши	гаснете	тонете	гаснета	тонета
第三人称	гаснеть	тонеть	гаснуть	тонуть	гаснета	тонета

表 45　第二组动词变位形式表

第二组动词与第一组相同，也包含联结元音 e‖o 的交替，在联结元音前使用辅音 н。有时，辅音 н 在不定式中不出现，如动词 стати（成为）、перестати（现俄 перестать：停止），它们的单数第一人称和复数第二人称分别是 стану、станеши 和 перестану、перестанеши。

（3）第三组动词的变位形式。

	单数		复数		双数	
第一人称	дѣлаю	съкажу	дѣлаѥмъ	съкажемъ	дѣлаѥвѣ	съкажевѣ
第二人称	дѣлаѥши	съкажеши	дѣлаѥте	съкажете	дѣлаѥта	съкажета
第三人称	дѣлаѥть	съкажеть	дѣлають	съкажуть	дѣлаѥта	съкажета

表 46　第三组动词变位形式表

第三组动词的不定式词干以 -а 收尾，现在时词干以 је‖јо 结尾。它们在变位时包含联结元音 е 与 о，而且当词根以辅音结尾时，ј 会同化该辅音并使之软化。例如：

дѣлати（现俄 делать：做）：дѣлаю（词尾 <-j-on），дѣлаѥши（词尾 <-j-e-š'i）；

махати（现俄 махать：摇）：машу（＜*machj-o-n）、машеши（*machj-e-š'i）。

历史上的音变 zj＞ж'、sj＞ш、hj＞ш'、kj＞ч' 促成现代俄语动词不定式与变位形式中的辅音交替。

（4）第四组动词的变位形式。

	单数		复数		双数	
第一人称	вожу	кричу	водимъ	кричимъ	водивѣ	кричивѣ
第二人称	водиши	кричиши	водите	кричите	водита	кричита
第三人称	водить	кричить	водѧть	кричать	водита	кричита

表 47 第四组动词变位形式表

第四组动词具有联结元音 и，例如通过动词 любити（现俄 любить：爱）、хвалити（现俄 хвалить：称赞）、купити（现俄 купить：买）、мълвити（现俄 заботиться：操心）、носити（现俄 носить：带着）的单数第二人称，可以发现 любиши、хвалиши、купиши、мълвиши、носиши。但是，通过这些动词的复数第三人称构拟其在斯拉夫时期的对应形式，可以发现联结元音 u(i) 的存在，例如：любѧть＜любѧть（读作〔*l'ubi-nti〕）、хвалѧть＜хвалѧть（读作〔*chvali-nti〕）、купѧть＜купѧть（读作〔* kupi-nti〕）、мълвѧть＜мълвѧть（读作〔*mьlvi-nti〕）、носѧть＜носѧть（读作〔* nosi-nti〕）。

以上四组标志元音动词，第一、二、三组在现代俄语中属第一变位法，第四组属第二变位法。

（5）第五组动词的变位形式。

	单数		复数		双数	
第一人称	ѥсмь	дамъ	ѥсмь	дамъ	ѥсвѣ	давѣ
第二人称	ѥси	даси	ѥсте	дасте	ѥста	даста
第三人称	ѥсть	дасть	суть	дадѧть	ѥста	даста

表 48 第五组动词变位形式表

与动词 быти（现俄 быть：是）、дати（现俄 дать：给）变位形式相同的动词还有三个，它们是 имѣти（现俄 иметь：有）、ѣсти（现俄 есть：是）、вѣдѣти（现

俄 видеть：看见）。随着俄语的发展，这一变位形式的动词逐步减少，只剩下 быти、дати、ѣсти 这三个动词，即现代俄语中的быть、дать、есть。其他两个动词 вѣдѣти、имѣти 的不定式词干发生变化，分别变为 вѣдать（现俄 ведать：知道）、имѣть（现俄 иметь：有），其变位类型也发生变化。参见他们所对应的现代俄语动词 ведать、иметь 的变位：

ведать：ведаю，ведает，ведают；

иметь：имею，имеет，имеют。

2. 动词变位形式的变化

一是标志元音动词变位形式的变化。第一组动词变位形式的变化首先表现在单数第二、第三人称和复数第一、第二人称之中，即 е 演变为 'о，例如：ведеши＞ведёшь（〔ведéш〕＞〔ведʼóш〕），ведеть＞ведёт（〔ведет〕＞〔ведʼóт〕），ведемъ＞ведём（〔ведéм〕＞〔ведʼом〕），ведете＞ведёте（〔ведéте〕＞〔ведʼóте〕）。

单数第二、第三人称和复数第一人称中 é＞ó 的变化是正常的语音现象，é 在重音硬辅音前变为 ó。复数第二人称中 é＞ó 变化的条件是：é 在软辅音 тʼ 之前，并且受到 несёшь、несёт、несём（нести 单数第二、第三人称和复数第一人称：拿着）和 толкнёшь、толкнёт、толкнём（толкнуть 单数第二、第三人称和复数第一人称：推，碰）等其他人称形式的影响。

标志元音动词其他变格形式的变化较为复杂。以单数第二人称词尾 -ши 变为 -шь 为例，这是古俄语结尾弱元音脱落的结果。共同古斯拉夫语中同类动词现在时单数第二人称的词尾是 -ши，12—13 世纪在古俄语宗教文献中仍是 -ши，直到 13 世纪以后，在古俄语世俗文献中开始出现 -шь。

单数和复数第三人称词尾的 -тʼ 变为 -т 则更加复杂。沙赫马托夫认为这是语音变化的结果。谢利舍夫支持这种观点。他表示，在弱元音脱落之后，软辅音 тʼ 就变为硬辅音了。另一些语言学家则认为，语音变化通常取决于一定的语音条件：要么与重音有关，要么与相邻的语音有关。仅凭软辅音 тʼ 处于词尾就发生变化，证据并没有说服力，但是也未能给出更有力的解释。奥勃诺尔斯基则提出第三种观点：-тʼ 变为 -т 是受指示代词 тъ（та）的影响。-тʼ 只保留在一些南部方言和中部方言之中。

二是无标志元音动词变位形式的变化。上文提到，属于无标志元音动词变位类型的五个动词中，вѣдѣти（看见）、имѣти（有）后来通过改变词干而变为其他变位类型。具体来说，вѣдѣти 变为ведать，имѣти 变为иметь，加入标志元音动词中的第三组。вѣдѣти 旧的单数第三人称变位形式вѣсть 只保留在成语 бог весть кто（что，какой，куда）［天晓得是谁（是什么，怎么样，往哪儿）］、не бог весть какой（不怎么样）、не бог весть（что）（并不怎么特别的东西）等之中。

быть（是）、дати（给）、ѥсти（是）这三个动词的"命运"各不相同。быти 在后来的俄语发展史上几乎演变了变位形式，现代俄语只保留了单数第三人称есть，部分地保留了复数第三人称суть。есть 用作系词，表示"是……"，суть 带有书面语色彩，而且不常使用。

动词дати 和ѣсти 的情况要复杂得多。受弱元音脱落的影响，单数第一人称词尾的ь脱落，软辅音硬化，即：дамь>дам'>дам，ѣмь>ѣм'>ѣм。而且，这两个动词的复数第一人称本来为дамъ、ѣмъ，在弱元音ъ脱落之后也变为дам、ѣм。如此一来，两个动词的单数第一人称便与复数第一人称形式上重合了，都是дам、ѣм。为避免歧义，复数第一人称移植相应动词命令式的复数第一人称дадимъ（>дадим）、ѣдимъ（>едим）。受此影响，两个动词的复数第二人称дасте、ѣсте 也分别借用动词的命令式дадите、ѣдите。

对于动词дати、ѣсти 的单数第二人称如何从даси、ѣси 演变为дашь、ешь（<ѣшь），学术界存在两种观点：一种观点认为，这是受标志元音动词影响的结果，因为所有标志元音动词现在时单数第二人称都以-ши（>-шь）结尾；另一种观点则认为，这是受到旧的命令式形式дажь（>дашь）、ѣжь（>ѣшь）影响的结果。

动词дати、ѣсти 的单数第三人称дасть、ѣсть 结尾的软辅音т'一直保留到17世纪，之后变为даст、ѣст。这显然是受其他标志元音动词的影响。对于动词дати、ѣсти 的复数第三人称如何从дадать、ѣдать 演变为现代俄语中的дадут、едят，学术界尚无定论。ѣдать 变为едят 完全正常，而дадать 变为дадут 的原因不明。在14世纪末的古俄语文献中已经开始使用дадоуть 这一形式。

第四节 动词过去时

古俄语动词的过去时共有四种：两种简单形式，两种复合形式。简单形式包括简单过去完成时，简单过去未完成时；复合形式包括复合过去完成时，久远过去时。它们都继承自共同斯拉夫语。

1. 简单过去完成时

古斯拉夫语简单过去完成时包括"简式简单过去完成时"（простой аорист）和"西格玛式简单过去完成时"（сигматический аорист）这两种形式。前者指词尾直接与词干连接，后者指词尾通过后缀 -s 与词干连接，-s 在希腊语中的字母名称为西格玛，因而得名。西格玛式简单过去完成时又分为古西格玛式和新西格玛式。古俄语一般只用新西格玛式。

	单数		复数			双数	
	第一人称	第二、三人称	第一人称	第二人称	第三人称	第一人称	第二、三人称
第一组动词	нєсохъ	нєсє	нєсохомъ	нєсостє	нєсоша	нєсоховѣ	нєсоста
第二组动词	стахъ	ста	стахомъ	стастє	сташа	стаховѣ	стаста
第三组动词	знахъ	зна	знахомъ	знастє	знаша	знаховѣ	знаста
第四组动词	хвалнхъ	хвали	хвалихомъ	хвалнстє	хвалнша	хвалнховѣ	хвалнста
第五组动词	быхъ	бы	быхомъ	быстє	быша	быховѣ	быста

表 49　动词简单过去完成时变化表

第一组动词的不定式词干通常以辅音结尾，例如：вед-<вєсти，вєз-<вєсти<вести，ид-<ити<идти，плет-<плєсти<плетти，греб-<грєсти<гребти，рєк-<рєчи<рєкти，пек-<пєчи<пекти，мог-<мочи<могти。不定式词干加连接元音 о，再加词尾 -хъ、-хомъ、-сте、-ша、-ховѣ、-ста、-ста。单数第二人称和第三人称 нєсє、вєдє、везе、иде、плете、гребе、рече(рче)、пече、може 等是借用简式简单过去完成时的形式。

第二、三、四、五组动词的不定式词干都以元音结尾，直接连接简单过去完成时词尾。动词ѣсти（现俄 есть：吃）的不定式词干虽为ѣд（<ѣдти），但简单过去完成时形式同其他动词。11世纪古俄语文献中有例证：и ѣшѧ вьси и насытишѧсѧ（现俄 ели все и насытились：所有人都吃了并且饱了）。这里的 ѣшѧ (ѣша) 是简单过去完成时的复数第三人称。

以 -ноути 结尾的第二组动词构成简单过去完成时会发生截短现象，如动词вьргноути（现俄 бросать：抛弃）以 вьрг- 加词尾，оуглъбноути（现俄 увязнуть：陷在，陷入）以 оуглъб- 加词尾。

第三、四、五组动词，如 знати（知道）、писати（现俄 писать：写）、хвалити（称赞）、быти（是），通常由不定式词干加词尾构成简单过去完成时，如 знахъ、писахъ、хвалихъ、быхъ。不过，动词 быти 的简单过去完成时还有另外一种形式，即 бѣхъ、бѣ、бѣ、бѣхомъ、бѣсте、бѣша、бѣховѣ、бѣста（通常用作简单过去未完成时）。

此外，第五组动词 быти、дати（给）的简单过去完成时单数第二人称和第三人称会增加 -сть，即 быстъ、дастъ。-сть 显然来自现在时形式的 естъ、дастъ。

上文介绍的古俄语简单过去完成时形式是加后缀 -s 的形式，即西格玛形式。后缀 -s(c) 只在复数第二人称 -сте 及双数第二人称、第三人称 -ста 中出现。在简单过去完成时形式中多处出现辅音 x，以动词 речи（说）、печи（烤）、мочи（能够）、хвалити、знати、писати 为例，分别为 рекохъ、пекохъ、могохъ、хвалихъ、знахъ、писахъ，甚至会出现 ш，如 хвалиша。辅音 x 是由 s(c) 变来的，ш 则来自 x。这是由于古俄语时代，印欧母语中 i、u、r、k 之后的 s 会变为 ch。хвалихъ 简单过去完成时单数第一人称的演变过程是：*chvali-s-om（不定式词干 chvali+ 后缀 s+ 词尾 -om）变为 chvalichъ（古斯拉夫语 хвалихъ）。至于复数第三人称 хвалиша，则是因为辅音 ch 在前元音之前变为 š，即 *chvalichint 变为 chvališę（*int>ę，古斯拉夫语 хвалишѧ），而后 хвалишѧ 变为 хвалиша。

动词 речи 的简单过去完成时有两种不同形式，分别是 рекохъ—рѣхъ、рекоша—рѣша。

古俄语简单过去完成时可由完成体动词构成，也可由未完成体动词构成，例如：ольга собра вои...храбры и иде на деревьску землю（奥尔加调集了众多英勇的战士去征讨德列夫利安人），тогда игорь възрѣ на свѣтое солнце и видѣ отъ него тьмою вся своя воя прикрыты（这时伊戈尔扫了一眼明亮的太阳，只见自己的战士都被阴影覆盖着）。在上述句子中，собра、възрѣ 是由完成体动词собрати、възрѣти 构成的，而иде、видѣ 则是由未完成体动词ити、видѣти 构成的。

古俄语文献中的简单过去完成时例证还有：бы вода велика вельми（发了大水），въ волховѣ и всюде сено и дръва разнесе（沃尔霍夫河及其他各处都漂浮着干草和木柴），озеро морози въ нощь（夜里湖冻上了冰），и биша ся и паде обоихъ множьство много. и одолѣ всеволодъ. и възврати са мьстиславъ в новъгородъ, и не прияша его новгородьци...（双方投入了战斗，各死伤无数。最后符谢沃洛德取胜。于是，姆斯季斯拉夫回到诺夫哥罗德。但是，诺夫哥罗德人并不欢迎他……），тои же зимѣ приходиша. всячюдьска земляк пльсковоу. и биша ся с ними...（这年冬天楚德人倾巢出动，杀向普斯科夫，双方发生了激战……）。

简单过去完成时最初用来表述刚完成不久的行为和动作。13—14 世纪以后，它的初始意义已被渐渐淡忘，转而用于叙述过去发生的事、过去完成的动作。所以，简单过去完成时通常用于叙事性的文章，例如编年史和文学作品之中，口语中已不再使用。简单过去完成时最终被复合过去完成时取代。

2. 简单过去未完成时

	单数		复数			双数	
	第一人称	第二、三人称	第一人称	第二人称	第三人称	第一人称	第二、三人称
词干以元音结尾动词	несахъ	несаше	несахомъ	несасте	несахоу(ть)	несаховѣ	несаста
词干以 -и 结尾的动词	хвалахъ	хвлаше	хвалахомъ	хваласте	хвалахоу(ть)	хвалаховѣ	хваласта
非标志元音动词	бахъ	баше	бахомъ	басте	бахоу(ть)	баховѣ	баста

表 50 动词简单过去未完成时变化表

古斯拉夫语动词简单过去未完成时是由后缀与动词不定式词干加标志元音（联结元音）构成，或后缀直接加不定式词干构成。动词不定式词干以辅音结尾时加后

缀 -ēach，以 i 结尾时加后缀 -aach，以 ě、a 结尾时加后缀 -ach。

（1）不定式词干以辅音结尾，如 нес-（<нести（带着））：

单数第一人称 nec+ēach（后缀）+o（联结元音）+m（词尾）>*nesēach-o-n>nesěachъ（несѣахъ）

单数第二人称 *nesēach-e-s>nesěas'e（несѣаше）

单数第三人称 *nesēach-e-t>nesěaš'e（несѣаше）

复数第一人称 *nesēach-o-mŏs>nesěachomъ（несѣахомъ）

复数第二人称 *nesēach-e-te>nesěaš'ete（несѣашете）

复数第三人称 *nesēach-o-nt>nesěachǫt>nesěachǫ（несѣахѫ）

双数第一人称 *nesēach-o-vě>nesěachově（несѣахо́вѣ）

双数第二人称 *nesēach-e-ta>nesěaš'eta（несѣашета）

双数第三人称 *nesēach-e-te>nesěaš'ete（несѣашете）

（2）不定式词干以 -нѫ- 结尾的动词，如第二组动词 двигнѫти（现俄 двигнуть：移动），它在构成动词简单过去未完成时之时，词干结尾的元音 ѫ(ǫ) 消失，后缀直接与辅音 н 连接，例如：двигнѫти, двигнѣахъ, двигнѣаше...；съхноути，съхняаше...；тоноути, тонѧхъ...。

（3）不定式词干以 -и 结尾的动词，如第四组动词 ходити：*chodi-aach-om>chodiaach-om>chodjaachom>choždaachъ（хождаахъ）。单数第二人称、第三人称，复数第二人称及双数第二人称、第三人称中的后缀 ch 在前元音 e 前变为 š'。于是，古斯拉夫语中这几个形式就变为 ходжааше、ходжааше、ходжаашєтє 等，在其他形式中 ch(x) 保持不变，如复数第一人称 ходжаахо́вѣ 等。

（4）动词 видѣти（看见）、знати（知道）的动词简单过去未完成时为 видѣахъ、знаахъ。

（5）某些情况下，构成动词简单过去未完成时的不定式词干会被现在时词干取代，如 кры-ти（现俄 крыть：覆盖，掩盖）、коло-ти（现俄 колоть：刺；劈开）、умере-ти（现俄 умереть：死去）等一类动词。

古俄语动词简单过去未完成时表示过去的行为或状态，但不是短暂的行为，而是长时间的行为。例如：дрєвлѧнє живѧхоу звѣринскымъ wбразомь（德列夫利安人像野兽一样生活），и живаше влегъ… и приспѣ осень, и помяну олыъ конь свои（奥列格一直活着，……春去秋来，奥列格一下想起了自己的战马），сѣдаше Кии на горѣ（那时基依住在山上），пасяхоу са по брегу（在河边放牧），и роукама своима дѣлахоуть дѣло [他们用自己的双手做事（干活儿）]，гынаше жизнь наша…（我们的生活渐渐被毁掉了……），изнемогахоу же людье гладомъ и водою（人们饥渴交迫，疲惫不堪），и гребахоу са к нему…（他们把船向他划去……），горазда бо баше и лѣпа(церковь)[（教堂）修得很好, 很美]，огнь не угашеть（火不熄灭），аще кто оумраше…（如果某人死去……），иже оумрохомъ грѣхъмь…（如果我们因罪死去了……），много глаголахоу на нь（他们讲了他的许多流言蜚语），и положаху пред нимь хлѣбъ и не взимаше его（他们把面包放到他的面前，他不拿）。

3. 复合过去完成时

复合过去完成时由助动词 быти 现在时与以 -лъ 结尾的形动词两部分构成。助动词 быти 现在时的变位如下：

	第一人称	第二人称	第三人称
单数	ѥсмь	ѥси	ѥсть
复数	ѥсмь	ѥсте	соуть
双数	ѥсвѣ	ѥста	ѥста

表 51　助动词 быти 现在时变位表

形动词过去时只有性、数的区别，其变化如下：

	单数	复数	双数
阳性	неслъ, сталъ	несли, стали	несла, стала
中性	несло, стало	несла, стала	неслѣ, сталѣ
阴性	несла, стала	неслы, сталы	неслѣ, сталѣ

表 52　形动词过去时变化表

第一组动词以及部分第二组动词的不定式词干与过去时形动词后缀 -л 结合时无联结元音，例如：неслъ（нести：带着），ведлъ（вести：带领），везлъ（вести＜везти：运送）。

古俄语复合过去完成时不是典型的过去时,而是表示过去行为的结果在现在的状态。例如:се ıа всєволодъ далъ ѥсмь[是我符谢沃洛得了赠予（这个……）],се ты не шелъ ѥси с нама на поганьіа. иже погоубили соуть землю роусьскоую[你没有跟我们俩一起去同那些破坏（我们）罗斯家园的异教徒战斗]。

4. 久远过去时

古俄语久远过去时有两种构成方式,或者说有两种形式。第一种形式是助动词быти（是）的简单过去未完成时 + 动词的过去时形动词（以 -л 结尾的形动词）。古斯拉夫语的形式为бѣахъ、бѣаше、бѣахомъ、бѣашете、бѣахѫ、бѣаховѣ、бѣашета、бѣашете + 以 -л 结尾的形动词。古俄语形式为бахъ、баше、бахомъ、басте、бахоу(ть)、баховѣ、баста + 以 -л 结尾的形动词。这种形式在古俄语中很早就消失了,在古俄语文献中只能找到个别例证。

第二种形式是助动词быти 的复合过去完成时 + 动词以 -л 结尾的形动词。быти的复合过去完成时为ѥсмь былъ、ѥси былъ、ѥсть былъ、ѥсмъ были、ѥсте были、соуть были、ѥсвѣ была、ѥста была、ѥста была。第二种形式的久远过去时在古俄语中更为常见。

古俄语久远过去时表示发生在另一过去时行为之前的行为,又被称为"前过去时"。例如: и хотѣхомъ с ними ради бити сѧ. по wроужье бахомъ оуслали напередъ на повозѣхъ（我们本来准备同他们血战一场,可是我们之前把装备都用辎重马车运走了）, в то же времѧ баше пришелъ славата ис кыева к володимєроу（在这个时间之前斯拉维雅塔从基辅来到弗拉基米尔那里）, обновлена бысть цьркы. аже бѣ ополєла въ пожарѣ（教堂重建了起来,它此前曾经在大火中焚毁了）, приведоша разбоиникы съвѧзаны. ихъ же бѣшаали въ ѥдиномь селѣ[带来了几个被捆绑着的盗贼,他们是（此前）在一个村庄里抓获的], а ıарославъ нача полкы копитина новѣгородъ. и бѣ послалъ къ цєсарю татарьскоу ратибора（雅罗斯拉夫开始调集军队攻打诺夫哥罗德,这之前他派了拉季博尔去见鞑靼可汗）, и постоупиша мало къ водѣ по . г. дни бо не поустили бахоу ихъ къ водѣ（三天以后他们往水边靠近了一些,因为先前不放他们走近水边）, тоі же зимы. хлѣбъ баше дорогъ въ новѣгородѣ. а въ пльсковѣ почали бѧхоу грабити не добрии людье села и дворы в городѣ（这年冬天诺夫哥罗德的粮食奇贵，在普斯科夫坏人们早已开始抢劫农村和城市的住户）。

5. 古俄语动词过去时体系的解体

古俄语动词的四种过去时形式经过数百年的演变，最终简化了许多。具体来看，其中有三种形式几乎消失了，只剩下一些残余。

（1）简单过去完成时的演变

简单过去完成时已经消失。对于其消失的时间，语言学界有不同意见。

简单过去完成时最初用来表示过去完成的一个完整动作。历史上的某个事件常用简单过去完成时表达，例如：в се же лѣ рекоша дроужина игореви（这一年亲兵们对伊戈尔说），послуша ихъ Игорь, иде въ дерева въ дань, возьемавъ дань, поиде въ градъ свои（伊戈尔听了他们的话，就去德列夫里安人那儿征收贡赋，征得贡赋后就打道回府了）。

简单过去完成时在古俄语不同方言中保留的时间各不相同。它在古俄语南部方言中消失得要早一些，最古老的罗斯南方碑刻和文书中都未发现简单过去完成时的踪影。在古罗斯北部的诺夫哥罗德方言中，简单过去完成时一直保留到14—15世纪，虽然只是一些残留。

古俄语的简单过去完成时在俄罗斯民间文学作品中仍有体现，如古文献中的句子 бысть князь весел（был князь весел：大公高兴了）。бысть 是 быти 的简单过去完成时单数第三人称。现代俄语中的感叹词 чу（喂！你听！）是动词 чути（听见）的简单过去完成时单数第二人称，最初的意义是"你听见了"。现代俄语中的熟语 погибоша аки обре（一个不剩地全死光；消失得无影无踪）中的 погибоша 是简单过去完成时复数第三人称。

现代俄语动词命令式有一种特殊用法，即用 возьми 与另一个动词的命令式连用表示突然的、出乎意料的动作，例如：Ему бы в сторону броситься, а он возьми да прямо и побеги（他原本要奔向一旁，但却突然直奔过去）。沙赫马托夫认为，这是古俄语简单过去完成时的残余。库兹涅佐夫则认为命令式与简单过去完成时难以挂上钩。

（2）简单过去未完成时的演变

简单过去未完成时同样消失得很早。

简单过去未完成时最初用来表示过去较长时间未了结的、重复的、分段进行的行为。在最早期的古俄语编年史中，简单过去未完成时都是如此使用的，因此常用来描写风俗、习惯等长期存在的现象，例如：и баху ловаща зверь, баху мужи мудри и смыслены, нарицахуа поляне（他们以打猎为生，是些聪明、智慧的人，叫作波里安人），а древляне живаху звериньским образомъ, жиоуще скотьски, оубиваху друг друга, ıадаху всѧ нечисто, и брака оу нихъ не бываше, но умыкиваху оу воды двца... схожаху сѧ на игрища, на плѧсанье.... и ту умыкаху жены собѣ...（德列夫里安人像野兽一样生活，牲畜般过活，他们相互残杀，什么脏东西都吃，他们没有婚姻关系，而是到水边劫持女孩……他们常常欢聚在一起玩耍、跳舞，在那里劫持女人做老婆……）。

这表明，简单过去未完成时在 11 世纪末—12 世纪初的编年史中还曾使用，13 世纪以后的文书中便很少出现了。但作为书面语的规范，简单过去未完成时在政论性、叙述性文献，尤其是宗教性文献中一直使用到 16—17 世纪。简单过去未完成时在现代俄语中未留下任何痕迹，只保留在个别成语中，如 еле можаху（烂醉如泥）。

古俄语的简单过去完成时和简单过去未完成时消失后，它们的功能被复合过去完成时接收。中古俄语时期形成了由复合过去完成时久远过去时组成的动词过去时体系，乌克兰语和白俄罗斯语的过去时体系也是在这一时期形成的。

（3）久远过去时的演变

久远过去时最初用来表示某个过去的动作之前发生的动作。但有时久远过去时也会表示一个过去行为的现在状态，这同复合过去完成时十分接近，例如：жена дѣтищь роди безъ wчью и без руку, в чересла бѣ ıєму рыбии хвость приросль（女人生下一个小孩，没有双眼和双手，腰部长出一条鱼尾巴）。而且，久远过去时的两种形式可以在一个句中同时出现，例如：оу ıарополка же жена грекини бѣ и баше была черницею. бѣ бо привелъ wтць его с̃тославъ и вда ю за ıарополка [雅罗波尔克的妻子是希腊女人，她曾是个修女，她的父亲斯托斯拉夫把她带回了（罗斯），把她嫁给了雅罗波尔克]。

  杜尔诺沃在对古罗斯编年史进行研究后给出的结论是：古俄语编年史在描写 11—12 世纪的历史事件时，使用久远过去时的第一种形式；描写 13—14 世纪的历史事件时，则用久远过去时的第二种形式。可见，久远过去时的第二种形式是新形式，但新事物的产生并非一蹴而就的，而是从萌芽逐渐壮大的，最后完全取代了旧的形式。库涅佐夫指出，在《古史纪年》中就已经开始使用久远过去时的新形式。

  久远过去时的新形式一直使用到 17 世纪，但是其中的助动词 быти 消失了，久远过去时的分析性形式由三个词减为两个词。1615 年的一份莫斯科契约就有例证：казаки были на службу пошли, ныне воротилися（哥萨克去服兵役了，现在回到了家中）。从 18 世纪开始，久远过去时形式从俄语标准语及大多数方言中消亡了。

  久远过去时的某些残余仍可见于俄罗斯童话之中，例如：жил-был старик со старухой...（从前有一个老头儿和老太太），жили-были...（从前……）。现代俄语中用语气词 было 与另一个动词过去时表示准备进行但未完成的行为，或者已经开始但被另一行为打断的行为，例如：Он хотел было пройти мимо... Она остановила его резким движением руки（他本想走过去……但她猛一挥手，示意他停下来）。这种结构就是由久远过去时演变而来，语气词 было 源自助动词 был，即 был 失去性、数的一致关系，用中性形式表达。类似的用法在 16—17 世纪的古俄语文献中就已出现，参见《大司祭阿瓦库姆自传》中的例证：На другои годъ насѣель было и много, да дождь неовыченъ излiяся, и вода из реки выступила, и потопила ниву, да и все розмыло...［第二年（本来）种了很多（庄稼），可是大雨连绵，河水暴涨，淹没了庄稼地，一切都冲毁了］。

  （4）复合过去完成时的演变

  古俄语复合过去完成时在兼并了其他三种形式后保留了下来。与此同时，它自身在形式上也发生过变化。它最初是分析性形式，由助动词 быти + 以 -л 结尾的形动词构成。在古俄语历史时期的早期，助动词消失，只留下形动词执行复合过去完成时的功能，它的形态变为简单式，只保留性和数的区别，人称转由人称代词或其他词类表达。

  助动词的消失在早期古俄语文献中就已经出现，甚至还存在新、旧形式混用的情况。研究表明，助动词消失最早是从单数第三人称开始的，第一人称、第二人称保留的时间要长一些。

古俄语复合过去完成时保留在现代俄语方言之中。俄语方言中有一种形式为助动词＋完成体副动词，例如：он пришодчи（现俄 он пришёл：他来了）。这里的助动词也可以省略，副动词其实是由古俄语的形动词转化而来的。俄语方言中还有一种结构，它是由过去时被动形动词构成，例如：у него уехано（现俄 он уехал：他离开了）。这个被动形动词用作无人称谓语，由不及物动词构成，动作主体由前置词у＋第二格代词构成。这种结构与古俄语复合过去完成时相似。

古俄语复合过去完成时保留在乌克兰语和白俄罗斯语之中，成为动词过去时的唯一形式。

第五节　动词将来时及其演变

1. 第一式将来时及其演变

古俄语动词将来时的第一种形式由助动词＋动词不定式构成，助动词由имати（或имѣти）、начати、почати、хотѣти充当，它们的变化如下：

	单数			复数			双数	
	第一人称	第二人称	第三人称	第一人称	第二人称	第三人称	第一人称	第二、三人称
начати	начьну	начьнєши	начьнєть	начьнємъ	начьнєтє	начьнуть	начьнєвѣ	начьнєта
хотѣти	хочу	хочєши	хочєть	хочємъ	хочєтє	хотѧть	хочєвѣ	хочєта
имати	имамь	имаши	имать	имамъ	иматє	имоуть	имавѣ	имата

表53　古俄语动词将来时助动词变化表

这四个助动词除用作动词将来时的助动词外，还有自己的词汇意义。例如：вдамъ ти єлико <u>начьнж мощи</u>（能给的我都会给你），аще бо мѧ оувидить, не <u>имать убити</u> мене（假如他看见我，不会杀死我），<u>имоуть</u> чего искати（它们要找寻什么），которыи кнѧзь <u>почьнеть хотѣти</u>（假如某一个大公想要），оуже <u>хочемъ померети</u> от глада（我们很快就会饿死）。

从 15 世纪开始，俄语动词复合将来时的助动词开始使用 буду，并逐步取代其他助动词。旧的形式直到 17 世纪时仍在广泛使用。助动词 буду 区别于其他助动词的最大特点是，它没有任何词汇意义，只表达将来时的语法意义。在俄语动词体范畴形成完成体与未完体的对偶以后，它与未过完成体动词不定式复合形成将来时。

2. 第二式将来时及其演变

古俄语动词将来时的第二种形式由助动词 быти+ 以 -л 结尾的形动词构成。助动词的变化为：

单数：буду，будєшн，будєть；

复数：будємъ，будєтє，будуть；

双数：будєвѣ，будєта，будєта。

复合将来时第二式又被称为"前将来时"（преждебудущее），表示一个将来时动作完成于另一个将来时动作之前，一般用于复合句的条件从属句中。它表示的是相对时间，即从属于主句中谓语的时间，例如：оже боудеть оубилъ, платити тако（如果有人杀死了人，他就得赔偿）。条件从属句以连接词 оже（如果）开头，例如：да возьметь свое иже кто боудеть потерялъ（谁丢失的东西，就让他自己拿回去），что будеть слышалъ и ты сказываи прямо（他听到什么你就直说）。这里的从属句 иже кто боудеть потерялъ 和 что будеть слышалъ 表示前将来时。

古俄语前将来时形式一直使用到 16 世纪，之后逐步被现代俄语的复合将来时所取代，助动词 быти 只与动词不定式搭配。

简单将来时、现在时的界线在古俄语历史早期是相当模糊的，未完成体动词的变位形式可作为将来时用。例如：идѣте съ данью домови а ꙗ възвращу сѧ, похожю и ющє, поимемъ женоу ѥго вольгоу за князь нашь——идите вы с данью домой, а я возвращусь, обойду ещё, захвачу жену его Ольгу за нашего князя（你们带着贡赋先回家吧，我回去再看看，或许把他的老婆奥莉加抓来给我们王公）。该句子中的възвращу сѧ、похожю、поимемъ 是将来时形式。再如：и рѣша: се оуже хочемъ померети wглада, а wкнѧꙁѧ помочи нѣту; да луче ли ны померьти? вдадимысѧ печенѣгомъ, да кого живать, кого ли оумертвать（大家议论纷纷：我们快要饿死了，可从我们的王公那里得不到援助，难道我们就这样死去更好吗？我们投降佩切涅格人吧，他们会留下一些人，会杀死一些人）。在这个句子里，动词谓语 живать 是未完成体动词，оумертвать 是完成体动词，这里都用作将来时。

随着时间的推移，俄语动词未完成体—完成体的对偶关系日益明确。完成体动词的将来时形式与未完成体动词的现在时形式在形态上相同，在意义上就截然不同了，现代俄语正是如此。

第六节　动词的式

1. 假定式的构成及演变

古俄语动词假定式由动词 быти 的简单过去完成时 +-л 结尾的形动词构成。

古斯拉夫语动词的假定式与古俄语不同，其动词 быти 用另一种形式：

单数：бимь, би, би；

复数：бимъ, бисте, бишѧ；

双数：бивѣ, биста, бисте。

假定式形式为 бимь неслъ、би неслъ、бимь несла、би несла、бимъ несли、бисте несли、бимъ неслы、бисте неслы 等。

古俄语 быти 的简单过去完成时如下表所示：

	第一人称	第二人称	第三人称
单数	быхъ	бы	бы
复数	быхомъ	бысте	быша
双数	быховъ	быста	быста

表 54　быти 的简单过去完成时

古俄语文献中有例证：аж бы миръ былъ и до вѣка（假如永久和平了），аж быхъмь что тако оучинили（假如我们这样做了），аже бы ты былъ, то была бы чага по ногатѣ (1/20 гривны)（假如你在的话，就会有价值一个诺加塔的女俘虏），аже бы сѧ молилъ Господа, не бы въ грѣхъ впалъ（如果你向神灵祈祷，他就不会降罪于你），аще мѧ бысте знали, знали бы бысте и отца（假如你们认识我，也认识我的父亲），аще бы быша силы были（假如有了粮食）。最后两句 знали бы бысте 和 бы быша были 中的 бы 是多余的。这说明旧的假定式在改变过程中，原来动词 быти 的单数第二、三人称 бы 已转化为语气词，所以才会与假定式 бысте знали 和 быша были 混合用了，或者说，抄书人已不能正确使用旧的假定式形式了。旧假定式一直使用到 14 世纪末，最终演变为动词复合过去完成时 + 语气词 бы，例如：нёс бы, несла бы, несли бы, стал бы, стала бы, стали бы。

2. 动词命令式的构成及演变

	单数		复数		双数	
	第二人称	第三人称	第一人称	第二人称	第一人称	第二人称
第一组动词	неси	неси	несѣмъ	несѣте	несѣвѣ	несѣта
第二组动词	стани	стани	станѣмъ	станѣте	станѣвѣ	станѣта
第三组动词	знаи	знаи	знаимъ	знаите	знаивѣ	знаита
第四组动词	хвали	хвали	хвалимъ	хвалите	хваливѣ	хвалита
第五组动词	ѣжь, дажь	ѣжь, дажь	ѣдимь, дадимъ	ѣдите, дадите	ѣдивѣ, дадивѣ	ѣдита, дадита

表 55　古俄语动词命令式

同现代俄语动词命令式相比，古俄语动词命令式更为复杂，这表现为：

（1）命令式具有双数形式；

（2）古俄语动词命令式有单数第二人称、第三人称，复数和双数第一人称、第二人称；

（3）标志元音动词（第一至四组动词）与无标志元音动词之间，标志元音动词本身之间都具有不同的形式。

在古俄语后来的发展中，动词命令式经历了一系列变化：

单数第三人称，双数第一人称、第二人称，复数第一人称命令式消失或改变了形式。单数第三人称用 пусть（或 пускай）+ 动词现在时第三人称，如 пусть（或 пускай）идёт（让他走），而复数第一人称则用现在时形式替代，如 пойдём（我们走吧）、выполним（我们一起完成吧）。此外，复数第一人称还会再加上第二人称的

词尾 -те，如 споёмте（一起唱吧），或者在前面加上 давайте，如 давайте сыграем（让我们一起玩吧）。保留下来的只有单数和复数第二人称命令式。

俄语动词命令式的形式归为统一。带联接元音的第一、二组动词命令式向第三、四组动词命令式靠拢，即词尾的 -ѣ 变为 -и。13 世纪古俄语文献中开始用несите、ведите、толкните 取代旧的形式 несѣте、ведѣте、толкнѣте。1270 年诺夫哥罗德人克里敏特的遗嘱中，动词 възати（拿）的命令式写作 возмите，而不是възмѣте。

古俄语动词命令式的统一还体现在语音上。第一组动词词干以 г、к、х 结尾时，在构成命令式时要发生音变 г‖з、к‖ц、х‖с，在词根发生 е‖ь 的元音交替。如动词 речи（说）、печи（烤）、течи［现俄 течь：流（动）］、стеречи（现俄 стеречь：守护，看管）、беречи（现俄 беречь：保护）命令式的变化为：реки＜реци；пеки＜пьци，пеките＜пьцѣте；теки＜тьци；стереги＜стерези，стерегите＜стерезите＜стерезѣте；береги＜берези，берегите＜березѣте。

第一、二、三组动词命令式经历的另一种语音变化是，单数和复数第二人称词尾的联结元音 и 在非重读的情况下脱落，如动词 быти（是）、стати（成为）、рѣзати（现俄 рѣзать：切，割）命令式的变化为：буди＜будь，стани＜стань，рѣжи＜режь；будѣте＜будьте，станѣте＜станьте，рѣжите＜режьте。此外，以 -аю、-ею 结尾的动词，如 даваю（现俄 давать：给）、умѣю（现俄 уметь：会），它们命令式中的联结元音 и 处于元音之后，这时 и 变为半元音或者辅音 j(й)，例如：даваи＜давай，умѣи＜умей；даваите＜давайте，умѣите＜умейте。

第五组动词是无标志元音动词，古俄语中总共只有五个，其中 быти（有）、вѣдати（看见）、имѣти（拿）的命令式与标志元音动词重合了，只剩下ѣсти（吃）、дати（给）。它们的命令式复数第一人称 ѣдимъ、дадимъ 被用作现在时复数第一人称，命令式复数第二人称 ѣдите、дадите 随后也被用作现在时复数第二人称。因此它们的命令式只能重新构成，借用了现在时单数第二人称的 ѣжь、дажь[①]。词尾的弱元音 ь 脱落之后，词尾的 ж 发生清化，即 ѣжь＞ѣшь、дажь＞дашь。ѣшь 也就成为

[①] 按照 dj＞ž 的变化规律，*ěžь＜*ědjь，*dažь＜*dadjь。它们的古斯拉夫语形式写作 ѣждь、даждь。

了命令式（同时用作现在时单数第二人称），复数第二人称命令式为ѣьѣте。

дашь 则只用作现在时单数第二人称。дати 的命令式最终受到第三组动词знати（知道）—знаи 和 читати（读）—читаи 的影响，采用的形式为даи，复数第二人称则用даите。现代俄语中这些动词的命令式分别为знай(те)、читай(те)、дай(те)。

3. 动词不定式的演变

古俄语动词不定式由词干加后缀 -ти 或 -чи 构成，词干 к、г 结尾的动词用后缀 -чи，例如：речи（说），течи［流（动）］，печи（烤），мочи（能够），стеречи（守护，看管），беречи（保护）。这里的 ч 源自共同斯拉夫语的 kt 和 gt，这类动词不定式的古斯拉夫语形式为：рѣчи，течи，печи，мочи，стрѣчи，брѣчи。

在古俄语发展史上，动词不定式经历了后缀 -ти 弱化为 -т'，或者说，在非重读音节时 и 的脱落。当后缀 -ти 处于重音下，и 保留了下来，例如：нести́（拿），вести́（带领），везти́（运送），расти́（生长），идти́（走），трясти́（摇晃；抖动），грести́（划船），пасти́（放牧）；但在非重读音节时 и 脱落，例如：писа́ть（写），чита́ть（读），лете́ть（飞），грызть（啃），есть（吃），дать（给）。这种语音变化在现代俄语方言中有所不同。在俄罗斯北部方言中，非重读音节的元音维持得较为稳定，直到现在动词不定式后缀 -ти 在非重读音节下仍得以保留，例如：говори́ти，чита́ти，носи́ти，плати́ти。在俄罗斯南部方言中情况则相反，标准语在保留后缀 -ти 的情况下，南部方言也变为 т'，例如：нест'，паст'，рост'，везт'。动词不定式以 -ть 结尾的形式最早见于 13 世纪的古俄语文献，但以 -ти 结尾的旧形式一直保持到 17—18 世纪。

以后缀 -чи 结尾的动词情况相似，它也经历了 -ти 在非重读音节中的类似变化，一直使用到 17 世纪。

有少数以 -сти（-сть）结尾的动词在历史演变过程中发生过曲折，如动词грести（划船）和 клясть（诅咒）。грести 来自 *greb-ti，在古俄语中演变为 грети。клясть 来自 *klьn-ti＞klęti，在古俄语中为 клати。在 нести、вести、мести 等动词不定式的影响下，грети 变为 грести，клати 由于 -ти 在非重读音节变为 клясть。

4. 目的式的演变

古俄语还出现过一类动名词叫"目的式"（супин），它与运动动词连用，表示运动的目的地。目的式由动词不定式词干 + 后缀 -тъ 构成。就起源而言，这类动名词属于 ŭ 类型变格法（或第三变格法）名词。例如：иду рыбъ ловитъ（我去捕鱼），идоу на вы воѥватъ（我要来征讨你们了），приѣхаша послы...сажатъ ꙗрослава（为安排雅罗斯拉夫登位，使者来临），мирославъ ходи...миритъ кыпанъ（米罗斯拉夫去安抚基辅人），ѣздити лѣтѣ звѣри гонитъ（夏天去打猎）。

就作用而言，目的式与不定式非常接近，但使用不多，远少于动词不定式。因此，从 11 世纪开始就有被动词不定式取代的趋势，在现代俄语中已无任何痕迹。

第七节　古俄语形动词及其演变

古俄语形动词分为主动形动词和被动形动词、现在时形动词与过去时形动词、形动词长尾和短尾。短尾形动词在句子中既可以用作定语，也可以用作复合谓语的组成部分。古俄语没有副动词，它是由形动词演变而来的。

1. 短尾形动词

（1）现在时短尾主动形动词

古俄语现在时短尾主动形动词由现在时词干 + 联接元音 + 后缀 *nt + 词干后缀 j+a（单数第二格）构成。如动词 знати（知道）和 хвалити（称赞）的现在时短尾主动形动词为：

*znajontja > знаюча（古斯 знаѭшта）；

*hvalintja > хвалѧча（古斯 хвалѩшта）。

古俄语现在时短尾主动形动词的变格如下：

	单数		复数		双数	
第一格	ида	хвала	идуче	хвалѧче	идуча	хвалѧча
第二格	идуча	хвалѧча	идучь	хвалѧчь	идучу	хвалѧчу
第三格	идучу	хвалѧчу	идучемъ	хвалѧчемъ	идучема	хвалѧчема

	第四格	идучь	хвалачь	несучѣ	хвалачѣ	идуча	хвалача
	第五格	идучьмь	хвалачьмь	идучи	хвалачи	идучема	хвалачема
	第六格	идучи	хвалачи	идучихъ	хвалачихъ	идучу	хвалачу

表 56　现在时短尾主动形动词阳性变格表

	单数		复数		双数	
第一格	ида	хвала	идуча	хвалача	идучи	хвалачи
第二格	идуча	хвалача	идучь	хвалачь	идучу	хвалачу
第三格	идучу	хвалачу	идучемъ	хвалачемъ	идучема	хвалачема
第四格	идуче	хвалаче	идуча	хвалача	идучи	хвалачи
第五格	идучьмь	хвалачьмь	идучи	хвалачи	идучема	хвалачема
第六格	идучи	хвалачи	идучихъ	хвалачихъ	идучу	хвалачу

表 57　现在时短尾主动形动词中性变格表

	单数		复数		双数	
第一格	идучи	хвалачи	идучѣ	хвалачѣ	идучи	хвалачи
第二格	идучѣ	хвалачѣ	идучь	хвалачь	идучу	хвалачу
第三格	идучи	хвалачи	идучамъ	хвалачамъ	идучама	хвалачама
第四格	идучу	хвалачу	чдучѣ	хвалачѣ	идучу	хвалачу
第五格	идучею	хвалачею	идучами	хвалачами	идучама	хвалачама
第六格	идучи	хвалачи	идучихъ	хвалачахъ	идучу	хвалачу

表 58　现在时短尾主动形动词阴性变格表

　　古俄语中以后缀 -уч、-юч、-ач、-яч 结尾的形动词，其阳性和中性单数第一格形式不同于其他格，上述四个后缀不出现。它们的形式分别如下：第四组动词以 'a 结尾，如 хвала（来自 хвалити：称赞）、проса（来自просити：原谅）；第三组动词以 ja 结尾，如 знаа（古斯 знаѩ＜знати：知道）、пиша（古斯 пишѩ＜писати：写）；其他动词以 -a 结尾，如 ида（古斯 иды＜идти：走）、неса（古斯 несы＜нести：带着）。

　　在古俄语发展史上，以 -a 结尾的形式后来被 -'а(-ѧ) 取代。这一过程起始于 12 世纪。现代俄语中的名词 рёва（爱哭闹的孩子）来自动词 реветь（大声哭）的形动词形式，пройда（滑头，善于钻营的人）则来自动词пройти（走过）的形动词形式。

（2）过去时短尾主动形动词

过去时短尾主动形动词由不定式词干加后缀 *-ŭs 或 *-vŭs 构成。当不定式词干以辅音结尾时加后缀 *-ŭs，以元音结尾时加后缀 *-vŭs。同现在时主动形动词一样，除了阳性和中性单数第一格以外，过去时短尾主动形动词其他各个格要在不定式词干加 -ŭs 之后再加后缀 -j。

以动词 нести（带着）、ити（идти）(走)、хвалити（称赞）、ходити（走）为例，参照上述变化范例对单数第二格形式加以说明，即 *nes-（不定式词干）+ŭs（形动词后缀）+j（词干后缀）+a（单数第二格词尾）：*nesŭsja>nesъša。原因在于 ŭ 在共同斯拉夫语时代变为 ъ，sj 变为 š，因此古俄语 нести、ити、хвалити、ходити 的过去时短尾主动形动词单数第二格为 несъша、шьдша、хваливъша、ходивъша。

古俄语过去时短尾主动形动词的变格如下：

	单数		复数		双数	
第一格	шьдъ	хваливъ	шьдъше	хваливъше	шьдъша	хваливъша
第二格	шьдъша	хваливъша	шьдъшь	хваливъшь	шьдъшу	хваливъшу
第三格	шьдъшу	хваливъшу	шьдъшемъ	хваливъшемъ	шьдъшема	хваливъшема
第四格	шьдъшь	хваливъшь	шьдъшѣ	хваливъшѣ	шьдъша	хваливъша
第五格	шьдъшьмь	хваливъшьмь	шьдъши	хваливъши	шьдъшема	хваливъшема
第六格	шьдъши	хваливъши	шьдъшихъ	хваливъшихъ	шьдъшу	хваливъшу

表59　过去时短尾主动形动词阳性变格表

	单数		复数		双数	
第一格	шьдъ	хваливъ	шьдъша	хваливъша	шьдъши	хваливъши
第二格	шьдъша	хваливъша	шьдъшь	хваливъшь	шьдъшу	хваливъшу
第三格	шьдъшу	хваливъшу	шьдъшемъ	хваливъшемъ	шьдъшема	хваливъшема
第四格	шьдъше	хваливъше	шьдъша	хваливъша	шьдъши	хваливъши
第五格	шьдъшьмь	хваливъшьмь	шьдъши	хваливъши	шьдъшема	хваливъшема
第六格	шьдъши	хваливъши	шьдъшихъ	хваливъшихъ	шьдъшу	хваливъшу

表60　过去时短尾主动形动词中性变格表

	单数		复数		双数	
第一格	шьдъши	хваливъши	шьдъшѣ	хваливъшѣ	шьдъши	хваливъши
第二格	шьдъшѣ	хваливъшѣ	шьдъшь	хваливъшь	шьдъшу	хваливъшу
第三格	шьдъши	хваливъши	шьдъшемъ	хваливъшамъ	шьдъшама	хваливъшама
第四格	шьдъшу	хваливъшу	шьдъшѣ	хваливъшѣ	шьдъши	хваливъши
第五格	шьдъшею	хваливъшею	шьдъшами	хваливъшами	шьдъшама	хваливъшама
第六格	шьдъши	хваливъши	шьдъшихъ	хваливъшахъ	шьдъшу	хваливъшу

表 61　过去时短尾主动形动词阴性变格表

如上表所示，过去时短尾主动形动词的各个格带有后缀 -ъш- 或 -въш，只有阳性和中性单数第一格以 -ъ 或 -въ 结尾。以动词 хвалити（称赞）和 ходити（走）为例，这一变化过程为：*nes+ŭs＞nesъs＞nesъ，šьd+ŭs＞šьdъs＞šьdъ。也就是说，在共同斯拉夫语时代 ŭ 变为 ъ，词尾的 s 因开音节规律作用而脱落，因此 хвалити 和 ходити 的阳性、中性单数第一格为 хваливъ、ходивъ。

古俄语最初没有副动词，现代俄语的副动词正是由形动词的以上两种短尾形式演变而来的。现在时短尾主动形动词阳性、中性单数第一格演变为未完成体副动词，而过去时短尾主动形动词阳性、中性单数第一格演变为完成体副动词。

现代俄语的未完成体副动词 идя、неся、беря、лёжа、крича、гуляя、умея、бережа 分别来自动词 ити（тдти）（走）、нести（带着）、брати（现俄 брать：拿）、лежати（现俄 лежать：躺）、кричати（现俄 кричать：喊）、гуляти（现俄 гулять：散步）、умети（现俄 уметь：懂得、知道）、беречи（保护）的现在时短尾主动形动词。少数动词的未完成体副动词，如 будучи、глядючи、идучи、едучи、играючи、умеючи、кралучись，它们不是来自古俄语动词的现在时短尾主动形动词阳性与中性的第一格形式，其意义也发生了变化。будучи 用作书面语，具有连接词的意义；其他几个用作副词意义，如 глядючи、кралучись、умеючи 已经完全转变为副词。这一类副动词在 18 世纪的俄语中还十分常见，现在仍保留在俄语方言之中，有时用作俗语，如 глядючи。

现代俄语完成体副动词源自古俄语的过去时短尾主动形动词的阳性、中性单数第一格。在弱元音脱落后，副动词形式要么与词干相同，要么以 -в 结尾，例如：

пришьдъ＞пришед（приити：来到），принесъ＞принёс（принести：带来），прочитавъ＞прочитав（прочитати：读完），написавъ＞написав（написати：写完）。现代俄语中副动词等同词干的情况已经消失，但在19世纪仍然存在。现代俄语完成体副动词还使用后缀 -ши（＜-ъши），-вши（＜-въши），例如：пришедши（прийти：来到），умерши［умереть：死（去）］，заперши（запереть：锁上），возвратившись（возвратиться：返回），разыгравшись（разыграться：玩得入迷）。проиграв 与 проигравши 来自动词проиграть（输），这两种形式并用，后一种用于口语或俗语。以 -ши 和 -вши 结尾的副动词源自古俄语过去时短尾主动形动词阴性单数第一格。

2. 长尾形动词

（1）现在时长尾主动形动词

现在时长尾主动形动词由相应的短尾形式加指示代词 и、ю、ia 构成，其变格如下：

	单数		复数		双数	
第一格	идучии (идаи)	хвалачии (хвалаи)	идучии	хвалачии	идучаia	хвалачаia
第二格	идучего	хвалачего	идучихъ	хвалачихъ	идучую	хвалачую
第三格	идучему	хвалачему	идучимъ	хвалачимъ	идучима	хвалачима
第四格	идучии	хвалачии	идучѣѥ (-аia)	хвалачѣѥ (-аia)	идучаia	хвалачаia
第五格	идучимь	хвалачимь	идучими	хвалачими	идучима	хвалачима
第六格	идучемь	хвалачемь	идучихъ	хвалачихъ	идучую	хвалачую

表 62　现在时长尾主动形动词阳性变格表

	单数		复数		双数	
第一格	идучеѥ	хвалачеѥ	идучаia	хвалачаia	идучии	хвалачии
第二格	идучего	хвалачего	идучихъ	хвалачихъ	идучую	хвалачую
第三格	идучему	хвалачему	идучимъ	хвалачимъ	идучима	хвалачима
第四格	идучеѥ	хвалачеѥ	идучаia	хвалачаia	идучии	хвалачии
第五格	идучимь	хвалачимь	идучими	хвалачими	идучима	хвалачима
第六格	идучемь	хвалачемь	идучихъ	хвалачихъ	идучую	хвалачую

表 63　现在时长尾主动形动词中性变格表

	单数		复数		双数	
第一格	идꙋчаꙗ	хвалꙗчаꙗ	идꙋчѣѣ (-ꙗꙗ)	хвалꙗчѣѣ (-ꙗꙗ)	идꙋчии	хвалꙗчии
第二格	идꙋчѣѣ (-ꙗꙗ)	хвалꙗчѣѣ (-ꙗꙗ)	идꙋчихъ	хвалꙗчихъ	идꙋчую	хвалꙗчую
第三格	идꙋче	хвалꙗчеи	идꙋчимъ	хвалꙗчимъ	идꙋчима	хвалꙗчима
第四格	идꙋчую	хвалꙗчую	идꙋчѣѣ (-ꙗꙗ)	хвалꙗчѣѣ (-ꙗꙗ)	идꙋчии	хвалꙗчии
第五格	идꙋчею	хвалꙗчею	идꙋчими	хвалꙗчими	идꙋчима	хвалꙗчима
第六格	идꙋчеи	хвалꙗчеи	идꙋчихъ	хвалꙗчихъ	идꙋчую	хвалꙗчую

表64　现在时长尾主动形动词阴性变格表

现代俄语不再使用此类形动词，它们被借自古斯拉夫语的以 -ущ、-ющ、-ащ、-ящ 为后缀的形动词所取代，后来转变为了形容词，例如：живучий（生命力强的），жгучий（火热的），колючий（带刺的），лежачий（躺着的，平放的），горячий（热的），ходячий（步行的），стоячий（竖着的，立着的），могучий（强有力的），плывучий（能流动的）。这里的形容词带有书面语的特征，在口语中使用不多。летучий（飞扬的）、кипучий（沸腾的）、скрипучий（吱吱响的）则可能是受此类旧形动词或形容词影响构成的。现代俄语中有少数从古斯拉夫语借用的形动词也转变为了形容词，例如：идущий（步行的），выдающийся（杰出的），грядущий（将来的）。

（2）过去时长尾主动形动词

古俄语过去时长尾主动形动词也是由短尾形动词加指示代词 и、ѥ、ꙗ 构成，其变格如下：

	单数		复数		双数	
第一格	шьдъшии	хваливъшии	шьдъшии	хваливъшии	шьдъшаꙗ	хваливъшаꙗ
第二格	шьдъшего	хваливъшего	шьдъшихъ	хваливъшихъ	шьдъшую	хваливъшую
第三格	шьдъшему	хваливъшему	шьдъшимъ	хваливъшимъ	шьдъшима	хваливъшима
第四格	шьдъшии	хваливъшии	шьдъшѣѣ (-ꙗꙗ)	хваливъшѣѣ (-ꙗꙗ)	шьдъшаꙗ	хваливъшаꙗ
第五格	шьдъшимь	хваливъшимь	шьдъшими	хваливъшими	шьдъшима	хваливъшима
第六格	шьдъшемь	хваливъшемь	шьдъшихъ	хваливъшихъ	шьдъшую	хваливъшую

表65　过去时长尾主动形动词阳性变格表

	单数		复数		双数	
第一格	шьдъшеѥ	хвалївъшеѥ	шьдъшаıа	хвалївъшаıа	шьдъшии	хвалївъшии
第二格	шьдъшего	хвалївъшего	шьдъшихъ	хвалївъшихъ	шьдъшую	хвалївъшую
第三格	шьдъшему	хвалївъшему	шьдъшимъ	хвалївъшимъ	шьдъшима	хвалївъшима
第四格	шьдъшеѥ	хвалївъшеѥ	шьдъшаıа	хвалївъшаıа	шьдъшии	хвалївъшии
第五格	шьдъшиммь	хвалївъшьмь	шьдъшими	хвалївъшими	шьдъшима	хвалївъшима
第六格	шьдъшемь	хвалївъшемь	шьдъшихъ	хвалївъшихъ	шьдъшую	хвалївъшую

表 66　过去时长尾主动形动词中性变格表

	单数		复数		双数	
第一格	шьдъшаıа	хвалївъшаıа	шьдъшеѣ (-аıа)	хвалївъшеѣ (-аıа)	шьдъшии	хвалївъшии
第二格	шьдъшеѣ (-аıа)	хвалївъшеѣ (-аıа)	шьдъшихъ	хвалївъшихъ	шьдъшую	хвалївъшую
第三格	шьдъшеи	хвалївъшеи	шьдъшимъ	хвалївъшимъ	шьдъшима	хвалївъшима
第四格	шьдъшую	хвалївъшую	шьдъшеѣ (-аıа)	хвалївъшеѣ (-аıа)	шьдъшии	хвалївъшии
第五格	шьдъшею	хвалївъшею	шьдъшими	хвалївъшими	шьдъшима	хвалївъшима
第六格	шьдъшеи	хвалївъшеи	шьдъшихъ	хвалївъшихъ	шьдъшую	хвалївъшую

表 67　过去时长尾主动形动词阴性变格表

除了弱元音脱落、词尾 и 的弱化，古俄语过去时长尾主动形动词完好地保留在了现代俄语中。例如：прошьдъшии＞прошедший（пройти：走过），принесъшии＞принёсший（принести：带来），хвалївъшии＞хваливший（хвалить：称赞），коловъшии＞коловший（колоть：刺、扎），горевъший＞горевший（гореть：燃烧）。

3. 被动形动词

（1）现在时短尾被动形动词

古俄语被动形动词的演变过程与主动形动词大体相同。现在时短尾被动形动词的构成以现在时词干为基础，加联接元音，再加后缀 -м 与词尾。它们按名词 ā 类型变格法（第一变格法）和 ŏ 类型变格法（第二变格法）硬变化变格，有性、数的区别。以动词 ведати（知道）、посылати（派遣）、хвалити（称赞）为例：

ведати
- 单数：ведомъ，ведомо，ведома；
- 复数：ведоми，ведома，ведомы；

посылати
- 单数：посылаемъ，посылаемо，посылаема；
- 复数：посылаеми，посылаема，посылаемы；

хвалити
- 单数：хвалимъ，хвалимо，хвалима；
- 复数：хвалими，хвалима，хвалимы。

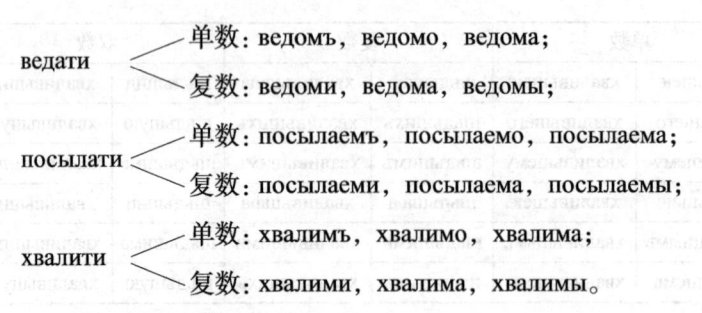

（2）过去时短尾被动形动词

过去时短尾被动形动词由不定式词干加后缀 -н 或 -т 构成，有性、数、格的区别，按 ā 类型变格法和 ŏ 类型变格法变化，例如：писанъ（-о, -а）（писати，现俄 писать：写），читанъ（-о, -а）（читати：读），окованъ（-о, -а）[оковати，现俄 оковать：（用铁皮等）包钉上]，възатъ（-о, -а）（възати，现俄 взять：拿），оубитъ（-о, -а）（убити，现俄 убить：杀死），обитъ（-о, -а）（обити，现俄 обвить：缠，绕），мытъ（-о, -а）（мыти，现俄 мыть：冲洗），обоутъ（-о, -а）（обути，现俄 обуть：穿鞋），велѣнъ（-о, -а）（велети，现俄 велеть：有意愿；吩咐），повелѣнъ（-о, -а）（повелети，现俄 повелеть：命令）。

不定式词干以辅音结尾的第一组动词和以 -и 结尾的第四组动词，加后缀 -ен。古俄语中 -ен 之前有时会发生语音变化。这种变化构成辅音交替的形态手段，一直保留在现代俄语中，例如：г‖ж，к‖ч，д‖ж(жа)，ст‖щ，с‖ш，б‖бл'，м‖мл'，бп‖пл，в‖вл'。古俄语动词съжечи（现俄 сжечь：烧掉，烧光）、усечи（现俄 усечь：切断）、печи（现俄 печь：烤）、оградити（现俄 оградить：围起，圈起）、родити（现俄 родить：生下）、одарити（现俄 одарить：赠送）、затворити（现俄 затворить：关上）、гостити（现俄 гостить：作客）、поустити（现俄 пустить：放过）、оукрасити（现俄 украсить：装饰）、ограбити（现俄 ограбить：抢劫）、коупити（现俄 купить：购买）、съвъкоупити（现俄 собрать：召集）、прославити（现俄 прославить：使出名）、изломити（现俄 изломить：折断）的过去时短尾被动形动词分别为сожьженъ、усеченъ、печенъ、ограженъ、роженъ、одаренъ、затворенъ、гощенъ、поущенъ、оукрашенъ、ограбленъ、коупленъ、съвъкоупленъ、прославлєнъ、излъмлєнъ。

（3）过去时长尾被动形动词

古俄语过去时长尾被动形动词由短尾加指示代词 и、ѥ、ꙗ 构成，以动词 написати（写完）为例：написанъ+и＞написаныи，написано+ѥ＞написаноѥ，написана+ꙗ＞написанаꙗ。

需要指出的是，古俄语被动形动词后缀中只包含一个辅音 -н，而现代俄语中却包含两个 -н。大约从 17 世纪开始，用作定语的形动词开始转化为形容词，它们与带后缀 -н- 同样来自动词的形容词"混为一谈"。例如：кошеное сено（被割完的干草），разореные города（被攻破的城池）；указный срок（法定期限），отсрочная челобитная（缓期的呈文）。前两个为形动词，后两个为形容词。为了区别两者，形动词增加了一个后缀 -ьн＞-н，例如：повелѣньная＞повеленная，осужденьная＞осужденная。

（4）现在时长尾被动形动词

现在时长尾被动形动词的变格如下：

	单数		复数		双数	
第一格	ведомыи	хвалимыи	ведомии	хвалимии	ведомаꙗ	хвалимаꙗ
第二格	ведомого (-аго)	хвалимого (-аго)	ведомыхъ	хвалимыхъ	ведомую	хвалимую
第三格	ведомому	хвалимому	ведомымъ	хвалимымъ	ведомыма	хвалимыма
第四格	ведомыи	хвалимыи	ведомыѣ (-ꙗ)	хвалимыѣ (-ꙗ)	ведомаꙗ	хвалимаꙗ
第五格	ведомымъ	хвалимымъ	ведомыми	хвалимыми	ведомыма	хвалимыма
第六格	ведомомъ	хвалимомъ	ведомыхъ	хвалимыхъ	ведомую	хвалимую

表 68　现在时长尾被动形动词阳性变格表

	单数		复数		双数	
第一格	ведомоѥ	хвалимоѥ	ведомаꙗ	хвалимаꙗ	ведомѣи	хвалимѣи
第二格	ведомого (-аго)	хвалимого (-аго)	ведомыхъ	хвалимыхъ	ведомую	хвалимую
第三格	ведомому	хвалимому	ведомымъ	хвалимымъ	ведомыма	хвалимыма
第四格	ведомоѥ	хвалимоѥ	ведомаꙗ	хвалимаꙗ	ведомѣи	хвалимѣи
第五格	ведомымъ	хвалимымъ	ведомыми	хвалимыми	ведомыма	хвалимыма
第六格	ведомомъ	хвалимомъ	ведомыхъ	хвалимыхъ	ведомую	хвалимую

表 69　现在时长尾被动形动词中性变格表

	单数		复数		双数	
第一格	ведомаіа	хвалимаіа	ведомыѣ (-ıа)	хвалимыѣ (-ıа)	ведомѣи	хвалимѣи
第二格	ведомоѣ (-ыıа)	хвалимоѣ (-ыıа)	ведомыхъ	хвалимыхъ	ведомую	хвалимую
第三格	ведомои	хвалимои	ведомымъ	хвалимымъ	ведомыма	хвалимыма
第四格	ведомую	хвалимую	ведомыѣ (-ıа)	хвалимыѣ (-ıа)	ведомѣи	хвалимѣи
第五格	ведомою	хвалимою	ведомыми	хвалимыми	ведомыма	хвалимыма
第六格	ведомои	хвалимои	ведомыхъ	хвалимыхъ	ведомую	хвалимую

表 70　现在时长尾被动形动词阴性变格表

（5）过去时长尾被动形动词

过去时长尾被动形动词由相应的短尾形式加指示代词 и、ѥ、ıа 构成，不再列表。

第八节　动词的态范畴

古俄语动词的态范畴不太发达，但是具备现代俄语中表达态范畴的手段。主动态与被动态形式上的区别首先表现在主动形动词和被动形动词的区别之中，同时现在时与过去时也有区别。

古俄语动词表达态范畴的主要手段是加或不加反身代词 сѧ。古俄语中的 сѧ 不是词素，而是一个不完全独立的词。由于它还没有同动词融为一个词，它在句子中的位置相对自由，可以出现在动词之前，也可以被其他词隔开。古文献中有示例：соступишася битися...одолѣ святославъ（现俄 сошлись биться..., одолел Святослав：他们相遇交战……，斯维亚托斯拉夫获胜了），соступишасѧ wбои, бысть сѣча зла, ıака не была в руси（现俄 сошлись оба, была жестокая сеча, какой не было на Руси：双方相遇了，发生了一场恶战，这样的战斗在罗斯未曾发生过），рюрикъ же рече емоу: ıазь сѧ витебьска (съ) ступилъ тобѣ и посолъ былъ свои послалъ ѥсмь ко брату довыдови и повѣдаıа емоу, ажь ѥсмь соступильсѧ витебьска тобѣ（现俄 Рюрик же сказал ему: я тебе уступил Витебск и послал своего посла к брату Давыду прежде, сообщая ему, что я уступил тебе Витебск：留里克对他说，我将维捷布斯克让给你，并且我之前已经派使臣去见我的兄长达维特，告诉他，我已将维捷布斯克让给了你）。在上述句子中，反身动词състоупитисѧ 中的 -сѧ 既可与动词合在一起，也可以被其他词隔开。

再如：два дроуга имета сѧ бити（现俄 два друга будут биться：两个盟友就要开战），бишасѧ тоу оканнии (татары)（现俄 тут бились окаянные татары：可憎的鞑靼人在这里交战了），роусиноу не зватилатинина на полѣ битьсѧ оу роускои земли（现俄 Русину нельзя звать латинянина на поле биться на Руси：罗欣人不该叫拉丁人到罗斯的土地上交战），колюще тоучьныпа бравы и вълною сѧ ихъ одѣваемъ（我们屠宰肥羊，穿戴羊皮）。上述例句中的 сѧ 用作反身代词。它与动词搭配使用，可置于动词前，也可置于动词后；可与动词合在一起，也可分开来。这都表明 сѧ 与动词尚未融为一体。

当动词谓语用于否定形式时，сѧ 作为直接补语用第二格，例如：никто же не боитъ себе, никто же не оужасаѥться, не трепещеть（现俄 никто не боится, никто же не ужасается, не трепещет：谁也不害怕，谁也不畏惧，不战战兢兢）。该句中的 не боитъ себе 即为 не боитъ сѧ，因为反身代词 себе 的第二格无前附形式。这种用法清晰地表明，сѧ 是反身代词。在古俄语后来的发展历史中，сѧ 逐渐演变为语气词，成为反身动词的尾缀。它与动词融为一体，并且发生一定的语音变化。当 -сѧ 在元音之后会弱化至零，即 -ся>с'，如现代俄语动词 бояться（害怕）的现在时和过去时形式 боюсь、боитесь、боялась、боялись 等。

反身代词与动词的融合是一个漫长的过程，在古俄语中早已出现相应的趋势。但是直到 17 世纪，还能发现 сѧ 自由组合的例证。例如 1615 年的一份文书中写到：с воры ся ему не водити（现俄 не водиться ему с ворами：他不该与盗贼为伍）。当然，这里的用法可能是一种程式化的文牍语言用法。但在 18 世纪以后，反身代词已经与动词融为一体，变为语气词了。这在语言学中被称为"黏着"，即两个独立成分结合为一个词。这种黏着现象只发生在东斯拉夫语诸语言中，其他斯拉夫语言一直保持着原始状态，如塞语的 ja se nadam（我希望）。

古俄语中某些动词构成反身动词时，可以加反身代词 ся，也可以加反身代词的第三格前附形式 си，尤其是动词意义与人的内心状态、心理活动有关的时候。动词 жалитиси（现俄 негодовать：恼火，生气）就是如此，如 не жалиси кго ради（不要为他生气）。用 -си 构成的反身动词在俄语许多方言中流传颇广。

第九节 动词体范畴的发展

语言学界认为，印欧母语时期的动词不存在时间与体的对立状态，它们是共存的状态。但是，动作的开始、展开、结束或完成都要有自己的形式特征，这促使时间和体的形成。时间形式回答动作、状态何时完成，而体的形式则回答动作、状态如何完成，从而形成动词时间和体这两个范畴的互补特性。斯拉夫语诸语言具有动词体的概念，因此时的体系不再复杂。古俄语早期动词的时间和体相互竞争，其结果是时间范畴大为简化，从四种形式变为一种形式，体范畴却更加完善。

在古俄语早期就已经逐渐形成了现代俄语中的动词完成体和未完成体的对立，以及现在时、过去时、将来时的时间体系，但还不够严密。现代俄语中的某些动词在古俄语中可做完成体，也可做未完成体。例如动词 купить（购买）在古俄语中可用不定式词干构成过去未完成时 коуплахоу、коуплахомъ（相当于 покупали），也用不定式词干构成简单过去完成时 коупиша（相当于 купили）。与此同时，它有对应的未完成体形式 коуповати（=покупать）。动词 поити［现俄 пойти：（出发）去］和 вътечи（现俄 втечь：流入）在古俄语中有时用作未完成体，如 в неже втечеть днѣпръ рѣка［现俄 в него впадает Днепр：第聂伯河流入（黑海）之中］。此处的 втечеть 用作未完成体，相当于 впадает。动词 велѣти（有意愿；吩咐）、женити（现俄 женить：与……结婚）、казнити（现俄 казнить：处决，处死刑）可同时用作完成体和未完成体。上述完成体动词在运用中出现"摇摆"现象，这说明完成体与未完成体动词的对立尚未最终形成。

古俄语的历史前时期区别完成体与未完成体的手段之一是使用前缀。前缀通常由前置词演变而来，当它们加在动词之前时，使动词变为完成体动词，如 съдѣлати（做完）、написати（写完）。有的前缀在构成完成体动词时经常赋予其补充的意义，例如：поити［（出发）去］中的 по- 具有动作开始或动作沿着表面进行的意义；поискати（找一找）中的 по- 则表示动作进行一段时间的意义。

古俄语动词完成体与未完成体对立关系的形成还促使了运用后缀 -ыва- 和 -ива- 构成的动词的出现。这类动词是由 бывати［（经常）发生］发展而来，被称为"多次体动词"。它们都属于未完成体，表示重复的动作。例如《拉甫连季编年史》中就出现了动词 оумыкывати［现俄 похищать：（多次）劫持］，它是从动词 оумыкати 派生而来的。《诺夫哥罗德诉讼法》（«Новгородская судная грамота», 1471 年）中使用了动词 приставливати（现俄 приставлять，назначать：委派），同时还使用了未完成体动词 приставлати。由无前缀动词派生的这类动词则更多，例如：коупливалъ［现俄 покупывал：（多次）购买］，пахивалъ［现俄 пахивал：（多次）耕］，кашивалъ［现俄 кашивал：（多次）割］。这类动词在俄语古文献及现代俄语方言中通常用过去时形式，表示过去长时间存在的、不断重复的动作与现象，因此常用来描述风俗习惯，如斯拉夫人劫持女人为妻的习俗用 оумыкываxоу дѣвицы（屡次劫持姑娘们为妻）来表示。16—17 世纪时这类动词在俄语中使用甚广，18—19 世纪初在俄语标准语中仍经常使用，后来逐渐减少。

第三编　古俄语句法学
ИСТОРИЧЕСКИЙ СИНТАКСИС

第十四章　古俄语双部句

第一节　主语的表达方式

与现代俄语一样，古俄语的简单句分为双部句和单部句，其中以双部句，即由主语和谓语构成的句子为主。

古俄语句子中的主语主要用名词表示，例如：изидоша древляне противоу（德列夫利安人开城迎战他），поби мразъ обилье по волости（严寒冻坏了区内的庄稼），тако же и снве его оуставиша（他的儿孙们亦照此办理），посла великыи кнazь（大公派遣了），свaтославъ мутенъ виде сънъ въ киевѣ（斯维托斯拉夫在基辅城做了一个噩梦），сѣдаше кии на горѣ（基依曾经住在山上），мнози ж вѣльможи избиени бысть отъ поганыхъ（众多大臣都被异教徒杀死了），котанъ кнazь половецкии бѣ тесть мьстиславоу（波洛维茨人的头领科强是姆斯季斯拉夫的岳父）。

古俄语很少用人称代词做主语，这是由于大量使用确定人称句。使用第一人称、第二人称代词作为主语时，主要是为了突出其意义，因此在口语中带有逻辑重音，例如：иже ли не поидеши съ нами, то мы собѣ боудемъ, ты собѣ（如果你不同我们一起，那我们就和你分道扬镳）。该句中的мы（我们）和ты（你）形成强烈的对比，也就是说，人称代词在这里获得了一定的修辞特征。再如：онъ иде новоу городоу а ıа с половци на одрьскъ воюıа（他去了诺夫哥罗德，我则去了奥德尔斯克同波罗维茨人作战）。这里作为第三人称代词使用的онъ（他）与ıа（我）是一种对比的关系。另外，单数第一人称代词азъ（ıа）常在合约和文书的开头或结尾用作格式化表达，例如：се азъ мьстиславъ володимирь сынъ... повелѣлъ ıесмь сыноу своıемоу всеволодоу ѡтдати боуицѣ...（我，姆斯季斯拉夫·弗拉吉米罗维奇命令自己的儿子符谢沃洛德把布伊采等村庄赠予万里修道院……），азъ грѣшьныи рабъ божии（我，上帝的罪人），азъ григорий диаконъ написахъ евангелие се …（我，助祭格里戈利抄写了此福音书……）。

名词化的形容词和形动词在古俄语中也可用作主语，但为数甚少。卡尔斯基（Е. Ф. Карский）对《拉甫连季编年史》、伊斯特琳娜对《宗教局图书馆版本一号诺夫哥罗德编年史的句法》做过专门研究，找到了几处将形容词作为主语的例证，如：добрии а злии радовахоуся（善人与恶人都欢欣鼓舞），всѧкъ бо злыи злѣ да погыбнеть（任何恶人都会死得很惨）。卡尔斯基还发现名词化的形动词用作主语的个别情况，例如：не даша ему ту блізь живущии（居住在附近的人没有同意他……），послании ѿ игорѧ…（伊戈尔派来的人……），да не посмѣютсѧ приходѧщии к вамъ и домому вашему ни обѣду вашему（希望来到你们家的人不要嘲笑你们的家人和你们款待的午餐）。上述例证中的形动词 живущии（现俄 живущие）、послании（现俄 посланные）、приходѧщии（现俄 приходящие）都做主语用。从以上例句来看，用作主语的形容词或形动词都为长尾形式，没有短尾形式。

古俄语文献中尚未发现动词不定式用作主语的情况。

第二节　简单句谓语的类型

1. 简单谓语

古俄语文献中以动词人称形式表达的简单谓语与复合谓语占有绝对优势。古俄语向现代俄语过渡的一大特点是过去完成时助动词 быти 的现在时形式消失，只保留下以 -лъ 结尾的形动词作为过去时的唯一形式，表达人称的功能则由人称代词完全承担起来。

古俄语的主动形动词短尾形式可以单独用作谓语。波铁布尼亚将形动词谓语称为"次要谓语"（второстепенное сказуемое），将动词谓语称为"主要谓语"（главное сказуемое）。

主要谓语紧紧吸引并联系着次要谓语。次要谓语后来逐渐演变为副动词，同时失去与主语的一致关系。这类句子大量出现在 14 世纪下半叶以后，例如：а нынѣ вода новоу а мънѣне въдасть ничьто же（他现在有了新的老婆，不给我任何东西），испросивъше половци оу мьстисла(в). и оубиша и（波洛维茨人得到了姆斯季斯拉夫的恩准并杀死了他），олександръ же давъ имъ рѧдъ. и поѥха с чстью въ свою wчіну（亚历山大交给他们合约以后正大光明地进入了自己的封地），кто из нее пь(пиѥть) тому на здоровье а хвала бога(и) своего wсподарѧ великого кнѧ（谁用它喝酒，那就畅饮吧，他应当感谢上帝和自己的主君大公），кнѧзь насъ зоветь на ригоу, а хотѧ ити на пльсковь（大公如今叫我们攻打里加，他还想攻打普斯科夫）。

现在时和过去时短尾主动形动词可以单独用作谓语，最初与主语保持一致。随着古俄语的发展变化，形动词失去了与主语的一致关系，不再变格。这一变化从 11—12 世纪就开始了。14 世纪后半叶，形动词与主语不一致的现象已大量出现，15 世纪的古俄语文献中形动词已成为不变化的副动词。副动词常源自现在时主动形动词单数第一格（以 -а 结尾），如 ида > идя（来自动词идти：走），以及过去时的单数第一格（以 -ъ、-въ 结尾），如 шьдъ（来自动词идти：走）、видѣвъ（来自动词видеть：看见）。从 13 世纪开始出现由完成体动词加现在时词尾构成的完成体副动词，如 повьргѧ（来自动词повергнути：乘上）。这时也开始使用现在时和过去时阳性复数第一格作为副动词的形式，例如：ведуче > ведучи, шьдъше > шьдъши, видѣвше > видевши。也有一种观点认为此形式可能是来自阴性单数第一格的形动词。

2. 合成谓语

古俄语句子的合成谓语中，静词性合成谓语较为复杂，它们的表语部分可以由名词、代词、短尾形容词和形动词充当。

（1）静词性合成谓语的系词

古俄语静词性合成谓语系词的过去时和将来时使用不多，而且现在时形式也要出现系词 ѥсмь、ѥси、ѥсть、ѥсмъ、ѥсте、соуть。例如：намъ есте не братьѧ（你们不是我们的弟兄），отоидемъ к немѣчьскомоу царю, откеле же ѥсме послани（我们去见日耳曼人的皇帝，我们是从他那儿派来的），ты еси богъ нашь（你是我们的上帝），мы есме русь（我们是罗斯人），словеньску ѩзыку оучитель есть павелъ（巴维尔是斯拉夫人的导师），оба есвѣ святъславличѩ（两个人都是斯维托斯拉夫的儿子），сама еста два брата（两人是弟兄），намъ ѥси кнѩзь великыи（你是我们的大公），ты ми ѥси сынъ, а азъ тъбе отьць（你是我的儿子，我是你的父亲）。必须指出的是，系词多用第一人称和第二人称，这是由于指明人称的需要。但有时也可不用系词，通常因为句中的主语是人称代词，例如：ѩ зверь（我是野兽），азь вамъ не кнѩзь（我不是你们的大公），азъ вашъ царь（我是你们的皇帝），яз, господине, тому мѣсту не старожилец（老爷，我不是世代在这个地方耕田纳税的农夫），кто кнѩзю великому дмитрию другъ и кнѩзю володимеру, то и кнѩзю великому олгу другъ; а кто недругъ кнѩзю великому дмитрию и кнѩзю володимеру, а то и кнѩзю великому олгу недруг...（谁是德米特里大公和弗拉德米尔公的朋友，谁就是奥列格大公的朋友；谁是德米特里大公和弗拉季米尔公的仇敌，谁就是奥列格大公的仇敌……），злото и серебро и каменье и жьнчюгъ въ 100 гривнъ（金、银、珠宝价值一百格里夫纳），сватба пристроена（婚礼已准备就绪），меды изварены（蜂蜜已熬好），невѣста приведена（新娘已被带来），сынъ мои святъславъ, малъ（我的儿子斯维托斯拉夫还小），новгородьци прави, а ѩрославъ виноватъ（诺夫哥罗德人是对的，雅罗斯拉夫是错的）。

第三人称系词ѥсть、соуть通常不使用，这是古俄语书面语的规范，第一人称和第二人称系词只在强调人称时才使用。

在古俄语的历史发展过程中，静词性合成谓语的系词也只保留了过去时和将来时，现代俄语延续了这一趋势，例如：бѣ бо вода текоуще（水过去是流动的），полями прозвани быша（他们就被叫作波里安人），и тако побѣжени быша иноплеменьници（这样外族人被击败了），въ се же лѣто оубьѥнъ бысть глѣбъ（这一年格列布被杀死了），ты имъ боудешь начальникъ（你将是他们的首领）。

（2）古俄语静词性合成谓语的表语

1）名词用作表语

古俄语静词性合成谓语的表语首先是用名词第一格表示，它也被称作"谓语主格"（именительный предикативный）。例如：а кто коудеть братоу нашемоу...

недроугъ, то и намъ недроугъ, а кто боудетъ братоу нашемоу... дроугъ, то и намъ（谁如果是我们的兄长的仇敌,那他也是我们的仇敌,谁要是我们兄长的朋友,他就是我们的朋友）, а азъ, господине, отъ кнѧзѧ от семена заказчик былъ десѧтъ лѣтъ（老爷,我在谢苗大公那里干了十年专职的订货人）。以上两个例句中的表语 недроугъ、дроугъ、заказчик 都是第一格名词。

在早期古俄语文献中也有少数名词第五格充当表语的情况,例如: а хто боуде игоуменомъ или попомъ...（如果谁将成为修道院长或神甫……）, та два была посълмь оу ризѣ（这两人当时是赴里加的使者）。这种第五格表语出现在 13—15 世纪的文献中。此外,五格表语与过去时系词搭配出现得早一些,与将来时系词搭配出现得更晚。直到 17 世纪,使用第五格表语的情况逐渐增多,且只与过去时系词搭配,同将来时系词搭配的情况直到 18 世纪才成为常态。

2）形容词、形动词用作表语

需要指出的是,在古俄语中,只能由形容词、形动词短尾形式充当表语,长尾形式通常作定语用。到了 15 世纪,长尾形式开始用作表语,16 世纪已经常见,17 世纪才成为常态。

如果静词性合成谓语的表语是形容词,它可以与现在时系词连用,例如: азъ погана ѥсмь（我龌龊下流）, ты ѥси слѣпъ（你是瞎子）, тѣмь ѥсмѧ ѥму не виноваты（我们在这件事上对他没有过错）, рижане суть в томь невиновати（里加人在这件事上无过错）, зане (холопи) соуть не свободьни（因为奴仆们是不自由的）, сладка суть словеса твои（你的话语甜似蜜）。现在时系词也可以不出现,例如: всѧ землѧ наша велика и обилна（我们的全部疆域辽阔而富饶）, моѩ волость пуста ѡ половьци（我统治的地区因波洛雅茨人的杀戮而一片荒凉）, о велик ѥ, братиѥ, промыслъ божии（噢,弟兄们,思想多么伟大）。可以看出,现在时系词第三人称,即 ѥсть、соуть 一般不用,而第一人称和第二人称只在必须指明人称时才用。

过去时与将来时的情况也基本如此,例如: а жена моѩ пострижеть сѧ в черницѣ, то выдаите ѥи четверть, wтъ не боудетъ голодна（如果我的妻子剃度出家,你们要分给她四分之一财产,以使她不至于忍饥挨饿）, который братъ до него боудетъ добръ, тому дасть（哪个弟兄对他好就给他）, аже кто многымъ долженъ боудеть（如果有人欠下许多人的债），совлекуться и будуть нази（脱了衣服，他们就是赤身裸体的人），аж мирь твьрдь быль（希望和平永不改变），кнѧзь еще маль баше（王公那时还小），и ради быша вси по градоу（全城的人皆大欢喜），бѣ бо болеславь великь и тѧжекь, ӕко и на кони не могы сѣдѣти（波列斯拉夫身高马大，甚至不能骑马），бѣ гроза велика и сѣча силна и страшна（雷雨交加，厮杀惨烈）。

上文指出，古俄语长尾形容词用作静词性合成谓语中的表语直到17世纪才成为常态。以下将列举17世纪以前古俄语文献中的个别例证：ихъ же ризы свѣтлые（他们的衣服都是亮闪闪的），тѣхъ речь честнаѧ（他们的话是真诚的），и та вода свѧтаѧ（这水是圣水）。研究表明，这样的例证最早出现于13—14世纪，例如：верши всѣ добрыи（所有庄稼长势都很好）。这里的добрыи是复数第一格。16世纪的莫斯科文书中也有类似的用法：торгъ будеть повольнои（做生意将被允许）。长尾形容词повольнои也用作第一格。

17世纪，静词性合成谓语中的形容词表语第一格开始被第五格取代。到了17世纪末，第五格形式成为规范。需要指出的是，现代俄语中形容词和形动词长尾用作表语时，用第一格还是第五格有着意义上的区别。当使用第一格时，它说明的是人或事物恒常的特征；而使用第五格时，说明的是一段时间内的特征。试比较：

  Он был злой（他是个凶狠的人）。

  Он был злым（他那时很凶狠）。

17世纪以前，古俄语中一些半实体系词与名词和形容词构成合成谓语时，名词和形容词也用第一格。以半实体系词слоути（现俄называться：叫作，称为）为例，具体例证包括：понетьское море... словеть руское（黑海叫作罗斯海），прозватисѧ: и отъ тѣхъ варѧгъ находникъ прозвашасѧ русь, и оттолѣ словеть Руская земля（因为那些外来的瓦良格人叫作罗斯人，所以也就有了罗斯国的称呼），бѣша оу него варѧзи, и словѣни, и прочи прозвашасѧ русь（他那里有瓦良格人、斯洛文人还有其他民族的人，统统叫作罗斯人），нарицатисѧ—нарѣчисѧ: а друзии сѣдоша межю припетью и двиною и нарекошасѧ дреговичи（其他部族生活在普里皮亚季河与德维纳河之间的地带，他们叫作德列哥维奇人），баху мужи мудри и смыслени (и) нарицахусѧ полѧне（他们是些聪明、智慧的人，叫作波里安人），на горѣ, еже сѧ ныне зоветь оугорьское（在山上，那地方现在叫作乌戈尔斯科耶），прозвашасѧ морава（他们叫作摩拉瓦人），а зовут то мѣсто крестьци（那地方叫作克列斯捷茨），а зовуть татары（人们把他们叫作鞑靼人），и сдѣлаша градъ и нарекоша и новъгородъ（他们修建了一座城堡，把它叫作诺夫哥罗德）。

实义动词用作系词与名词和形容词构成合成谓语时，名词和形容词一般也用第一格，例如：онъ же нынѣ ворогъ ми сѧ учинилъ（他现在成了我的敌人），кто посль живыи wстанѣтьсѧ（后来谁活下来了）。

在静词性合成谓语中用作表语的短尾形容词也用第一格，即便系词由实义动词充当，例如：а ваша милость живѣте добри здорови и същастни（愿你们生活万事如意，身体健康，诸事顺遂），ѧ на ѩрославли добръ, здоровъ（我在雅罗斯拉夫尔身体健康，事事如意），штобы ихъ милость к намъ ехали здорови, а и същастьни（希望他们健健康康、吉祥顺利地来到我们这里），придоша сторови вси（大伙儿都健健康康地到达了），а паропкы да дѣвочкы ходѧть наги до 7 лѣтъ（男孩、女孩七岁以前都赤身裸体），не ѩвлѧисѧ тощь предо мною въ дьнь праздника（过节的日子你不要两手空空地来见我）。

形动词短尾形式用作表语时，通常使用第一格，例如：аще боудете въ любви межю собою и боудете мирно живоуще（要是你们相亲相爱，你们就会友好相处），и есть цркве та стоѧща в корсоунѣ градѣ（那个教堂现在还矗立在科尔松城内），соуть же кости его... там лежаче（他的骸骨现在还堆在那儿），се азъ мьстиславъ... държа роусьскоу землю... повелѣль есмь...（朕，姆斯季斯拉夫……统治着罗斯……，我命令我的儿子……），лазите в лоды величающе сѧ, заоутра волга сѣдѧщи в теремѣ посла по гости（回到你们的船上欢庆吧，明天奥丽加端坐在自己的宫中会派人迎接贵客）。以上是现在时主动形动词短尾形式做表语的例证。现在时被动形动词短尾形式做表语的情况极为少见，例如：зане господине богат мужь везде знаем есть（因为老爷是一位富豪，所以人们都认识他），знаеъ ты еси, боже...（上帝，你是人人认知的），ѩрославъ... любимъ бѣ книгамъ（雅罗斯拉夫热爱书籍），согрешихомъ и казними есмы（我们犯了罪，所以受到惩罚），бѣ бо любимъ ѿцю своему повелику（他热爱自己的父亲）。

过去时被动形动词短尾形式用作表语的情况十分常见，且通常为完成体动词。未完成体动词писати是个例外，其过去时被动形动词短尾经常用于各类文书之中。例 如：са грамота ієсть выдана на гочком берьзѣ пьрьдъ роускимь посломь и пьрьдъ всеми латинскими коупци（此合约于哥得兰岛在罗斯使者及所有日耳曼商人面前当众颁布），аже боудеть свободьныи члвкъ оубить, 1 гривенъ серебра за гольвоу（如果一个自由人被杀死，那就要为死者支付一格里夫纳银币）．семеwнъ иде на Храваты и побѣженъ бысть храваты（谢苗攻打了克罗地亚人而被克罗地亚人战败），дружина ихъ вса изъимана и вси вельможи ихъ（他们的全部亲兵都被俘了，全体大臣也被俘了），чрьна земля подъ копыты, костьми была посѣяна（黑土地被践踏在马蹄之下，布满阵亡将士的骸骨），а писана бысть грамота сия в лѣто…（此契约写于……年）。

3) 代词、数词、副词、某些词组用作表语

用作表语的可以是物主代词或者指示代词，例如：а пожне княже, что пошло тобе. и твоимъ моужемъ. то твоіє（王公，凡划归于你和你的大臣的田地牧场都是你的），поскотина оу нихъ своѧ. и тагло оу нихъ свое…（牧场是他们自己的，徭役也是他们自己承担……），а всѧ вода наша（全部水域都是我们的），имъ судъ таковъ былъ какъ в сем спискѣ писано（对他们的判决如在此文书中所述），бѣси… глху нашь іѥси（魔鬼说，你是我们的人），се мое, а то мое же（这是我的，那也是我的）。当静词性合成谓语的表语由代词充当时，现在时第三人称系词不出现。

数词用作表语的情况极为罕见，例如：то ти wтѣче повѣдаю. с(ъ бр)атом(ь) своимъ съ старѣишимъ с даниломь wдинъ есмь. и съ иваномь（父亲，我对你讲，我同兄长丹尼尔同心同德，同伊万也是一条心），полотескъ, видьбескъ одно есть… а изѧславъ со мною однъ（波洛茨克，维捷布斯克是同心同德的，伊捷斯拉夫同我也是一条心）。波尔科夫斯基（В. И. Борковский）研究表明：上述两个例句都使用了数词одинъ（wдинъ），但它们的意义不是纯粹的数词1，而是用作形容词，表示"同心协力的，同盟的，一条心的"。

副词用作表语一般为谓语副词，例如：что вамъ, было надобѣ то было ваше（你们需要什么就拿了什么），землѧ готова надобѣ сѣмана（地已耕好，需要种子下地），послоуси іємоу не надобѣ（他不需要证人）。

第三节　谓语与主语的一致关系

古俄语双部句的主语与谓语处于一致关系，它们在人称、数上保持一致。静词性合成谓语中，主语和谓语还要在性上保持一致。

但是，古俄语双部句中主语和谓语还有一种一致关系是现代俄语所没有的，那就是当主语为集合名词时，谓语用复数。古俄语常用的集合名词有以下几类：

一是以 -a、-ина 结尾的阴性名词，例如：господа（先生），сторожа（卫队、先锋队），дроужина（亲兵），зѧтина（女婿们），шюрина（内兄、内弟们）；корела（卡累利人），латина（日耳曼人），литва（立陶宛人）。

二是以 -иѥ 结尾的中性名词[①]，例如：веприѥ（野猪），деревиѥ（树林），звериѥ（野兽），камениѥ（石头），коубиѥ（树丛），лоубиѥ（树皮）。

三是用作转义的某些名词，它们通常表示人群，例如：лавра（修道院的全体修士），землѧ（全体居民），роусь（罗斯人），новъгородъ（诺夫哥罗德人），ꙗзыкъ（民族），полонъ（全体俘虏），челѧдь（家奴、仆役），чернь（老百姓）。

请参见示例：а поидуть на насъ литва（立陶宛人会攻打我们），оже имоуть сѧ бити роусь въ ризѣ и на готьскомь березѣ мечи или соуличами（如果罗斯人在里加或哥特兰岛上用刀剑或矛进行斗殴），идоша всѧ братьꙗ ... и победиша（各家兄弟全体出去……最终取得了胜利），ходиша всѧ роуска землѧ（全体罗斯人都去参战了），аще придуть русь вес купли да не взимають мѣсячина（如果罗斯人来到我们这里不购买东西也不储备月消耗物资），побѣдиша ꙗрослава мордъва（莫尔多瓦人战胜了雅罗斯拉夫人），рекоша дружиа Игореви（亲兵们对伊戈尔说道），а мордва вбѣгоша в лѣсы（莫尔多瓦人跑进了树林）。上面这些句子中的主语为集合名词或具有集合名词意义的普通名词，谓语都用复数第三人称。

当然，当集合名词用作主语时，谓语也可用单数。例如：а нынѣ сѧ дроужина

[①] 这类中性名词多为非动物名词，用作主语时，谓语用单数，即与主语形式上保持一致。用作转义时，即同下面第三类名词一样表示人时，则谓语常用复数，有时也用单数。

по мѧ пороучила（亲兵们此前对我保证了），и обрадовасѧ вьсь новъгородъ（全体诺夫哥罗德人都大喜过望），моужи мои і братьꙗ моꙗ і ваша побита（我的男子汉们、我的和你们的弟兄们都被杀死了），сильно бо възмаласѧ всѧ землꙗ роуска（所有的罗斯人都骚动起来了），приде половечьскаꙗ землꙗ всѧ（全体波洛维茨人都涌来了）．и дроужина ихъ всѧ изъимана и всѣ велможи ихъ（他们的亲兵及全体大臣都被俘虏了）．

集合名词如果带有一致定语，则定语通常用单数，但有时也可用复数，例如：нашы братьꙗ новогородци покоупили земли ростовьские и белозерьские или даром поимали…（我们的诺夫哥罗德弟兄们收买了罗斯托夫和别洛捷尔的土地或者干脆抢走了……），чудь же побегоша сами вонъ（楚德人自己逃走了），кнѧзь нашь и братьꙗ наши погыбли（我们的王公和我们的弟兄们都牺牲了）．

古俄语双部句中主语和谓语的一致关系至今还保留在方言土语和民歌民诗之中，类似 народ、деревня、село（指村民）、родня、семейство、семья 等集合名词做主语时，谓语用复数，其定语也可能用复数。

某些以 -ё 结尾的中性名词做主语时，谓语也可能用复数，其定语也有可能用复数，例如：маи братьё приехыли（现俄 мои братья приехали：我的兄弟们来了），комарьё набьютца（现俄 комары набьются：蚊子比比皆是），сыновьё жывут（现俄 сыновья живут：儿子们居住着），все бабьё（现俄 все бабы：所有农妇），одне кольё（现俄 одни колья：全是宝石项链）．

谢利舍夫曾指出，在西伯利亚方言中可以说 набегут борзые кобельё（现俄 набегут борзые кобели：几只杜灵飞奔着就要过来）．在这个句子中，集合名词 кобельё 要求谓语用 набегут，定语 борзые 用复数形式。

第十五章　古俄语单部句

第一节　确定人称句

　　古俄语第一人称、第二人称代词通常不用作句子中的主语，因为这并不影响句子意义的完整性，动词谓语本身已表明了人称意义。例如：почто идеши опать, поималъ еси всю дань（你为什么回来了，你不是已经征收了全部贡赋吗），се кзназа оубихомъ роускаго, поимемъ женоу его вольгу（我们杀死了罗斯王，把他的老婆奥莉加也抓来吧），не едемъ на конѣхъ ни пѣши идемъ, хочю вы почтити（我们不骑马，也不步行，我想对你们表示敬意）。上述例句中都缺少人称代词做主语，但是从谓语的形式可以判断出句子的主语是什么。

第二节　不定人称句

　　古俄语中不定人称句用得广一些，与现代俄语不完全相同。波克洛夫斯基（М. М. Покровский）指出，现代俄语语法的不定人称句包括以动词陈述式现在时和将来时复数第三人称为谓语的句子，或以过去时动词复数为谓语的句子。也就是说，动词谓语现在时单数第三人称在现代俄语中不算不定人称句。

　　古俄语则不同，在某些文牍语言中常运用动词现在时单数第三人称做谓语，它表示不确定的行为主体。例如：wже пошибаеть моужескоу женоу любо дчьрь то кнзаю м г҇рнъ ветхыми коунами（如果有人强奸了自由人的妻子或女儿，就要支付王公40格里夫纳罚金）。

第三节　无人称句

比照现代俄语对于无人称句的分类，古俄语无人称句可以分为：

1. 动词无人称句

（1）表示自然现象、心理或生理状态的无人称动词

古俄语文献中的无人称动词数量较少，且不仅用于无人称的意义，有时也做人称动词用。波铁布尼亚在《二号诺夫哥罗德编年史》(«Летопись Новгородская II»)中发现的一个句子为 и после того далъ богъ разсвѣло（这之后上帝终于让天亮了）。这里的动词谓语 разсвѣло 用了过去时单数第三人称中性。后来，波尔科夫斯基又在 17 世纪的《大司祭阿瓦库姆自传》中找到该动词未完成体用作无人称动词的例句：егда ж розсвѣтало в день недѣльный посадили меня на тѣлѣгу...（在星期天天刚破晓时把我押上了大车……）。

这样的动词还有 погремѣ（打雷）、знобить（身上感到发冷）等，例如：тое же зимы погремѣ мѣсяца декабря въ 10（那年冬天十二月十日打了雷），озеро морози въ нощь（夜里湖结了冰）。

表示自然现象的无人称动词有时可以带后缀 -ся，例如：загорѣсѧ на Ильинѣ оулици（伊里雅大街着起了大火），бысть пожаръ во псковѣ, а загорѣлося въ нощь у городца у воронца（普斯科夫发生了火灾，夜里烧到了沃罗涅茨小城区），загорѣсѧ в новѣгородѣ на даньславлѣ улицѣ, и погорѣ по берегу（诺夫哥罗德达尼斯拉夫大街发生了火灾，连带烧光了沿河一带）。

动词 хотетисѧ（想要）、писатисѧ（写）也可用作无人称动词，例如：не хочетьсѧ платити емоу（他不愿意支付罚款），не много хочеться ѥмоу ѩсти（他不太想吃东西），егда же ли сѧ ему не хотяше ходити... лежаше（如果他不想走路时就躺着），коже пишетсѧ в лѣтописаньи гречьстѣмь（就像在希腊编年史中写的）。

（2）无人称动词或用于无人称意义的动词与动词不定式的组合

古俄语中有少数几个以后缀 -сѧ 结尾的动词，它们通常与其他动词不定式连

用表示偶然或突然发生的动作或事件，例如：приключися нѣкоюму новгородцю прити в чюдь（一个诺夫哥罗德人偶然来到楚德人那儿），ѣ приключися быти емоу близь цркви（有一次他偶然来到一个教堂旁边），оже ся пригодить у служьбы любо попу, ли дьякону...（如果有幸在神甫或助祭那儿工作……），за грѣхы пригодилося такъ（因为犯了如此多的错误活该如此），по изволюнию божию сълоучися имъ миновати мимо юдино село манастырьскою（因为上帝的旨意有一次我路过一个修道院的村庄）。

（3）人称动词的无人称形式

这类动词通常是及物动词，它们的现在时或将来时单数第三人称或过去时单数中性形式用作无人称意义。这类句子形式上的补语在人称句中应为主语，表示行为的主体，而在无人称句中则表示行为的工具，用第五格。例如：нивы иныа ледом подрало, а иныа водою подмыло（一些庄稼被冰雹打坏，而另一些则被大水冲毁）。在有些情况下，表示行为的工具（事实上的行为主体）不用第五格名词，而用前置词加第二格名词构成的词组表达，例如：того же лѣта месяца иоуня от грома и от млъниа много людеи и коне побило（这年夏天六月许多人与马匹被雷电击毙），а станеть по грѣхомъ изнеможенье, занесеть вѣтромъ псковскаго ловца на нѣметцкую сторону, ино въ томъ пѣни нѣтъ（因为犯错而疲惫不堪，一阵大风将一位普斯科夫渔民刮到日耳曼人那边的河岸，他不应因此而被罚款）。

（4）动词 поидоу—поити 和 быти 用于无人称句。

这类无人称句是法律文件的套话，用于契约之中，例如：тако пошло（自古以来就是如此），тако кн҃же г҃не пошлоw дѣдь. и w твоего wч҃а ıарослава（王公老爷，自从祖宗时代，自从你的父辈以及你的父亲雅罗斯拉夫时代就是如此）

与这个无人称结构相似的还有动词 быти 的单数形式，例如：како было при нашихъ отцѣхъ（像我们的父辈时代就是如此），какб было при первыхъ кнѧзахъ полочьскыхъ（就像我们的先辈波洛茨克王公时代那样）。

быти 的过去时单数形式 было 和将来时单数形式 будеть 常与 чьто、а чьто、и чьто 及名词第二格连用，表示"至于说到……，关于……"。这个用法也属文牍语言的套话，例如：а цо(что) было живота твоюго и моюго то все взяли（你与我的生活必需品都被他们拿去了），а што будеть моихъ селъ. в новъгородьскои волости или моихъ слугъ тому буди судъ безъ перевода（至于我在诺夫哥罗德区的村庄或者仆役，不必再判决了）。在古俄语文献中，这类无人称短语直到18世纪一直在使用。它与现代俄语方言中的下述用法相似：есть у нас озер всяких и больших и малых（我们这里大大小小的各种湖泊有的是），было гор и было слез（不幸和眼泪有多少啊），у него деньжонок навряд и будет（他不会有多少钱的）。

2. 否定无人称句

动词 достать 在现代俄语中用作无人称动词时表示"足够"，否定形式与 не 连用表示"不够"，在两种情况下补语都用第二格，例如：

Сил у нас достанет.（我们有足够的力量。）

Смелости у него не достало.（他没有足够的勇气。）

古俄语中该动词只用否定形式，表示"缺少什么东西"。例如：не достало бооу нихъ баше хлѣба（他们曾缺少粮食），这里的 не достало баше 为久远过去时单数第三人称形式。再如：ту кроваваго вина не доста（这里没有血红的酒），这里的 не доста 为简单过去完成时单数第三人称。

动词 достояти、подобати 在古俄语中也用作无人称动词使用，单数第三人称为 (не) достоить、(не) подобаєть（应该，应当），例如：достоить ми дѣлати（我应当干活儿），такомоу бо подобаше быти начальникоу（这样的人应该当首领），подобаєть вѣдѣти（应该知晓），не достоить юа поняти（不应该娶她为妻），просфоуръ не достоить женамъ печи（妇女不应当烤圣饼），не подобаєть сихъ (церковныхъ) соудовъ и тажъ кназю соудити（这类宗教案件与诉讼不应当由王公审理）。

3. 不定式句

古俄语中广泛使用不定式句，行为主体用第三格名词或代词表示，这类句子附含"应该"的意义，例如：новъгородъ ти държати（你应该掌控诺夫哥罗德），а противень и продажу боярину и діаку дѣлити（关税和罚金应由贵族和书记官分享），симъ дани намъ не даяти（我们不应为此而纳税），а мыта не примышляти, но какъ из вѣка пошло（税赋不能任意增加，要按古时的规矩行事），а в ту дватцать лѣтъ, по сей перемирной грамотѣ, сесь миръ держати крѣпко на обе стороны（按照此合约规定双方应在二十年内坚决维护和平）。

古俄语还可以用动词быти的单数第三人称过去时中性与其他动词不定式连用，表示"想要，应当"的意义，例如：а чего но будеть поискати тобѣ ли, мнѣ ли...（如果我们想获取什么，不管是你还是我……），аже боудѣте роусаноу платити латинескомоу, а не въсхъчеть платити...（如果某罗斯人应当向日耳曼人支付罚款，他又不愿支付，那么日耳曼人就得……），кългда бѧше брани быти на поганы, тъгда сѧ начаша бити межи собою（当需要一致对外与异教徒作战时，自己却开始了内斗）。上述例句中行为的主体 тобѣ ли、мнѣ ли、роусаноу、брани 都用了第三格，不定式为 поискати、платити、быти，动词 быти 的单数第三人称为 будеть、боудѣте бѧше（боудеть 误抄为 боудѣте）。古俄语中这类无人称句主要用于典型的俄语口语或文牍语言之中，在编年史中很少出现。

这类无人称句在现代俄语口语或方言中有所反映，例如：как ни крыться, а будет повиниться（不管你怎么隐瞒，最后还得认错），как ни жаться, а будет признаться（不管你怎么兜圈子，最终还得承认）。

这类无人称句也通常与代副词 зачем、где、куда 连用，例如：Зачем же было идти в театр?（为什么要去剧院看戏？）Где же ему было остановиться?（他究竟要在哪儿停留？）Куда же было обратиться за помощью?（究竟要向谁求助？）

这类无人称句也可包含数词与名词构成的词组，例如：ехать было километров пять（要走约五公里），ехать было больше двух суток（要走不止两天两夜）。

4. 形动词无人称句

无人称句也可以由短尾过去时被动形动词构成。形动词用中性，可与系词 быти 连用，也可以不用系词。例如：писано в великого государя всея руси отчинѣ во псковѣ（在普斯科夫全俄君主的世袭领地签订），приказано будѣте добрымъ людѣмъ（命令善良的人们），избърано из мъногъ книгъ кнѧж (иихъ)（选自多种王公藏书），а сицеи рати не слышано（这样的激战闻所未闻）。

5. 述谓副词无人称句

古俄语谓语副词包括：немочьно（不可能）、льзѣ（可以）、нельзѣ（不可以）、нельга（不可以）、надобѣ（应该）、не надобѣ（不应该）、невол（必须，不得不）。例如：немочьно ми быти в киевѣ（我不能去基辅），и крестьяномъ того села въярославль... летом за грязми и за больтоми торговати ѣзыити будетъ немочно（那个村子的农民要穿过泥泞与沼泽到雅罗斯拉夫尔去做生意是不可能的），не боудедетли пороукы, то лзѣ и въ железа въсадити（如果没有担保，那可能会被戴上镣铐），не лзѣ ему приставити детьского（不能派亲兵去看管他），аже надобѣ кюму болше помъчи, тоть наимоуи при послоусѣхъ（如果他需要更多帮助，那就在证人的见证下雇佣帮手），а отоле уже нелга ѣхати водою（从那里已经不能再走水路了），неволами своѣ головы блюсти（我不得不爱惜自己的脑袋）。надобѣ 及 не надобѣ 在古俄语文献中既用作人称句的谓语，也用作无人称句的谓语。它们在无人称句中既可单独做谓语，也可以同其他动词不定式搭配在一起做谓语。

古俄语还有少数形容词短尾、副词，甚至名词，也可用于无人称句，如 любо（喜欢）、годьно（愿意）、гъже（乐意）、жаль（可惜），它们常常与系词 быти 搭配，现在时 быти 可省略，例如：коуда комоу годно（谁到什么地方随便），по цта (шта) тобѣ буде гъже（随你怎么乐意），абы роусиноу немчичю любо было（让罗斯人和日耳曼人都满意），зде у полоцку вашихъ купцовъ полно（你们的商人在波洛茨克有很多），луче бы ми оумрети съ братомь（我不如同兄弟一起去死），жаль бо ему мила брата всеволода（他为亲爱的兄弟符谢沃洛德感到惋惜）。

第四节　称名句

古俄语文献中极少出现称名句。它们可以用作标题，也可以用作契约的开头，例如：соудъ ꙗрославль володимирица, правда роуськаꙗ（雅罗斯拉夫·弗拉季米罗维奇的判决，罗斯法典），стоꙗше всѧ осенина дъждева... ,тепло, дъжгъ（整个秋天都是雨天……，温暖，多雨）。此句话中的最后两个词 тепло、дъжгъ 颇似称名句。16—17 世纪起，称名句逐渐增多。

第十六章　古俄语格的用法

第一节　第一格的用法

本节要说的是以 -a 结尾的阴性名词与动词不定式结合构成的词组。在这样的词组中，名词补语不变格。这种词组从 13 世纪开始出现在古俄语文献之中，14 世纪以后则大量出现。在诺夫哥罗德和斯摩棱斯克地区的古文献中，这类词组的顺序通常为名词在前，动词不定式在后，相反情况并不多见。例如：такова правда оузати роусиноу у ризе и на гочкомь березе（罗斯人在里加和哥得兰享受这种权利），а та грамота кнже дати ти назадъ（王公，那份契约你应该交还），взати гривна кун за соромъ（侮辱他人要支付一个格里夫纳罚金），лучше бы ми вода пити въ дому твоем（我在你家里喝水更好），тобѣ знати своя отчина, а мнѣ знати своя отчина（你应该知道自己的世袭封地，我也应该知道自己的世袭封地），а белка купити（买一张灰鼠皮），исправити правда новгородьская（修改诺夫哥罗德法律），а очищивати та земла оуласью（乌拉西得清偿抵押的土地）。

печать、рожь、дань 等属于 ⅰ 类型变格法（或第四变格法）的阴性名词也可与动词不定式组成上述结构，例如：тъбѣ ръжь свѧ снати（你该收获自己的黑麦了），продаяти ти дань своя новгородцю（你把收税的事委托一个诺夫哥罗德人去办），и печать своя князю местеру къ сей грамоте привѣсити（梅斯特尔公应将自己的印章附在此文书上）。以上各例中的阴性名词 ръжь、дань、печать 等皆为第一格，它们的定语 своя 可以为证。

这种结构源自诺夫哥罗德方言，随着诺夫哥罗德移民的迁徙，这种语言也传播到了古罗斯的其他地方。有学者做过统计，这种结构在莫斯科古俄语文献《治家格言》中使用了 70 次。

17世纪的民歌和谚语之中仍保留了这种结构，例如：говорить правда—потерять дружба（说老实话得罪人）, дать ссуда—навек остуда（钱借到手，友情永远丢）。18世纪以后就从俄语标准语中消失了。

第二节　第二格的用法

1. 表示时间

诺夫哥罗德编年史中有句子：тои же осени много зла са створи（那年秋天发生了许多灾祸）。该句中的осени是осень的单数第二格，相当于现代俄语的той осенью或в ту осень。再如：тои же весне ожени са князь мьстиславъ（那年春天姆斯季斯拉夫王公结了婚）。该句中的тои весне是单数第二格，весна的第二格应为весны，受软变化的影响改写为веснѣ>весне。又如：и ты б его отпоустиль часа того（你该立即释放他）, того же лѣта взаше болгари муромъ（那年保加利亚人攻占了穆罗木）, а того оутра была мгла велика（那天早晨下了大雾）。这些例句中的часа того、того лѣта、того оутра 皆为第二格。

古俄语中用第二格表达时间的结构后来基本完全消失了，只保留在少数几个词和固定词组中，如 вчера（<вьчера，昨天）、сегодня（<сего дня，今天）、третьего дня（第三天）、первого мая（在五月一日）等。

2. 表示从整体中划分出一部分

这种名词第二格结构常与кто、что、который、каждый、другой等代词连用，相当于现代俄语中名词+前置词из的词组。例如：а хто моихъ бояръ иметь служити у моее княгини[我大贵族中的某个人要在我的（王公）夫人处服务]，и кто насъ боудеть живъ, а прибѣгнеть к тобѣ（如果我们当中有人活下来的话，定来向你求助）, оже ли кто васъ не хочеть добра ни мира хрестьяномъ（如果你们当中有人不希望给予基督徒们福祉与和平）, а которыи насъ въ лицѣхъ, на томъ денги（我们之中谁在现场就得罚款）, о семь бы разоумети комоуждо насъ（我们中的每一

个人都应理解此事），начаша глаголати юдинъ къждо ихъ（他们众口一致地开始对他讲了起来），а кто тутошнихъ людей… привезеть на тотъ торгъ мясо…（如果当地人中的某个人把肉运到那个市场上……），дроузии бо ихъ и конину ядахоу（他们中的另一些人也吃马肉），никто же васъ не можеть вредитися（你们中的任何人都不会受到伤害），аже имѣть жалобитися васъ кто на рижаны…（如果你们当中有人要控告里加人……）。

3. 表示一定数量

以下是古俄语的例证：коупите маслеца древяного（买一些橄榄油来），аже кто уръветь бороды смолняниноу въ ризѣ… тому урокъ 3 гривнѣ серебра…（如果在里加有人拽掉了斯摩棱斯克人的胡子……，那人须支付三个格里夫纳银币罚款……），почерпоша сыты（他们舀了一些蜜水），а мы не смиемъ імать ржи безъ твоюго слова（没有你的许可我们不敢借贷黑麦）。这种用法在现代俄语中保留了下来，例如：купить сахару（买一些糖），выпить воды（喝点儿水）。

4. 表示客体

与表示"愿望""感受""取得"等意义的动词连用作为补语，通常带有不完全的意味，例如：зане мужи злата добудуть（大臣们因此取得些黄金），даи ми, оспоть, свѣта видить（主啊，让我看看这世界吧），своее головы блюсти（保住自己的脑袋），забывъ любви（忘却了爱），и мнѣ еще почаль просити пива и меду（他开始讨要啤酒和蜜），а нынѣ покаитеся того безакония（如今你们为那时的无法无天而后悔吧），мира оузрѣти（看见世界），всегда в торгу смотрити всякого запасу（市场上要多留心家用必需的东西），позримъ синего доноу（让我们好好看一看顿河吧），съ своими… бояры… того собрания слушалъ（我同自己的大贵族们一同听取了那个会议）。

与表示"分离""离开""离去"等意义的动词连用，表示客体，例如：князь великий Олегъ ступился тѣхъ мѣстъ князю великому Дмитрию Ивановичю（奥列格大公把那些地方让给了德米特里·伊万诺维奇大公），оутаивься женѣ и дѣтии и всѣи братии…（背着妻子、儿女和所有的弟兄……），ста подъ мостомъ ждва оукрыся противныхъ（他悄悄藏在桥下躲避敌人），бѣгаите зълыихъ дѣлъ（你们要远离坏事），а мы любви не бѣгаемъ（我们不逃避爱情），аче самъ оутечеть мене（如果他自己逃离了我），соуда бо не можеть никто же оутечи（谁也不能逃脱审判），велѣли его беречи, что не утекъ（命令对他严加看管，不能让他逃跑）。

бѣжать 用作及物动词要求第二格补语的用法在 18 世纪的俄语中极为常用，在 19 世纪的诗歌语言中也不乏例证，例如：беги меня, дитя моё...（离开我吧，我的孩子……）。

第三节　第三格的用法

1. 表示所属或物主关系

古俄语的所属三格或物主三格（дательный падеж принадлежности）用作被支配词置于支配词的后面。例如：iма ему воішелгъ（他的名字叫沃依舍格），копье летѣ сквозѣ оуши коневи（矛穿透了马的耳朵），ржа ѣсть желѣзо, а печал умъ человѣку（锈蚀铁，悲伤神），помилоуи мѧ, филипе, wтень ти ѥсмь дроугъ（菲力普，饶恕我吧，我是你父亲的朋友）。在最后一个句子中，第三格代词 ти 位于词组 wтень дроугъ 的两个词之间，即位于名词 дроугъ 之前。

第三格的这种用法在现代俄语中只反映在反身代词 себе 上，例如：а он себе идёт（而他自己走），а он себе и в ус не дует（他不会往自己耳朵里吹气）。通常情况下，物主三格被第二格取代。

2. 双三格的用法

双三格结构指两个意义上紧密相连的第三格名词、代词、形容词等表达一个完整的意思，后一个词作为前一个词的同位语，通常通过动词不定式联系在一起。例如：дасть имъ область чадомъ божиемъ быти, ако быти намъ рабомъ（让作为孩子的他们掌握神的旨意，就像作为奴隶的我们一样）。该句中的 имъ、чадомъ 是双三格，намъ、рабомъ 也是双三格，通过动词 быти（成为）联结在一起。到 18 世纪时，双三格的用法已极为少见，双三格中的第二个形容词已被第五格取代。

第四节 第四格的用法

1. 表示空间

古俄语无前置词第四格名词与表示位移意义的动词连用，表示空间意义。例如：глѣбъ же вниде черниговъ（格列勃进了车尔尼格夫城），и оттуда ѣха... печерской монастырь（他从那里去了山顶洞修道院），пришедъша имъ лѣсъ болдыжь（他们进入了博尔蒂格森林）。古俄语中这种用法不多，后来被带前置词 в 的结构取代。

2. 表示时间

古俄语无前置词的第四格名词可以表示时间意义，这些名词包括 утро（早晨）、дьнь（天）、вечеръ（傍晚）、ночь（夜晚）、весна（春天）、лѣто（夏天）、осень（秋天）、зима（冬天）等。例如：азъ оутро послю по вы（我早晨派人来接你们），wсень оумре половечьскыи кнѧзь（波洛维茨人的王公在秋天去世了），нападоша нощь на ляхы（夜里他们向利亚克人发起了进攻），придоша... вечеръ（他们晚上来了）。

古俄语这种用法在现代俄语标准语中基本消失，但在俄罗斯北部方言中保留了下来，如 вечор（昨天晚上）。普希金作品中的 вёснусь（去年春天）、зимусь（去年冬天）、летось（去年夏天）、осенесь（去年秋天）等都是名词第四格加指示代词 сь、сей 构成的。

3. 表示客体

古俄语中无前置词的第四格名词用作动词补语，但并不是动作的直接对象，而是另一独立的客体。这种动词或动名词常常表示"思想、感受、叙说"等意义，类似于现代俄语中前置词 о + 第六格名词，或前置词 про + 第四格名词，或带连接词 что 的补语从属句。例如：слышавъ насилье w кнѧзь（从王公们那里听说了对你们施暴的情况），оубьѥныѥ ѥго послѣди скажемъ（我们以后会说到他被杀的事），оувѣдаша пльсковичи погоню（普斯科夫人知道了有追兵在追杀他们），слышавъ же ярославъ волхвы приде суздалю（雅罗斯拉夫听说了关于魔法师的事，于是去了苏兹达尔），услышавше псковичи кнѧзя великого въ новѣгородѣ и послаша пословъ（普斯科夫人听说大公在诺夫哥罗德，于是派了使者去），оузрѣша наши сторожеве и мняху болгарскыи полкъ（我们的巡逻队发现了他们，以为是保加利亚军队），мнѣша ту Святослава и Рюрика（他们以为斯维托斯拉夫和留里克在这里）。

第五节　第五格的用法

1. 表示时间

参见示例：приде... мартъмь мѣсацемь（他在三月来了），два лѣта в водахъ бродили, а зимами чрезъ волоки волочилися（我们在水上漂泊了两年，冬天则在水边陆地上勉强行进），и тако идыи трьми недѣлями（就这样走了三个星期）。此种用法在现代俄语中大为减少，有的已转变为副词，如 ночью（夜里）、днем（白天）、утром（早上）、вечером（晚上）等。当名词第五格用来表示时间时，常与定语搭配：темной ночью（在一个漆黑的夜晚），ранним утром（在清晨），поздней осенью（在深秋）。表示星期、月份的名词则与前置词 в 搭配：в марте（在三月），в мае（在五月），в среду（在星期三），в пятницу（在星期五）。

2. 表示原因

参见示例：многи человѣци оумирахоу различными недоугы（许多人因患各种疾病而死亡），и начаша мрети гладомь（人们因饥饿而不断死去），епископъ и кнѧгини... огнемь скончаша сѧ（大主教与王公夫人们因火灾死去）。这种用法后来被淘汰了，代之以前置词 из-за + 名词第二格，或前置词 благодаря + 名词第三格的结构。

3. 表示空间

参见示例：подаваше емоу оконцемъ（别人通过小窗户给他递送东西），входятъ

въ городъ одиными вооты（人们通过一个大门进入城里），днѣпръ течетъ... треми устьи（第聂伯河有三个入海口）。在现代俄语中这种用法基本被前置词 через + 第四格名词的结构所取代，保留下来的 кровь пошла носом（鼻子流血了）属于特殊用法。

第六节 动词的支配关系

1. 动词接格关系

古俄语动词的接格关系与现代俄语不同。现代俄语动词 воевать（与……交战）的接格关系为 воевать с кем-нибудь，但古俄语为 воевати на кого-нибудь 或 что-нибудь。例如：игорь воѣва на печенѣгы（伊戈尔同别切涅格人作战）。与现代俄语动词 воевать 接近的古俄语动词是 воюватися。现代俄语动词 мстить（报复）的接格关系为 мстить кому-нибудь за что-нибудь，古俄语为 мстити кому кого-что。例如：ажь оубьеть моужь моужа, то мстити братоу брата（如果自由人杀死了一个自由人，那他的弟兄就要为死去的弟兄复仇），азъ мь мьстіла оуже wбидоу моужа своего（我已经为我的丈夫报了仇）。

2. 前置词结构与无前置词结构

古俄语动词支配关系的一个特点是无前置词结构相当发达，某些无前置词的结构与相应带前置词的结构在意义上基本相同，有时存在细微差别。

（1）无前置词的第二格与前置词 отъ、до + 第二格的结构。

例如：молю вы, wступите дѣлъ поганьскыхъ（恳求你们，不要做罪恶的事），онъ же, не би са с ними, wступи волею кыѥва（他没有同他们进行战斗就自愿放弃了基辅）。此动词的补语亦可用前置词 отъ + 第二格名词来表达，例如：кто wстоупить w николы, да боудеть проклатъ（谁背叛了尼科拉，就要被诅咒）。试比较：его wстоупили князи черниговьстіи...（车尔尼戈夫王公们背叛了他），се азъ wхожю свѣта сего（我要离开这个世界了），не wходити имъ wмѣста того（他们无法

离开那个地方)。

表示位移的动词 доити、доѣхати（到达，抵达）等既可用前置词 до+第二格的结构，也可直接用第二格名词作为补语，表示到达某处，例如：и дошедъ пльскова разболе сѧ（他到达普斯科夫后病倒了），и сталъ кнѧзь не дошедъ града（王公停下来了，没有到达该城），и дошедъше волги новгородьци воротиша сѧ（诺夫哥罗德人走到伏尔加河后又返回来了），доидоша смольньска（他们到达了斯摩棱斯克），моравы доходилъ（他到达过摩拉瓦河），и доиде до новагорода нижнего（到达了下诺夫哥罗德），доѥха до прощеника в дьнь недѣльныи（星期天他抵达了普罗申尼克）。

（2）无前置词第三格名词表示方向。

它相当于现代俄语中前置词 к+第三格名词的结构。例如：приде ночью выше городу（夜里来到了维舍格勒），приде сватополкъ кыевоу（斯维托波克来到了基辅），всеволодъ посла сына своѥго сватослава володимерю（把自己的儿子斯维托斯拉夫送到了弗拉基米尔那里）。15世纪以后，前置词 к+第三格的结构在古俄语文献中开始普遍使用。

这两种不同的结构所表示的意义略有差别。无前置词第三格表示进入空间内部，前置词 к+第三格的结构表示接近某个空间，但尚未到达。试比较：иде мьстиславъ кыеву（姆斯季斯拉夫去了基辅），и приде опать новоугородоу（又回到了诺夫哥罗德），и потомъ позваша и ростовьци к собѣ и иде ростову（后来，罗斯托夫人把他召回到自己那里，于是他就去了罗斯托夫）；и с сими... поиде олегъ на конехъ и на коравлехъ... и прииде къ царюграду, и грѣци замкоша судъ, а градъ затвориша（奥列格带领这些人骑马坐船去攻打希腊了……他来到皇城察里格勒城下，希腊人封锁了海湾，关闭了城门），в то же лѣто ходиша новгородьци... къ полотьску и пожьгъше волость воротиша сѧ（那年夏天诺夫哥罗德人去攻打波洛茨克，他们焚毁了周边地区，然后返回去了）。这两类结构在现代俄语中统一为前置词 к+第三格的结构。

（3）无前置词第六格名词与前置词 въ+第六格名词的结构

它们都表示处所。试比较：коупилъ еси робоу плѣскове（你在普斯科夫买了一个女奴），тако пошло новегородѣ（在诺夫哥罗德自古以来就是如此），или неменьскыи гость извинитса смоленьске, не лзѣ его въверечи въ погребъ（如果日耳曼商人在斯摩棱斯克犯了罪，不能把他关进监狱），хотя брата посадити суждали（想把自己的兄弟安排在苏兹达尔为王），церкы заложена бысть монастырѣ（教堂建在修道院内），не могу съ тобою жити одиномь мѣстѣ（我不能同你住在一个地方），бѣлѣгородѣ затворилса мьстиславъ романовичь（姆斯季斯拉夫·罗曼诺维奇隐居在别尔哥罗德），прѣстависа володимиръ... въ новѣгородѣ...（弗拉基米尔在诺夫哥罗德去世）。学者研究表明，当第六格名词带定语或名词表示外国地名时，常使用前置词搭配，例如：въ моемь смольньскѣ（在我的斯摩棱斯克），въ ризѣ（在里加）。这两类结构经过历史演变的结果是：无前置词结构被淘汰了。

第十七章 古俄语的几种特殊句法现象

第一节 独立三格短语

独立三格短语（дательный самостоятельный）是由第三格名词或代词与第三格短尾形动词构成的整体。这种结构不从属于名词，也不从属于动词，是一种独立的结构。第三格名词或代词相当于主语，而形动词相当于谓语。独立三格短语相当于复合句中的时间从属句或原因从属句。例如：мьстиславу же прибѣгшю новугороду, рекоша ѥму новгородци...（当姆斯季斯拉夫逃到诺夫哥罗德时，诺夫哥罗德人对他说了……），томоу ж лѣту исходящу, на весну ходи романъ съ новгородци къ торопьцю（那年一过，开春后罗曼带领诺夫哥罗德人去了托罗别茨），и сразившема ся полкома и побѣди ꙗрополкъ（两军厮杀之后雅罗波尔克取得了胜利），надолзѣ борющема ся има, нача изнемаати мьстиславъ（因为他们两人长时间搏杀，姆斯季斯拉夫开始感到力不从心了）。

同时，独立三格短语兼有时间和原因意义，例如：хотящю володимеру ити на ꙗрослава, ꙗрославъ же пославъ за море, приведе варяги（弗拉季米尔意欲进攻雅罗斯拉夫，而雅罗斯拉夫则派人去海外请来了瓦良格人助战）。

独立三格短语的行为主体与句子动词谓语的行为主体可能不同，也可能相同，例如：оуможившимся братьи въ печерѣ, и помыслиша поставити внѣ печеры манастырь（弟兄们在洞里子嗣增多，于是打算在洞外建一修道院）。该句中помыслиша 的主语 братья 省略了，因为它与独立三格短语的行动主体相同。再如：не дошедшу же ему острова, пріиде на рѣку, зовомую выгъ（他没有到达该岛，而是来到了一条叫作维格的河边）。该句中动词谓语的主语 wнъ 也省略了。

包含独立三格短语的句子，既可以使用联合连接词 и，也可以使用主从关系的连接词，例如：начаста гнѣвъ имѣти на wлга, ıако не шедшю ѥму с нима на поганьıа（他们两人对奥列格十分不满，因为他没有同他们俩一起去征讨邪恶的异教徒）。原因连接词 ıако（现俄 потому что，так как：因为）通常用于主从复合句中。

独立三格短语中的短尾形动词几乎是主动形动词，极少使用被动形动词。卡尔斯基在《拉甫连季编年史》中发现了由被动形动词构成独立三格短语的个别例证：дѣлаѥму же ковчегу за сто лѣтъ и повѣдаше нои, ıако быти потопу（诺亚用了一百年时间建造了一个方舟，他说世上将发水），совъкупленѣ же братьи, рече имъ антонии...（弟兄们集合起来以后，安东尼对他们说……）。

独立三格短语并非古俄语口语固有的句法结构，它是古俄语从古斯拉夫语借用的。随着俄语的发展变化，它逐渐退出了俄语的历史舞台。在形动词失去性和格的变化之后，它不再用第三格，而使用第一格，与名词或代词构成一致关系。独立三格短语最终发展为副动词短语，例如：идоуще же емоу въспать, размысливъ рече дроужинѣ своеи...（他在返回的路上经过一番思索之后，对自己的亲兵们说道……）。该形动词 идоуще 本应是为第三格 идоущоу。在17—18世纪的俄罗斯文学、历史作品中，独立三格短语还偶有使用。拉季舍夫（А. Н. Радишев）所写的《彼得堡至莫斯科旅行札记》（«Путешествие из Петербурга в Москву», 1790年）中就有例句：Едущу мне из Едрова, Анюта из мысли моей не выходила（当我从耶德罗沃出发时，安妞塔的样子一直令我无法忘怀）。

第二节　重言结构

重言结构是古俄语的一种特殊句法现象，它表现为前置词、连接词在与句子的同等成分搭配时往往重复使用，例如：на тоу же зимоу иде мьстиславъ съ затьмь съ глѣбомъ и съ братомъ ıарополкомь на соуждаль（那年冬天姆斯季斯拉夫同女婿格列布和兄弟雅罗波尔克一起去攻打苏兹达尔），татаровѣ на полıа на наши настоупають（鞑靼人进攻我们的国土），и придоша на рѣкоу на окоу（他们来到了奥卡河），новъгородьци хотѣша оумерети за сватоую софию о посадницѣ о иванцѣ о дмитровици（诺夫哥罗德人甘愿在总督伊万·德米特罗维奇的率领下为圣索菲娅教堂赴死），аже крадетъ скотъ на поли или овци или кози или свинье（如果在田野里偷了牲畜，或者绵羊，或者猪），а исъ конь изъ своихъ изъ ѣздовыхъ велѣлъ есмь дати...（我下令从自己骑乘的马匹中挑选了些赠予……）。上述例句中，съ、на、о、или、исъ（或 изъ）出现了重复使用。这种用法在现代俄语标准语中已不存在，但在民间诗歌中仍常见。

第三节 否定意义的表达

古俄语在表达否定意义时具有两个显著的特点：

（1）否定语气词 ни 与名词、代词合用作主语时，动词谓语可以不与否定语气词 не 连用。例如：никто же зазрить, никто же похулить（谁也不会谴责，谁也不会责备），людеи никого пущаху（任何人都不放行），николи же позабываите（你们一点儿也不要忘记）。

当然，双重否定形式在古俄语中也可以使用，例如：блюдѣтесѧ, да никъто же васъ не прѣльстить（你们要警惕，不要被任何人所诱惑），а въобиду ихъ не выдаваи никому（你不要让任何人欺侮他们），никыи же со рабъ можеть дъвѣма господинома работати（任何奴仆都不能服侍两个主人），никъто же бо не можеть знамении сихъ творити, аже ты твориши（谁都不能创造你所创造的这种奇迹）。这两种否定形式在古俄语中都会使用，但省略否定语气词 не 的用法不是古俄语口语固有的形式，而是借用自古斯拉夫语，具有明显的书面语的特征，后来被淘汰。

（2）如果句子中出现两个否定谓语，第一个谓语与否定语气词 не 连用，第二个谓语同 ни 连用，例如：нам князю ивану и князю андрею, к собе его не приимати, ни его детий（我们，王公伊万和王公安德烈不得接待他，也不得接待他的孩子），а ночи не ядять, а вина не пиють, ни сыти（夜里人们不吃东西，不喝酒，也不喝蜜水），и мы де такова судна велика и хороша на той реке не видали ни слыхали（这样巨大、豪华的船只我们在那条河上从未见过，也没听说过）。

古俄语中可以用连接词 ни... ни... 与动词谓语连用，例如：стоял под градом 20 днии, и рать ни пила ни ела...（我们围城二十天，军队没吃也没喝），а ведь ворон ни жарят ни варят（世上的乌鸦既没有人炸着吃，也没有人煮着吃），сидит, молчит, ни ест, ни пьет и током слёзы точит（静静呆坐着，一声不吭，不吃不喝，泪眼婆娑）。直到18—19世纪初，ни... ни... 这种双重否定在动词谓语前还可以自由使用，后来被 не...не... 取代了。只有当谓语动词为不定式时，才可以用 ни... ни...，例如：не мог ни говорить ни думать（既不能说话，也不能思想），не может волк ни охнуть, ни вздохнуть（狼既不能哼哼一声，也不能喘一口粗气）。

第十八章 前置词的意义和用法

第一节 前置词 въ

与现代俄语一样，古俄语前置词 въ 既能与第四格名词、形容词、代词、数词等连用，也可接第六格。

1. въ 用于第四格的意义

一是表示人从一种状态转为另一种状态（职业、地位等），例如：посла романъ вячеслава, веля ему рюрика пострици въ чернци（罗曼派遣维切斯拉夫，令他为留里克剃度当修士），почалъ Крестити въ свою вѣру（他开始施洗礼，令其皈依自己的信仰），пгидите въ мою вѣру（你信我的教吧）。

二是表示"相同、等同"的意义，例如：господь създа мѧ въ человѣкъ（上帝使我变成了人），въ старыи миръ（按以往的合约），а не бывати тебѣ въ батыя царя（你不可能与巴都王抗衡）。这与现代俄语的 вся в мать（跟母亲一模一样）的用法相同。

2. въ 用于第六格的意义

一是表示"代替……""为……担负……"，相当于现代俄语中的 за кого。例如：кнѧзю продаже 20 гривне въ челѧдинѣ（王公应为领地农民支付二十格里夫纳罚款），а въ холопѣ и въ робѣ виры нѣтуть（为奴仆不需要支付罚款）。

二是表示"为……负责"。例如：аже боудоуть свободнии съ нимь крали... то к кнѧзю въ продаже（如果他的自由人犯了盗窃罪，那王公要为他支付罚款），аще попъ или чернець оупіются безвременно, оу єпископа въ винѣ（如果神甫或修士不恰当地喝醉酒，那主教负有责任）。

三是表示原因。例如：оудальцы восплескаша в татарскихъ оузорочiяхъ（勇士们为鞑靼人的珠宝而狂喜）。

第二节　前置词 возлѣ

古俄语前置词 возлѣ（或 возли、възлѣ）既用于第二格，也用于第四格，且用于第四格更为常见，都表示地点。例如：

用于第二格：городныя стѣны возлѣ моря（海边的城墙）

用于第四格：сташа възлѣ рѣку шатры（停在沙特雷河边），а загорелося въ недѣлю вечеромъ и горѣ до обѣда... возлѣ Горговскiи и боловинскiи конець.（星期天晚上发生了火灾，大火一直沿托尔戈夫区和波洛文区烧到第二天午饭时刻）。

后来第四格的用法被淘汰了，只保留了第二格的用法。

第三节　前置词 между

古俄语前置词 между（或 межю、межи、межь）既用于第五格，也用于第二格。例如：пьраахж же сѧ июдеи междж собоѭ（犹太人相互争吵个不休），не рыпьщѣте междж собою（不要相互埋怨），пискоупъ вѣдаеть межи ими (церковными людьми) соудъ（主教管理宗教人士之间的诉讼），друзии сѣдоша межи припятью и двиною（另一些人居住在普里皮亚季河与德维纳河之间的地带），и не бѧше мира межи ими（他们之间从未有过和平相处之时）；межи монастырьскихъ людiи（修道院人士之间），богъ не хотѣ видѣти кровопролитiа межи братiи（上帝不愿看到兄弟之间流血相残），абы добросердье межю ихъ было（愿他们之间充满友善）。

上述前置词在现代俄语中只保留下了 между 和 меж。между 多用于第五格，而 меж 多用于第二格；между 用得更多，меж 用得较少。

第四节　前置词 мимо

古俄语前置词 мимо 既用于第二格，也用于第四格。例如：

用于第四格：сълоучися имъ миновати мимо ѥдино село манастырьскоѥ（他们有一次路过一个修道院的村子），туда путь есть мимо печеру ту（那边有一条路从那个山洞旁边经过），идоша греци мимо Киевъ（希腊人从基辅旁边路过）。

用于第二格：идучи жъ отъ сватои софіи мимо столповъ юстиніановыхъ... и мимо святаго ѳедора, на гору поидти великою улицею царевымъ путѣмъ（从圣索菲娅教堂出发途经查士丁尼之柱……，经过圣费多尔教堂沿皇家大道走向山上）。

古俄语前置词 мимо 用于第二格的情况少于第四格，后统一为第二格。

第五节　前置词 на

古俄语前置词 на 既用于第四格，也用于第六格。

1. на 用于第四格的意义

一是表示"取代……，替代……"。例如：а что, княже, грамоты посоудилъ еси отца своего и брата своего, а свое грамоты подаялъ еси на ты грамоты...（王公，你为什么取消了自己父亲、自己长兄的契约，而以自己的契约取而代之……）。

二是表示价格。例如：соль продавахъ по 2 голважнѣ на коуноу（食盐两戈瓦日卖一库纳）。

三是表示"抵押……""典当……"。例如：кунъ не имати на ту землю（那块土地不能抵押）。

四是表示"关于……"。例如：и не баше вести чересъ всю зиму въ новегородѣ на не, ни на живы, ни на мьртвы（整整一个冬天没有关于他，关于活人、死人的消息）。

五是表示"根据……"。例如：а нѣмцьмь гостити въ новъгородѣ на старыи миръ（日耳曼人到诺夫哥罗德经商按老规矩）。

2. на 用于第六格的意义

一是表示"取代……，替代……""为……花费"。例如：да имъ иосифъ хлебы

на конехъ, и на овцахъ, и на говяѣхъ, и на ослѣхъ（约瑟夫给他们粮食以购买马匹、绵羊、牛、驴），а купи собѣ одерень..., а далъ... на томъ 20 бѣлъ（他给自己一切……，购买这些东西一共花了二十张灰鼠皮），далъ... на тои земли три сороки бѣлки..., а на избѣ, да на клѣти, да на овини десять бѣлъ（贝尔卡……，购买木屋、房子和晾晒庄稼的大棚共花了十个贝拉）。

二是表示"从……，取自……"。例如：възимати сребро на попѣхъ（从神甫那里收取银子），възя на нихъ дань（从他们那里收取了贡赋），на двинянѣхъ взяша окупъ 2 рублевъ да 3 коневъ（从德维纳人那里每人收取两个卢布及三匹马作为赎金）。

三是表示"根据……，依据……"。例如：послалъ ѥсмь посла... на сеи правдѣ（我根据此合约派遣了使者）。

四是表示"由于……"。例如：не могуще разлучитися на мнозѣ слезъ ихъ и едва разлучистася（他们俩痛哭流涕、难舍难分，最终勉强分别了）。

第六节　前置词 о

古俄语前置词 о（或 объ）既用于第四格，也可以用于第六格。

1. о 用于第四格的意义

一是表示处所，意义为"在……旁边、周围""紧靠……"。例如：о лѣвую... о десную（在左边……在右边），сташа об оноу страноу окѣ（他们在奥卡河对岸扎营了），(псковичи) сташа крѣпко противоу имъ о сюстороноу двины（普斯科夫人在德维纳河岸这边面对他们牢牢扎下营寨）。这种用法在现代俄语中或用作旧义，或在固定词组中保留了下来，如бок о бок（肩并肩，紧挨着）、рука об руку（手挽着手，齐心协力地）等。

二是表示时间，意义为"在……时候""大约在……时候"。例如：объ нощь всѧ троуждьшесѧ, ничесо же не ѩхомъ（我们干了一整夜活儿，什么都没吃），w сечинъ же сѣдаста в брата въ манастыри（那时候两兄弟待在修道院内），тои же зыми о крещеніе（那年冬天在圣显节时）。这种用法在现代俄语中用作旧义。

三是表示数量，意义为"大约……"。例如：кромѣ окупу взяли о сто рублевъ（除了赎金还拿去约一百卢布）。

四是表示内容，意义为"关于……"。例如：хочю послати по брата своего по мьстислава, абыхъ с нимъ рядъ учинилъ о землю и о городы и о тобѣ, княгини моа милаа ольго, и о семь дѣдяти о изяславли（我要派人去见我的兄弟姆斯季斯拉夫，以便与他签一个契约，针对土地和城市、你——我亲爱的王公妻子奥莉加以及伊贾斯拉夫的七个孩子约定相关问题）。

2. о 用作第六格的意义

一是表示处所，意义为"在……周围""在……旁边"。例如：бяхоу мнози о стлъпоу（许多人在大柱上），стоялъ объ окѣ рѣкѣ（他站在奥卡河边）。

二是表示时间，意义为"在……时候"。例如：того же лѣта о госпожинѣ дни поиде витовтъ съ силою литовскою（那年圣母升天节时维托夫特率领立陶宛大军出征了）。

三是表示约数，意义为"约……"。例如：паде головъ о сте къметьства（约100名勇士阵亡了）。

四是表示处所，意义为"在……身后""在……后面"。例如：влѣзоша деревляне… и запроша о нихъ истобьку（德列夫里安人进来以后在他们身后要求一间木屋），… затворивъ двьри о себѣ…（随后关上了门）。

五是表示对象，意义为"为……服务，服务于……"。例如：послуживший о храмѣ（为教堂服务多年的……）。

六是表示内容，意义是"关于……，对于……""涉及……"。例如：терпить богъ о насъ, ожидаа покаяния（上帝对我们很耐心，期望我们醒悟），брата своего василья не обидьте ни о землѣ, ни о водѣ, ни о животѣ（你们不要欺侮自己的兄弟瓦西里，无论是关于土地、水面，还是关于生活）。

七是表示原因，意义为"因为……"。例如：о блудѣ обличенъ（因放荡行为而被揭发），беси бо ради бывають о нашемъ пианствѣ（魔鬼因为我们酗酒而高兴）。

八是表示手段，意义为"借助……""以……的力量""以……的名义"。例如：и почи с миромь о господѣ（感谢上帝让他安详地逝去），развращають народы о тъциимь оучении（人们受邪说蛊惑而脱离正路）。

九是表示条件，意义为"带有……""附有……"。例如：посреди же городка того церковь велика създана о трехъ олтарехъ（在那个城市中心建有一座附带三个祭坛的大教堂）。

十是表示方式，意义为"在……率领之下"。例如：новгородьци же сташа твьрдо о князи романѣ о мьстиславлици, о изяславли въноуцѣ, и о посадницѣ о якоунѣ（诺夫哥罗德人坚定地在罗曼·姆斯季斯拉维奇、伊贾斯拉夫之孙及总督雅孔的率领下），псковичи, подъемше всю свою область, поехаше въ лодьяхъ объ иванѣ посадникѣ（普斯科夫人举全国之力在总督伊万的率领下乘战船开拔了）。

以上列举的古俄语前置词 о（或 объ）的用法中，大部分用法都已消失。在现代俄语中保留下来的只有表示内容的用法。此外，一些用法保留在现代俄语民间口语，如谚语或固定词组之中。例如：конь о четырёх ногах, да спотыкается（〈谚语〉四条腿的马也有绊倒的时候），дом о пяти этажах（五层的楼房），о двух головах（长两个脑袋，不知死活），палка о двух концах（可能有两种结果）。

第七节　前置词 по

古俄语前置词 по 可以用作第三格、第四格和第六格，其意义和用法与现代俄语基本相同。

古俄语前置词 по 用作第三格时，可以表示时间。这种用法保留在现代俄语俗语之中，例如：цыплят считают по осени（〈谚语〉鸡雏要到秋天才算数）。

古俄语前置词 по 用作第四格时，可以表示目的，例如：не хожеше зать по невѣсту…（新郎不去接新娘……），азъ оутро послю по вы（我明天派人去接你们），грѣци послаша по печенѣгы（希腊人派人去请佩切涅格人）。这种用法在现代俄语中用作旧义，例如：идти по грибы（去采蘑菇），сходить по воду（去打点儿水），кто в лес, кто по дрова（各行其是，各唱各的调）。古俄语前置词 по 用作第四格还表示原因，例如：по чьто мѧ ѥси оставилъ（你为什么把我丢下不管了），по чь ми не повѣсте вы（你们为什么不对我讲）。по чьто 后来融合为一个副词 почто（读作〔поштó〕），它在现代俄语中用作旧词、方言词。

古俄语前置词 по 用作第六格时，最常用来表示时间，意义为"在…之后"。此外，它的用法还有：

一是表示方向，意义为"紧随……"。例如：се вьсь миръ по нѥмь иде（全世界都跟随着他走）。

二是表示伴随，意义为"追随……"，例如：и рѣша ѥму новгородци: аще, княже, братия наша исѣчена, можемъ по тобѣ бороти（诺夫哥罗德人对他说了：王公，如果我们的弟兄都被赶尽杀绝了，我们愿意追随你进行战斗）。

三是表示客体，常与 жалеть、плакать 等动词连用。例如：жалахоу по немь въ новегородѣ добрии（诺夫哥罗德善良的人们都为他悲伤）。

四是表示目的，意义为"为了……"。例如：ни по хлѣбе роботать, ни по придатъцѣ（不为面包，也不为报酬而奴役他人）。

五是表示比较，意义为"强于……"。例如：нѣсть болѣзни по болѣзни моеи, ли напасти по напасти моеи（没有什么病比我的病更厉害，也没有什么灾比我的灾更严重）。

最后两种用法在现代俄语中已不存在。

第八节　前置词 подълѣ

古俄语前置词 подълѣ（或 подлѣ、подле、подли）既用于第二格，也用于第四格，意义都为"在……旁边""与……并列""沿着……"，用于第四格时具有"围绕……，环绕……""从……旁边经过"的意思。例如：подлѣ моря（或 море）（在海边、沿海边），обиходѧ подлѣ братью（围绕着弟兄们转圈），подлѣ курганъ по врагъ къ лѣсу（经过山丘旁边沿山沟向树林前进）。

第九节　前置词 про

古俄语前置词 про 只用于第四格，其意义和用法如下：

一是表示原因，意义为"由于……，因为……"。例如：про сестру его дину сикимляне погибоша（因为他的姐妹迪娜锡金人都死掉了），с володимеромь не живяше (троиденъ) въ любви величѣ про то, оже бѧш(ет)ь ѿтьць володимеровъ, кнѧзь василко, убилъ на воинахъ 3 браты троиденеви же, про то не живѧше съ нимъ въ любви（特罗伊津同弗拉季米尔不和，因为弗拉季米尔的父亲瓦西里科公在战争中杀死了特罗伊津的三个兄弟，所以同他结了仇），а кнѧзю великомоу не наводити на новъгородъ, ни боѧромъ его, ни про что же（米哈依尔大公及其大贵族不能无缘无故地对诺夫哥罗德做引狼入室的事）。

二是表示目的，意义为"为了……""替代……"。例如：про сеи миръ троудилисѧ дъбрии людиѥ（为此合约许多显贵人劳苦功高），у великого кнѧзѧ... не были посолства правити про кнѧзя Володимера ондрѣевича（大公没有使臣为弗拉季米尔·安德烈耶维奇处理一切事务），святополкъ съ давыдомъ игоревичем рать почаста про василькову селпоту（斯维托波尔克为瓦西列克被刺瞎眼睛报仇同达韦·伊戈尔维奇开战了）。

三是客体，意义为"反对……"。例如：что сѧ дѣѧло про мене, того вьсего проститъ тѧ богъ（反对我做过的事，那上帝会宽恕你的一切）。

以上几种意义和用法在现代俄语中已不复存在。

第十九章 古俄语的复合句

第一节 无连接词复合句

无连接词复合句没有明确的形式表达手段，主要依靠意义和语调连接为一个整体。

古俄语无连接词复合句不如现代俄语发达，但大体上可以区分为表示并列联系和主从联系的两大类。如果在无连接词复合句分句之间置入连接词或关联词，它可能变为带连接词的并列复合句或从属复合句。俄罗斯语言学家提出了"串联说"（манизывание），即古俄语无连接词复合句是一串联系在一起的不同质的句子，并列复合句和从属复合句都是在其基础上发展出来的。

1. 表示并列联系的无连接词复合句

这类无连接词复合句表达同时发生或依次发生的几个动作。例如：комони ржуть за сулою, звенить слава въ кыевѣ; трубы трубять въ новѣградѣ; стоять стязи въ путивлѣ; игорь ждеть мила брата всеволода（苏拉河边战马萧萧，基辅城内钟传捷报，诺夫哥罗德吹响军号，普季夫尔战旗飘飘，伊戈尔在等候自己的胞弟符谢沃洛德而心焦），осень была, дождь на меня шел, всю ночь под какапелию лежал（已是秋天，雨水直打在我身上，整整一夜我都湿淋淋地躺着），птиц зело много, гусей и лебедей по морю, яко снег, плавают（禽鸟多不胜数，大雁和天鹅像白雪一样在湖面游来游去）。

这类无连接复合句也可能包含对别意义的分句，例如：тобѣ княже не кърмити єго новгородьскымь хлѣбомь, кърми єго оу себе（王爷，你不要给他吃诺夫哥罗德面包，你回家以后给他吃自家的面包）。

2. 表示主从联系的无连接词复合句

这类无连接词复合句还可区分为：

（1）无连接词复合句的第二个分句说明第一部分的原因。例如：и крестьяномъ деи ихъ лѣтомъ въ ярославль и на костромy и въ любимъ торговати ѣздити немочно, грязи и болота великіе［据说农民在夏天无法去雅罗斯拉夫尔、卡斯特罗马和柳必姆做生意，（因为）泥泞和沼泽难以通行］, не баше льзѣ конѧ напоити: на лыбеди печенѣзи［饮马不可能：（因为）佩切涅格人在天鹅河边］, не ходи кнѧже оубьють тѧ（王爷，你不要去，你会被杀死的）。

（2）无连接词复合句的第二个分句说明第一部分的结果。例如：землѧ готова надобь сѣмѧна（土地已耕好，需要种子），поможе богъ на половцѣ самѣхъ прогна, а вежѣ ихъ поима（上帝帮忙把波洛维茨人赶跑了，他们的营垒被尽数缴获）。

（3）表示时间关系的无连接词复合句，古俄语中这类复合句很少见。例如：не прилучилося меня дома, занемог младенец（我不在家的时候小孩子病了）。

（4）表示条件关系的无连接词条件复合句。例如：а холопъ или роба почнеть вадити на господоу, томоу ти вѣры не ти（如果男仆或女奴开始抱怨女主人，你就不要再信任他或她了）。这里的连接词 а 通常位于句首，用来隔离无连接词复合句与前一句子，并非并列连接词。

第二节　并列复合句

古俄语并列复合句是通过并列连接词连接的。并列连接词包括：

联合连接词：а，и，да（=и），ни；

对比连接词：а，но，да，же，анъ，ано，инъ，ино，и；

区分连接词：ли，или，либо，любо（=либо），то... то 等。

在俄语发展的历史中，ан、ано、ин、ино、любо、ли 等连接词完全消失了，一部分连接词丧失了部分意义，其他的则保留部分意义和用法，例如：а 只用作对比连接意义，而 и 不再用作对比意义，只用作联合意义。

1. 表示联合意义的并列复合句

（1）连接词 и

例如：приде князь ярославъ въ новгородъ, и ради быша новгородьци（雅罗斯拉夫王公来到了诺夫哥罗德，诺夫哥罗德人都很高兴），прѣстависа ярославъ, и сѣде изяславъ кыевѣ на столѣ（雅罗斯拉夫驾崩，伊贾斯拉夫在基辅登基）。这两个句子中的连接词 и 表示动作发生的顺序及动作的结果。

（2）连接词 да

例如：суть гради ихъ и до сего дне, да то ся зваху от грѣхъ великая скуфь（他们的城池至今仍存在并被错误地叫成"大斯基泰"[①]）。

（3）连接词 а

例如：тоѥ же зимы посла велики кнѧзь геwргии сына своѥго всеволода на мордву, а с нимь федоръ ꙗрославич и рѧзаньскыи кнѧзи（那年冬天格奥尔基大公派遣了自己的儿子符谢沃洛德出使摩尔多瓦，与其同行的还有费多尔·雅罗斯拉维奇及多位梁赞王公）。

2. 表示对比意义的并列复合句

（1）连接词 а、но

此类复合句的连接词以 а、но 最为典型。例如：а мыта не примышлѧти, но как из вѣка пошло（捐税非臆想之物，而古已有之），не хожаше зѧть по невѣсту, но привожаху вечер（新郎勿须迎娶新娘，新娘有人送来婆家），бирель правъ а армановичь виноватъ（毕勒尔是对的，而阿尔曼诺维奇是错的），wтроци свѣньлъжи изодѣлисѧсуть wружьѥмъ и порты, а мы нази（斯维涅尔德的亲兵全副武装、衣着齐整，而我们几近赤身裸体），старыя чти яко отца, а молодыя яко братью（尊敬老人如父辈，而青年人如弟兄），трупы татарскими поля насеяша, а кровию протекли реки（鞑靼人尸横遍野，血流成河）。

[①] 斯基泰也称"西徐亚"，是对公元前 7 世纪至公元 3 世纪居住在黑海北岸的部族的统称。

（2）连接词 же

对比连接词 же 的意义与 a 基本相同。例句：в си же времена прииде семиѡнъ пленѧ фракию, греки же послаша по печенѣги（这个时候谢苗大帝正在攻打色雷斯，而希腊人则派人去佩切涅格人那里搬救兵）。

（3）连接词 да

对比连接词 да 的意义与 но 基本相同，在古俄语中偶尔用作连接词，16—17世纪使用得相对更多一些。例如：услышите: вы сынове, да отца вашего дiавола есте сынове（听着，你们是儿子，但是是魔鬼父亲的儿子），грустко гораздо, да душе добро...（非常艰难，但心情舒畅），там зима в те поры живет, да богъ грел и без платья（那时是隆冬季节，但是不穿衣服也会感到上帝的温暖）。

（4）连接词 и

и 在古俄语中也可用作对比连接词。例如：земля наша крещена, и нѣсть у насъ учителя（我们的国家已接受基督教洗礼，但我们却没有哲人导师），и пусти предъ собою въ лодьѣ, и самъ по нихъ иде（他把别人先放上船，但自己跟随在后面）。此用法在现代俄语中已淘汰。

（5）连接词 ано、анъ、ино、инъ

ано、анъ、ино、инъ 等在现代俄语中已不使用。例如：кнѧзь дмитреи... восхотѣ причаститися... анъ его тогда кровь пустися ихъ обою ноздрию（王公德米特里正想吃点儿东西……，但是他的两个鼻孔流出了血），и приде вѣсть въ новъгородъ, бѧше же новгородцевъ мало, ано тако изымано вячьшие муж（诺夫哥罗德得到了消息要抓人，诺夫哥罗德人很少，但是成年人都被抓走了），моленои боран отлучился, инъ гулящие прилучился（做牺牲品的绵羊走了，活的绵羊来了）。

3. 表示区分意义的并列复合句

（1）连接词 любо（=либо）

例如：аще будеть русинъ либо гридь любо купечь...（如果罗斯人……或者侍卫队士兵，或者商人……），хощу главу свою приложити, а любо испити шеломомь дону（我要抛头颅为国捐躯，或戴头盔痛饮顿河之水欢庆胜利）。

（2）连接词 то..., то...

例如：а меликтучаръ... бьется съ кафары, 20 лѣтъ есть, то его побіють, то онъ побиваеть ихъ многажды.（梅里克图恰尔同卡菲尔人战斗了二十年，有时他被敌人打败了，有时他又多次把敌人痛打一番。）

第三节　主从复合句

1. 古俄语主从复合句的连接词

古俄语主从复合句相当发达，所使用的连接词与现代俄语有所不同。古俄语的许多连接词和关联词在现代俄语中已不再使用，还有一些连接词的意义和用法不同于现代俄语。这里仅以 яко、что 为例加以说明。

（1）连接词 яко

这是古俄语特有的复合句连接词，其意义和用法为：

1）同现代俄语中的 что，连接说明从属句。例如：и услыша новѣгородѣ, яко сватополкъ идеть къ нимъ（他们在诺夫哥罗德听说，斯维托波尔克正往他们这儿来），повѣдаша wльѕѣ, яко деревлане придоша（他们告诉奥莉加，德列夫利安人来了），рече же имъ wльга, яко азъ мьстила оуже wбидь мужа своего（奥莉加对他们说，我已经为自己的丈夫报了仇）。

2）同现代俄语中的 когда，连接表示时间意义的从属句。例如：яко оупишасѧ деревлане, повелѣ (ольга) wтрокомъ своимъ пити на нѧ（当德列夫利安人喝得酩酊大醉，奥莉加命令自己的亲兵们为他们的健康干杯），яко налегоша силою, и выломіша двьри[（当）他们一用力，门就拉开了]。

3）同现代俄语中的 так что，连接表示结果意义的从属句。例如：наиде дожгъ, яко не видехомъ ясна дни ни до зимы（阴雨连绵，以至冬天来临之前就没见过晴天），наиде рана на полочаны, яко нѣкако блше ходити (по) уличамъ（波洛茨克人遇上了天刚蒙蒙亮的时刻，所以没有人在街上行走）。

4）同现代俄语中的 так как 和 ибо，连接表示原因意义的从属句。例如：

болнаго присѣтите, надъ мертвеца идѣте, яко вси мертвени ѥсмы（病人应该去探望，死者应该去悼念，因为我们都是必死的凡人），братіе, будите трезви, яко же супостатъ вашъ діаволъ ищеть піаныхъ（弟兄们，你们要清醒，因为你们的敌人魔鬼正在寻找醉汉）。

5）同现代俄语中的 как，连接表示比较意义的从属句。例如：и отыниша тыномъ все около, яко же инии гради имату（就像其他城市一样，周围一切都用围墙保护）。

（2）连接词 что

1）连接限定从属句。例如：а што поимани люди моя, пустити вы без откупа（你们抓的我的人，不付赎金请放掉）。

2）连接说明从属句。例如：а что быль отъялъ братъ твои, а то ти княже не надобѣ（你兄弟拿走的东西，王公，那是你不需要的东西）。

3）同现代俄语中的 отчего 和 по какой причине，连接表示原因意义的从属句。例如：что лица ваю оунылѣ днесь（你们俩今天为什么脸色沮丧）。

4）同现代俄语中的 зачем，连接表示目的意义的从属句。例如：чьто творите, его же не достоить творити въ суботы（你们在干什么，这事在星期六不应该做）。

从上文分析可知，古俄语的主从连接词常是多义的。上述连接词中 яко 已经不再使用，后来又发展出来一些新的主从连接词。

2. 古俄语主从复合句的类型

古俄语主从复合句的类型与现代俄语大体相同，包括带时间从属句的复合句、带原因从属句的主从复合句、带条件从属句的主从复合句、带处所从属句的主从复合句、带限定从属句的主从复合句等。

（1）带时间从属句的主从复合句

古俄语中可以带时间从属句的连接词有 елма（或 елма、ѥлма же，现俄 пока、тогда как）、доньде（现俄 пока не）、доньдеже（现俄 пока、пока не）、егда（或 ѥгда，现俄 когда）、яко（现俄 когда）、къгда（或 когда）等。除 къгда 以外，其他连接词在现代俄语中都不再用于连接时间从属句。къгда（或 когда）连结的主从复合

句与现代俄语同类的主从复合句的结构完全相同，例如：когда та видѣхомъ алчжща и напитахомъ, или жаждхща и напоихомъ（当我们看到你饥肠辘辘时，就给你饱餐一顿，或者看到你口干舌燥时，给你畅饮甘甜的清水），къда баше брани быти на поганыя, тъгда са начаша бити межи собою（当他们要同异教徒开战时，他们自己之间却开始了内讧），азъ мьстила уже обиду мужа своего, когда приходиша Киеву（当他们来到基辅时，我已经为自己的丈夫报了仇）。

коль（或 кол）在古俄语中可连接时间从属句，现代俄语中则连接条件从属句。例如：отець ваю добръбыль, коли княжилъ у насъ（你们俩的父亲在我们这里做王公时，颇为仁慈）。

докуда、докудова（到……时候）、покамѣстъ（暂时）在古俄语中属标准语，在现代俄语中作为俗语词汇使用。

（2）带条件从属句的主从复合句

古俄语中带条件从属句的连接词包括 есть ли（现俄 если）、буде（现俄 если）、ежели（或 коли、аже、ажь、аще、аче、ачи、еже、оже，现俄 если）。

这些连接词的使用范围不同，发展和变化的过程也不尽相同。连接词 аже、аче、аще 等在 13—14 世纪罗斯北方的文献中使用较广，例如：аще са въвадитъ волкъ в овцѣ, то выноситъ все стадо, аще не оубьютъ его（如果狼习惯了蹿入羊群，不把它打死，它会把整个羊群拖走），аще бо слѣпъ слѣпа ведетъ, wба въ пропасть въвалитася（如果瞎子牵扯瞎子，两个人都得掉坑里），аче боудеть коневыи татъ, а выдати князю на потокъ（如果抓到盗马贼，就要交给王公关进牢狱），аже вы кде криво, а исправивъше, чьтѣте же, а не кльнѣте（如果哪里对你们不公正，改正之后，请尊重之，不要责备），оже придеть кръватъ моуже на дворъ или синь, то видока кмоу не искати（如果一个身上沾满鲜血或鼻青脸肿的男人来到你家，那他不需要寻找证人）。以上例举的连接词在现代俄语中已销声匿迹。

连接词 коли 在古罗斯的沃伦方言和波洛茨克方言（即乌克兰语和白俄罗斯语的前身）中使用颇广。例如：а коли братья княжа поидуть на корола, князю дмитрию братьи не помагати（如果王公的兄弟们要进攻皇帝，德米特里王公不得帮助弟兄们）。

连接词 коли 在古俄语中的应用范围颇广，17 世纪的谚语集、现代民间文学作品和现代俄语方言都能证明这一点。它在现代俄语标准语中作为旧俗词汇使用。

连接词 ежели（<еже+ли）出现于 16 世纪的莫斯科文献中。буде 用于俗语之中。

（3）带原因从属句的主从复合句

古俄语带原因从属句的连接词包括 яко、чьто, wже、ıаже зане、занеже、поне、понеже、имьже，它们相当于现代俄语中的 потому что、ибо、так как。这些连接词在现代俄语中不再使用。例如：мьртвьци... w пьсъ изедаемы, оже не можахоу погрѣсти（因为无法埋葬，死人都被野狗吃掉了），велика милость твоя, яже та угодья створилъ еси（你的恩泽广大无边，因为你创造了这些富饶的大地），заложи городъ на бродѣ томъ и нарече и переяславль, зане перея славу［他在这条大路上建了一座城池并把它命名为"别列雅斯拉夫尔"（争得荣光之意），因为他争得了荣光］，поидоша къ городку и не обрѣтоша нѣмець, поне же нѣмцы ушли во свою землю（他们去了小城，没有见到日耳曼人，因为他们都回老家去了）。

连接词 имьже 在古俄语文献中很少见，从 15 世纪开始已不再使用。例如：wтолѣ почаша печерскы и манастырь, имьже бѣша жили черньци преже въ печерѣ（洞窟修道院从那时起得名，因为修士们以前住在山洞里）。

连接词 бо 曾在 11—15 世纪的古俄语文献中经常使用，但未保留在现代俄语之中，在乌克兰语和白俄罗斯语中却成为占统治地位的带原因从属句连接词。连接词 ибо 则为现代俄语标准语所继承，只用于书面语。

15—16 世纪的古俄语文献中开始使用 потому что、для того что、затем что、оттого что 等一些新的原因从属句的连接词。它们在 17 世纪的文牍语言中得到广泛传播，так как 则是 18 世纪末开始使用的。

（4）带处所从属句的主从复合句

古俄语中带处所从属句的关联词为 къдѣ（现俄 где、куда）、куды（现俄 куда）、отькуду（现俄 откуда）。此外，在书面语中还使用 идѣ（或 иде）、идѣже（或 идеже）（现俄 где）、камо（现俄 куда）。例如：гдѣ сѧ тѧжа почнеть, ту юконцати（诉讼在哪里开始就在哪里结束），къде стаıа софиıа, тоу и новгородъ（索菲娅大教堂在哪里，哪里就是诺夫哥罗德），приде на холмъ, кде стоıаше перунъ（他来到一个

山丘上，那里矗立着雷神庙），повѣжь намъ, кде ѥсть моужь твои（告诉我们，你的丈夫在哪里），поиди кде ти любо（你想去哪儿就去哪儿吧），начаша думати, куда поити за ними（他们开始想，跟着他们去哪儿呢）, а прокъ ихъ разбѣжесѧ, коуды кто видѧ（他们剩下的人四散奔逃，各奔东西），куды топоръ ходилъ, куды коса ходила [斧头砍过的地方，镰刀割过的地方（指森林和田地）], мость лежить трупія нѣмецкого, куды бѣгли нѣмцы（桥上躺满了日耳曼人的尸体，他们是通过这桥逃跑的），посласта берестию брата по головнѣ, иде баху пожгли（他们俩派了弟弟去别列斯季耶到烧木炭的地方去取木炭），иде же бо аще бѫдеть троупъ, тоу съберѫтьсѧ орьли（哪里有死尸，秃鹫就会飞向哪里），вътѣчати на страшнѣмь соудѣ..., иде же когождо дѣла не скрыютьсѧ..., иде же не поможеть никто же комоу（末日审判时要承担自己的责任，在那里什么事情都不能隐瞒，在那里谁都帮不了谁的忙）。

关联词 иде、иде же 在现代俄语中已不再使用。例如：поиди, камо хочеши（你想去哪儿就去哪儿吧），и не съвѣдаѥмъ, откоудоу соуть пришли（我们不知道他们是从哪里来的）。

куды、откудова、откуду、сѣмо（现俄 сюда）等在现代俄语中基本不用了。покамѣсть（现俄 до того места、до тех пор）在现代俄语中用作俗语词，但词义稍有变化，基本与 пока 同义。

（5）带目的从属句的主从复合句

古俄语带目的从属句的连接词有 чьтобы (<что+бы)、абы (<а+бы)、дабы (да+бы)。连接词 чьтобы 从 13—14 世纪起用于俄语口语之中。例如：а псковичи ему много биша челом, чьтобы сѧ осталъ, и онъ поѣха въ литву, а псковского челобитья не приѧтъ（普斯科夫人对他百般恳求，想请他留下来，但他还是去了立陶宛，没有接受普斯科夫人的恳求），а пишу вамъ се слово того дѣля, чьтобы не перестала память родителии нашихъ и наша（我写给你们的遗嘱是为了提醒你们不要忘记我们的父母和我们的教诲），списахъ все, еже видѣхъ очима своима грѣшныма, дабы не забыти было то（我抄下了我的有罪的眼睛见到的一切，为了不忘记这一切），и въ огнь въвърже и въ водѫ, дабы погоубилъ и（他把他推下火坑，

或推下水塘，以便害死他）。

17 世纪开始使用连接词 чтобы、дабы。前者用于口语，后者用于书面语。

连接词 абы 在 12 世纪已经开始使用了。例如：псковичи биша челомъ новугороду, абы имъ помогли（普斯科夫人恳请诺夫哥罗德人给予他们帮助）。

（6）带限定从属句的主从复合句

古俄语中带限定从属句的主从复合句非常发达，使用的关联词包括：指示代词 иже、іаже、ѥже（=которыи、котораіа、котороѥ），疑问代词 къто、чьто、которыи、кои、каковъ、чии，疑问副词 къдѣ（或 иде）、куда（或 куды、кудѣ、камо）、отькуду（或 отькудѣ、отьколѣ）等。例如：хлѣбъ бо, иже азъ дамь, плъть моіа ѥсть（我要给你们的面包是我的肉），ции родителе..., ции дарове (ции-кои 的复数第一格)（什么样的父母就会送什么样的礼品），ты самъ вѣдаешь, каков wвѣтъ даси богу（你自己知道，你会给上帝一个什么样的答复），кто старъ, то отець, а кто младъ, тои братъ.（谁年长，谁就是父亲；谁年轻，谁就是兄弟），што бояре подавалі дому святои богородици, того хочю боронити（贵族们捐赠给圣母教堂什么，我就要保护什么），што вамъ было надобѣ, то было ваше（你们需要什么，你们就有什么），и судя спросил левы колосова: скажи, брате, в божью правду как то мѣсто зовуть гдѣ стоим（法官问列瓦·科洛索夫：老实告诉我，老弟，我们所在的这个地方叫什么名字），пречистые ради богоматери, се язъ князь ѳедоръ ѳедоровичъ пожаловалъ есми игумена... деревнею куколцынымъ исъ лѣсомъ и съ пожнями, куды топоръ ходилъ, куды коса ходила...（为了至洁的圣母，我费多尔·费多罗维奇公把库科尔岑诺村连同供砍柴的树林、可以耕种的土地一并赠予修道院院长……）。

在带限定从属句的关联词中，使用最多的是 которыи。例如：а полочанъ поустиша, которыхъ изъмали（他们把抓到的波洛茨克人都放了），которою правдою быти роусиноу въ ризѣ... , тою же правдою немцомъ въ смоленьскѣ（在里加适用于罗斯人的法律，在斯摩棱斯克同样适用于日耳曼人），ныне пришли предъ насъ наши горожане и то намъ поведали со великою жалобою, которыи были зимусь с тобою оу витебьще, как то еси товаръ оу нихъ wіалъ силою（现在我们的市民来到我们面前，极其悲痛地对我们讲述了去年冬天他们在维捷布斯克的遭遇，说你把他

们的货物抢走了），а нѣмци и чюдь, которіи были въ городкѣ, ови сгореша, а иніи метахуся съ города（城里的日耳曼人和楚德人有一些被烧死了，另一些从城里逃出来了）。

古俄语关联词которыи连接的限定主从复合句与现代俄语不同的是，它不仅可以置于主句之后，还可以置于主句之前，例如：а на которомь подворьи стоять немци, или гость немьцскии не поставити на томь дворѣ князю ни татарина, ни иного которого посла（如果在某个客栈住有日耳曼人或日耳曼商人，那王公就不要在那个客栈再安排鞑靼人或另外某个使者），которыи роусинъ, или латинескыи противоу сеѥ правды мълвить, того почьсти за лихии моужь（如果某个罗斯人或天主教徒说了反对此法律的话，那他就被认为是坏人），которого князя хощете, и язъ вамъ того дамъ（你们想要哪个王公，我就给你们哪个）。在18世纪末以后，这种现象在俄语标准语中已不再出现，只保留在俄语方言中。

此外，古俄语关联词которыи是一个多义词，他还用作какой、кто、какой-нибудь、кто-нибудь、некоторый。例如：и бысть сѣча зла и межю ими смятенье, не вѣдяхуть, котории суть побѣдили（发生了激战，双方之间一片慌乱，不知道是谁占了上风）。这里的котории指"谁""什么人"。又如：придоша ѩзыци незнаѥми, их же добрѣ никто не вѣсть, кто соуть... и котораго племене соуть（来了一些陌生的异族人，谁也不知道他们是什么人，他们是什么部落的）。这里的котораго是"怎样的"之意。再如：аже которыи коупьць, шедъ любо съ чюжими коунами истопить сѧ（如果一个商人带着异乡的货币在某地淹死了）。这里的которыи是"某个"之意。

（7）带度量程度从属句的主从复合句

古俄语带度量程度从属句的从句关联词包括какой、каков和连接词чьто、неже、ниже、нежели、нижели等。如果从句中使用关联词，那么主句通常使用代副词такой、таков与之呼应，即便从句使用连接词чьто时也是如此。例如：а дорога такова худа, какой мы от роду не видали（道路如此之糟，我们一辈子都没见过），ту лѣпше бы ми волъ буръ вести в домъ свои, неже зла жена поняти（我把一头犍牛牵回家也比娶一个恶婆娘回家要好），лепше бы ми смерть, ниже курское княжение; тако же и мужеви: лѣпше смерть, ниже продоложенъ животъ в нищети（我

宁愿死也比在库尔斯克当王公好；正如对一个男子汉而言，宁死也比在贫困中苟延残喘好），луче ны есть умьрети у царяграда, нежели с срамовъ отъити（我们宁愿在皇城下牺牲，也不愿从城下退走而蒙羞），лѣпше есть камень долотити, нижели зла жена учити（凿石头也比开导蠢女人容易），… и такая была великая туча, что невозможне было ничего видети властно как ночи осенней（……乌云密布，什么都看不见，就像秋天的黑夜）。

上述关联词和连接词中，只有 нежели 和 что 在现代俄语标准语中保留了下来，而且 нежели 具有书面语及古旧词的修辞特色。例如：Правда, я благоразумнее, нежели кажусь（不过，我实际上比看上去更理智一些），Болезнь была столь запущена, что необходимо было хирургическое вмешательство（疾病如此疏于治疗，以致必须做手术了）。

（8）带说明从属句的主从复合句

这类主从复合句的主句动词谓语通常是表示话语、思维、认知、感觉等意义的动词，从句则对主句的谓语加以解释，常用 оже、яко、како、что 等连接词连接。古俄语早期多使用前三个连接词，17 世纪以后只有 что 保留了下来。例如：и повѣда (изяславъ) ему (игорю), оже кобякъ и концакъ шлѣ къ переяславлю（伊泽斯拉夫对他讲，柯别克和康恰克正在向别列雅斯拉夫尔进发），инии тако молвахоуть, яко съ отравы бѣ юмоу смерть（还有人说，他是被毒死的），а вси ти скажоуть твои мужи и брать твои мьстиславъ, како ны богъ помоглъ（大家都说，你的大臣们，你的弟兄姆斯季斯拉夫都说，上帝帮助了我们），турки же придоша к царю и про казаков сказаша, что азова здать не хотят（土耳其人来到苏丹御前奏曰，哥萨克不愿意交出亚速城），митрополитъ ростовскии возвести царю борису, что сии чернец самому сатане сосудъ есть（罗斯托夫都主教向沙皇鲍里斯告状，说这个修士是魔鬼本人的工具），и прииде вѣсть къ володимироу…, оже игоря убили（弗拉季米尔得到消息称，伊戈尔被杀了），вы еста ко мне хресть цѣловала на томъ, ожег вы братаигоря не искати（你们两人已向我吻过十字架起过誓，说你们不会对弟兄伊戈尔提起诉讼）。

16—17 世纪时连接词的数量有所增加。当主句中的动词谓语表达某种意志和意愿时，可使用连接词 чтоб。例如：да говорилъ посолъ бояромъ, чтоб бояре известили государю（大使向大贵族们请求，希望他们通报皇帝陛下），смирной же просилъ, чтоб тово вора ему показали（斯米尔诺依请求让他看看那个贼）。

以上这些复合句中的从句是客体从句，同时也包含目的意义。

第二十章　古俄语的词序

古俄语的词序相对自由，但也有一些规则和要求。

一是古俄语长尾形容词置于被修饰的名词之后，且无特殊的修辞要求。例如：придоша тотари на землю половечькую...（鞑靼人攻占了波洛维茨人的国家……），котянъ князь половецкии бѣ тесть мьстиславу, князю черниковьскому...（波洛维茨人的汗科强是车尔尼科夫王公姆斯季斯拉夫的丈人……），да оболочатъ ихъ в доспехи булатные（给他们穿上钢铁盔甲），съезжается вся страна индииская торговати（印度全国各地的人都汇集到一起进行贸易），во дворѣ оу него суды розные（他家里摆放着各种各样的器皿），травы розныя ядят（他们什么样的植物都吃），на кровати назолотой（在金色的床上）。

形容词定语的后置用法一直持续到18世纪甚至更晚。

二是古俄语第二格定语经常提前至被修饰的名词或词组之前。例如：или которой хоромины кровля гнила или обветшала（如果哪座房子的房顶烂掉了或年久失修了），изо всех городов приезжают к нам столники и стряпчие, и дворяне, и дети воярские, и всяких чинов люди...（御前侍膳、厨子、贵族、小贵族及各类官衔的人从全国各个城市涌向我们这里），большаго собора поп киприан сказал...（大教堂的神父吉普里扬说了……），и в том приказе ведомы гости... и серебряного дела мастеры, и многих городов торговые люди（这个衙门管理商人、首饰匠人以及许多城市的买卖人的事务），хочет де брянских стрельцов голова афонасей боев изо брянска переехать к стенке разину（据说布良斯克火枪手的头儿阿法纳西·博耶夫要从布良斯克投诚斯捷潘·拉辛）。

这种结构形式属书面语的固定用法，在18世纪的俄语中经常使用。某些公文套语甚至一直使用到十月革命前。例如：всей франции высоких фамилий лети...

имеют воспитание зело изрядное（全法国贵族家庭的子女都受过良好的教育），особенно же высоких фамилий дамы между собою повседневно съезжаются（贵族家庭的女士们每天都要聚会），писала она к дяде, благодарила за содержание меня у себя и просила о скорейшем меня отпущении（她写信给我舅舅，感谢他在自家抚养了我，并请求他尽快把我送回家），к крайнему сердец наших сокрушению ни в дали ни вълизи не видно было мимоидущего судна（让我们十分心焦的是，无论远处还是近处都看不到一艘从旁边驶过的船只），верст за двадцать от него находилось одно нарочитой величины озеро（大约离它二十俄里处有一个巨大的湖泊）。

三是限定关联词кой、который常常作为主从复合句从句的开头，例如：римляне строили большие дороги, водоводы, коих прочности и ныне по справедливости удивляются（古罗马人曾经修建了规模宏大的道路和水道，其牢固性着实令今人惊叹），сей добродетельный муж, которого заслуг Россия позабыть не должна...（这位德高望重的人，其功勋俄罗斯不应该遗忘……）。这种词序一直保持到19世纪。

四是古俄语带条件从句的主从复合句通常把从句置于主句之前，例如：а кому к нему прийти беседы ради духовныя, и он прийди не в трапезное время...（谁到他这儿来是为了忏悔，那就不要在吃饭的时候来……），в котором царстве люди порабощены, и в том царстве люди не храбры и к бою против недруга не смелы（哪个王国的人被奴役，那个王国的人就胆小怕事，就不敢同敌人做斗争）。

五是前置词ради、для（дѣля）在古俄语中常常后置，例如：господь на земля сниде не праведныхъ дѣля, но грѣшныхъ（主降临人间不是为了虔诚的信徒，而是为了有罪的信徒），а пишу вамъ се слово того дѣля, что бы не перестала память родителии...（我写这些话是为了让你们父辈的遗训永不被遗忘……）。сътвори любъвь Бога ради（看在上帝面上给予爱情吧），каких ради причин ты вздумал отказать（你为什么拒绝）。

这种用法在现代俄语的口语或固定搭配中很常见，例如：шутки ради（出于玩笑），смеха ради（为博得一笑），того ради（由于那个），сего ради（由于这个）。

六是古俄语文献中有时可以在前置词和它支配的词之间插入呼语，例如：и для, государь, тово он ис павловского отпущен к москве（为此，陛下，他才从巴甫洛夫镇被遣回到莫斯科），и для де, государь, того отошел он от олаторя к арзамасу в ближние места（陛下，听说他为此离开奥拉托尔去了阿尔扎马斯附近的地方），и против де, государь, моих отписок...（陛下，据说他不同意我的复文……）

七是前置词脱离其支配的带有第二格定语的名词，例如：а сам на великого князя службе...（他本人为大公服务……），по отца своего благословенью...（在自己父亲的祝福之下……），писан во государя нашего царя и великого князя отчине въ смоленьску（契约是在我们的沙皇和大公陛下在斯摩棱斯克的世袭领地内写成）。

八是 17 世纪末—18 世纪，按照拉丁语的规范将动词谓语置于句尾，例如：на острове новую и зело угодную крепость построить велел... , и тое крепость на свое государское имянование прозванием питербургом обновити указал（他命令在岛上建一座新的、非常合意的城堡……，同时命令以自己君主的名号把这座城堡叫作"彼得堡"）。

当句尾使用动词不定式时，受不定式支配的名词置于不定式之前，例如：сие привело генерала в немалое удвление, и он не мог от смеха удержаться（这使得将军颇为惊奇，以至于忍不住笑了起来）。

18 世纪末拉丁语式的词序已基本让位于俄语，但有的作家还会偶尔使用。

九是古俄语的句子往往单刀直入，先给出中心意思，然后将同位语或连接词联系的同等句子成分等放在整个句子的末尾，例如：се язъ, князь володимеръ, сынъ василковъ, внукъ романовъ, даю землю свою вьсю и городы по своемъ животѣ, братоу своемоу мьстиславоу и стольныи свои городъ володимиръ（我本人，弗拉季米尔公，瓦西里科之子，罗曼之孙，在我去世之后把我的整个国家及都城弗拉季米尔赠予我的兄弟姆斯季斯拉夫）。

参考书目

[1] Аванесов Р. И. Вопросы образования русского языка в его говорах. Вестник МГУ, 1947, № 9.

[2] Аванесова Р. И. Словарь древнерусского языка (XI–XIV вв.)[Z]. Москва: Русский язык, 1988–1991.

[3] Бархударов С. Г. Словарь русского языка XI–XVII вв. (т. 1–28) [Z]. Москва: Наука, 1975–2008.

[4] Бархударов С. Г. Словарь русского языка XVIII века (т. 1–16) [Z]. Москва: Наука, 1984–2006.

[5] Бархударов С. Г., Обнорский С. П. Хрестоматия по истории русского языка (ч. 1.) [M]. Москва: Учпедгиз, 1952.

[6] Бернштейн С. Б. Очерки сравнительной грамматики славянских языков [M]. Москва: изд-во АН СССР, 1961.

[7] Борковский В. И., Кузнецов П. С. Историческая грамматика русского языка (5-ое изд.) [M]. Москва: Комкнига, 2010.

[8] Булаховский Л. А. Курс русского литературного языка, том II (исторический комментарий) [M]. Киев: Радянська школа, 1953.

[9] Буслаев Ф. И. Историческая грамматика русского языка (6-ое изд.) [M]. Москва: Учпедгиз, 1858.

[10] Василенко И. А. Историческая грамматика русского языка сборник упражнений (издание 3-ое переработанное и дополненное) [M]. Москва: Просвещение, 1984.

[11] Глинкина Л. А. Словарь-справочник: этимологические тайны русской орфографии [Z]. Москва: Оренбург, 2001.

[12] Горшкова К. В., Хабургаев Г. А. Историческая грамматика русского языка [M]. Москва: Высшая школа, 1981.

[13] Даль В. И. Толковый словарь живого великорусского языка (т. 1–4) [Z]. Москва: Русский язык, 1998.

[14] Дурново Н. Н. Введение в историю русского языка [M]. Брно, 1927.

[15] Дурново Н. Н. Очерк истории русского языка [M]. Москва-Ленинград: Государственное издательство, 1924.

[16] Ёлкина Н. М. Старославянский язык [M]. Москва: Учпедгиз, 1960.

[17] Иванов В. В. и др. Хрестоматия по истории русского языка [M]. Москва: Просвещение, 1990.

[18] Иванов В. В. Историческая грамматика русского языка [M]. Москва: Просвещение, 1964.
[19] Иванова Т. А. Старославянский язык [M]. Москва: Высшая школа, 1977.
[20] Кузнецов П. С. Историческая грамматика русского языка. Морфология (2-ое изд.) [M]. Москва: изд-во МГУ, 2004.
[21] Кузнецов П. С. Очерки по морфологии праславянского языка [M]. Москва: изд-во АН СССР, 1961.
[22] Ломтев Т. П. Очерки по историческому синтаксису русского языка [M]. Москва: изд-во МГУ, 1956.
[23] Мейе А. Общеславянский язык [M]. Москва: изд-во иностранной литературы, 1951.
[24] Обнорский С. П. Очерки по истории русского литературного языка старшего периода [M]. Москва: изд-во АН СССР, 1946.
[25] Павлович А. И. Историческая грамматика русского языка таблицы [M]. Москва: Просвещение, 1972.
[26] Потебня А. А. Из записок по русской грамматике (I–IV тт.) [M]. Харьков, 1874–1941.
[27] Преображенский А. В. Этимологический словарь русского языка (т. 1–3) [Z]. Москва, 1910–1914.
[28] Русинов Н. Д. Древнерусский язык(4-ое изд.) [M]. Москва: URSS, 2013.
[29] Селищев А. М. Старославянский язык (в двух частях) [M]. Москва: Учпедгиз, 1951–1952.
[30] Соболевский А. И. Лекции по истории русского языка [M]. Киев, 1888.
[31] Срезневский И. И. Материалы для словаря древнерусского языка по письменным памятникам [Z]. СПб. : Типография императорской Академии наук, 1893.
[32] Сулейманова Д. З. Древнерусский язык: учебно-методическое пособие [M]. Магнитогорск: МаГУ, 2009.
[33] Фасмер М. Этимологический словарь русского языка (т. 1–4) [Z]. Москва: Прогресс, 1986.
[34] Филин Ф. П. Историческая лексикология русского языка (2-ое изд.) [M]. Москва: изд-во ЛКИ, 2008.
[35] Филин Ф. П. Образование языка восточных славян (2-ое изд.) [M]. Москва: изд-во ЛКИ, 2010.
[36] Черных П. Ч. Историко-этимологический словарь современного русского языка (8-ое изд. стереотипное) [Z]. Москва, 2007.
[37] Черных П. Ч. Историческая грамматика русского языка (5-ое изд.) [M]. Москва: URSS, 2011.
[38] Черных П. Ч. Очерки русской исторической лексикологи (древнерусский период) [M]. Москва: изд-во МГУ, 1956.
[39] Шанский Н. М., Боброва Т. А. Этимологический словарь русского языка [Z]. Москва, 1994.
[40] Шахматов А. А. Введение в курс истории русского языка. Часть 1: Исторический процесс образования русских племен и народностей [M]. СПб., 1916.
[41] Шахматов А. А. Историческая морфология русского языка [M]. Москва: Учпедгиз, 1957.
[42] Шахматов А. А. Очерк Древнейшего периода истории русского языка. Энциклопедия

славянской филологии (вып. 11) [M]. СПб., 1915.
[43] Шахматов А. А. Очерк современного русского литературного языка [M]. Москва: Учпедгиз, 1941.
[44] Шулежкова С. Г. Старославянский язык, древнерусский язык и историческая грамматика русского языка (опыт сопоставительного изучения) [M]. Москва: Флинта; Наука, 2013.
[45] Якубинский Л. П. История древнерусского языка [M]. Москва: Учпедгиз, 1953.
[46] 赵洵、李锡胤、潘国民．俄汉详解大词典 [Z]．哈尔滨：黑龙江人民出版社，1998．

附录：本书使用的一些符号、
特殊字母和音位说明

一、本书使用的一些符号

1. 构拟符号 *，如 *sūnǔs(сынъ)。构拟单词中的字母使用拉丁字母，它们包括：a、o、и(=у)、у(=ы)、i(=и)、ě(=ѣ)、e(=е)；к(=к)、g(=г)、ch(=х)、z(=з)、c(=ц)、s(=с)、ž(=ж)、č(=ч)、š(=ш)、dz(=дз)、dž(=дж)、ǫ(=ж)、ę(=ѧ)。

2. 长音符号ˉ，如 ā、ō、ē、ū 等；短音符号ˇ，如 ă、ŏ、ŭ、ě、ĭ。

3. 表示二合元音第二部字母的符号 ̯，如 ai̯、oi̯ 等。

4. 表示构成音节的符号，如 r̥、l̥、m̥、n̥。

5. 软辅音符号'，如 t'。

6. 半软音符号·，如 t·。

7. "变为"符号 >，如 ă>o、ō>a；"来自"符号 <，如 ь<ĭ、i<ī 等。

二、本书使用的一些特殊字母和音位

1. 古斯拉夫语

鼻元音 ѫ，ѭ；ѧ，ѩ

前元音 ѣ

弱元音 ъ，ь

2. 保加利亚语

弱元音 ъ

3. 白俄罗斯语

i（等同俄语 и）

ў（等同俄语不构成音节的 y）

г（喉音 h）

4. 乌克兰语

i（等同俄语 и）

и（近似俄语 и 与 ы 之间的音）

e（与辅音连用时不软化，〔te〕类似俄语〔тэ〕）

ï（等同俄语 йи）

є（等同俄语 e）

г（喉音 h）

ч（等同俄语 тш）

дз（塞擦音 dz）

дж（塞擦音 dž）

5. 塞尔维亚语

e（等同俄语 э）

љ（等同俄语 л'）

њ（等同俄语 н'）

ћ（近似俄语 ч）

ђ（近似 dž' 或波兰语 dź）

џ（塞擦音 дж）

j（等同俄语 й）

6. 梵语

辅音 +h 表示辅音为送报音，如 bh、dh 等。

h (=h)，c (=ч)，j (=дж)，y (=ў)

7. 捷克语

ě（在 n、d、t 前读软音，在 i 前读软音，在唇辅音后读 ie）

y（近似 i，但与其搭配的辅音不软化）

ů（等同长元音 u）

z（近似俄语 з）

附录：本书使用的一些符号、特殊字母和音位说明　321

r（捷克语特有辅音，近似软音 r，带一点儿唏音）

ň（软辅音 ń）

Ď, d'（=d'）

Ť, t'（=t'）

l（近似英、法、德语中的 l）

č（近似俄语 ч）

ž（近似俄语 ж）

š（近似俄语 ш）

c（近似俄语 ц）

ch（近似俄语 x）

8. 斯洛伐克语

ä（近似俄语软辅音之后的 a）

ô（近似俄语音组 ŷo）

ia，ie，iu（表示 йo 音化的元音，读作 йa、йe、йy）

e（在 n、d、t 这些辅音之后要软化，近似俄语 e）

dz（等同俄语 дз），dž（等同俄语 дж）

9. 波兰语

ą（鼻元音 o）

ią（鼻元音前的辅音读软音）

ę（鼻元音 e）

ię（鼻元音 e 之前的辅音读软音）

y（近似俄语 ы）

ó（近似俄语 и）

ł（等同俄语硬辅音 л）

l（等同俄语软辅音 л'）

w（近似俄语 в）

ż（近似俄语 ж）

rz（近似俄语 ж，在 p、t、k 之后近似俄语 ш）

cz（近似俄语 ч）

sz（近似俄语 ш）

c（近似俄语 ц）

ch（近似俄语 x）

波兰语辅音软化有两种表示方法：一是如果软化不在元音之前，则在辅音上方加撇，例如：chodzić（=ходить），mroźny（=морозный）；二是如果软音在元音前，则在软音后加 i，例如：pieprz（=перец），piehota（=пехота），czarniuchny（=черненький），nieży（=немой）。

10. 立陶宛语

au, ai, ie（二合元音）

ě（表示窄元音 e）

z（等同俄语 з）

ž（等同俄语 ж）

š（等同俄语 ш）

č（等同俄语 ч）

c（等同俄语 ц）

dz, dž（塞擦音）

立陶宛语的软辅音位于元音之前时加 i，与波兰语相同。

11. 拉脱维亚语

ie, uo（复合元音）

ai, ie, au（二合元音）

l（在软元音前读作 л 与 л' 之间的音，在其他情况下读作硬辅音 л）

ļ（等同俄语 л'）

三、斯拉夫语的重音

1. 捷克语单词重音在第一个音节上，斯洛伐克语重音与捷克语相同。

2. 波兰语单词重音在倒数第二个音节上。

3. 塞尔维亚语单词重音通常比相应的俄语单词提前一个音节，并保留乐重音。克罗地亚语、黑山语、斯洛文尼亚语重音与塞尔维亚语相同。

后　　记

　　《古俄语通论》一书终于完稿了。这部篇幅不算太大的书前前后后竟然花去近六年的时间。此时此刻，在本书即将付梓的时候，撰写过程的许多画面又在眼前浮现开来。

　　2014年元旦前后，黑龙江大学辞书研究所郑述谱先生主持的《新时代大俄汉词典》编写完成，交付出版社审校。参与词典编写并担任副主编的马福聚先生说过这样一段话：就他当时的身体状况而言，还能再干七八年左右，仍有两件事有待完成。一是《新时代大俄汉词典》的后期审校工作，二是撰写一部古俄语方面的著作。对于后者，是他20世纪50年代从莫斯科大学语文系毕业之后，一直想做但未做成的事。他希望有生之年可以找到一个年轻人合作，完成几十年的夙愿。他的这个想法得到商务印书馆冯华英博士的大力支持和推动。他们向我发出了邀约，希望我能参与撰写。尽管我当时对古俄语一窍不通，但面对如此难得的学习机会的"诱惑"，也就贸然应允了。没过多久，马福聚先生就寄来一份授课大纲。就这样，从2014年春天开始，马福聚先生先后两次来哈尔滨给我单独授课，每次半个月左右，他还推荐了一些古俄语的书籍让我阅读。与此同时，他着手新书的撰写工作，每写完一部分，他便将稿子寄给我阅读。在这期间，我将其中部分内容整理后，分三期刊登在教育部人文社会科学重点研究基地电子期刊《俄罗斯语言文学与文化研究》上（2016年第3期，2017年第1期，2017年第3期）。2017年10月，初稿基本完成，交由商务印书馆审阅。但是，让人始料未及的是，2018年4月，马福聚先生突然辞世，原定的出版计划被突如其来的变故所打乱。

　　这部书后期的审校工作也就落到了我的身上，这算是不小的考验。一是对于古俄语本身，我还未掌握纯熟；二是马福聚先生留下的毕竟只是初稿，仍然需要进行打磨。于是，我边学边校，按照自己对古俄语这门学问的理解，参考出版社的审稿意见，删节初稿中约四分之一的篇幅，调整一些章节的设置安排，对全文的叙述风格和体例进行统一，个别地方略做增补、说明。时至今日，书稿完成，终于未辜负马福聚先生生前交付的重托，压在我心头的一块重石可以卸去了。按照先生当初的设想，本书还应附上若干篇古俄语文献的选读和注解。不过，考虑北京大学外国语学院俄语系左少兴教授在《古俄语简编》（北京大学出版社，2018 年）一书中已编有 12 篇古俄语文献材料，本书不再选编。

《古俄语通论》一书会有多少读者呢？我心里并无多少把握。尽管在俄罗斯，"古俄语"是高等学校语文系、历史系、考古系相关专业的必修科目，研究古俄语的学者也大有人在，相应的著述不断出版。但在我国，古俄语就算不是什么"绝学"，至少也可以算作"冷门"了。即便在俄语教育最为辉煌的年代，国内学过并且懂得古俄语的专家也屈指可数。他们或是跟当年援华的俄籍专家学习，或是在苏联、俄罗斯学过古俄语。时至今日，作为新中国的"第一代"俄语人，他们大多年逾八旬，其中不少人已经辞世。而且，由于"古俄语"并非国内俄语专业的必修课程，只有北京大学、黑龙江大学等几所高校面向俄语研究生偶尔开设过类似的选修课程。因此，国内现在掌握、研究古俄语的人就更加寥寥无几了。从这个意义上说，《古俄语通论》这样的书必定要"曲高和寡"了。

俄语学习者是否应该掌握古俄语呢？我觉得应该因人而异。但是，仅就我个人非常有限的学习经历来说，古俄语的确有不少用处。俄语学习者在学习过程中常常遇到一些特殊的语法现象，它们不合现代俄语语法的"常理"。殊不知，现代俄语的很多不规则现象都是从古俄语残留下来的。例如，在 средь бела дня（光天化日）、на босу ногу（光着脚）、по белу свету（到处）之中的 бела、босу、белу 就是古俄语短尾形容词变格形式在现代俄语中的残留。如果掌握一些古俄语知识，碰到这样的情况，就不会"丈二和尚摸不着头脑"，从俄语历史发展的角度看，它们都是有据可循的。对于现代俄语中的一些特殊现象，本书都做了一些总结和分析。如果它能引起哪怕极少数俄语学习者对古俄语的兴趣，那就算是"不辱使命"了。

这部书在撰写和出版过程中，得到左少兴先生的大力支持。他与这部书的因缘在他为本书所写的序言中已有阐述。尤其在马福聚先生去世以后，他十分关心本书余下的工作，多次托人、亲自询问进度。在书稿完成之后，先生不顾九旬高龄，在手头仍有其他科研任务的情况下，欣然为本书作序。需要着重指出的是，左先生不仅是国内屈指可数的古俄语专家，而且一直坚持为国内古俄语教学大声疾呼。在他的努力下，北京大学俄语系恢复了古俄语课程。商务印书馆的冯华英博士是我与马福聚先生合作的促成者。在她的力促之下，书稿得以在商务印书馆列入出版规划之中。书稿完成后，她还多次登门延请左少兴老师对书稿进行全面审改和撰序。商务印书馆外语室郭可主任、刘早女士为书稿的出版多方协调，付出极大的辛劳。北京大学外国语学院俄语系尹旭博士审读全书，提出了宝贵的修改意见。对于在本书撰写和出版过程中予以支持和帮助的各位学界前辈、同人，在此一并表示感谢。

由于作者的水平有限，书中难免有错误与不当之处，请各位专家不吝赐教。

叶其松
2024 年 2 月 10 日于哈尔滨